Guide d'identification des

ARBRES du Canada

Guide d'identification des

ARBRES du Canada

Jean Lauriault

illustrations

Marcel Jomphe et Susan Laurie-Bourque

Musée national des sciences naturelles

Musées nationaux du Canada

publié par

Casier postal 310 — LaPrairie, Qué.
J5R 3Y3 — (514) 659-4819

Données de catalogage avant publication (Canada)

Lauriault, Jean

Guide d'identification des arbres du Canada

(Guide d'identification sur le terrain)
Publ. en collab. avec: Musées nationaux du Canada.
Comprend un index.
Bibliogr.: p. 523

ISBN 2-89000-182-2

1. Arbres - Canada - Identification. 2. Arbres - Canada. I. Musées nationaux du Canada. II. Titre. III. Collection.

QK201.L38 1988 582.16'0971 C88-096169-4

Illustration de la couverture:
Érable à sucre et semis
par Bruce Bezaire
tirée de la galerie La vie végétale
Musée national des sciences naturelles
Conception graphique: Françoise Labelle-Broquet

Publié par
Éditions Marcel Broquet Inc.
Dépôt légal - Bibliothèque nationale du Québec
2e trimestre 1988

ISBN 2-89000-182-2

Je dédie ce livre à ma femme Ginette
ainsi qu'à mes deux fils, Éric et Nicolas

TABLE DES MATIÈRES

AVANT-PROPOS 13
INTRODUCTION 15
REMERCIEMENTS 17
LISTE DES ILLUSTRATIONS 18

ORGANISATION DU LIVRE 19-34

- — La combinaison 19
- — Présentation d'un arbre 20
- — Les arbres rares du Canada 21
- — Les noms des arbres 21
  - — Les noms français et anglais 21
  - — Le nom latin 21
- — Le nom de la famille 23
- — Cartes de distribution 24
- — Faits intéressants 26
- — Illustrations 26
- — Traits distinctifs 26

TABLEAU I — Disposition des feuilles sur le rameau .. 28
TABLEAU II — Forme de la feuille ou de la foliole 30
TABLEAU III — Contour de la feuille ou de la foliole ... 32
TABLEAU IV — Disposition des nervures de la feuille ou de la foliole 34

LE SYSTÈME D'IDENTIFICATION 35-42

- — Comment utiliser le système d'identification 35
  - — Observation de l'arbre 35
  - — Observation de la feuille 36
  - — Formation de la combinaison 36
  - — Identification de l'arbre 37
  - — Problèmes d'identification 38
- — Exemples d'identification 38
  - — Le Pin rouge 39
  - — Le Tilleul d'Amérique au début de juillet 41

QU'EST-CE QU'UN ARBRE INDIGÈNE DU CANADA . 43-47

- — Les conifères 44
- — Les arbres à fleurs ou feuillus 46

QU'EST-CE QU'UNE FEUILLE 49-57

- — La disposition des feuilles sur le rameau 51
- — La forme de la feuille 53

— Le contour de la feuille 53
— La disposition des nervures 57

CÔNES ET FRUITS 58-65
— Les cônes des conifères 59
— Fleurs, fruits et graines des feuillus 61

L'ÉCORCE 66

FAIRE UNE COLLECTION 67-68
— S'amuser en apprenant 67
— Quelques conseils 67
— Des méthodes de conservation 67
— Le plaisir de collectionner 68

HERBORISATION 69-73
— La cueillette 69
— Le pressage et le séchage 69
— Montage et conservation 73
— Identification 73

COMMENT DÉTERMINER L'ÂGE D'UN ARBRE 74-78

LES CONIFÈRES OU RÉSINEUX 79-182

— à feuilles en écailles imbriquées

— Thuya occidental A 111a 82
— Thuya géant A 111b 85
— Faux-cyprès de Nootka A 111c 89
— Genévrier rouge A 111d 92
— Genévrier saxicole A 111e 95

— à feuilles en aiguilles groupées en faisceaux

— Mélèze laricin B 211a 100
— Mélèze occidental B 211b 103
— Mélèze subalpin B 211c 106
— Pin blanc B 211d 108
— Pin argenté B 211e 112
— Pin albicaule B 211f 115
— Pin flexible B 211g 118
— Pin rigide B 211h 120
— Pin ponderosa B 211i 123
— Pin rouge B 211j 126
— Pin gris B 211k 129
— Pin tordu B 211l 132
— Pin sylvestre B 211m 135

— à feuilles en aiguilles isolées

— Sapin baumier C 211a 138
— Sapin subalpin C 211b 141
— Sapin gracieux C 211c 144
— Sapin grandissime C 211d 147
— Pruche du Canada C 211e 150
— Pruche occidentale C 211f 153
— Pruche subalpine C 211g 156
— Douglas taxifolié C 211h 158
— If occidental C 211i 163
— Épinette blanche C 211j 166
— Épinette d'Engelmann C 211k 169
— Épinette noire C 211l 171
— Épinette rouge C 211m 174
— Épinette de Sitka C 211n 176
— Épinette bleue C 211o 179
— Épinette de Norvège C 211p 181

LES ARBRES À FLEURS OU FEUILLUS 183-522

— à feuilles opposées, composées

— Sureau bleu D 432 186
— Frêne blanc D 522a 189
— Frêne rouge D 522b 192
— Marronnier d'Inde D 532 195
— Frêne bleu D 542a 198
— Frêne noir D 542b 200
— Grand Frêne D 542c 202
— Érable négundo D 572 204
— (voir D 432) D 932 207

— à feuilles opposées, simples

— Cornouiller fleuri E 522a 210
— Cornouiller de Nuttall E 522b 213
— (voir G 522g) E 522c 216
— Viorne lentago E 542a 217
— (voir G 542f) E 542b 219
— Érable à sucre E 683a 220
— Érable noir E 683b 224
— Érable grandifolié E 683c 226
— Érable de Norvège E 683d 228
— Érable rouge E 693a 230
— Érable argenté E 693b 233
— Érable de Pennsylvanie E 693c 235

— Érable à épis E 693d 237
— Érable nain E 693e 240
— Érable circiné E 693f 242
— Catalpa remarquable E 723 244

— à feuilles alternes, composées

— Ailante glanduleux F 422 248
— Sumac vinaigrier F 432a / F 442a . . 250
— Sorbier d'Amérique F 432b / F 442b . . 253
— Sorbier plaisant F 432c / F 442c . . 256
— Noyer cendré F 432d / F 442d . . 259
— Noyer noir F 432e / F 442e . . 262
— Caryer cordiforme F 432f / F 442f . . . 265
— Caryer tomenteux F 432g / F 442g . . 268
— Févier épineux F 522a 271
— Chicot Févier F 522b 274
— Robinier faux-acacia F 522c 276
— Ptéléa trifolié F 522d 279
— Sumac lustré F 522e 282
— Caryer ovale F 542a 285
— Caryer lacinié F 542b 288
— Caryer glabre F 542c 290

— à feuilles alternes, simples

— Saule satiné G 422 295
— Châtaignier d'Amérique G 432a 298
— Chêne jaune G 432b 301
— Cerisier tardif G 442a 304
— Cerisier de Pennsylvanie G 442b 307
— Peuplier angustifolié G 442c 310
— Saule noir G 442d 313
— Saule à feuilles de pêcher G 442e 316
— Saule brillant G 442f 319
— Saule du Pacifique G 442g 322
— Saule à tête laineuse G 442h 324
— Saule arbustif G 442i 326
— Saule pétiolé G 442j 328
— Saule des bancs de sable G 442k 330
— Saule pleureur G 442l 333
— Saule blanc G 442m 335
— Saule fragile G 442n 337
— (voir G 422) G 442o 339
— (voir G 422) G 462 340

— Saule de Bebb G 522a 341
— Saule discolore G 522b 343
— Saule de Sitka G 522c 345
— Saule de Scouler G 522d 347
— Saule de Hooker G 522e 349
— Saule de l'Alaska G 522f 351
— Cornouiller alternifolié G 522g 353
— Arbousier Madroño G 522h 356
— Asiminier trilobé G 522i 359
— Nyssa sylvestre G 522j 361
— Magnolier acuminé G 522k 363
— Sassafras officinal G 522l 365
— Hêtre à grandes feuilles G 532a 368
— Peuplier à grandes dents G 532b 371
— Pommier odorant G 532c 374
— Pommier du Pacifique G 532d 377
— Mûrier rouge G 533 380
— Cerisier de Virginie G 542a 383
— Cerisier amer G 542b 386
— Amélanchier G 542c 389
— Pommier commun G 542d 392
— Prunier d'Amérique G 542e 395
— Nerprun Cascara G 542f 397
— (voir G 522h) G 542g 400
— (voir G 442a) G 542h 401
— Aubépine G 552a 402
— Aulne rugueux G 552b 405
— Aulne de Sitka G 552c 408
— Bouleau à papier G 552d 411
— Bouleau jaune G 552e 415
— Bouleau occidental G 552f 418
— Ostryer de Virginie G 552g 420
— Charme de Caroline G 552h 422
— (voir G 952a) G 552i 425
— (voir G 952b) G 552j 426
— (voir G 952c) G 552k 427
— Peuplier baumier G 562a 428
— Peuplier occidental G 562b 431
— Prunier noir G 562c 434
— Aulne rouge G 562d 437
— (voir G 522a) G 562e 440

— (voir G 522b) G 562f ... 441
— Chêne à gros fruits G 572a ... 442
— Chêne blanc G 572b ... 445
— Chêne de Garry G 572c ... 449
— Chêne bicolore G 572d ... 452
— Chêne rouge G 582a ... 455
— Chêne noir G 582b ... 458
— Chêne palustre G 582c ... 461
— Chêne ellipsoïdal G 582d ... 464
— Chêne de Shumard G 582e ... 466
— (voir G 532c) G 592a ... 468
— (voir G 532d) G 592b ... 469
— Gainier rouge G 623 ... 470
— (voir G 532b) G 632 ... 472
— Peuplier faux-tremble G 662 ... 473
— Peuplier blanc G 672a / G 682a .. 476
— Tulipier d'Amérique G 672b / G 682b .. 478
— (voir G 522l) G 673 ... 481
— Platane occidental G 683a ... 482
— (voir G 533) G 683b ... 485
— (voir G 623) G 723 ... 486
— Tilleul d'Amérique G 732a / G 733a .. 487
— Micocoulier occidental G 732b / G 733b .. 491
— (voir G 552d) G 752 ... 494
— Bouleau gris G 852a ... 495
— Bouleau d'Alaska G 852b ... 498
— Bouleau blanc d'Europe G 852c ... 500
— Peuplier deltoïde G 862a ... 503
— Peuplier de Lombardie G 862b ... 506
— (voir G 732a) G 932a ... 508
— (voir G 732b) G 932b ... 509
— Orme d'Amérique G 952a ... 510
— Orme liège G 952b ... 514
— Orme rouge G 952c ... 517
— Hamamélis de Virginie G 962 ... 520

Bibliographie ... 523
Liste des arbres rares par province ... 533
Listes des arbres par famille ... 536
Index des noms français et scientifiques ... 540
Index des noms anglais proposés ... 550

AVANT-PROPOS

C'est à la suite d'ateliers offerts durant l'automne 1977 par la Division de l'interprétation et de la vulgarisation du Musée national des sciences naturelles que le présent ouvrage a vu le jour. Au départ, le guide ne comprenait que quelques illustrations et un catalogue de codes. On y retrouvait le nom scientifique, le nom français proposé et le nom anglais proposé.

Le but de ces ateliers, qui s'adressaient au grand public et surtout aux familles, était de faire découvrir les arbres de l'Outaouais de manière facile et agréable. Le matériel utilisé à cette fin se composait de spécimens d'herbier, de rameaux frais, de pièces d'exposition, le tout, gravitant autour du guide.

Ayant observé avec quelle facilité les non-initiés et principalement les enfants réussissaient à identifier les arbres, il fut décidé d'élaborer le guide dans sa version actuelle.

INTRODUCTION

Ce volume a été préparé à l'intention du grand public de tout âge qui s'intéresse au monde vivant. La mécanisation, l'industrialisation, le progrès, ont donné naissance à des monstres de béton, à des nuages mortels et à un ciel toujours plus voilé. Plusieurs citadins ressentent le besoin de retrouver la verdure, de respirer l'air pur et de contempler un ciel clair.

Cet ouvrage s'adresse à tous ceux qui désirent, tout en s'amusant, connaître les arbres qui les entourent afin de mieux les apprécier. En plus de simplifier l'identification des arbres, ce guide devrait faire naître chez le lecteur un intérêt nouveau pour son environnement. Il devrait également être un point de départ pour piquer sa curiosité et l'amener à consulter des ouvrages plus avancés qui lui feront encore mieux connaître pour mieux la conserver notre flore arborescente canadienne.

À l'aide d'une clé d'identification artificielle, ce guide utilise une approche visuelle par l'observation de la feuille, et il a souvent recours aux autres sens pour confirmer un choix ambigu. Grâce à l'utilisation des sens pour son identification, l'arbre restera gravé plus longtemps dans la mémoire. Sans pour autant chercher à dénigrer l'importance et l'utilité du langage scientifique, on peut dire que souvent celui-ci rebute et décourage un non-initié.

C'est pourquoi, des illustrations groupées en quatre tableaux, remplacent ici les textes parfois longs et pénibles et les clés dichotomiques traditionnelles, remplies de termes scientifiques et techniques difficiles à retenir. Chaque tableau décrit une des caractéristiques les plus apparentes de la feuille ou de la foliole, telles sa disposition sur le rameau, sa forme, son contour et ses nervures. Le groupement de ces quatre caractéristiques permet généralement d'identifier l'arbre observé; elles apparaissent dans le guide *par ordre alphabétique et par ordre numérique.* Si l'identification par la feuille nous amène à faire un choix entre deux ou plusieurs espèces, la clé aura recours à la silhouette, aux rameaux, à l'écorce, aux fleurs ou aux fruits de l'arbre.

Dans plusieurs ouvrages, l'accent est mis sur la description morphologique des espèces; ici, elle se limite à ses traits distinctifs. Cette description sera succincte pour une espèce facilement identifiable et plus élaborée pour une autre plus complexe.

Enfin, ce volume s'attardera surtout aux faits historiques, à l'utilisation passée, présente et future, à l'écologie, à la toxicité, aux maladies et à l'origine des noms latins, français et anglais.

En plus des arbres indigènes du Canada, nous avons inclus la description des quelques arbres ornementaux fréquemment rencontrés.

Deux espèces nouvelles ont été ajoutées: le Chêne du Shumard (*Quercus shumardii* Buckl.) et le Chêne ellipsoïdal (*Quercus ellipsoidalis* E.J. Hill); une omission, le Chêne châtaignier (*Quercus prinus* L.), a été faite à la flore indigène canadienne.

REMERCIEMENTS

Nous désirons d'abord remercier le Musée national des sciences naturelles d'avoir permis la réalisation de cet ouvrage. Merci également au personnel de la Division de la botanique, tout particulièrement à messieurs Albert Dugal et Georges Argus, pour leurs précieux conseils et leurs recommandations; au Jardin botanique de Montréal, au Centre de recherches biosystématiques d'Agriculture Canada pour avoir fourni des spécimens.

L'information contenue dans ce livre est tirée de maints dépliants, brochures ou publications produites par le ministère de l'Environnement et le ministère de l'Agriculture tant du gouvernement fédéral que des gouvernements provinciaux, et par le Musée provincial de la Colombie-Britannique.

Les livres suivants, aussi énumérés dans la bibliographie, ont été régulièrement consultés:

Arbres indigènes du Canada, de Hosie, *Flore laurentienne,* du frère Marie-Victorin, *The Flora of Nova Scotia,* de Roland et Smith, *The Flora of Canada,* de Scoggan, *The Flora of Alberta,* de Moss, *Flora of the Canadian Prairie Provinces,* de Budd, *Trees, Shrubs and Flowers to know in British Columbia,* de Harlow et Harrar et *The Complete Trees of North America,* de Elias.

Nous tenons aussi à remercier mademoiselle Louise Leclair pour son appui et tous ceux qui, de près ou de loin, ont contribué à la réalisation de ce livre.

Jean Lauriault

LISTE DES ILLUSTRATIONS

Régions forestières du Canada et
du nord des États-Unis 24
Tableau I — Disposition des feuilles sur le rameau 28
Tableau II — Forme de la feuille ou de la foliole 30
Tableau III — Contour de la feuille ou de la foliole 32
Tableau IV — Disposition des nervures de la feuille
ou de la foliole 34
Terminologie des parties de l'arbre 45
Gymnospermes et Angiospermes 47
Photosynthèse 48
Vue en perspective d'une feuille d'Érable à sucre 50
La feuille 52
Terminologie de la feuille 54
Terminologie de la feuille 55
Terminologie du rameau 56
Cônes des conifères 58
Fleurs imparfaites du Chêne blanc 60
Transformation des pièces florales en un fruit 62
Fruits des Feuillus 64
Pressage et séchage 70
Montage et identification 72
Différentes structures d'un arbre et agrandissement
de quelques cernes 74
Agrandissement de quelques cernes de trois espèces
d'arbre 76

ORGANISATION DU LIVRE

Le traitement des espèces peut sembler désordonné aux yeux de certains, et pourtant il existe dans ce désordre apparent un ordre qui n'est pas nécessairement conventionnel. Tous les arbres possédant des caractères visuels semblables sont groupés indépendamment de leur appartenance générique, par une combinaison composée d'une lettre majuscule suivie de trois chiffres, et placée dans le guide par ordre alphabétique et par ordre numérique. C'est pour cette raison que certaines espèces sont entremêlées à d'autres.

Pour chaque espèce vous trouverez la combinaison assignée, le nom français proposé, le ou les autres noms français, le nom anglais proposé, le ou les autres anglais, le nom scientifique, le nom de la famille, une carte de distribution, des faits intéressants, une illustration de la feuille et les traits distinctifs.

Nous vous proposons également quelques activités reliées aux arbres. Nous vous montrons comment monter une collection de feuilles, un herbier, et comment déterminer l'âge d'un arbre. Vous trouverez à la fin du livre une liste de suggestions de lecture et la bibliographie, une liste des arbres rares et une liste des arbres par famille.

La combinaison

Une combinaison formée d'une lettre majuscule suivie de 3 chiffres (par exemple, G 572) a été assignée à chacune des espèces d'arbres contenues dans ce guide d'identification. Ces combinaisons ont été formées à l'aide des 4 tableaux illustrés du système d'identification et apparaissent dans le guide **par ordre alphabétique et par ordre numérique.**

D'une part, il arrive que plus d'une espèce d'arbre possèdent la même combinaison. Les différentes espèces aux mêmes combinaisons sont représentées par une lettre minuscule placée à la fin de la combinaison (par exemple, G 572a et G 572b). D'autre part, certaines espèces très variables possèdent plus d'une combinaison et la combinaison alternative figure dans le guide avec mention de se référer à la combinaison où l'espèce est traitée.

Présentation d'un arbre

combinaison assignée

— **G**	tableau I : feuille alterne sur le rameau
— **5**	tableau II : feuille de forme ovale
— **7**	tableau III : feuille à lobes arrondis
— **2**	tableau IV : feuille à une nervure principale
— **b**	plus d'une espèce d'arbre ayant la même combinaison

espèce désignée rare par le Musée national des sciences naturelles

	G 572b	**Rare au Québec**
Nom français proposé autre nom français	**Chêne blanc** chêne de Québec	
Nom anglais proposé et autre nom anglais	**White oak,** stave oak	
Nom scientifique (générique, spécifique et auteur)	**Quercus alba L.**	
Nom de la famille	Famille du hêtre (Fagacées)	
Traits caractéristiques de l'espèce	**Traits distinctifs**	
	Feuilles — couvertes d'un duvet seulement à la feuillaison, puis deviennent glabres; 5-9 lobes profonds.	
	Rameaux — ne portent pas de côtes liégeuses.	
	Fruits — glands allongés à graine douce et comestible; 1,2-2 cm de long, dans une cupule écailleuse peu profonde, non frangée au sommet; mûrissent en une seule année.	
	Écorce — gris pâle, écailleuse.	
	Taille — 15-30 m de haut, 60-100 cm de diamètre.	
Région où pousse normalement l'espèce	**Aire de distribution** Région forestière des feuillus et sud de la Région forestière des Grands Lacs et du Saint-Laurent.	
Faits intéressants	. . . .	

Les arbres rares du Canada

En plus de décrire la distribution des arbres, nous mentionnerons les espèces rares du Canada et cataloguées comme telles par le Musée national des sciences naturelles dans la collection Syllogeus numéros 14, 17, 18, 20, 23, 27, 28, 48, 50 et 59. Vous trouverez à la fin du volume une liste des arbres rares par province, et une liste des arbres rares du Canada.

Les noms des arbres

Les noms français et anglais :

Les noms des arbres se transmettent de génération en génération. Les premiers colons amenèrent avec eux un bagage de connaissances de leur pays d'origine. Ils confondirent parfois un arbre indigène et une espèce européenne semblable. Tel fut le cas du Thuya, faussement appelé cèdre. Les cèdres véritables du genre *Cedrus* ne se retrouvent que dans les régions de la Méditerranée et de l'Himalaya.

Dans cet ouvrage, apparaîtra d'abord, en caractères gras, le nom français recommandé de l'espèce. Quand il n'existe pas de nom vernaculaire approprié à l'espèce, la traduction française du nom scientifique est utilisée; en voici un exemple: Saule à tête laineuse pour *Salix eriocephala.* Viennent ensuite par ordre alphabétique les autres noms français.

Pour les noms anglais, le premier, inscrit caractères gras, sera le nom anglais proposé, puis suivent les noms communs.

Tout au long de ce travail j'ai tenté d'expliquer l'origine et la signification des noms communs français et anglais.

Vous découvrirez souvent une foule de renseignements concernant une espèce d'arbre: l'habitat, la texture, la couleur et l'odeur de la feuille, du rameau, de l'écorce, de ses fleurs et de son bois, ses utilités et ses propriétés médicinales.

Le nom latin:

Le nom scientifique latin de l'arbre est également mentionné afin d'établir l'identité exacte de l'espèce et il peut servir de référence à ceux qui désirent en apprendre davantage à son sujet. Il serait souhaitable de le retenir afin d'éviter toute confusion. Le nom latin est très important car, peu importe la langue maternelle, il est compris de tous.

Les noms scientifiques de ce livre sont en majorité tirés de *A Synonymized checklist of the vascular flora of the United States, Canada, and Greenland,* de J.T. Kartesz et R. Kartesz, 1980. De plus, quelques synonymes encore utilisés dans la littérature ont été ajoutés.

Le nom latin, en caractères italiques, se compose de 3 parties. Par exemple, *Populus grandidentata* Michx., le nom scientifique du Peuplier à grandes dents, se décompose ainsi: le nom générique, *Populus,* commençant toujours par une majuscule, le nom spécifique, *grandidentata,* commençant toujours par une minuscule et enfin l'abréviation du nom de la première personne à avoir décrit l'arbre, Michx., pour A. Michaux.

Si la position d'une plante est revisée dans le système de classification, par exemple une variété est élevée au rang d'espèce ou une espèce est rattachée à un autre genre, on met entre parenthèses le nom de l'auteur qui, le premier, a décrit l'espèce, suivi du nom de l'auteur qui a modifié le nom de l'arbre.

Ainsi, Sapin subalpin, *Abies lasiocarpa* (Hook.) Nutt., signifie que W.J. Hooker a décrit cet arbre pour la première fois comme un pin (*Pinus lasiocarpa* Hook.) et que T. Nuttall l'a assigné au genre *Abies* plus tard.

Les abréviations var. et ssp. dans les noms scientifiques désignent la variété et la sous-espèce tandis que ex, ou dans, signifie qu'un auteur a publié dans un livre une description fournie par un autre auteur. Donc *Salix hookeriana* Barr. ex Hook. indique que W.J. Hooker a publié dans *Flora boreali-americana* la description qu'a faite J. Barratt de cette espèce.

Pour certains, ce langage scientifique relève du snobisme et pour d'autres, ces noms sont de vraies chinoiseries. Afin de les rendre plus accessibles et plus compréhensibles à tous, j'ai tenu à traiter de l'étymologie de chacun.

Le nom de la famille

Pour chaque espèce, le nom français de la famille à laquelle elle appartient est aussi précisé. Le nom d'une famille est la traduction du nom latin. Ainsi, *Oleaceae* devient Oléacées. Un tel mot n'est pas toujours très significatif. Aussi, nous mentionnons le type principal de la famille. Oléacées, désigne donc dans ce livre la famille de l'olivier.

Cartes de distribution

Il y a quinze mille ans à peine, le Canada était recouvert d'une épaisse nappe de glace. Ce n'est qu'après le retrait des glaciers et l'assèchement progressif du terrain qu'apparut la végétation. La distribution des espèces végétales entraîna alors la formation des zones forestières. Ces zones, appelées également zones bioclimatiques, sont probablement le produit de l'altitude, du climat, des perturbations naturelles, du sol et du sous-sol, de la faune et de l'influence de l'homme.

Nous avons adopté la classification proposée par J.S. Rowe (1972) qui divise les forêts du Canada en huit régions forestières, auxquelles on ajoute la région des Prairies. Les arbres qui nous intéressent se situent dans ces régions.

Les cartes de distribution proposées par R.C. Hosie (1978), entre autres, ont servi à la réalisation des cartes de la partie Canada traitée dans ce livre.

Le volume, *Géographie floristique du Québec-Labrador,* de Rousseau (1974), ainsi que les ouvrages suivants ont fait fonction de références: *Shrubs of Ontario,* de Soper et Heimburger (1982), la deuxième édition de *Flora of Alberta,* de Moss (1983), et certaines publications du Musée provincial de la Colombie-Britannique. L'*Atlas des plantes vasculaires rares de l'Ontario,* et la série *Syllogeus* des plantes vasculaires rares des différentes provinces, tous deux édités par le Musée national des sciences naturelles, ont été une source inestimable de renseignements qui ont contribué à l'élaboration des cartes de distribution des arbres rares du Canada. Grâce aux recherches qu'ont effectuées ces auteurs, la distribution des arbres indigènes du Canada a été précisée et/ou confirmée.

Régions forestières du Canada et du nord des États-Unis

Carte 1
boréale

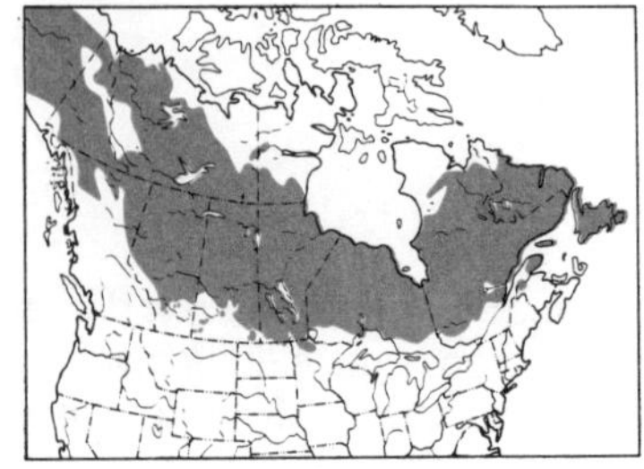

Carte 2
subalpine

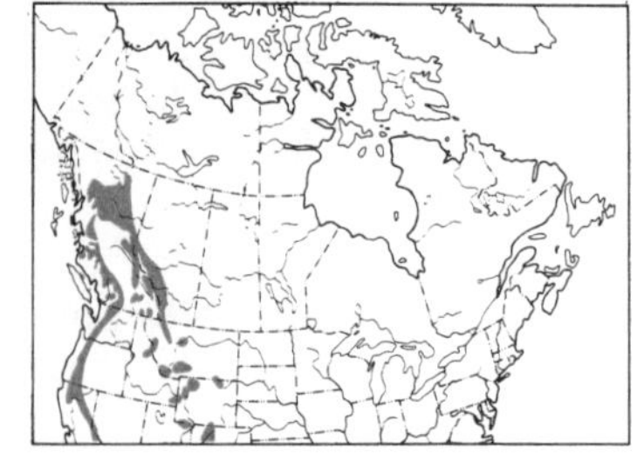

Carte 3
montagnarde

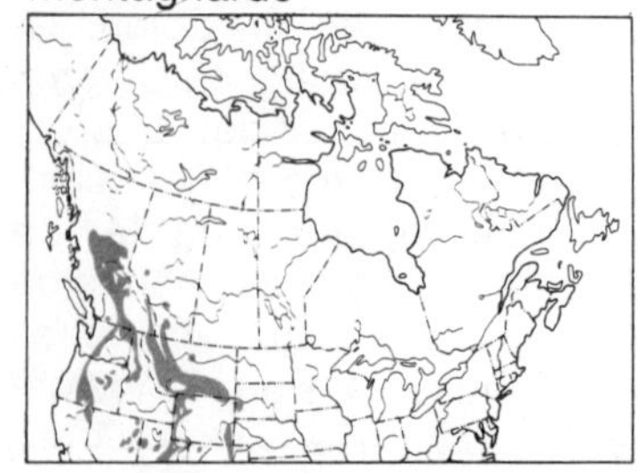

Carte 4
côtière

Carte 5
du Columbia

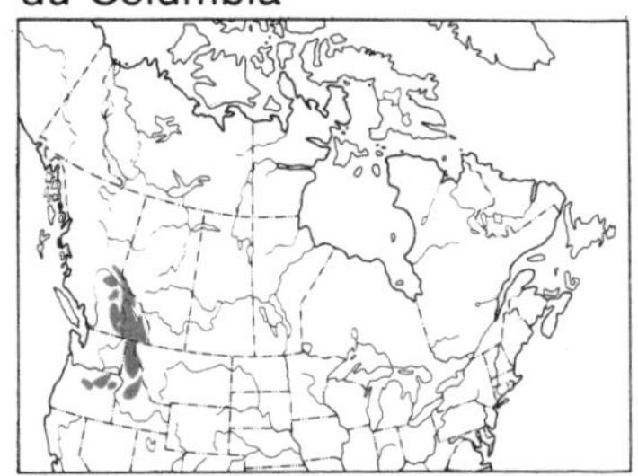

Carte 6
des feuillus

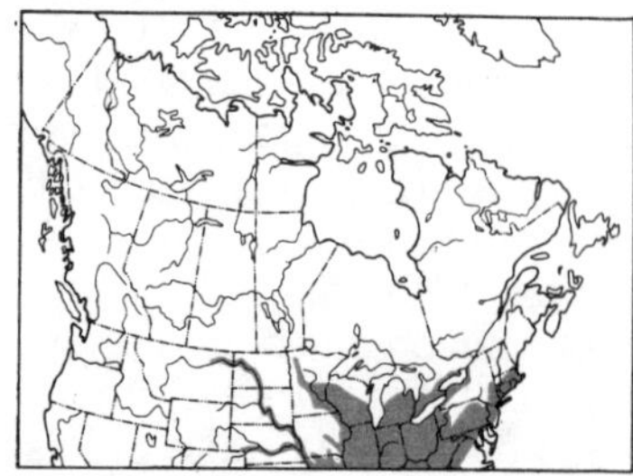

Adaptation de J.S. Row pour le Canada et de A.W. Küchler et de E.L. Braun pour les États-Unis

Carte 7
des Grands Lacs et du St-Laurent

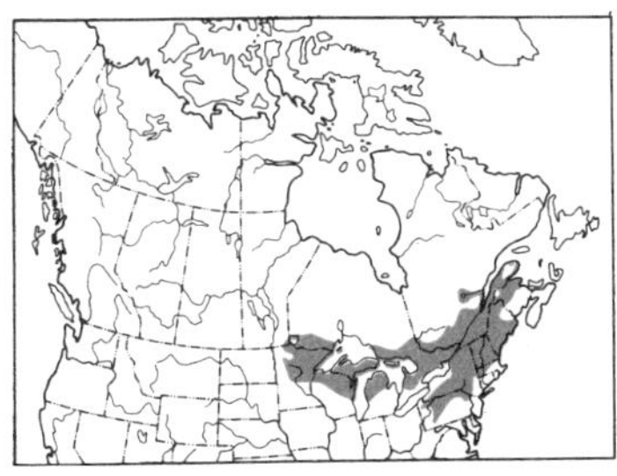

Carte 8
acadienne

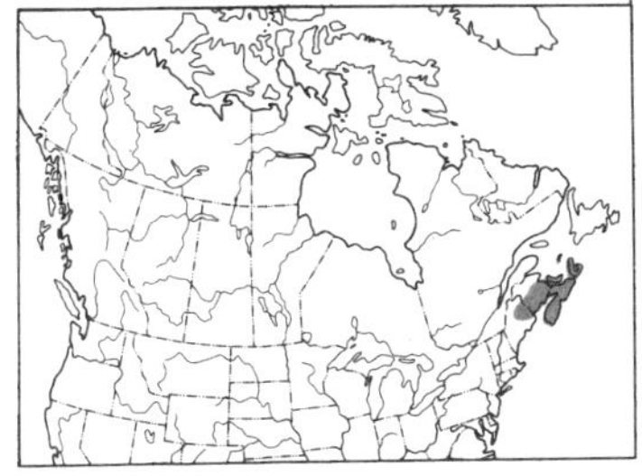

Carte 9
des Prairies

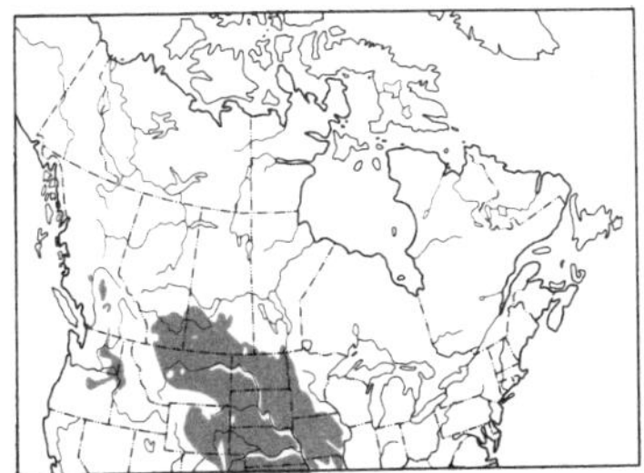

Quant à la distribution des arbres aux États-Unis, les renseignements ont été tirés principalement de l'*Atlas of United States Trees,* de Little (1971-1976), et pour les espèces qui n'apparaissaient pas dans l'Atlas, *The Complete Trees of North America,* de Elias (1980), et d'autres ouvrages sont venus compléter l'information.

Faits intéressants

Le lecteur trouvera dans cette partie la synthèse des lectures de l'auteur. Chaque arbre est traité individuellement et la longueur du texte est reliée à l'abondance de l'arbre ainsi qu'à son importance économique passée, présente et future. Certains arbres sont la cause principale du développement d'une région, d'autres ont joué un rôle primordial dans la vie des Amérindiens et des premiers colons tandis que d'autres, peu connus et sans utilité apparente ne font pas l'objet d'une longue discussion.

Cette section comprend généralement l'étymologie des noms scientifique, français et anglais, ainsi que des faits historiques, l'importance économique, la toxicité, les propriétés médicinales, la situation écologique et les maladies de l'arbre.

Vous y découvrirez sûrement une foule de renseignements qui vous permettront de mieux connaître les arbres et qui vous inciteront à les apprécier et surtout à les respecter.

Illustrations

Réalisées à partir de spécimens typiques de l'Herbier national du Canada, de l'Herbier d'Agriculture Canada et de spécimens frais, les illustrations reflètent, dans la mesure du possible, les variations de forme et de contour de la feuille ou de la foliole d'une même espèce. Les caractéristiques du fruit, de l'écorce et de la silhouette pouvant aider à différencier une espèce d'une autre sont également illustrées.

Traits distinctifs

Dans cette section, vous trouverez les caractères que je considère les plus apparents et les plus faciles à observer ou à détecter, et non pas une description morphologique détaillée de l'espèce. C'est la raison pour laquelle les traits caractéristiques de l'arbre ne se répètent pas systématiquement pour chaque espèce.

La description morphologique n'est pas l'objet de ce livre, mais vous pourrez en trouver une complète dans d'autres ouvrages plus spécialisés. Les traits distinctifs vous aideront à confirmer votre choix et ajouteront des détails tels que la couleur, l'odeur et le goût qui sont impossibles à rendre par des dessins. La hauteur et le diamètre, exprimés dans le système métrique, ont été ajoutés en guise de comparaison et représentent des moyennes d'arbres mûrs.

Tableau I

Disposition des feuilles sur le rameau

Conifères

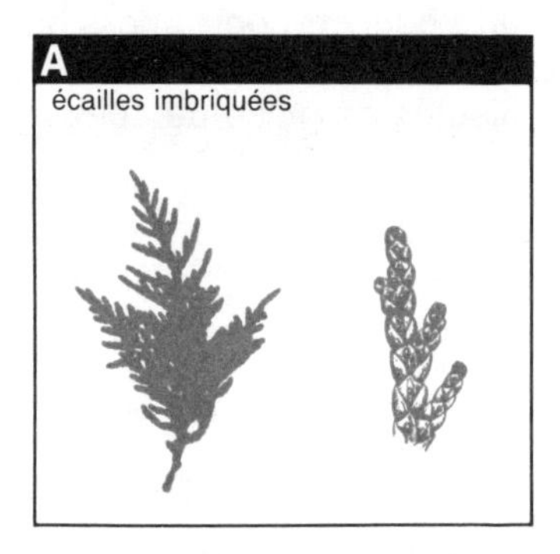

A
écailles imbriquées

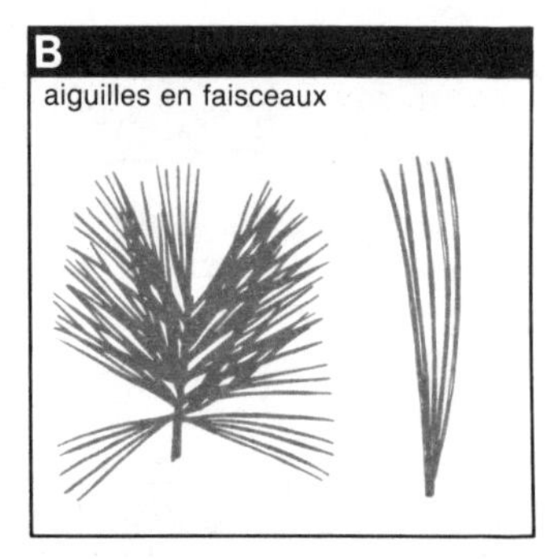

B
aiguilles en faisceaux

C
aiguilles isolées

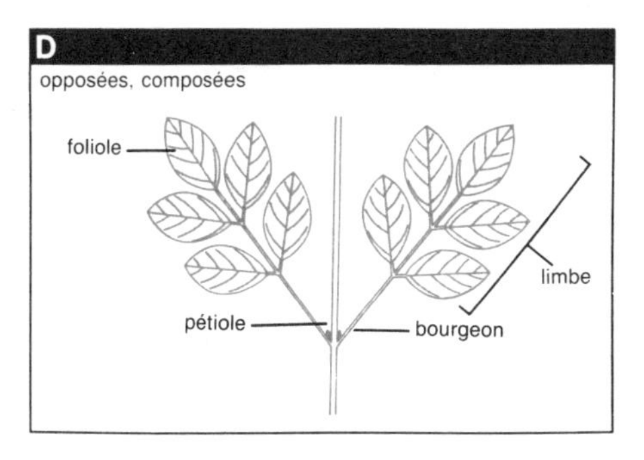
D
opposées, composées
foliole
limbe
pétiole
bourgeon

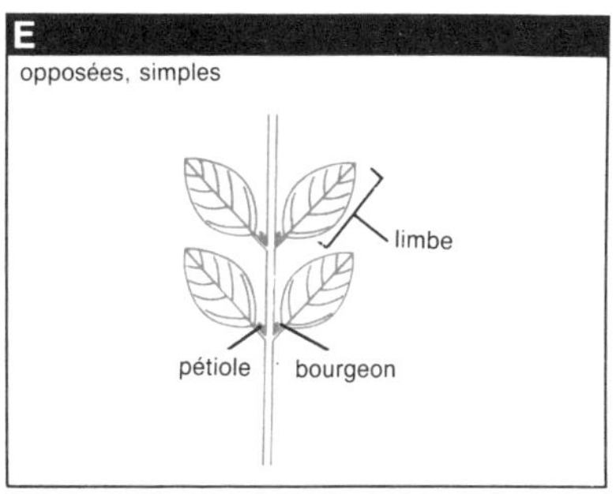
E
opposées, simples
limbe
pétiole
bourgeon

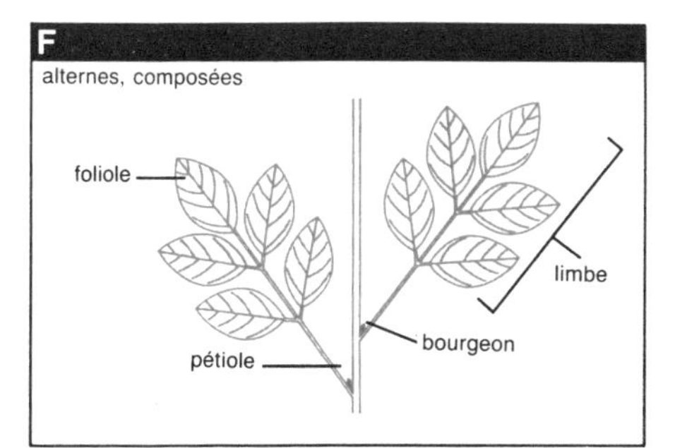
F
alternes, composées
foliole
limbe
pétiole
bourgeon

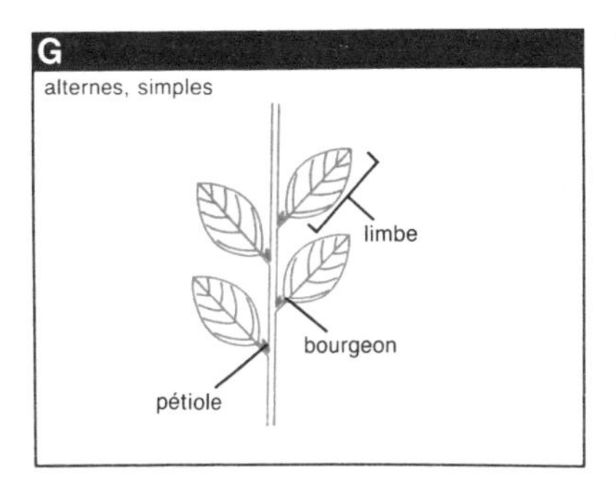
G
alternes, simples
limbe
bourgeon
pétiole

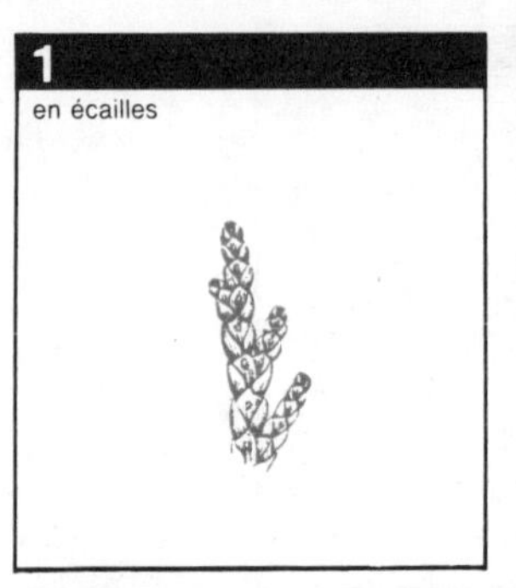
1
en écailles

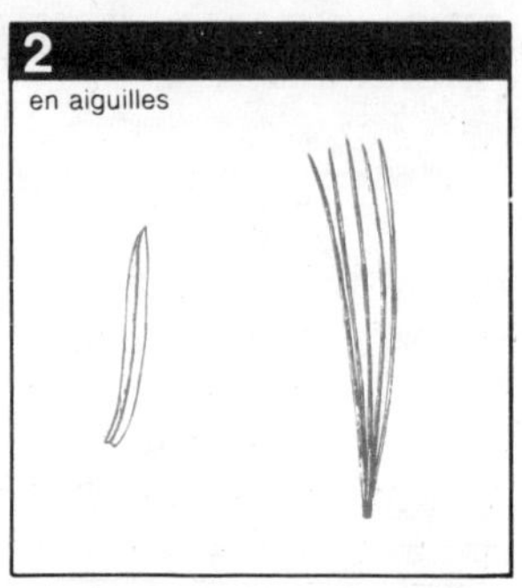
2
en aiguilles

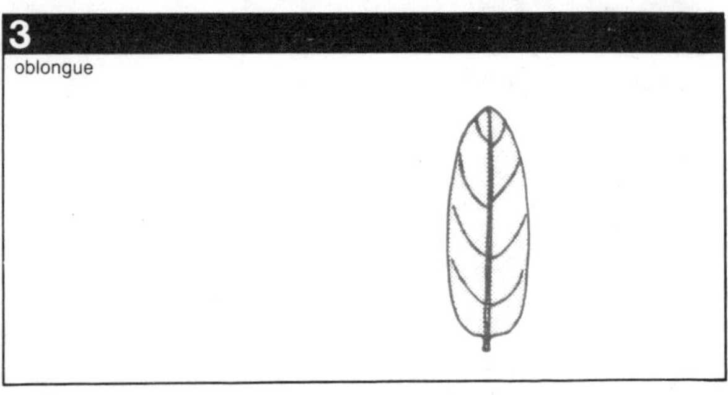
3
oblongue

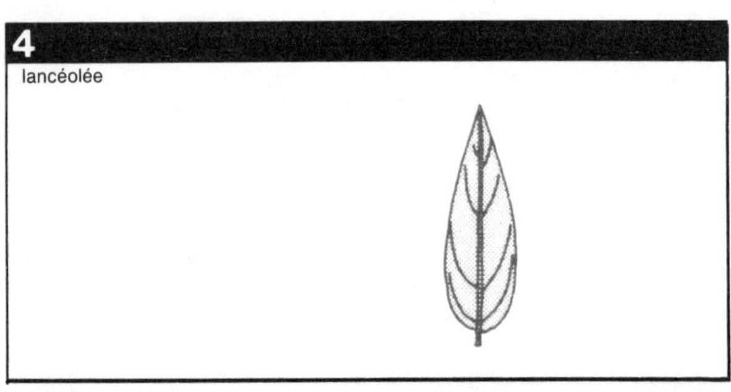
4
lancéolée

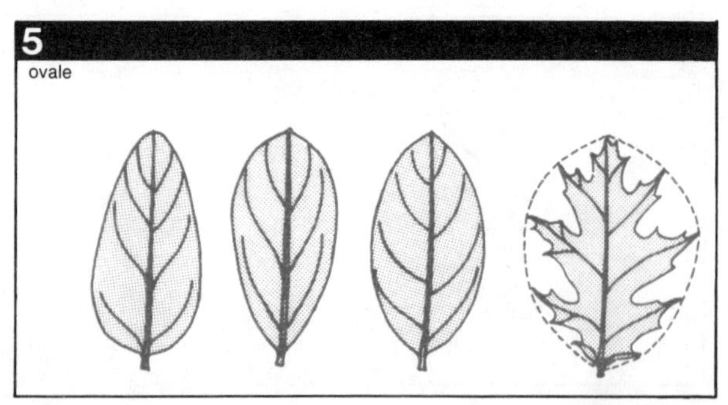
5
ovale

Tableau II

Forme de la feuille ou de la foliole

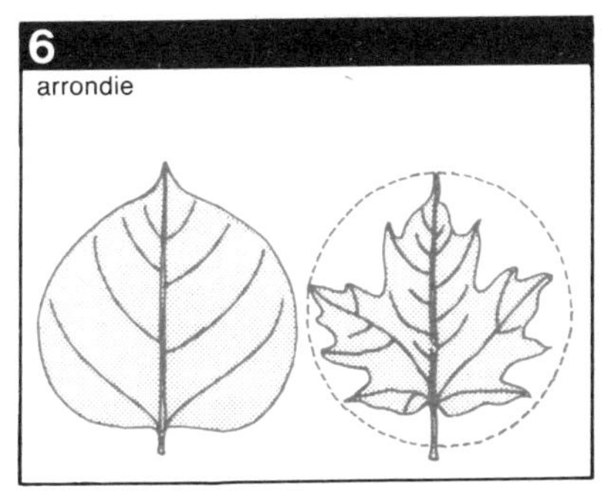

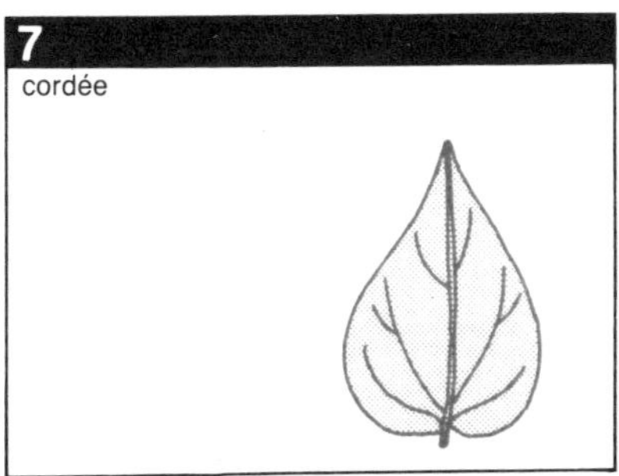

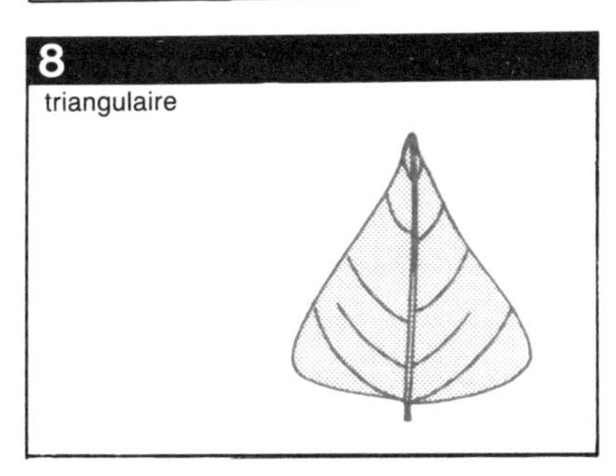

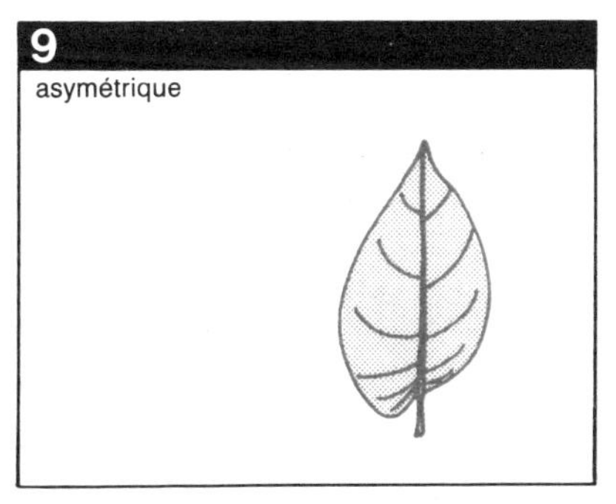

Tableau III

Contour
de la feuille ou de la foliole

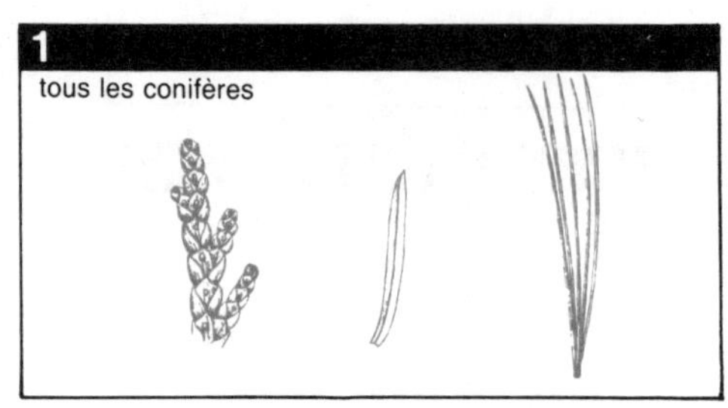

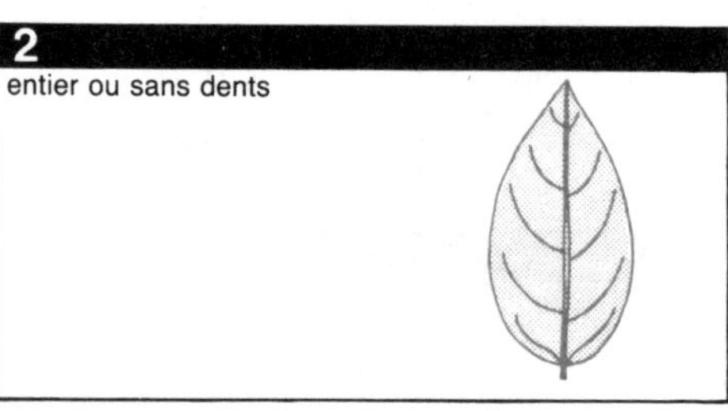

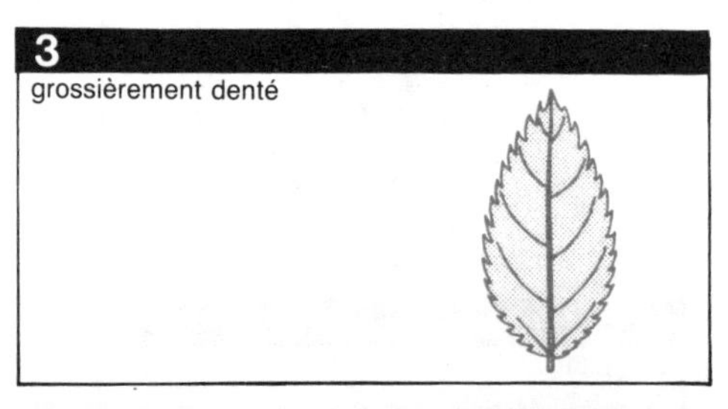

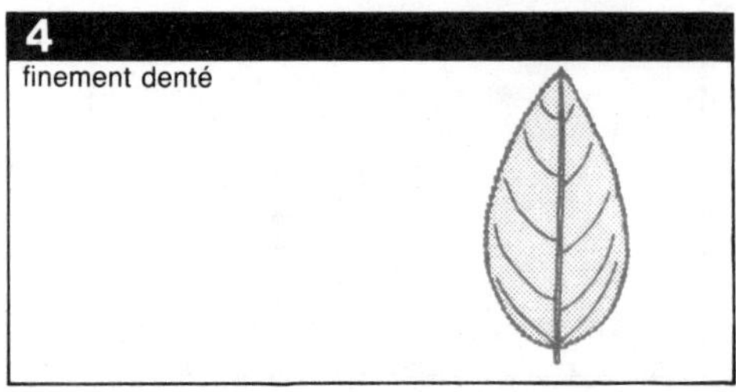

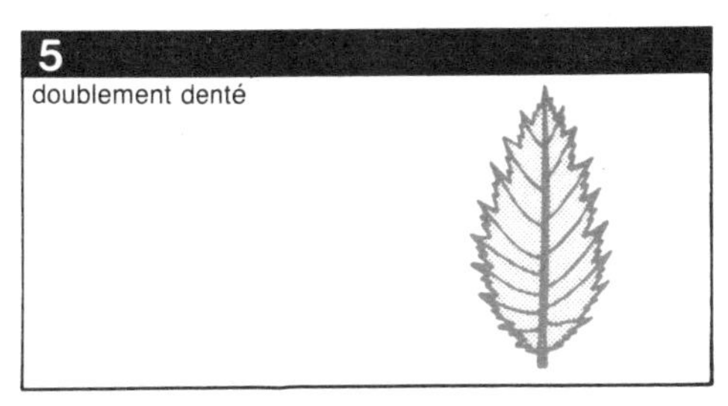
5
doublement denté

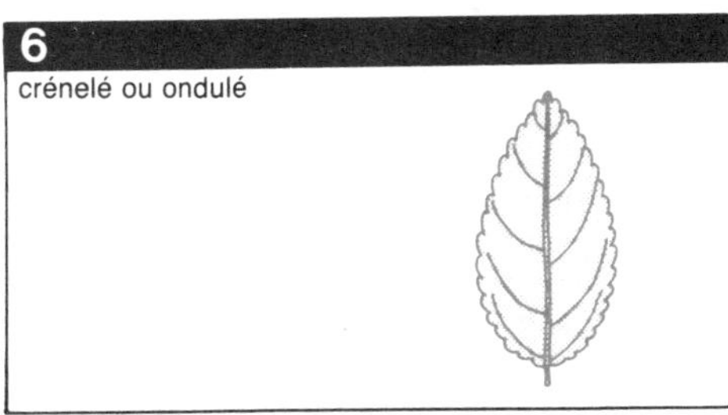
6
crénelé ou ondulé

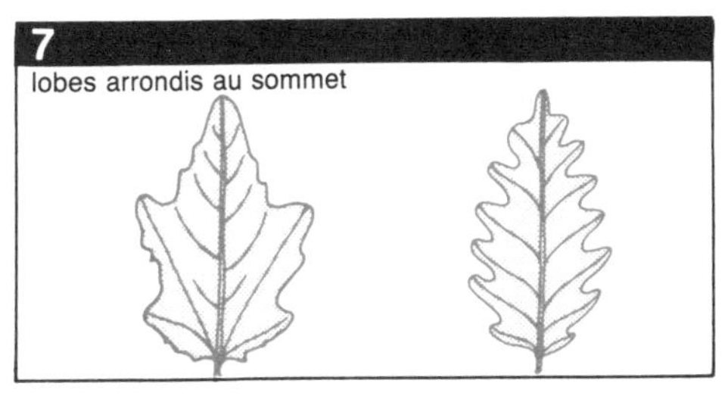
7
lobes arrondis au sommet

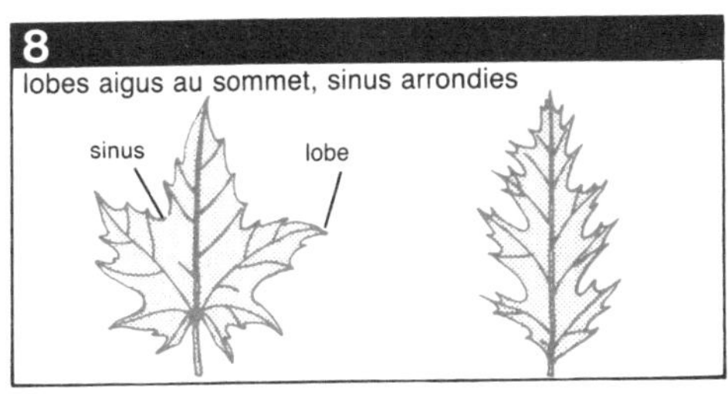
8
lobes aigus au sommet, sinus arrondies
sinus
lobe

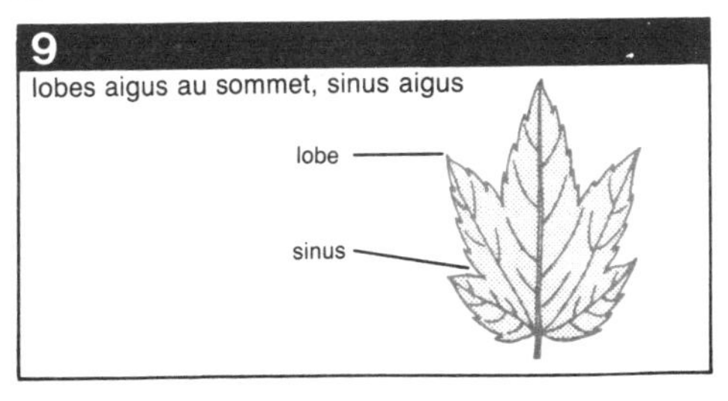
9
lobes aigus au sommet, sinus aigus
lobe
sinus

Tableau IV

Disposition des nervures de la feuille ou de la foliole

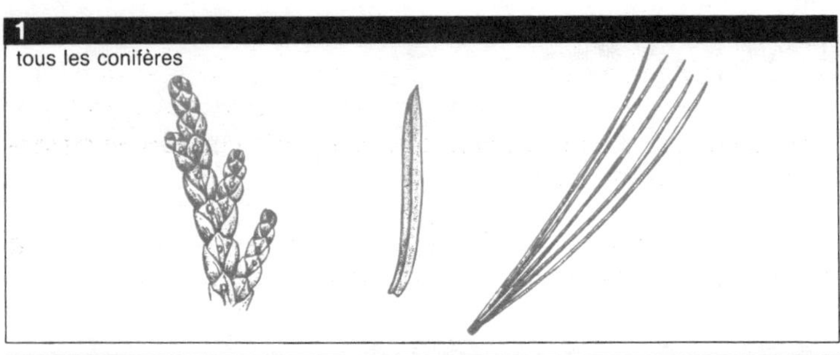

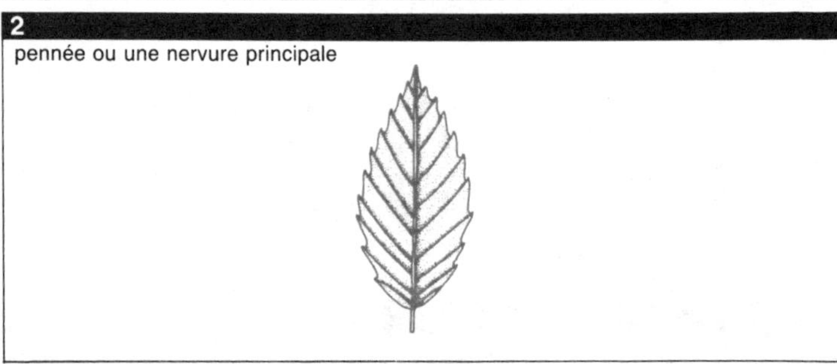

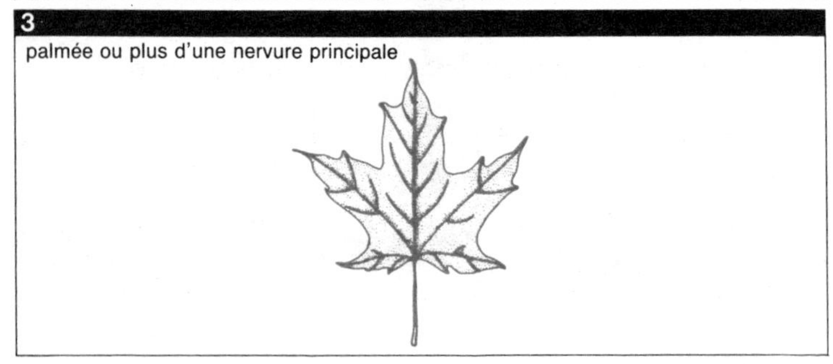

LE SYSTÈME D'IDENTIFICATION

Afin d'identifier un arbre, vous choisissez:

1. la lettre du Tableau I qui ressemble le plus à la disposition des feuilles sur le rameau. Ce premier choix détermine auquel des sept (7) groupes l'arbre appartient.

2. dans chacun des Tableaux II, III et IV le chiffre qui correspond le mieux à la forme, au contour et à la disposition des nervures de la feuille ou de la foliole. Vous obtenez alors une combinaison formée d'une lettre et de trois (3) chiffres, **G 572** par exemple, que vous trouverez dans le guide **par ordre alphabétique et numérique.**

3. vous confirmez l'identification de l'arbre en comparant la feuille aux illustrations et en lisant les traits distinctifs.

Comment utiliser le système d'identification

Il serait d'abord utile de vous familiariser avec les illustrations des quatre (4) tableaux du système d'identification et les illustrations de la terminologie de l'arbre, de la feuille ou foliole et du rameau.

1. Observation de l'arbre

Regardez attentivement l'arbre que vous voulez identifier. Servez-vous de tous vos sens pour découvrir l'arbre dans son entier. Il vous révélera ainsi plusieurs de ses secrets.

Examinez la silhouette, le feuillage, l'écorce, les rameaux, les fleurs, les fruits et les bourgeons, selon la saison.

La silhouette présente-t-elle une forme particulière: évasée ou pyramidale, élancée? — Le tronc est-il contorsionné ou droit? — Promenez vos doigts sur l'écorce; est-elle lisse, rugueuse, en lambeaux ou papyracée? — Quelle est sa couleur? — Est-elle couverte de fentes horizontales appelées lenticelles? Sont-elles grandes ou petites?

Touchez aux rameaux afin d'en déterminer la texture. Les rameaux sont-ils ronds ou quadrangulaires? — Ont-ils des aiguilles? — Y a-t-il plusieurs bourgeons groupés au sommet? — Si vous la grattez du bout de l'ongle, l'écorce du rameau dégage-t-elle une odeur?

Essayez de trouver les fleurs, les fruits ou les cônes. Ont-ils une forme, une texture, une odeur caractéristique?

Les réponses à ces questions vous fourniront des indices qui faciliteront l'identification d'un arbre et confirmeront votre choix.

2. Observation de la feuille

Observez les feuilles avec vos sens; touchez-les, sentez-les. Frissonnent-elles à la moindre brise? — Ont-elles des structures particulières telles que des glandes? — Ont-elles un pétiole aplati? — Dégagent-elles une odeur lorsqu'on les froisse.

Enfin, choisissez-en une qui soit représentative de ses congénères. Assurez-vous qu'elle est saine, parce qu'une feuille atteinte d'une maladie pourrait fausser l'identification. Évitez les rejetons et les drageons qui ne sont normalement pas caractéristiques de l'espèce.

Si la cime est inaccessible, cherchez autour de l'arbre, vous trouverez sûrement une feuille sur la litière.

3. Formation de la combinaison

a) Choisissez au Tableau I la lettre (A à G) qui correspond à la disposition des feuilles sur le rameau: imbriquées, en faisceaux ou isolées pour les conifères; alternes ou opposées pour les feuillus.

De plus, si l'arbre est un conifère à feuilles groupées en faisceaux, comptez le nombre d'aiguilles par faisceau: plus de 5, 5, 3 ou 2. Ceci facilitera grandement l'identification des espèces et des groupes.

Chez les feuillus, la disposition peut être déterminée par l'observation des pousses de l'année qui sont généralement de couleur différente.

Si les branches sont hors de portée, examinez la disposition des rameaux sur les branches, elle correspond à la disposition de la feuille sur le rameau.

b) Choisissez au Tableau II le chiffre qui correspond le mieux à la forme de la feuille ou de la foliole.

c) Choisissez au Tableau III le chiffre qui correspond le mieux au contour de la feuille ou de la foliole.

d) Choisissez au Tableau IV le chiffre qui correspond le mieux à la disposition des nervures de la feuille ou de la foliole.

4. Identification de l'arbre

a) Regroupez maintenant la lettre et les 3 chiffres. Vous obtenez une combinaison du genre **G 532.** «**G**» signifie que l'arbre est un feuillu à feuilles alternes et simples. Le premier chiffre «**5**» correspond à sa forme ovale et le chiffre «**3**» décrit le contour grossièrement denté de la feuille. Enfin, le chiffre «**2**» signifie que la feuille possède une seule nervure principale.

Une combinaison a été attribuée à chacune des 149 espèces décrites dans ce volume et celles-ci sont placées **en ordre alphabétique de A à G et en ordre numérique de 111 à 962. La combinaison apparaît dans le coin supérieur gauche au-dessus de l'illustration de l'espèce.** Trouvez cette combinaison dans le guide et vous obtiendrez le nom de l'espèce observée.

b) Comparez la feuille de l'arbre à l'illustration et lisez les traits distinctifs afin de confirmer votre choix.

Il arrive qu'une combinaison corresponde à plusieurs espèces d'arbres. Les choix possibles sont représentés par **une lettre minuscule** à la fin de la combinaison (G 532**a**). Un choix s'impose.

Il arrive aussi que certaines espèces d'arbre possèdent deux combinaisons différentes car la forme et le contour de la feuille ou de la foliole varient chez une même espèce. C'est le cas du Peuplier à grandes dents: **G 532b** et **G 632**. La forme la plus fréquente c'est la feuille ovale (le 1er chiffre de la partie numérique) «**5**» et c'est à la combinaison **G 532b** que vous trouverez la description de l'arbre. Parfois, sa feuille est presque ronde «**6**», ce qui donne la combinaison **G 632**. Cette combinaison est placée en ordre alphabétique et numérique avec mention de se référer à la combinaison **G 532b**.

5. Problèmes d'identification

Si vous ne réussissez pas à identifier votre arbre, il se peut que ce soit:

1. à cause d'une erreur dans la sélection de la combinaison;

2. parce qu'il s'agit d'une espèce introduite non traitée dans ce guide. Faute d'espace, nous n'avons pas traité de toutes les espèces introduites ni de toutes les variétés;

3. parce que vous êtes en présence d'un hybride; c'est souvent le cas chez les épinettes, les peupliers, les frênes et les saules;

4. parce que votre inconnu n'est pas un arbre mais plutôt un arbuste selon la définition qu'on donne d'un arbre dans cet ouvrage. Si un tel cas se présentait, vous connaîtriez au moins le groupe auquel votre arbrela description de l'arbre. Parfois, sa feuille est presque ronde «**6**», ce qui donne la combinaison **G 562e**. Cette combinaison est placée en ordre alphabétique et numérique avec mention de se référer à la combinaison **G 532b**.

Remarque sur les genres *Crataegus* (Aubépine) et *Amelanchier* (Amélanchier):

Vu la très grande plasticité de ces deux genres, le nombre d'espèces varie considérablement d'un auteur à l'autre. La grande capacité d'hybridation complique énormément l'identification des espèces. C'est pour cette raison que l'aubépine et l'amélanchier sont traités comme genre seulement.

Exemple d'identification

Afin de vous aider à comprendre le système d'identification nous allons utiliser deux exemples: un conifère, le Pin rouge, et un feuillu, le Tilleul d'Amérique.

Le Pin rouge

1. Observation de l'arbre

Regardons attentivement l'arbre à identifier. C'est un conifère situé dans un champ sablonneux. Nous remarquons que son feuillage est formé d'aiguilles.

Passons ensuite nos doigts sur l'écorce. Celle-ci est rougeâtre et écailleuse. Maintenant sentons nos mains; il s'en dégagera probablement une odeur de résine.

Essayons ensuite de trouver des cônes. Il y en a sûrement çà et là sur le sol. Sinon, scrutons la cime, nous apercevrons peut-être des cônes fermés ou ouverts.

2. Observation de la feuille

Touchons à son feuillage. Nous constatons que les aiguilles vert foncé sont piquantes et longues, qu'elles rayonnent autour du rameau et qu'elles sont groupées par deux.

3. Formation de la combinaison

a) Choisissons au *Tableau I* la lettre qui correspond à la *disposition* des feuilles sur le rameau — Feuilles en aiguilles groupées en faisceaux: «**B**».

B ___ ___ ___

b) Choisissons au *Tableau II* le chiffre qui correspond à la meilleure description de la *forme* de la feuille — Feuilles en aiguilles: «**2**».

B 2 ___ ___

c) Choisissons au *Tableau III* le chiffre qui décrit le mieux le *contour* de la feuille — Tous les conifères: «**1**».

B 2 1 ___

d) Choisissons au *Tableau IV* un chiffre correspondant à la *disposition des nervures* de la feuille — Tous les conifères: «**1**».

B 2 1 1

3. Identification de l'arbre

a) La combinaison de la lettre et des trois chiffres donne **B 211.** Trouvons maintenant **B 211** dans le guide. Nous constatons que la combinaison **B 211** correspond à plusieurs espèces d'arbres; c'est pour cette raison que nous trouvons une lettre minuscule à la fin de la combinaison. Dans cet exemple, nous avons 13 espèces dont 12 espèces indigènes, donc de «**a**» à «**m**».

Cette combinaison regroupe les conifères à feuilles en aiguilles groupées en faisceaux. Dans notre exemple, ce sont 2 aiguilles de 10 à 15 cm par faisceau. Pour connaître le nom de l'arbre il suffit de comparer notre spécimen aux illustrations.

b) Commençons par **B 211a.** L'illustration montre clairement qu'il y a plus de deux aiguilles par faisceau. Ce n'est donc pas ce que nous cherchons. Seuls **B 211j, B 211k, B 211l,** et **B 211m,** possèdent deux aiguilles par faisceau.

B 211j a 2 longues aiguilles par faisceau. La lecture des traits distinctifs confirme notre choix, l'arbre s'appelle: Pin rouge. De plus, la carte illustrant l'aire de distribution de l'espèce vient confirmer notre choix.

Regardons maintenant les trois autres combinaisons **B 211k, B 211l** et **B 211m.** Dans les trois cas, il y a 2 aiguilles par faisceau, mais elles sont beaucoup plus courtes. En lisant le texte, vous découvrirez plusieurs faits intéressants au sujet du Pin rouge.

Le Tilleul d'Amérique
(au début de juillet)

1. Observation de l'arbre

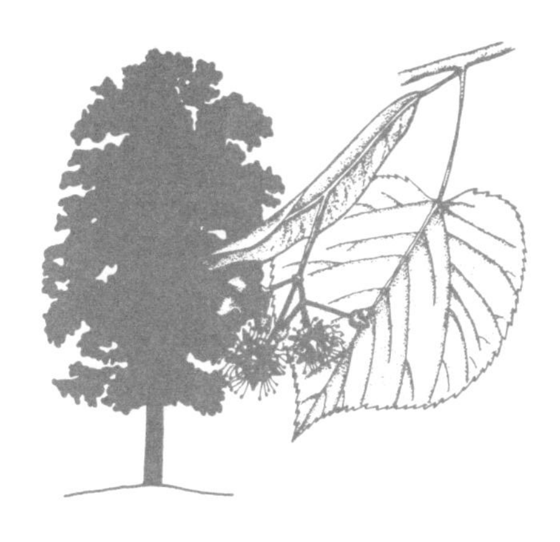

Regardons l'arbre attentivement. Nous voyons un arbre à silhouette régulière et élancée et au feuillage dense.

Une brise dirige vers nous l'odeur suave de ses fleurs de couleur crème qui envahit l'air. Suivons notre nez qui nous amène auprès de l'arbre. Maintenant, laissons travailler nos oreilles. L'arbre semble émettre un bourdonnement sourd. En regardant de plus près, on aperçoit des milliers d'abeilles affairées à butiner des fleurs pendantes attachées à une sorte de feuille.

Au toucher, l'écorce grisâtre est écailleuse mais lisse sur les grosses branches. De plus, les petites branches sont en zigzag.

2. Observation de la feuille

On choisit une feuille type. Celle-ci est grande et varie de 12 à 15 cm.

3. Formation de la combinaison

a) Choisissons au *Tableau I* la lettre qui correspond à la **disposition des feuilles** sur le rameau. Comme nous avons un arbre à feuilles simples et que celles-ci alternent sur le rameau, notre choix s'arrête à — Feuilles alternes, simples: «**G**».

G ___ ___ ___

b) Choisissons au *Tableau II* un chiffre afin de déterminer la *forme* de la feuille. Nous remarquons que la feuille est asymétrique et en forme de coeur (cordée). Les deux apparaissent au Tableau II, mais choisissons — Forme cordée: «**7**».

G 7 ___ ___

c) Choisissons au *Tableau III* un chiffre pour le *contour* de la feuille — Contour grossièrement denté: «**3**».

G 73 ___

d) Choisissons au *Tableau IV* un chiffre pour la *disposition des nervures* de la feuille. Étant donné qu'il y a plus d'une grosse nervure qui prennent naissance à la base du limbe, nous choisirons donc — nervure palmée: «**3**». Comme chez certaines feuilles, la disposition des nervures n'est pas toujours évidente, on peut également retenir «**2**».

G 733 et **G 732**

4. Identification de l'arbre

a) En regroupant la lettre et les trois chiffres nous avons donc obtenu les combinaisons **G 732** et **G 733.**

b) Cherchons la combinaison **G 732** dans le guide. Un choix s'impose car deux espèces répondent à la même combinaison. En comparant notre feuille aux illustrations et en consultant les traits caractéristiques des deux espèces, il appert que notre arbre est un Tilleul d'Amérique dont la combinaison est:

G 733a

c) Voyons maintenant ce qui serait arrivé si, au lieu de la forme cordée «**7**», nous avions choisi la forme asymétrique «**9**». La combinaison serait alors **G 932** et **G 933**. Allons voir ces combinaisons dans le guide. Nous trouvons ces combinaisons avec la mention de se référer à la combinaison **G 732a** et **G 733a**.

d) Si après avoir bien suivi toutes ces étapes vous ne trouvez pas votre spécimen dans le guide, il se peut que vous ayez fait une erreur en déterminant la combinaison. Répétez soigneusement toutes les étapes de l'identification.

QU'EST-CE QU'UN ARBRE INDIGÈNE DU CANADA?

La plupart des gens considèrent la forêt comme un assemblage d'arbres vivants sur une parcelle de terrain. Il suffit d'ouvrir les yeux et les oreilles pour constater qu'il règne dans la forêt une activité intense du tapis du sol jusqu'à la haute futaie. La forêt est une communauté complexe d'organismes vivants, composée d'innombrables populations très diversifiées, et dans laquelle l'arbre est l'espèce dominante. Elle peut être considérée comme la ville de la nature et les arbres comme ses habitants.

Bon nombre de définitions peuvent s'appliquer à un arbre mais il est avant tout un être vivant qui naît, croît, se reproduit et meurt. Comme tous les organismes vivants, les arbres sont composés de cellules, mais ils ont la particularité d'être constitués principalement (environ 80%) de cellules mortes. Une seule petite partie de l'arbre est vivante et ces cellules entretiennent les fonctions vitales d'un arbre.

On entend souvent dire que les arbres sont les géants des forêts et ceci est particulièrement vrai pour le Séquoia toujours-vert *(Sequoia sempervirens* (Lamb. ex D. Don) Endl.). Essayez de vous imaginer un arbre de 90 m de haut, 10 m de diamètre et âgé de plus de 2 000 ans. Ce géant, le plus grand arbre vivant sur la terre, est une espèce indigène de la Californie.

Si les Séquoia détiennent la palme pour leur fort diamètre, le Pin à longue vie *(Pinus longaeva* D.K. Bailey) peut se vanter d'avoir une longévité de 3 000 à 5 000 ans. Pour fin de comparaison, un spécimen moyen du Pin blanc mesure environ 25 m de hauteur et l m de diamètre, et il peut vivre 400 ans.

Le Canada possède aussi ses géants: le Douglas taxifolié *(Pseudotsuga menziesii* (Mirbel) Franco), une espèce indigène de la Région côtière du Pacifique. Certains arbres peuvent atteindre 90 m de hauteur, mesurer plus de 5 m de diamètre, et vivre 1 200 ans.

Dans cet ouvrage, nous définissons un **arbre indigène du Canada** comme étant une **plante ligneuse vivace, qui croît naturellement au Canada, et dont la tige (tronc ou fût), d'au**

moins 5 m de hauteur, ne se ramifie qu'à une certaine distance du sol et supporte une cime.

Certaines espèces intermédiaires, soit un petit arbre, soit un grand arbuste sont incluses dans le guide, ainsi que quelques arbres introduits pour fins ornementales.

Sont omis dans ce volume tous les arbustes, c'est-à-dire toutes plantes ligneuses qui ne possèdent pas un fût et qui n'atteignent pas 5 m de hauteur.

Les arbres se divisent en deux groupes: les **conifères** (Gymnospermes) et les **arbres à fleurs** ou **feuillus** (Angiospermes).

Les conifères

Aux Gymnospermes, on associe les conifères ou résineux, également appelés bois mou ou tendre. Ce sont des arbres à feuilles persistantes, c'est-à-dire qu'ils gardent leurs feuilles (ou aiguilles) à longueur d'année, ce qui leur permet de rester toujours verts. Une seul exception à la règle: les mélèzes, qui perdent annuellement leurs aiguilles.

Les conifères ne possèdent pas, à proprement parler, des fleurs, mais le mot «fleur» est couramment employé pour désigner les organes mâles et femelles de ces arbres. L'organe porteur des graines est généralement un cône d'où l'origine du mot conifère. De même, ils ne portent pas de fruits (un ovaire fécondé rendu à maturité) mais le terme «fruit» est également utilisé dans presque tous les traités de botanique.

Comme en témoigne l'étymologie du nom Gymnosperme, du grec *gymnos*, nu, et *sperma*, sperme ou semence, les ovules et les graines ne sont pas contenus respectivement dans un ovaire ou dans un fruit, mais ils sont nus. Le cône femelle formé d'écailles porte les graines qui mettent généralement deux ans à atteindre leur maturité.

Enfin, ce sont des arbres monoïques, des arbres dont les organes mâles et femelles sont réunis sur un même arbre. Cependant, les genévriers et les ifs sont des arbres dioïques, c'est-à-dire que les organes des deux sexes se trouvent sur des arbres différents.

Terminologie des parties de l'arbre

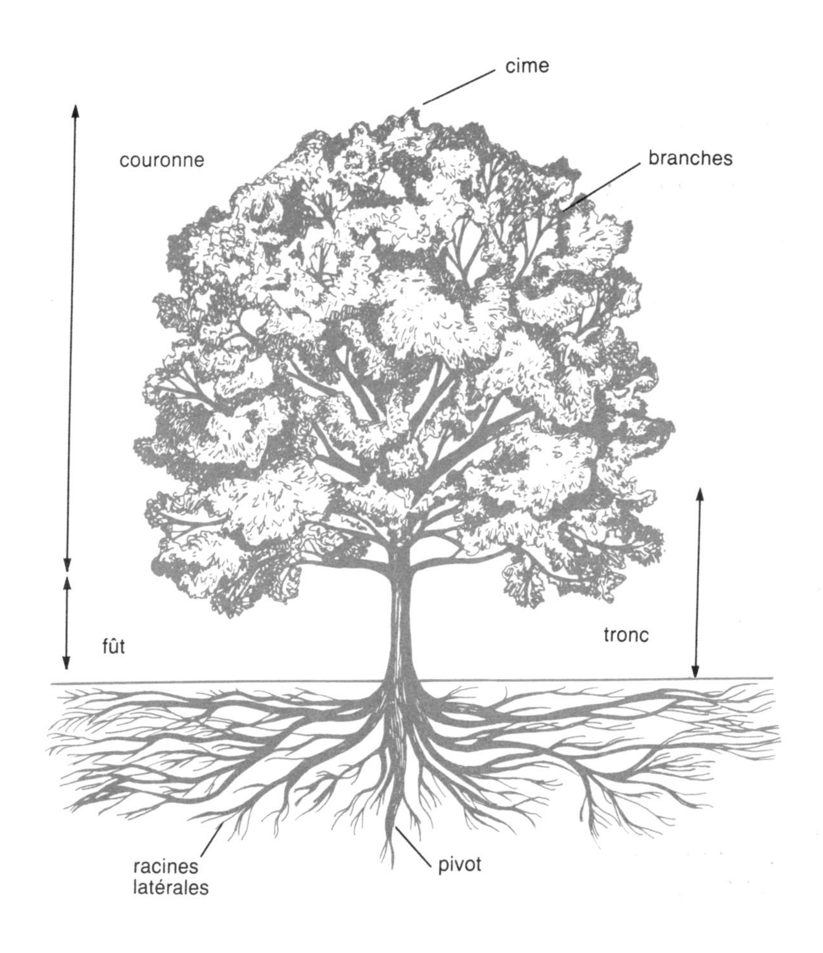

Les arbres à fleurs ou feuillus

Les Angiospermes comprennent la majorité des arbres indigènes du Canada. On les nomme feuillus, bois dur ou bois franc, et leurs feuilles caduques tombent à chaque année.

Une exception à la norme: l'Arbousier Madroño *(Arbutus menziesii* Pursh), qui garde son feuillage vert à longueur d'année. Il est le seul feuillu indigène à feuille persistante au Canada.

Le mot Angiosperme dérive du grec *aggeion*, boîte, récipient ou enveloppe, et de *sperma*, sperme ou semence, une allusion aux plantes à ovule contenu dans un ovaire et à graine enveloppée ou enfermée dans un fruit. Ce sont des arbres à fleurs véritables et ils peuvent être **monoïques ou dioïques**.

Gymnospermes et Angiospermes

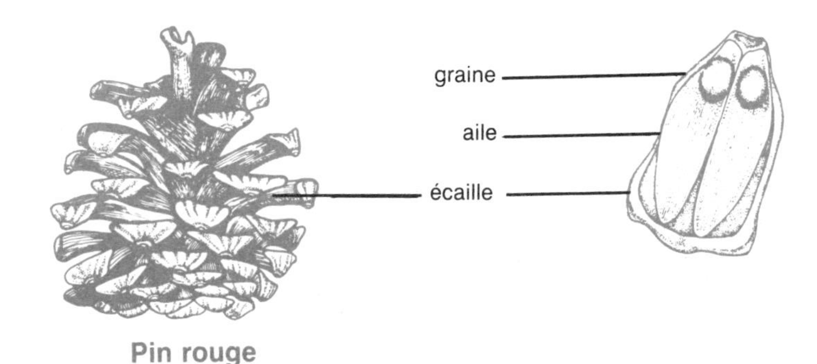

Pin rouge

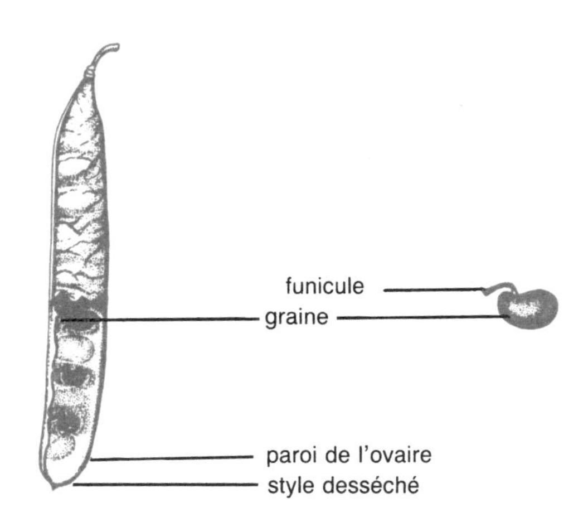

Robinier faux-acacia

a) Les Gymnospermes sont des plantes à graines nues portées par les écaillles du cône:
b) Les Angiospermes sont des plantes à graines enfermées dans les fruits.

Photosynthèse

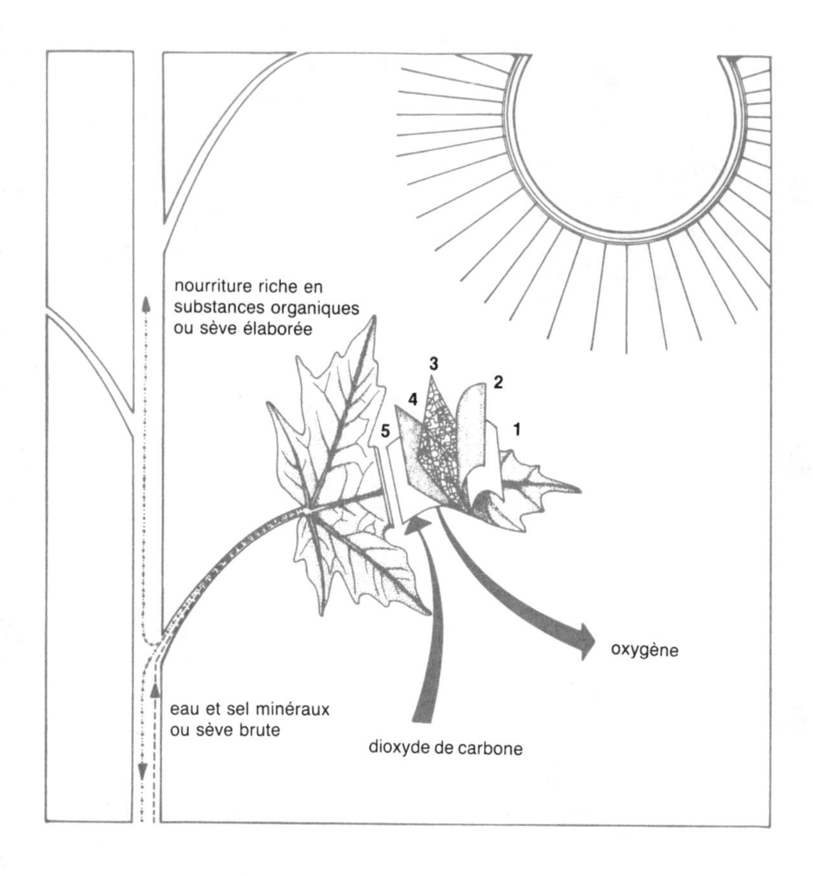

La photosynthèse est la transformation de l'énergie solaire en nourriture assimilable par les plantes. L'eau et les sels minéraux puisés dans le sol sont acheminés vers la feuille par les vaisseaux du xylème. La nourriture, riche en substances organiques, élaborée dans la feuille est redistribuée vers les parties vivantes de l'arbre par les vaisseaux du phloème. Les échanges gazeux (le dioxyde de carbone et l'oxygène) se produisent au niveau des stomates, ouvertures naturelles de l'épiderme.
1) épiderme supérieur;
2) tissu à palissade;
3) réseau de nervures;
4) tissu lacuneux;
5) épiderme inférieur.

QU'EST-CE QU'UNE FEUILLE?

Le soleil fournit l'énergie à tous les organismes vivants mais seules les plantes vertes peuvent la capter et la convertir en énergie assimilable pour les animaux. Ce processus s'appelle la photosynthèse.

La chlorophylle, un pigment qui donne la couleur verte aux plantes et qui se retrouve dans les cellules végétales, est la substance qui intercepte l'énergie lumineuse. En effet, en présence de l'énergie solaire canalisée par la chlorophylle, des éléments simples tels que l'eau et le dioxyde de carbone (gaz carbonique) réagiront de façon à libérer des produits chimiques complexes et riches en énergie comme les sucres (hydrates de carbone) et l'oxygène. Les plantes sont donc les producteurs de l'énergie essentielle au fonctionnement des processus vitaux des consommateurs, les animaux.

Voilà pourquoi les plantes sont si importantes, puisque cette transformation se produit dans cette merveilleuse usine qu'est la feuille.

Définition

Une feuille est un organe végétal rattaché à la tige par un **pétiole**, plus ou moins long — **feuille pétiolée** — ou absent — **feuille sessile** — qui porte le plus souvent une lame mince, généralement élargie appelée **limbe.** Chez certaines familles, le limbe est réduit à une aiguille ou une écaille.

Feuille simple et feuille composée

Les feuilles, qui ne sont pas des aiguilles ou des écailles, se divisent en deux grandes catégories: les **feuilles simples** et les **feuilles composées**.

La feuille simple, telle les feuilles du chêne, du bouleau ou du peuplier, est la plus connue. Elle se compose d'une seule partie, tandis que la feuille composée, comme les feuilles du noyer, du sorbier ou du caryer, possède un limbe découpé en petites feuilles appelées **folioles**.

Vue en perspective d'une feuille d'Érable à sucre

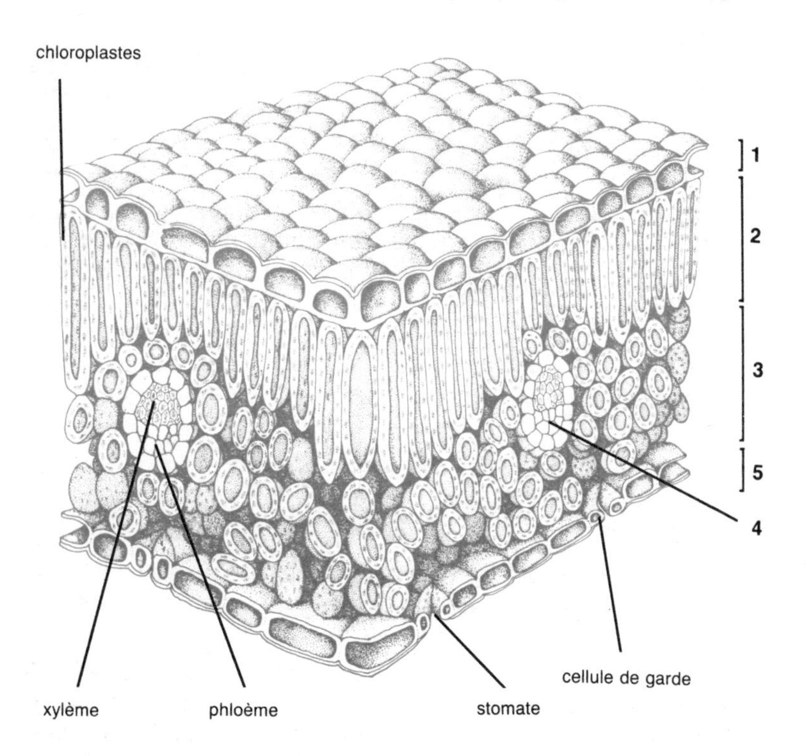

Notez les nombreux chloroplastes contenant la chlorophylle et les nervures composées de vaisseaux conducteurs du xylème et du phloème.

1) épiderme supérieur;
2) tissu à palissade;
3) réseau de nervures;
4) tissu lacuneux;
5) épiderme inférieur.

Différents caractères nous permettent de distinguer une feuille composée d'une feuille simple. Une feuille simple s'attache toujours à un rameau ligneux (consistance de bois), tandis qu'une foliole s'attache toujours au pétiole principal ou secondaire charnu.

Vers le milieu de l'été, apparaissent les bourgeons à l'aisselle de la feuille, mais il n'y a pas de bourgeon à l'aisselle d'une foliole. À l'automne, la feuille composée tombe généralement avec toutes ses folioles.

Au Canada, les espèces à feuilles simples sont beaucoup plus nombreuses (80%) que celles à feuilles composées.

Il ne faudrait pas confondre une feuille composée avec un groupe de feuilles simples sur une **lambourde** (rameau très court). Elles sont tellement rapprochées les unes des autres qu'elles semblent prendre naissance en un même point. On retrouve cette particularité chez le bouleau, le mélèze, le prunier et le pommier.

Si les folioles sont disposées de chaque côté de la nervure principale telles les barbes d'une plume, comme chez le frêne et le noyer, on l'appelle **feuille composée pennée.** Si les folioles sont disposées comme les doigts d'une main, par exemple chez le Marronnier d'Inde, on l'appelle **composée palmée**.

Disposition des feuilles sur le rameau

Les feuilles simples ou composées s'insèrent sur la tige ou le rameau de deux façons: **alternes**, en position alternée et **opposées**, lorsqu'elles sont placées au même niveau. Il arrive que chez certaines espèces on retrouve plus de deux feuilles au même niveau, on dit alors qu'elles sont **verticillées** et dans cet ouvrage, elles sont considérées comme feuilles opposées.

Quelquefois, une cime très haute nous empêche de voir la disposition des feuilles sur le rameau. Comme les bourgeons se trouvent à la base de la feuille et donnent naissance à de nouveaux rameaux, l'arrangement des rameaux sur une branche reflète donc l'insertion de la feuille.

On retrouve parfois à la base de la feuille deux petites formations foliaires: les **stipules** (chez plusieurs espèces de saules).

La feuille

Feuilles opposées

Feuilles alternes

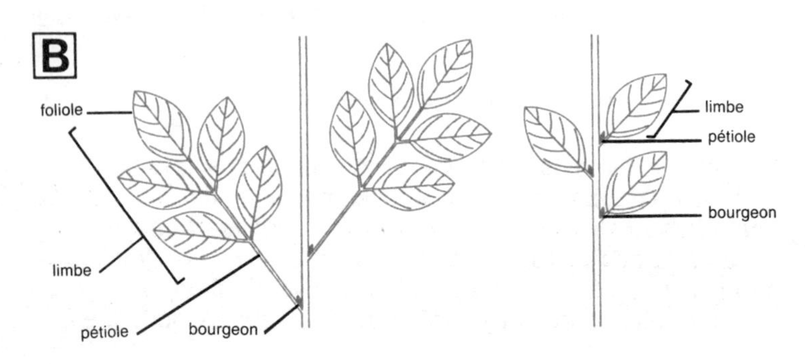

Feuilles composées

Feuilles simples

a) Disposition de la feuille;
b) Division de la feuille.

Il existe aussi des **pétioles ailés** ou munis d'une **gaine** (l'alisier); et des **glandes** à la jonction du limbe et du pétiole (chez certains saules, les pruniers, les cerisiers et les peupliers).

De plus, certaines espèces possèdent des épines stipulaires (robinier) ou des aiguilles (aubépine) sur leurs rameaux, voire même sur le tronc chez certaines espèces (Févier épineux). La présence ou l'absence de ceux-ci sont d'autres caractéristiques qui peuvent vous aider à faire un choix.

La forme de la feuille ou d'une foliole

La dimension et la forme d'une feuille ou d'une foliole varient sur un même arbre et sont directement influencées par l'habitat, l'âge et les dimensions de l'arbre. De plus, elles sont fonction du climat, de la santé de l'arbre et de leur disposition sur la cime, exposée ou non au soleil.

Pour une meilleure comparaison, il est préférable de choisir les feuilles situées au même niveau sur la cime et sur des rameaux de grosseur équivalente. Les feuilles des conifères sont de forme et de dimension beaucoup plus semblables et régulières.

Le contour de la feuille

Le contour de la feuille ou de la foliole peut présenter différents aspects. On dit qu'il est **entier** ou **sans dents** quand le bord est constitué d'une ligne continue, donc sans dents; et **finement denté** quand le bord ressemble aux dents d'une scie. Le qualificatif **grossièrement denté** s'appliquera quand le bord est muni de grandes dents distantes et pointues, et **doublement denté** lorsque chaque dent est à son tour finement denticulée. Si le contour est garni de dents à bout émoussé ou arrondi il s'agit d'une feuille **crénelée** ou **ondulée.** Chez les érables et les chênes, le limbe entaillé forme des lobes plus ou moins profonds qui peuvent être arrondis ou aigus au sommet. De plus, le creux entre deux lobes ou **sinus** peut être arrondi ou aigu.

Terminologie de la feuille

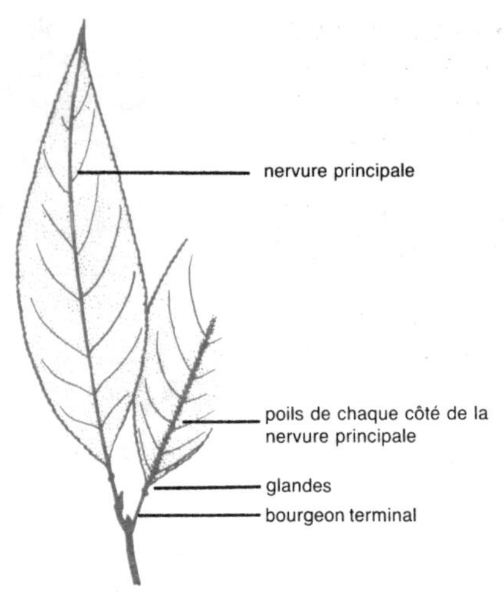

Cerisier tardif

limbe

pétiole

stipules (2)

Saule discolore

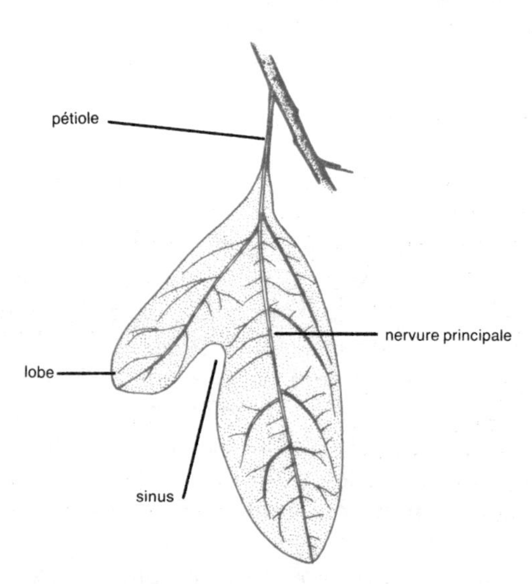

Sassafras officinal

Terminologie de la feuille

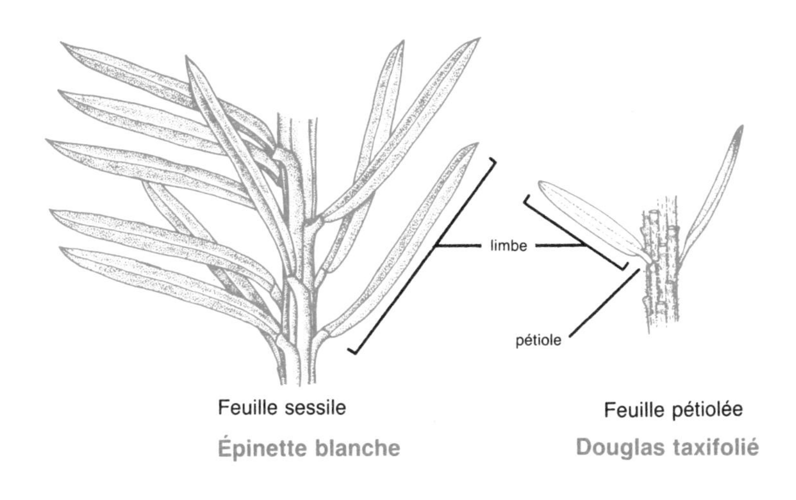

Feuille sessile

Épinette blanche

Feuille pétiolée

Douglas taxifolié

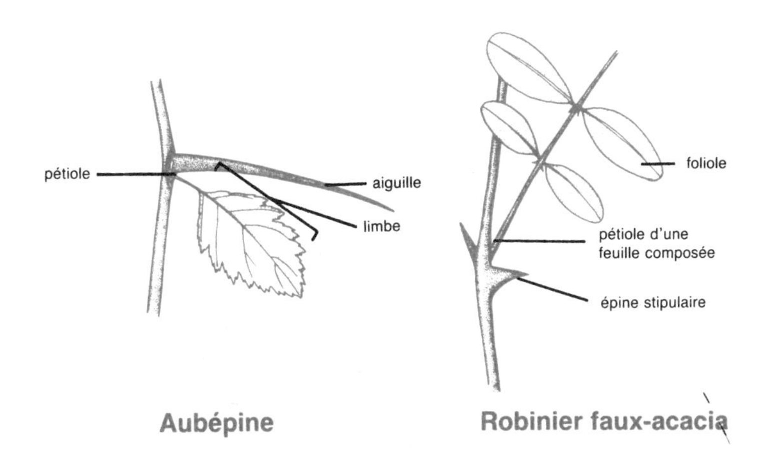

Aubépine

Robinier faux-acacia

Terminologie du rameau

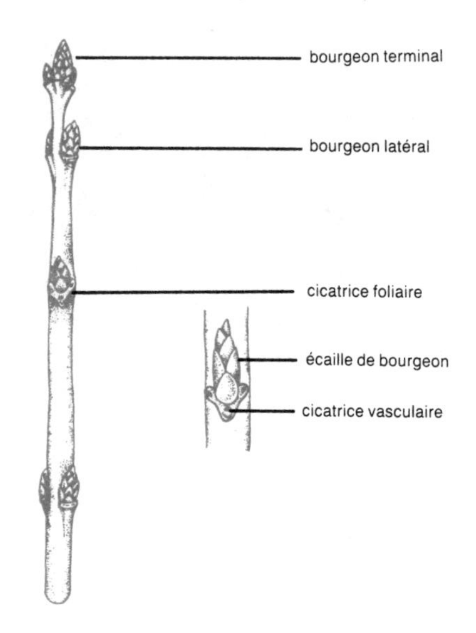

Érable à sucre

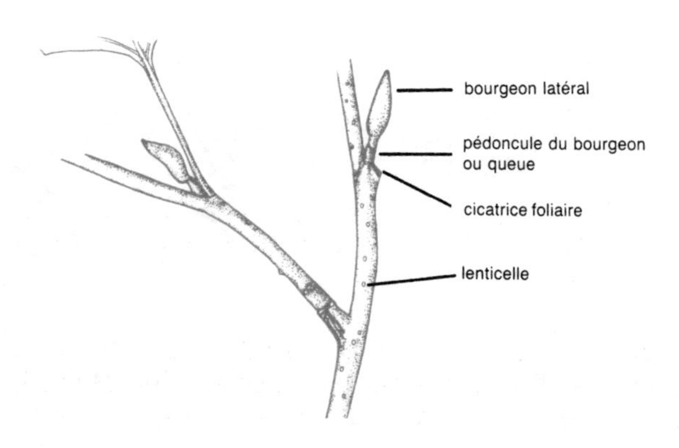

Aulne rugueux

La disposition des nervures

La disposition des nervures de la feuille ou de la foliole, ou nervation, est causée par le système vasculaire et varie d'une feuille à l'autre.

Tout comme les folioles de la feuille, les nervures peuvent être disposées de deux façons: de chaque côté de la nervure principale comme les barbes d'une plume et on dira alors qu'il s'agit de **nervures pennées**; ou encore disposées comme les doigts d'une main et elles s'appelleront alors **nervures palmées.**

Cônes des Conifères

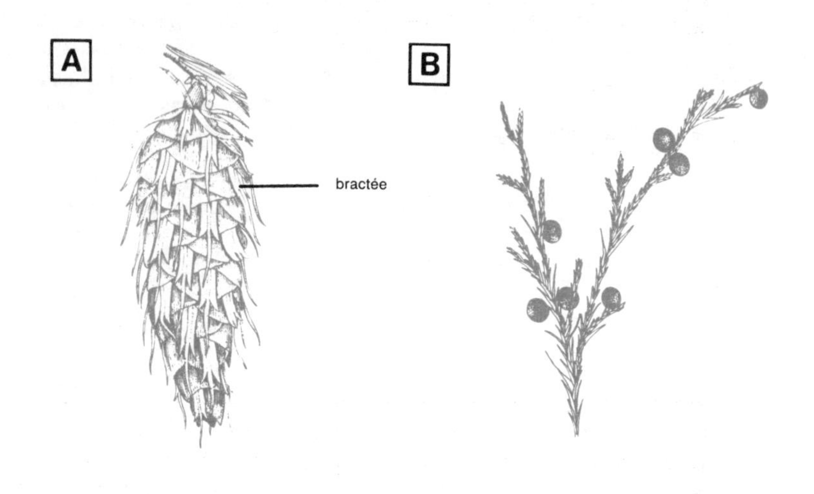

a) Cône lignifié du Douglas taxifolié;
b) Cône charnu du Genévrier rouge;
c) Graine débordée par l'arille de l'If occidental.

CÔNES ET FRUITS

L'organe porteur de graines, appelé **cône** chez les Gymnospermes (conifères) et **fruit** chez les Angiospermes (feuillus), est un élément important pour l'identification des espèces. La présence et le genre de cônes ou de fruits confirmeront souvent votre choix. Ils sont plus faciles à trouver que les fleurs car ils restent généralement plus longtemps sur l'arbre ou jonchent le sol à proximité de celui-ci.

Les cônes des conifères

Les graines des Gymnospermes sont portées sur les écailles d'un cône. La plupart des cônes des conifères ont la consistance du bois (lignifié), exception faite pour le genévrier qui présente un fruit charnu: une **baie**. En fait, c'est un véritable cône dont les écailles deviennent charnues et se soudent par la suite.

On dit que l'exception confirme la règle; certains conifères n'ont pas de cônes. L'If occidental (*Taxus brevifolia* Nutt.), un petit arbre de l'ouest du Canada, porte une graine unique et nue, bleu foncé, et partiellement enveloppée d'une membrane charnue rouge vif appelée arille. Dans l'est du Canada, on trouve l'If du Canada ou buis de sapin (*Taxus canadensis* Marsh.) qui est un arbuste rampant. Si l'arille est comestible, le noyau et le feuillage contiennent un poison qui peut être fatal pour l'homme et le bétail.

Fleurs imparfaites du Chêne blanc

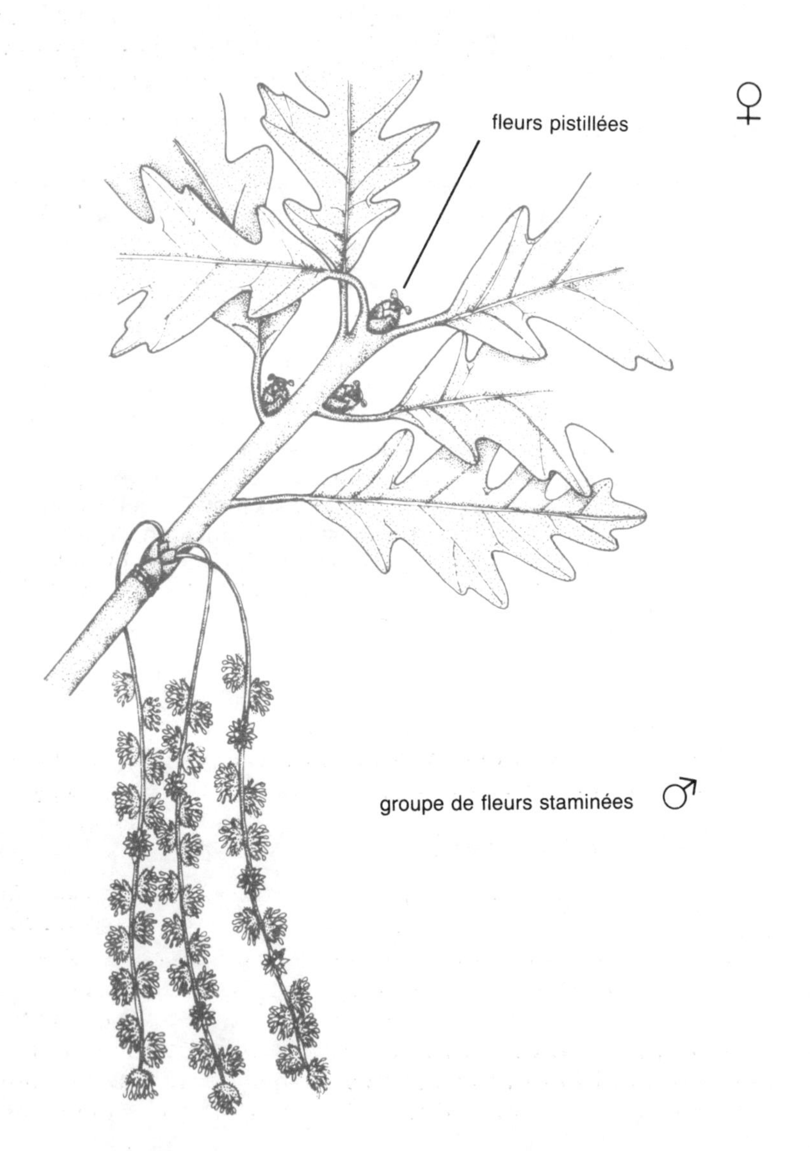

Fleurs, fruits et graines des feuillus

Les Angiospermes sont les seuls à posséder des fleurs véritables, composées de 4 parties de base: les étamines, le pistil, les sépales et les pétales.

Les **étamines** (mâle) produisent de minuscules grains de couleurs et de formes variées appelés grains de pollen.

Le **pistil** (femelle) comprend l'ovaire dans lequel logent un ou plusieurs ovules. L'ovaire, généralement en forme de flacon peut se composer d'une seule chambre ou **carpelle**, ou être compartimenté en plusieurs chambres ou carpelles.

Les **sépales**, normalement de couleur verte, se trouvent à la base de chaque fleur. L'ensemble des sépales s'appelle **calice**.

Les **pétales** sont adjacents à l'ovaire et aux étamines. L'ensemble des pétales s'appelle **corolle**. Chez certains arbres tels les cerisiers et les tulipiers, ils sont grands et colorés ce qui leur permet d'exercer un pouvoir d'attraction sur les insectes et les oiseaux. Par contre, chez d'autres espèces comme les chênes, les caryer et les ormes, les pétales sont très petits ou absents.

Les fleurs ayant les 4 éléments de base s'appellent **fleurs complètes**. Les fleurs sont dites **incomplètes** quand une ou plusieurs parties de base sont absentes.

La majorité des arbres portent soit des **fleurs parfaites** c'est-à-dire des fleurs possédant des étamines et des pistils; soit des **fleurs imparfaites** ou unisexuées c'est-à-dire des fleurs mâles (staminées) ou des fleurs femelles (pistillées) sur le même arbre.

Les arbres sont **monoïques** si les organes mâles et femelles sur le même arbre sont réunis dans des fleurs complètes ou incomplètes, ou séparés sur des fleurs imparfaites. Les arbres sont **dioïques** (saules, peupliers) si les fleurs staminées ou pistillées sont portées par des individus différents, donc un arbre mâle ou un arbre femelle.

Après le transfert du pollen des étamines au pistil (pollinisation) et après la fécondation, l'ovaire se transformera en fruit et les ovules en graines.

Transformation des pièces florales en un fruit

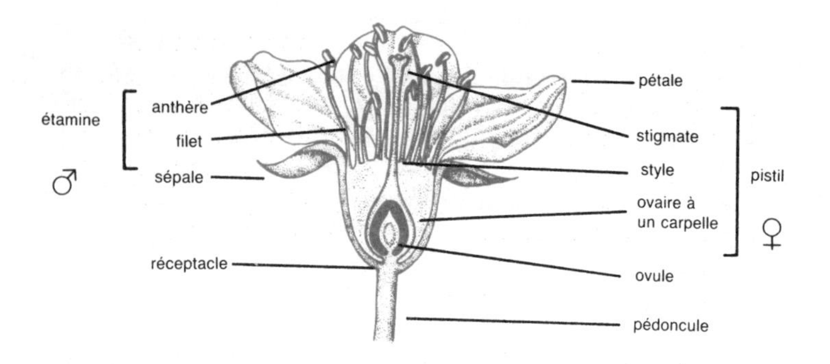

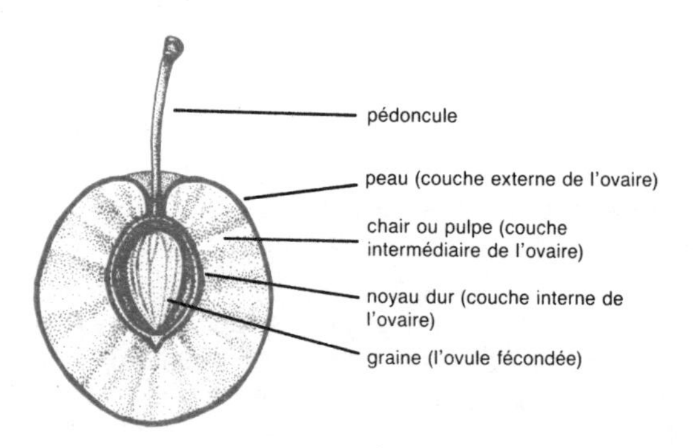

a) Pièces florales d'une fleur complète;
b) Parties d'une prune mûre (drupe).

Le fruit est le résultat de la transformation du pistil, plus particulièrement de l'ovaire, avec ou sans les organes connexes après la fécondation de l'ovule. Le fruit est donc l'ovaire mûr. La graine est un ovule fécondé; elle est comprise dans le fruit. La graine est une mini-plante avec ses réserves de nourriture et ses membranes protectrices.

Les nombreuses formes de fruits sont engendrées par la diversité des fleurs ainsi que par la variation du développement des parois de l'ovaire et des pièces voisines de l'ovaire.

Les fruits des feuillus peuvent être classés en deux grands groupes. Premièrement les **fruits simples**, c'est-à-dire ceux qui proviennent d'un seul ovaire comme chez les érables et les chênes. Deuxièmement les **fruits composés**, c'est-à-dire ceux qui proviennent de plus d'un ovaire comme pour les Tulipiers. Les fruits simples se divisent en **fruits charnus** ou fruits à pulpe devenant juteuse et molle à maturité et les **fruits secs** ou fruits à parois minces et sèches.

Les fruits charnus sont habituellement dispersés par les animaux et l'homme, tandis que le vent est le principal agent de dissémination des fruits secs. Par contre, les glands et les noix (fruits secs) sont dispersés surtout par les petits mammifères, plus particulièrement les rongeurs.

Composés ou plusieurs ovaires

Multiples

Platane

Agrégés

Mûrier

Tulipier

Simples ou un ovaire

Charnus

Pommes
(Pommier)

Baies
(Asiminier)

Drupes
(Prunier)

Secs

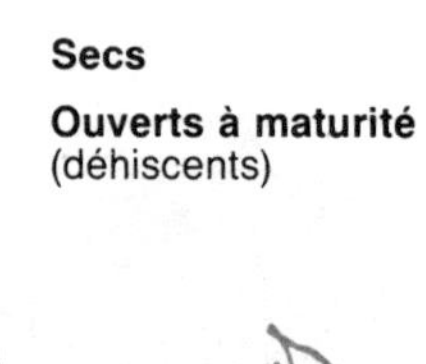

Ouverts à maturité
(déhiscents)

Fermés à maturité
(indéhiscents)

Follicules
(Catalpa)

Gousses
(Févier)

Capsules
(Hamamélis)

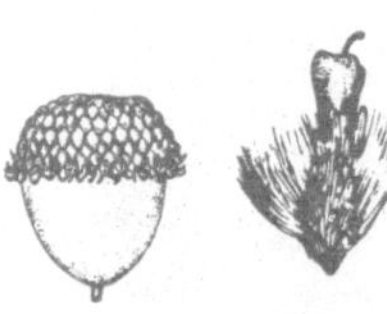

Noix
(Chêne)

Akènes
ou achaines
(Platane)

Samares
(Frêne)

Fruits composés multiples:
fruits provenant de plusieurs fleurs qui se développent en un seul fruit.

Fruits composés agrégés:
fruits provenant de plusieurs pistils dans une fleur.

Fruits simples charnus:

Pommes:	les pépins ou graines ne sont pas en contact avec la pulpe mais contenus dans le coeur papyracé qui était l'ovaire à l'origine.
Baies:	fruits résultant du développement de l'ovaire en entier; les pépins ou graines sont directement en contact avec la pulpe.
Drupes:	fruits à noyau dur contenant une ou plusieurs graines.

Fruits simples secs:

Follicules:	Fruits dont l'ovaire possède **une seule chambre** (carpelle) qui se développe en un fruit contenant plusieurs graines et qui s'ouvre par **une seule fente** à maturité.
Gousses:	Fruits caractéristiques des Légumineuses. L'ovaire possède **une seule chambre** (carpelle) qui se développe en un fruit contenant plusieurs graines et s'ouvrant par **deux fentes** à maturité.
Capsules:	Fruits dont l'ovaire possède **plusieurs chambres** (carpelles) et qui s'ouvrent à maturité le long des nervures, des cloisons ou au sommet.
Noix:	Fruits à **paroi dure**, ne contenant qu'une seule graine et normalement enchassée complètement ou partiellement dans une cupule (gland du chêne), un brou (faîne du hêtre) ou une bogue (châtaigne du châtaignier).
Akènes (ou Achaines):	Petits fruits à une seule graine et à **paroi mince.**
Samares:	Akènes ailés.

L'ÉCORCE

L'écorce, enveloppe étanche, formée de plusieurs couches successives de liège, recouvre le tronc, les branches et les rameaux. Elle protège la mince couche de cellules vivantes des arbres.

C'est pour l'arbre, une façon de se protéger contre les attaques des insectes et des champignons, des feux de forêt et des changements subits de température.

Malgré son imperméabilité, l'écorce doit quand même permettre les échanges gazeux avec les tissus internes. C'est pour cette raison qu'elle est parsemée d'orifices ou ouvertures appelées **lenticelles** dont les formes varient et elles sont plus ou moins évidentes selon l'espèce et l'âge de l'arbre. Chez les bouleaux et les cerisiers, entre autres, les lenticelles prennent la forme de fentes ou de lentilles horizontales.

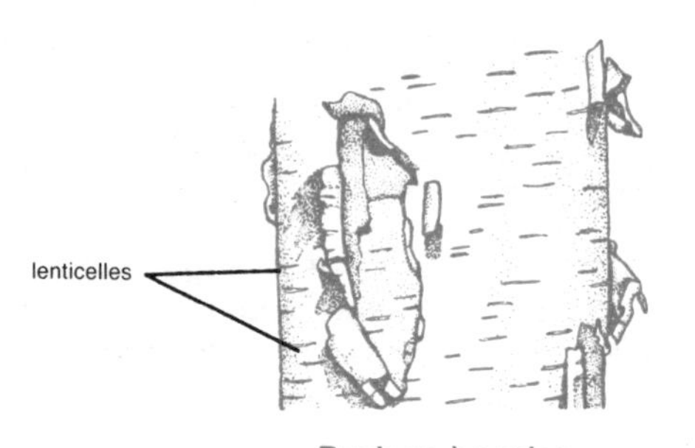

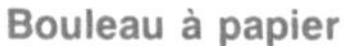
Bouleau à papier

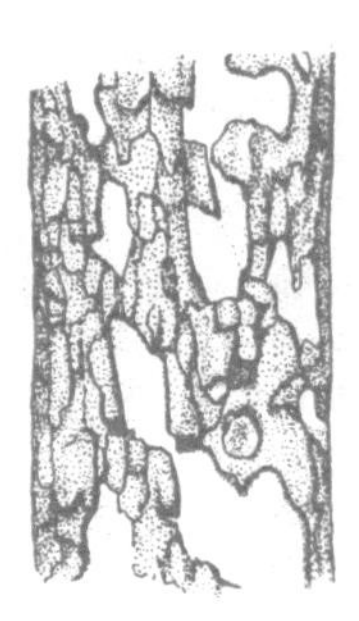
Platane occidental

L'écorce est un critère à notre portée à longueur d'année. Très distinctive chez certaines espèces tels le Bouleau à papier et le Platane occidental, l'identification par l'écorce peut s'avérer difficile chez plusieurs espèces d'arbres. La couleur, la forme et la texture peuvent varier selon l'âge et le taux de croissance de l'arbre.

Le présent ouvrage renferme l'illustration des écorces les plus caractéristiques seulement.

FAIRE UNE COLLECTION

S'amuser en apprenant

Monter une collection de feuilles est une activité amusante et enrichissante. Elle nous permet de découvrir et d'apprécier les sciences naturelles tout en développant notre sens de l'observation. De plus, une collection est un outil d'apprentissage que l'on peut consulter en tout temps. C'est une expérience unique et personnelle qu'aucun livre ne peut remplacer.

On a soi-même ramassé la feuille dans son habitat, on l'a examinée sous tous les angles et après maintes manipulations, on a réussi à identifier la famille à laquelle elle appartient, le genre et l'espèce.

Quelques conseils

Il y a diverses façons de monter facilement une collection de feuilles.

On doit tout d'abord se procurer un cahier de projets ou un cahier à feuilles mobiles.

Avant de passer à la description des différentes façons de conserver les feuilles des arbres, voici quelques recommandations:

— *évitez les plantes rares;*

— *observez les lois et consignes des parcs et réserves ainsi que les réglementations régionales et provinciales;*

— *respectez les proprietés privées;*

— *n'endommagez pas le milieu naturel lors de la cueillette.*

Des méthodes de conservation

La première méthode consiste à faire sécher les spécimens choisis entre deux feuilles de papier journal sur lesquelles on dépose un poids afin de les presser. Après quelques jours, les spécimens seront secs et prêts à être collés dans le cahier.

Une deuxième méthode consiste à sceller la feuille en l'immergeant dans de la paraffine ramollie. On peut aussi emprunter la méthode de pressage sur papier paraffiné: on insère alors une feuille d'arbre entre deux feuilles de papier paraffiné recouvert d'une pièce de tissu que l'on repasse au fer chaud pour faire fondre la paraffine. On coupe ensuite l'excédent de papier en prenant soin de laisser un pourtour.

La méthode de calquage se fait par frottement: on couvre d'une feuille de papier le spécimen posé bien à plat. En frottant fermement avec un pastel, un crayon de couleur ou une mine de plomb, on voit apparaître les nervures et le contour.

On peut aussi choisir la méthode par éclaboussure: on place le spécimen à reproduire sur une feuille de papier que l'on éclabousse à l'aide d'une brosse à dents ou d'un pinceau préalablement trempé dans de la gouache ou de la peinture à l'eau; on obtient ainsi le contour de la feuille.

Ces deux dernières méthodes offrent l'avantage qu'une même feuille peut être utilisée maintes fois par plusieurs personnes.

Les feuilles des arbres ne sont toutefois pas les seuls objets se prêtant bien à une collection: les fruits secs, les cônes et les calques ou empreintes d'écorce sur pâte à modeler peuvent aussi être utilisés.

Chaque fois qu'un spécimen de feuille s'ajoute à sa collection, on doit prendre soin d'en décrire la forme, la couleur, les contours, les nervures, l'endroit où il a été ramassé et si possible le nom de l'arbre duquel il provient.

Le plaisir de collectionner

La plupart d'entre nous, à un moment ou à un autre, avons collectionné des objets. Quelle qu'en soit la nature (cailloux, timbres, cartes, etc.) cette collection nous a permis de découvrir plusieurs choses intéressantes. Aussi, une collection de feuilles est sans aucun doute une excellente façon d'apprendre à connaître, tout en s'amusant, les arbres magnifiques qui nous entourent.

HERBORISATION

Point n'est besoin de cultiver votre propre arboretum pour étudier les arbres! Une bonne façon d'apprendre à les connaître est de collectionner leurs parties les plus représentatives: le rameau avec des feuilles, la fleur et le fruit. Elles peuvent être conservées longtemps après avoir été pressées, séchées et montées sur une feuille d'herbier. Vous n'aurez besoin que d'une presse, de sacs de plastique, d'un couteau, de ciseaux, de papier journal ou de feutre, de feuilles d'herbier et de colle.

La cueillette

Choisissez d'abord un arbre mature qui sera le plus représentatif de son espèce. Chez les jeunes arbres, il arrive que l'écorce diffère et les fleurs et les fruits soient absents alors qu'ils sont parfois très importants pour l'identification de l'arbre.

Les feuilles et les rameaux auxquels elles sont rattachées ne doivent pas être atteints par les insectes ou les maladies. Il n'est pas essentiel d'avoir un morceau d'écorce, quoiqu'il soit parfois utile à l'identification.

Des informations telles que l'habitat, la localité, le nom du collectionneur, la date de la cueillette et des remarques pertinentes (hauteur, couleur des fleurs, abondance) devraient être notées et conservées avec l'échantillon au cours du procédé de séchage et de montage. De plus, assignez au spécimen récolté un numéro pour fins de repérage.

Tous les échantillons devraient être séchés immédiatement mais toutefois, ils peuvent être conservés quelques heures, (au maximum 12 heures), dans un sac de plastique. Plus longtemps, les plantes risquent de se faner, de se ratatiner et de se décolorer. De plus, l'humidité d'un sac de plastique fermé, favorisera le développement de la moisissure et du mildiou.

Le pressage et le séchage

Il est facile de construire une presse à herbier durable. Pour ce faire, vous aurez besoin de deux planches de 45 x 30 x 1,3 cm

Pressage et séchage

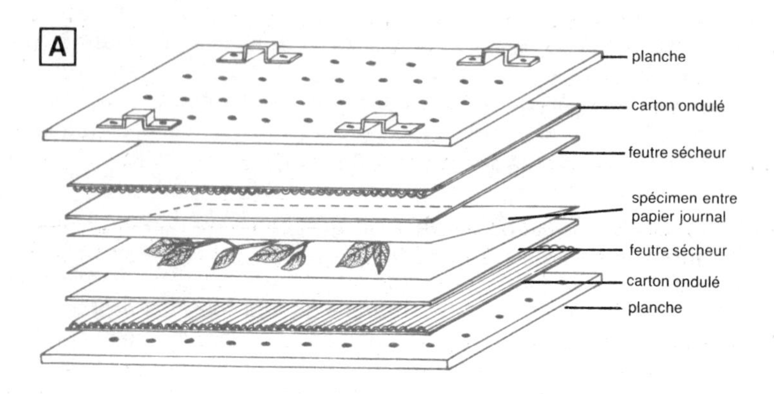

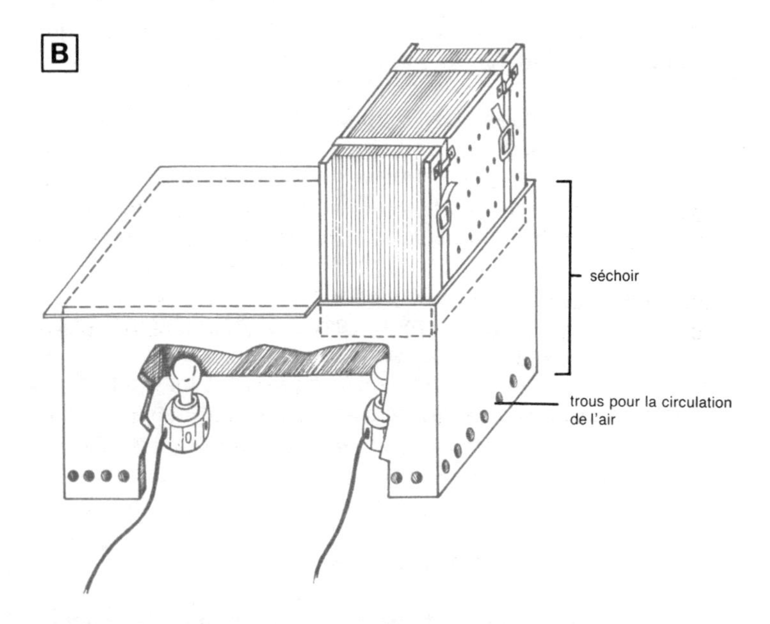

a) Disposition des éléments d'une presse démontée;
b) Une presse montée sur un séchoir portatif.

(contreplaqué, bois aggloméré ou bois pressé), de cartons ondulés dont les carrelures sont dans le sens de la largeur, de feutres ou de feuilles de papier journal. Vous pouvez utiliser le carton de grosses boîtes d'emballage.

Pour fins d'identification, les feuilles rattachées au rameau doivent être séchées à plat et au moins une d'entre elles doit montrer la face inférieure; les fleurs doivent être placées de façon à exposer clairement toutes leurs parties.

Tous les échantillons doivent être insérés dans un papier journal dont les deux côtés ont été préalablement recouverts d'un feutre. Chaque unité de papier journal et de feutre contenant les échantillons est séparée par un carton pour permettre une meilleure circulation d'air, ce qui accélère le séchage.

Aujourd'hui, la feuille de mousse plastique (0,6 à 1,2 cm d'épaisseur) remplace le feutre. Étant beaucoup plus poreuse que le feutre ou le papier journal, elle dégage plus rapidement l'humidité, et moule bien les spécimens, avec comme résultat, des plantes beaucoup plus vertes et jamais plus froissées. De plus, la feuille de mousse plastique est plus légère, ce qui n'est pas à dédaigner quand on travaille sur le terrain, et elle ne nécessite pas de séchage comme le feutre et le papier.

Les couches successives sont intercalées entre les deux planches et le tout est solidement retenu à l'aide de courroies. La presse doit ensuite être placée dans un endroit chaud et sec ou tout simplement exposée au soleil. On doit remplacer régulièrement les feutres afin d'éviter le noircissement des plantes.

Si vous collectionnez beaucoup de spécimens, un séchoir sera un accessoire très efficace et apprécié car il sèchera vos plantes en quelques jours seulement.

Le séchoir est fait d'une boîte de bois sans dessus et sans fond, munie de deux douilles électriques avec ampoules de 60 watts. Mais **attention**, les spécimens doivent être retirés aussitôt séchés car ils noirciront et ce montage pourrait devenir une cause d'incendie.

Peu importe la méthode de séchage utilisée, la méthode la plus rapide sera la meilleure puisqu'elle préservera la couleur avant qu'il n'y ait fermentation.

Montage et identification

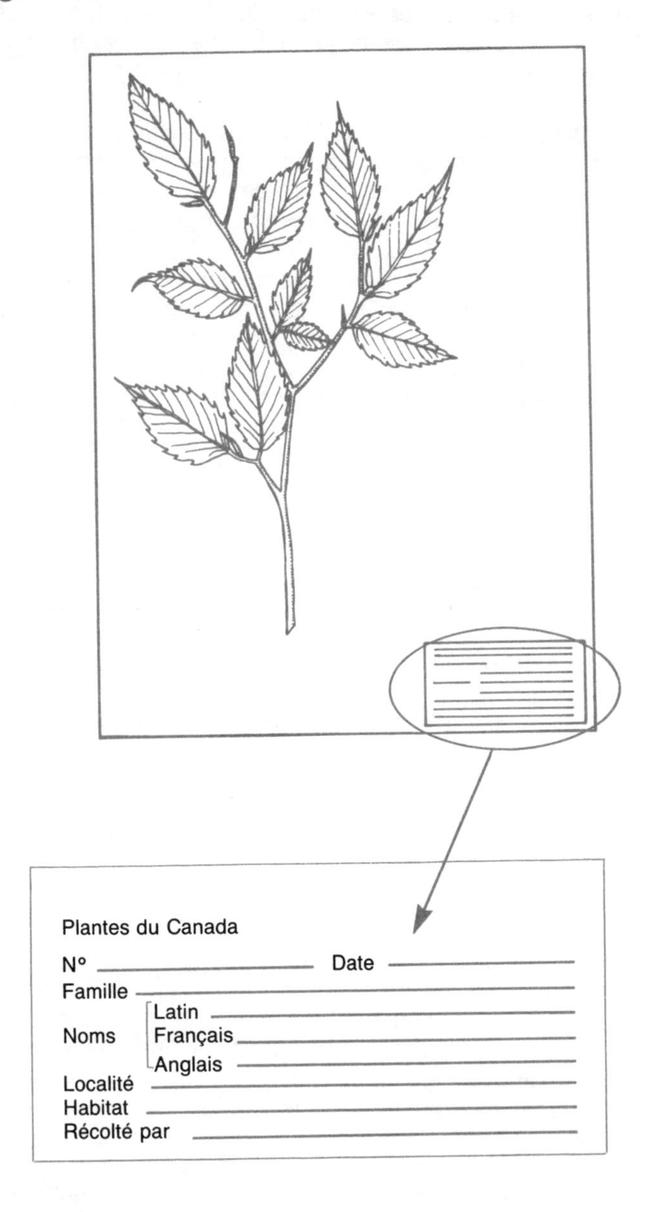

Modèle d'un spécimen sur une feuille d'herbier et d'une étiquette permanente fixée normalement au coin droit inférieur.

Montage et conservation

Aussitôt que les spécimens sont séchés, ils peuvent être montés, à l'aide de quelques gouttes de colle blanche ou d'étroites bandes de toile blanche gommée, sur une feuille d'herbier. On doit éviter d'utiliser du ruban adhésif transparent car il jaunit, sèche et courbe avec le temps.

Les feuilles de carton d'herbier sont de couleur blanche et mesurent 30 x 42 cm. Les feuilles d'herbier, montées d'un spécimen, doivent être placées dans des chemises et gardées dans une boîte étanche contenant des morceaux de paradichlorobenzène (boules à mites).

Une autre méthode pour protéger vos spécimens consiste à les congeler pendant 48 heures à -20°C, ce qui éliminera tous les insectes indésirables.

Identification

Même si le spécimen monté se prête bien à l'identification, il est souvent plus facile d'identifier une plante avant le montage, car elle peut être manipulée et examinée de tous côtés.

Il est aussi préférable d'inclure à la collection les informations accumulées et de joindre une étiquette permanente sur laquelle on trouvera le nom scientifique de l'espèce, le nom de la famille et les noms communs. Cette étiquette sera collée sur la feuille d'herbier et voilà!

Vous avez maintenant une «forêt naturelle», séchée, à portée de main.

Différentes structures d'un arbre et agrandissement de quelques cernes

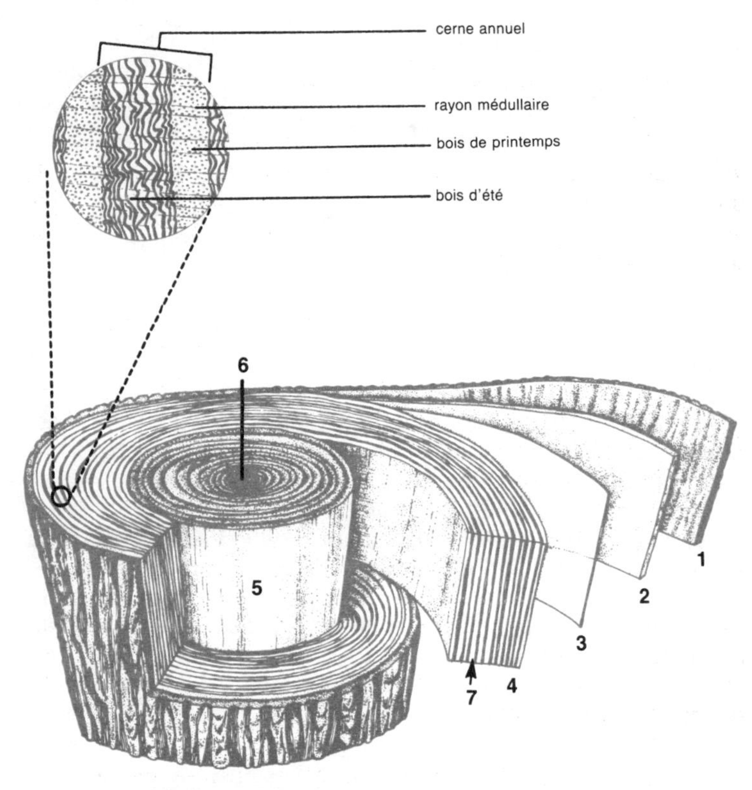

Orme d'Amérique

1) Écorce: protège l'arbre contre les maladies, les insectes et les intempéries;
2) Liber ou phloème: transporte la nourriture riche en substances organiques élaborée par les feuilles vers le cambium;
3) Cambium: tissu microscopique générateur de nouvelles cellules;
4) Aubier: transporte l'eau et les sels minéraux des racines vers les feuilles;
5) Duramen ou coeur: joue un rôle de support;
4 et 5) Bois ou xylème;
6) Moelle;
7) Un cerne annuel.

COMMENT DÉTERMINER L'ÂGE D'UN ARBRE

Déterminer l'âge d'un arbre vivant exige une certaine expérience et une instrumentation particulière: une carotteuse ou «sonde de Pressler», appareil utilisé pour extraire un échantillon cylindrique ou carotte, sans mettre en danger la vie de l'arbre.

Par contre, il est plus facile de déterminer l'âge d'un arbre abattu, d'une bille ou d'une bûche. Si vous désirez essayer cette technique, vous pouvez vous procurer une coupe transversale en vous adressant à une entreprise d'exploitation forestière ou à un service d'émondage publique ou privé. Il suffit de rafraîchir la coupe avec du papier abrasif et d'en compter le nombre d'anneaux concentriques.

Chaque anneau ou cercle, également appelé **cerne annuel** correspond à une année. Les cernes ne sont visibles que chez les arbres où le climat oblige un arrêt de croissance soit par un hiver, soit par une saison sèche. Les arbres des forêts tropicales ne développent pas de tels cernes.

En plus de révéler l'âge de l'arbre, les cernes annuels racontent son histoire. Ainsi, la couleur des anneaux témoigne des saisons.

Le printemps favorise la croissance rapide de l'arbre et le développement de cellules à cavités larges et à parois minces chez les conifères. Cette partie plutôt pâle et tendre s'appelle **bois de printemps** ou bois initial.

Avec la progression de la saison, la croissance ralentit. Les cellules alors produites sont à cavités petites et à parois épaisses. Cette zone plus sombre et plus dure s'appelle **bois d'été** ou bois final.

L'alternance du bois de printemps pâle et du bois d'été sombre permet de mieux voir les **cernes annuels**.

Les structures du bois des arbres à fleurs ou feuillus diffèrent du bois des résineux par leurs cellules appelées **vaisseaux** ou **pores**.

Agrandissement de quelques cernes de trois espèces d'arbre

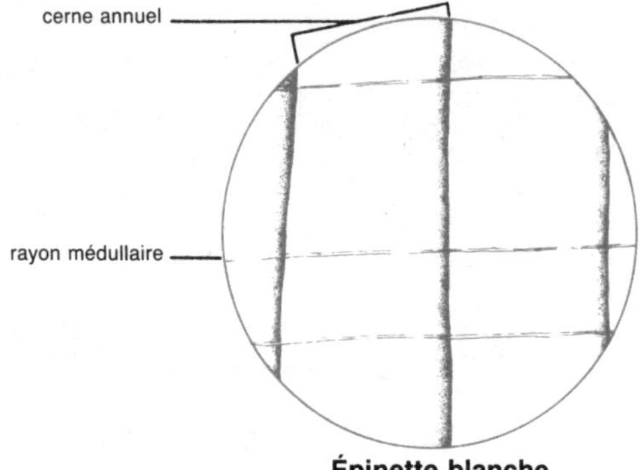

Épinette blanche

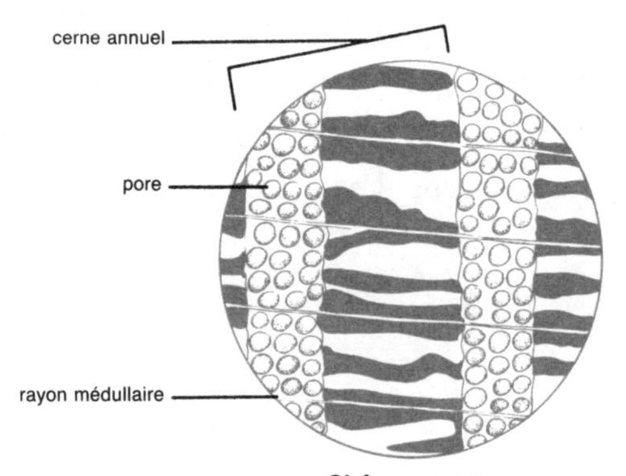

Chêne rouge

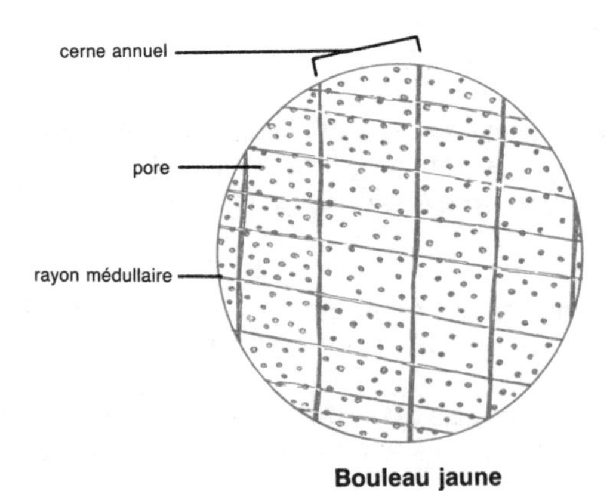

Bouleau jaune

Les vaisseaux peuvent être, d'une part, concentrés dans le bois de printemps, et d'autre part, ils sont beaucoup plus grands que ceux du bois d'été. Les structures du bois du chêne, du frêne et de l'orme, en sont des exemples. Par contre, ils peuvent être dispersés uniformément dans les couches d'accroissement et avoir des dimensions semblables. Le bouleau, l'érable, le peuplier et le cerisier possèdent ce type d'arrangement. Dans de tels bois, les cernes annuels sont difficiles à repérer. On remédie à ce problème en appliquant un colorant ou de l'encre; le bois d'été se colore plus vivement que le bois de printemps.

En plus de discerner les anneaux de croissance, on remarque chez certaines espèces, une nette démarcation entre l'aubier et le duramen. Ceux-ci forment ce que l'on appelle le **bois** ou **xylème** et constituent la partie morte de l'arbre.

Au cours des années, les vieilles couches de cellules de l'aubier, situées plus au centre, cessent leur fonction de transport de l'eau et de sels minéraux; des dépôts de résine, de tanin ou autres produits d'extraction s'y infiltrent. Ces substances assombrissent la couleur et durcissent le bois. L'aubier se transforme donc en **bois parfait** qu'on appelle également **bois de coeur** ou **duramen**.

Chez certaines espèces, le Chêne blanc, entre autres, le bois parfait s'imprègne de substances toxiques qui retardent le développement des champignons le rendant ainsi plus résistant à la pourriture. Dépourvu d'activité physiologique, le bois parfait forme le squelette de l'arbre et joue un rôle de support ou de soutien.

À l'opposé du bois parfait, l'**aubier**, le **liber** et le **cambium** forment la partie active de l'arbre. Seuls le liber et le cambium possèdent des cellules vivantes.

L'**aubier** transporte vers la feuille l'eau et les minéraux puisés par les racines à même le sol.

Le **liber** ou **phloème** (l'écorce interne) redistribue la sève élaborée au niveau des feuilles vers le cambium.

Le **cambium** n'est pas un tissu conducteur, mais un tissu générateur de nouvelles cellules. Il enveloppe toutes les parties de l'arbre de quelques couches de cellules, et se situe entre le xylème et le phloème. Il est le responsable de l'accroissement du diamètre de l'arbre.

Comme la région active réside à la périphérie de l'arbre, on comprend alors comment un vieil arbre creux, ayant conservé la partie conductrice, peut reverdir chaque printemps durant des années.

En plus de déterminer l'âge d'un arbre par le nombre de cercles concentriques, les cernes recréent les séquences climatiques. L'étude des cernes annuels, la **dendrochronologie**, est un outil très utile aux climatologues. On utilise, entre autres, l'analyse des cernes pour dater les éruptions volcaniques, les tremblements de terre, les feux de forêts, le niveau antérieur des lacs et rivières et les changements climatiques.

Le motif formé par les cernes annuels a aussi une signification. Un anneau très large indique une année au cours de laquelle l'arbre aura profité amplement de soleil et d'humidité. Par ailleurs, un anneau étroit correspond à une période difficile de la vie de l'arbre. Les insectes, la maladie, des conditions climatiques inhabituelles, un changement d'intensité de la lumière ainsi que la pollution ne sont que quelques-uns des facteurs qui auraient pu entraver sa croissance.

LES CONIFÈRES OU RÉSINEUX
(Gymnospermes)

- à feuilles en écailles imbriquées
- à feuilles en aiguilles groupées en faisceaux
- à feuilles en aiguilles isolées

LES CONIFÈRES OU RÉSINEUX
(Gymnospermes)

PREMIÈRE PARTIE

à feuilles en écailles imbriquées

- Thuya occidental — A 111a
- Thuya géant — A 111b
- Faux-cyprès de Nootka — A 111c
- Genévrier rouge — A 111d
- Genévrier saxicole — A 111e

A 111a

Rare en Nouvelle-Écosse

Thuya occidental

arborvitae (arbre de vie), balai, cèdre de l'Est, cèdre, cèdre blanc, thuya de l'Est, thuya du Canada.

Eastern arborvitae, eastern white cedar, American arborvitae, arborvitae, cedar, northern white cedar, swamp cedar, tree of life, white arborvitae.

Thuja occidentalis L.
Famille du cyprès (Cupressacées)

Traits distinctifs
Un arbre de l'Est, à bois et feuillage très aromatiques.

Feuilles — en forme d'écailles, vert jaunâtre, mates, marquées de taches glandulaires.

Rameaux	— aplatis, étalés en forme d'éventail, petits à écailles opposées.
Cônes	— ligneux, ovales, composés de 10-12 écailles; environ 1 cm de long.
Écorce	— brun rougeâtre, fibreuse, se divise en lanières étroites.
Taille	— 15-20 m de haut, 50-100 cm de diamètre.

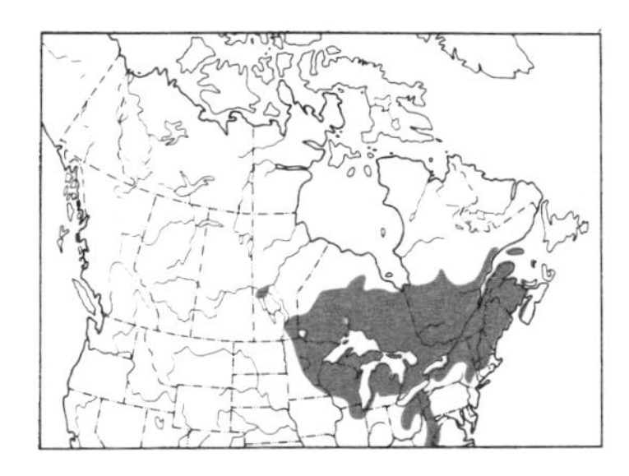

Aire de distribution

Région des Grands Lacs et du Saint-Laurent, majeure partie de la Région forestière acadienne, centre et est de la Région forestière boréale.

Le nom générique *Thuja* vient du grec *thuon* ou *thuia* qui qualifiait un arbre odorant dont la résine servait d'encens lors des cérémonies religieuses. Le nom spécifique *occidentalis* veut dire de l'Occident. Une des premières espèces de thuyas trouvée en Amérique du Nord fut classifiée *occidentalis* pour la différencier des autres espèces de thuyas jusqu'alors exclusivement orientales. C'est à tort que le mot «cèdre» est utilisé pour désigner le thuya car le cèdre véritable, du genre *Cedrus*, est originaire d'Afrique et d'Asie.

Ce conifère de renommée historique, probablement le premier à être introduit en Europe (1536), sauva l'équipage de Jacques Cartier d'une mort certaine à l'hiver 1535. En effet, les Iroquois laurentiens préparèrent une tisane à haute teneur en vitamine C appelée *annedda*. Cette décoction à base d'écorce et de feuillage du Thuya occidental guérit les matelots du scorbut, maladie causée par la carence de vitamine C dans l'alimentation. Après cette guérison presque miraculeuse, Cartier surnomma cet arbre arborvitae (arbre de vie).

Nos ancêtres utilisaient le feuillage du Thuya occidental pour fabriquer des balais, d'où l'origine de son nom commun. Ces balais servaient à chasser la poussière, et l'odeur qui s'en dégageait, agissait de façon désodorisante dans la maison.

Le Thuya occidental croît dans une variété d'habitats: marécages, berges et même sur les rochers. Comme il atteint son maximum de croissance dans les sols calcaires, neutres ou alcalins et humides, il est un bon indicateur de la nature du sol. Arbre à croissance lente, même dans les meilleures conditions. Il peut vivre deux ou trois siècles.

Au début de la colonisation, on construisait avec du thuya les palissades qui protégeaient les forteresses. Son bois est utilisé partout où l'on recherche la légèreté, la durabilité et la résistance à la pourriture; les bardeaux de granges, les clôtures de fermes centenaires et les poteaux télégraphiques en sont la preuve.

Les Amérindiens exploitaient ces qualités depuis fort longtemps. La charpente, moulée à la vapeur, faisait office de squelette de leurs canoës d'écorce. Ils utilisaient des branches de thuya dans leur bain de vapeur pour se tonifier et se purifier. Les jeunes feuilles servaient à faire des infusions, des décoctions, des onguents, des cataplasmes pour soigner les brûlures, une mauvaise toux, les maux de tête ou de dents et l'enflure des mains et des pieds. De plus, son écorce constituait un excellent bois d'allumage.

On obtient des huiles essentielles par distillation de ses rameaux ou de son bois. Autrefois, on se servait de l'huile des rameaux en médecine, mais cette pratique a été abandonnée. L'huile de bois de cèdre, vendue aujourd'hui dans les pharmacies et les magasins de produits naturels, est employée en parfumerie et en microscopie, comme chasse insecte et comme désodorisant.

Mise en garde: usage externe seulement, l'ingestion d'une forte dose peut être mortel.

Aujourd'hui son bois est utilisé partout où les risques de carie sont élevés. Il est également recherché pour le revêtement extérieur et le lambrissage, les armoires et les coffres.

Ses graines sont une partie importante de la diète des becs-croisés, des Chardonnerets des pins et des roselins.

Le Thuya occidental est l'espèce d'arbre le plus souvent utilisé dans l'est du Canada pour la plantation de haies à feuilles persistantes.

A 111b

Thuya géant

cèdre de l'Ouest, cèdre rouge de l'Ouest, cèdre.

Giant arborvitae, British Columbia cedar, British Columbia red cedar, giant-cedar, cedar, canoecedar, Pacific red cedar, shinglewood, western-cedar, western red cedar.

Thuja plicata Donn ex D. Don
Famille du cyprès (Cupressacées)

Traits distinctifs
Un arbre de l'Ouest, à bois et feuillage très aromatiques.

Feuilles — en forme d'écailles, vert jaunâtre, luisantes sur la face supérieure, le plus souvent sans taches glandulaires.

Rameaux — aplatis, doux au toucher à rebrousse-poil, étalés en forme d'éventail, petites écailles opposées.

Cônes — ligneux, ovales, composés de 8-12 écailles munies de petites épines raides; environ 1 cm de long.

Écorce — brun rougeâtre, luisante, fibreuse, se détache par longues lanières étroites.

Taille — 30-50 m de haut, atteint rarement 65 m, 120-260 cm de diamètre.

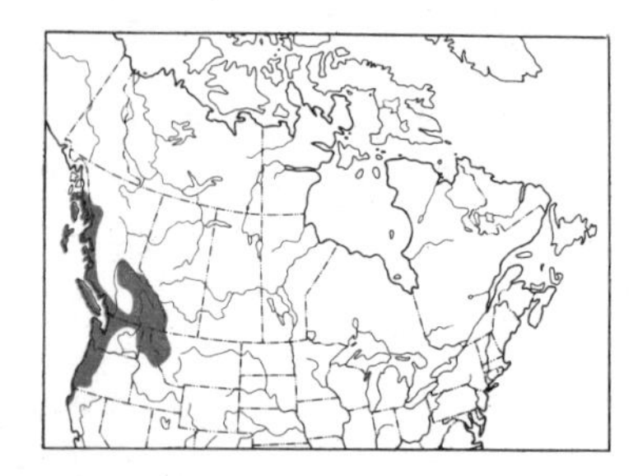

Aire de distribution

Régions forestières côtière et du Columbia et les parties humides des Régions forestières montagnarde et subalpine.

Le Thuya géant, le plus gros de nos deux thuyas canadiens, est avec la Pruche occidentale, l'Épinette de Sitka, le Douglas taxifolié et le Faux-cyprès de Nootka, une espèce caractéristique des forêts humides de la côte du Pacifique (Pacific red-cedar). Le qualificatif géant est très approprié car cet arbre peut atteindre, dans des conditions favorables, des proportions gigantesques. Au Canada, les plus gros se trouvent sur l'Île de Vancouver. En 1948, un arbre de plus de 4 m et âgé de près de 1 000 ans fut coupé.

Le Thuya géant fut observé pour la première fois en 1791 lors d'une expédition sur l'Île de Vancouver. C'est un arbre que l'on trouve essentiellement sur la côte nord-ouest du Pacifique; dans les vallées humides de l'intérieur, il est plutôt rabougri, et à plus de 1 400 m d'altitude, il n'est plus qu'un arbuste.

De forme conique, l'arbre mature possède généralement une base élargie et de longues branches pointant vers le bas, ce qui lui donne une allure particulière.

Le nom générique *Thuja* vient du grec *thuon* ou *thuia*, un nom commun d'un arbre africain odorant dont la résine servait d'encens lors des cérémonies religieuses. Le nom spécifique *plicata* qui dérive du latin *plicare*, plier, fait allusion aux écailles imbriquées. Le nom cèdre est impropre aux thuyas; les cèdres véritables du genre *Cedrus*, appartiennent à la famille du pin et sont indigènes des régions méditerranéennes et de l'Himalaya. Le nom vernaculaire cèdre rouge de l'Ouest est mal approprié car il fait une corrélation avec le cèdre rouge de l'Est (*Juniperus virginiana L.*), une autre espèce de la même famille. La couleur rouge que l'on trouve dans plusieurs noms communs fait référence à la couleur roussâtre pâle ou roux foncé de son bois.

Le Thuya géant était aux Amérindiens de l'Ouest ce que le Bouleau à papier était aux Amérindiens de l'Est: une source inestimable de produits indispensables à la subsistance de plusieurs tribus.

Sur la côte Ouest, ils préféraient ce bois léger, non résineux, fort, et résistant à la carie, à toutes les autres espèces. De son bois, ils fabriquaient d'énormes canoës de plus de 15 m creusés à même le tronc et qui pouvaient accommoder 60 personnes, d'où l'origine de «canoecedar».

Ils construisaient des maisons avec des poteaux et des planches fendues, et avec l'écorce, des boîtes de toutes sortes et des abris temporaires. De ce bois on sculptait les fameux mâts totémiques et les poteaux mortuaires.

Avec l'écorce interne ou liber on tissait des vêtements, des filets de pêche, des paniers, des chapeaux, des tapis, des paillassons. On la tordait pour faire de la corde, des ceintures, des collets, des filets et une panoplie d'objets de cérémonie. Effilochée, l'écorce interne servait à fabriquer des balais, des costumes, des masques, des pansements et même des couches pour les bébés. Le Thuya géant est l'une des quatre espèces d'arbres les plus importants en Colombie-Britannique.

C'est pour les mêmes qualités que l'homme blanc l'exploite d'une façon intensive: le bois est léger, aromatique, de droit fil, de faible retrait et son long fût est sans branches.

De bois mou très résistant à la carie, le Thuya géant est un des meilleurs bois d'extérieur. Il est très recherché pour la fabrication de bardeaux, de planchettes, de poteaux, de serres, de revêtements extérieurs, de lambris et de boiseries. Le bois d'un arbre tombé ou abattu est encore sain même après un siècle. Cette résistance à la pourriture s'explique par la présence de fongicides puissants dans le bois.

L'industrie du bardeau en Colombie-Britannique utilise une bonne partie de la récolte du bois rouge et est le principal fournisseur de bardeaux pour le Canada et les États-Unis.

À l'instar du Thuya occidental, le Thuya géant se prête très bien aux aménagements paysagers grâce à sa forme conique. De plus, son feuillage ne tourne pas au brun pendant l'hiver comme c'est le cas pour son cousin de l'Est.

A 111c

Faux-cyprès de Nootka

cèdre jaune, cèdre de l'Alaska, cyprès jaune, cyprès de Nootka.

Nootka false cypress, Alaska cedar, Alaska cypress, Alaska yellow cedar, Nootka cypress, Sitka cedar, Sitka cypress, stinking-cedar, yellow-cedar, yellow-cypress.

Chamaecyparis nootkatensis (D.Don) Spach
Famille du cyprès (Cupressacées)

Traits distinctifs
Un arbre de l'Ouest, à bois et feuillage à odeur âcre particulière.

Feuilles — en forme d'écailles, extrémités des écailles souvent écartées du rameau, vert jaunâtre, luisantes, le plus souvent sans taches glandulaires.

Rameaux — quadrangulaires et légèrement aplatis; rudes au toucher, étalés en forme d'éventail; ramilles nettement pendantes.

Cônes — globulaires, environ 1 cm de diamètre, bosselés; semblables à une baie verdâtre; recouverts d'une poudre blanchâtre la première année, ligneux la deuxième année et brun roussâtre à maturité; ressemblent à une ancienne arme, appelée le fléau d'arme; écailles munies de courtes épines.

Écorce — brun cendré, fibreuse et entrecroisée; ne se détache pas par longues lanières étroites.

Taille — 15-30 m de haut, 30-120 cm de diamètre.

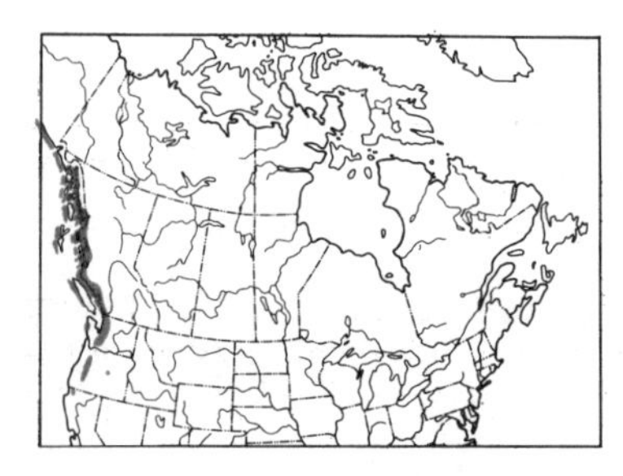

Aire de distribution

Région forestière côtière et zone côtière de la Région subalpine. À l'intérieur, on le trouve au sud-est de la Colombie-Britannique, près du lac Slocan.

Le Faux-cyprès de Nootka se reconnaît facilement de loin à sa couronne pendante, à son feuillage en dentelle et à son écorce brun gris. À première vue, on peut confondre ses feuilles avec celles du Thuya géant d'où l'utilisation de «cèdre» dans plusieurs noms. Toutefois, les rameaux du Faux-cyprès de Nootka sont rudes et piquants, tandis que ceux du Thuya géant sont doux au toucher.

Le nom générique *Chamaecyparis* vient du grec *chamai*, sol, et de *kuparissos*, cyprès ou faux cyprès, à cause de ses cônes qui ressemblent à ceux du cyprès véritable (*Cupressus*), mais qui sont de plus petite taille.

Le nom spécifique *nootkatensis*, de Nootka, fait allusion au détroit de Nootka, région de la partie ouest de l'Île de Vancouver où vivaient un groupe d'Amérindiens. C'est là qu'en 1791, un naturaliste irlandais, Archibald Menzies, qui accompagnait le capitaine George Vancouver lors d'une expédition, découvrit le Faux-cyprès de Nootka et le Thuya géant. La couleur jaune de son bois est à l'origine de plusieurs noms communs.

Le Faux-cyprès de Nootka atteint une croissance maximale dans les forêts côtières humides, fraîches et à sol profond. Ces conditions favorables étant réunies près de la côte, sur les îles du sud-est de l'Alaska et au nord de la Colombie-Britannique, on retrouvait jadis en abondance les plus gros spécimens, d'où le nom «Alaska cedar» et aussi «Sitka cypress», parce qu'on le trouve souvent en association avec l'Épinette de Sitka.

À l'instar du Sapin gracieux, le Faux-cyprès de Nootka est un arbre du littoral du Pacifique, à l'exception de quelques sites répartis à l'intérieur des terres. Ces endroits isolés sont les vestiges d'une grande forêt de Faux-cyprès de Nootka, datant de la dernière glaciation.

De croissance lente, le Faux-cyprès de Nootka peut vivre plus d'un millénaire. Des composés chimiques toxiques aux fongi (champignons microscopiques) concentrés au coeur, ou duramen, sont la cause de la longévité de cet arbre.

Les Amérindiens connaissent et exploitent depuis fort longtemps les qualités du Faux-cyprès de Nootka. Le bois est facile à travailler, de durabilité élevée, et sans esquilles. Ils en fabriquaient des verveux, et des arcs qui servaient de monnaie d'échange; ils en sculptaient des masques décoratifs, des avirons, et des récipients de toutes sortes.

L'écorce interne, ou liber, est semblable à celle du Thuya géant, mais de texture douce et plus fine. On mélangeait l'écorce préparée avec du duvet ou de la laine de chèvre de montagne lors du tissage de vêtements et de couvertures. Effilochée, elle s'utilisait comme bandage et pour laver les bébés.

Le bois du Faux-cyprès de Nootka est très en demande pour la construction de bateaux, et prisé pour les travaux fins d'ébénisterie et de sculpture. Il est très stable grâce à son faible retrait, de bonne durabilité et réfractaire à la carie.

Le Faux-cyprès est planté comme arbre ornemental là où le climat est frais et humide. Rustiques au sud de l'Angleterre, des arbres plantés il y a environ un siècle, atteignent aujourd'hui une hauteur de près de 30 m.

A 111d

Genévrier rouge

bâton rouge, cèdre rouge, cèdre rouge de Virginie, genévrier de Virginie.

Red Juniper, eastern red cedar, cedar, juniper, savin.

Juniperus virginiana L.
Famille du cyprès (Cupressacées)

Traits distinctifs
Arbre de l'Est, au bois aromatique.

Feuilles — de deux genres: en aiguilles sur les nouvelles pousses et en écailles sur les vieux rameaux.

Rameaux — arrondis, mais pas en forme d'éventail.

Cônes — arbre femelle: ronds, environ 1 cm de diamètre, ressemblant à une baie bleue, recouverts d'une poudre blanchâtre à maturité; mûrissent en une saison. Arbre mâle: minuscule cônes de pollen.

Écorce — brun rougeâtre, fibreuse; se détache en longues lanières étroites.

Taille — 10-20 m de haut, 20-100 cm de diamètre.

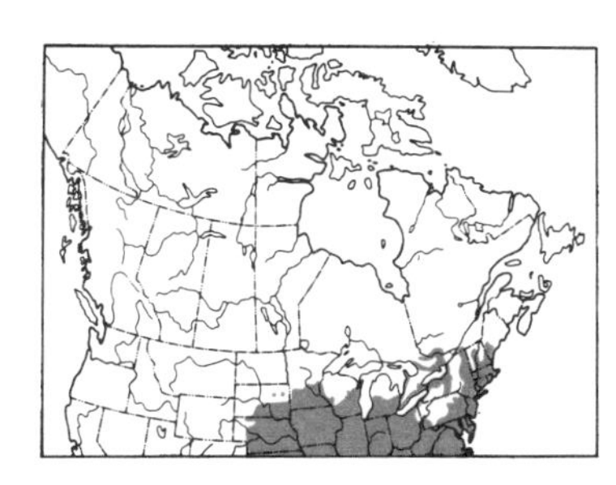

Aire de distribution

Région des Grands Lacs et du Saint-Laurent; disséminé dans la Région des feuillus.

Le nom générique *Juniperus* vient du latin et désigne les genévriers européens tandis que son nom spécifique *virginiana* est le nom latinisé de l'État de Virginie où on l'observa pour la première fois en 1564.

Souvent et à tort, on le nomme cèdre rouge. Le Genévrier rouge n'appartient pas au genre *Cedrus* (véritable cèdre, originaire d'Afrique et d'Asie). Bâton rouge, le nom de la capitale de la Louisiane, évoque l'époque où les premiers colons de la région appelaient communément notre arbre, bâton rouge. On le trouve dans les lieux ouverts, secs, sablonneux ou rocailleux et généralement de nature calcaire.

Les fleurs mâles et les fleurs femelles sont portées par des arbres différents. Les genièvres, fruits bleu foncé, ne se retrouvent que sur les arbres femelles.

On utilisa le Genévrier rouge pour la fabrication de crayons jusqu'à l'épuisement des gros arbres. Il fut par la suite remplacé par le Libocèdre à feuilles décurrentes ou cèdre blanc (*Calocedrus decurrens* (Torr.) Florin) comme source principale de bois de crayon.

Autrefois, les Amérindiens brûlaient ses rameaux qui servaient de décongestif nasal. Une tisane à base de feuilles apaisait une toux persistante et l'huile extraite des fruits combattait la dysenterie.

Au temps de la colonisation, le bois aromatique du Genévrier rouge servait à la fabrication de coffres à l'épreuve des mites. C'était, à cette époque, le seul moyen de protéger les lainages. De nos jours, on construit encore des coffres à lingerie et on utilise aussi son bois pour le lambrissage des placards et des armoires. Son bois rouge est fort apprécié en ébénisterie. Sa qualité odoriférante est de plus exploitée dans l'industrie du parfum.

Le «gin» tire son nom d'un genévrier (*Juniperus communis* L.) dont les cônes entrent dans la confection de cette eau-de-vie et en caractérisent l'arôme et la saveur. Les baies de genièvres sont des aromates bien connus en cuisine et peuvent servir de succédané du café et de tisane tonifiante.

Sa longévité et une croissance lente le classent parmi les arbres ornementaux idéals. On peut se procurer divers cultivars chez les marchands spécialisés.

De nombreux mammifères et oiseaux, tel le Jaseur des cèdres, ainsi appelé à cause de cet arbre, consomment ses petites baies bleues et s'avèrent les principaux agents de dispersion des espèces de genévriers.

A 111e

Genévrier saxicole

genévrier des Rocheuses, genévrier des montagnes Rocheuses, genièvre des Rocheuses.

Rocky Mountain Juniper, river juniper, Rock Mountain red cedar, western juniper.

Juniperus scopulorum Sarg.
Famille du cyprès (Cupressacées)

Traits distinctifs
Petit arbre de l'Ouest, au bois aromatique.

Feuilles — de deux genres: en aiguilles sur les nouvelles pousses et en écailles sur les vieux rameaux.

Rameaux — arrondis, mais pas en forme d'éventail.

Cônes — arbre femelle: ronds, environ 1 cm de diamètre, ressemblant à une baie bleue; recouverts d'une poudre blanchâtre à maturité, mûrissent en deux saisons; arbre mâle: minuscules cônes de pollen.

Écorce — brun rougeâtre à brun grisâtre, fibreuse, effilochée; se détache en lanières étroites.

Taille — arbuste ou petit arbre qui, au Canada, ne dépasse habituellement pas 7 m de haut et 30 cm de diamètre.

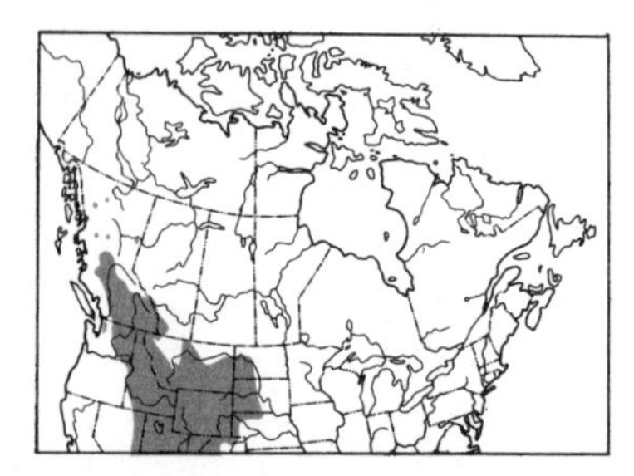

Aire de distribution

Région forestière montagnarde et habitats secs de la Région forestière côtière.

Le Genévrier saxicole ressemble tellement au Genévrier rouge que Lewis et Clark le prirent pour un Genévrier rouge lors de leur expédition vers l'Ouest dans les Rocheuses en 1804. Il fut longtemps classé comme une variété du Genévrier rouge (*Juniperus virginiana* L.).

Toutefois, les cônes charnus du Genévrier saxicole mûrissent à l'automne de la seconde année, tandis que ceux de l'arbre de l'Est mûrissent au premier automne. Aux États-Unis, là où leurs aires de distribution se chevauchent, ils s'hybrident, formant des individus aux caractères intermédiaires.

Le nom générique *Juniperus* est le nom latin classique pour les genévriers européens et *scopulorum*, signifie plantes qui habitent les rochers (saxicole), allusion à l'habitat rocailleux et sec de cet arbre.

Comme son homologue de l'Est, ses qualités odoriférantes étaient utilisées par les Amérindiens pour purifier l'air et chasser les mauvais esprits après une maladie ou un décès. Une tisane de ses aiguilles s'employait pour guérir le rhume et les troubles cardiaques.

On faisait tremper les flèches pendant toute une nuit dans une décoction concentrée afin de stimuler la coagulation du sang du gibier atteint par une flèche et de l'empêcher ainsi de trop s'éloigner. De son bois dur, ils fabriquaient des arcs, des cadres de raquettes et des lances.

Le feuillage de toutes les espèces peut être utilisé en infusion, mais peut causer des troubles digestifs à ceux qui en mangent.

Quoique son bois soit semblable à celui du Génevrier rouge, cet arbre souvent rabougri, de faible taille et à troncs multiples, est sans valeur commerciale au Canada. Par contre, on cultive présentement plusieurs variétés ornementales de formes et de couleurs diverses.

LES CONIFÈRES OU RÉSINEUX
(Gymnospermes)

DEUXIÈME PARTIE

à feuilles en aiguilles groupées en faisceaux

- Mélèze laricin — B 211a
- Mélèze occidental — B 211b
- Mélèze subalpin — B 211c
- Pin blanc — B 211d
- Pin argenté — B 211e
- Pin albicaule — B 211f
- Pin flexible — B 211g
- Pin rigide — B 211h
- Pin ponderosa — B 211i
- Pin rouge — B 211j
- Pin gris — B 211k
- Pin tordu — B 211l
- Pin sylvestre — B 211m

B 211a

Mélèze laricin

épinette rouge, fausse épinette rouge, mélèze d'Amérique, mélèze, tamarac, violon (Maritimes).

Eastern larch, Alaskan larch, American larch, black larch, juniper (Maritimes), larch hackmatack, red larch, tamarack.

Larix laricina (Du Roi) K. Koch
Famille du pin (Pinacées)

Traits distinctifs

Feuilles — souples, 10-20 aiguilles par groupe, 2-2,5 cm de long; triangulaires en section transverse; faciles à rouler entre le pouce et l'index; prennent une belle couleur jaune doré avant de tomber à l'automne.

Rameaux — menus et flexibles, dépourvus de poils.

Cônes — ronds, brun pâle, moins de 2 cm de long.

Taille — 15-20 m de haut, 40-60 cm de diamètre.

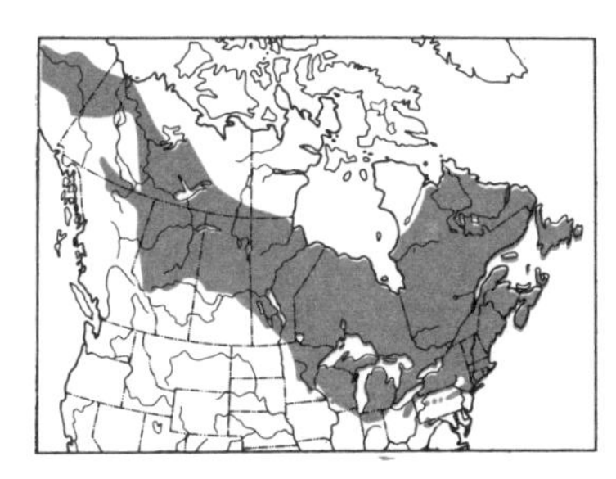

Aire de distribution

Régions forestières boréale, des Grands Lacs et du Saint-Laurent, acadienne et, dans une moindre mesure, Région des feuillus.

Le nom générique *Larix*, qui signifie gras, allusion à la résine de cet arbre, est le nom commun latin pour le mélèze et *laricina*, semblable au mélèze, car il fut jadis considéré comme un pin. Le mot mélèze tire probablement son origine du mot miel, sans doute une allusion au sucre naturel, ou galactan, à saveur aigre-douce qu'il sécrète. Une autre origine serait dérivée de la langue indo-européenne *mel* ou *mal*, montagne, qui signifie «arbre de montagne». Le Mélèze d'Europe (*Larix decidua* P. Mill.) se rencontre surtout dans les montagnes.

Au début de la colonisation nos ancêtres canadiens-français donnèrent au mélèze le nom d'épinette. À cette époque, il s'agissait d'un appellatif pour plusieurs espèces de conifères.

Espèce transcanadienne caractéristique de la forêt boréale, le Mélèze laricin perd ses aiguilles à chaque automne comme les cyprès chauves ou taxodes (*Taxodium*). Ses aiguilles douces, souples et vert pâle, sont spiralées de deux façons sur les rameaux: en touffes de 10-20 aiguilles sur un dard sur les vieux rameaux ou en solitaires sur les nouvelles pousses.

Le Mélèze laricin ne supporte pas l'ombre. Il pousse en sols très humides, marais et tourbières ou sur les coteaux et plateaux secs.

Sa résine et son écorce ont été employées, entre autres, pour soigner les troubles rénaux et pulmonaires, les ulcères, et pour panser des brûlures. La térébenthine de Venise, autrefois utilisée en Europe en médecine populaire, provient de la résine du Mélèze d'Europe (*Larix decidua* P. Mill.). Sa résine séchée et broyée servait aussi de levain.

Les Amérindiens utilisaient ses racines pour coudre les canoës d'écorce de bouleau. Ses feuilles peuvent servir à préparer une tisane et un antiseptique.

Son bois dur, fort et résistant à la pourriture même sous l'eau, peut servir à la fabrication de pieux et poteaux quoiqu'il ne soit plus commercialement utilisé. Autrefois, les premiers constructeurs de petits navires utilisaient ses racines souvent courbées, parfois jusqu'à 90°, comme un genou, pour réunir la varangue à l'allonge.

Depuis le début du siècle, le Mélèze laricin est en régression par suite des incendies, de l'exploitation forestière et de l'invasion d'une mouche à scie.

Le Mélèze d'Europe, une espèce cultivée comme arbre ornemental, est semblable au Mélèze laricin. Il s'en distingue toutefois, par ses cônes plus gros, garnis de nombreuses écailles (40 à 50) et par ses aiguilles plus longues.

B 211b

Rare en Alberta

Mélèze occidental

mélèze de l'Ouest

Western larch, hackmatack, larch, tamarack, western tamarack

Larix occidentalis Nutt.
Famille du pin (Pinacées)

Traits distinctifs

Feuilles — souples, 15-30 aiguilles par groupe, 2,5-4 cm de long, triangulaires en section transverse, faciles à rouler entre le pouce et l'index; prennent une belle couleur jaune doré avant de tomber à l'automne.

Rameaux — gros, cassants, un peu duveteux au début, devenant sans poils (glabres) par la suite.

Cônes — ovales, brun jaunâtre à maturité, moins de 4 cm de long; petites aiguilles (bractées) sortant entre les écailles.

Taille — 20-50 m de haut, 50-150 cm de diamètre.

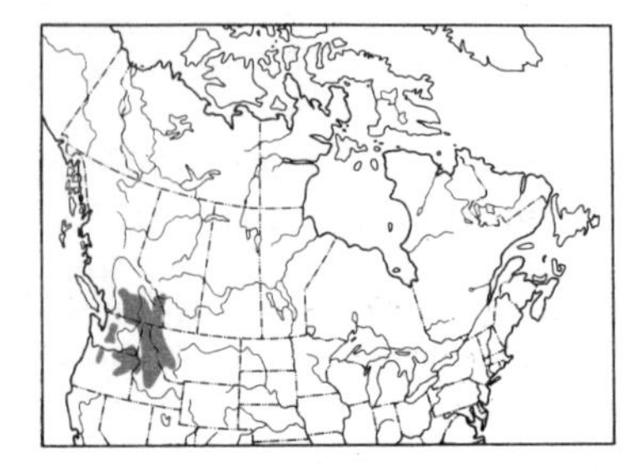

Aire de distribution

Partie sud de la Région forestière du Columbia, versants humides de la Région montagnarde et occasionnellement, Sud-Ouest de l'Alberta.

Le Mélèze occidental, le plus imposant des mélèzes canadiens, est aussi un des arbres les plus importants de l'économie forestière de l'Ouest. Son bois dur est le plus solide des conifères marchands du Canada.

Comme les autres mélèzes, le Mélèze occidental est un résineux à feuillage caduc qui ne tolère pas l'ombre. C'est donc une espèce colonisatrice à croissance très rapide. L'écorce rougeâtre très épaisse chez les vieux sujets l'isole des dommages causés par les incendies. À cet égard, il est considéré comme le plus résistant des arbres du Nord-Ouest. Sa ressemblance avec le Mélèze laricin lui a valu le nom de tamarack. Le Mélèze occidental est un arbre de grande taille qui pousse dans des sols secs et rocailleux tandis que le Mélèze laricin est relativement petit et préfère les sols très humides, marais et tourbières.

Le nom générique *Larix* est le nom latin classique pour le mélèze et fait allusion à la résine sucrée que cet arbre exsude, et son nom spécifique *occidentalis*, ouest, parce que c'est une espèce de l'ouest de l'Amérique du Nord.

La résine miellée durcit lorsqu'elle est exposée à l'air et les Amérindiens la cueillaient pour la mâcher. D'autres ramassaient du «miel» (toujours la résine) dans les cavités de l'arbre et le faisaient réduire jusqu'à consistance de mélasse. Ils préparaient également une poudre rouge avec la résine chauffée et broyée. Mélangée à de la graisse d'ours, elle servait de cosmétique. Ils obtenaient une peinture rouge en la mélangeant à des bourgeons de Peuplier baumier.

Contrairement à l'homme blanc, les Amérindiens ne faisaient guère usage de ce bois difficile à travailler. Cet arbre, au long fût droit et sans noeuds, produit un bois très dense et solide, de qualité semblable au Douglas taxifolié et d'usages similaires. On en fait du bois de construction, des contreplaqués, des traverses et pilotis, des boiseries intérieures et des planchers.

De plus, c'est un bel arbre ornemental rustique, dans plusieurs régions du Canada.

Les animaux en tirent également profit. Les aiguilles des mélèzes constituent une importante source de nourriture pour le Tétras sombre et le Tétras du Canada. Les graines sont mangées par les souris, les tamias et les oiseaux granivores tel le Bec-croisé rouge.

Il y a toutefois une ombre au tableau. Un petit insecte européen, le Porte-case du mélèze (*Coleophora laricella* [Hbn.]), ravage les populations de mélèzes de l'Ouest; on tente d'introduire un parasite pour le contrôler. De plus , une petite plante parasite des conifères, le gui (*Arceuthobium* Bieb.), peut causer de sérieux dommages au Mélèze occidental.

B 211c

Mélèze subalpin

mélèze de Lyall.

Alpine larch, Lyall's larch, mountain larch, subalpine larch.

Larix lyallii Parl.
Famille du pin (Pinacées)

Traits distinctifs
Petit arbre des hautes altitudes.

Feuilles — souples, 30-40 aiguilles par groupe, 2,5-4 cm de long, quadrangulaires en section transverse, difficiles à rouler entre le pouce et l'index; prennent une belle couleur jaune doré avant de tomber à l'automne.

Rameaux — gros et non cassants; nouveaux rameaux couverts d'un duvet blanc très fin.

Cônes — ovales, bruns à maturité, 4-5 cm de long, petites aiguilles (bractées) sortant entre les écailles.

Taille — petit arbre dépassant rarement 10 m de haut, 30-60 cm de diamètre.

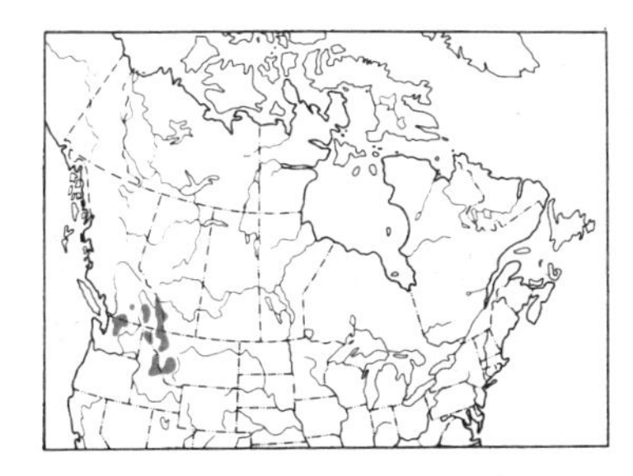

Aire de distribution

Généralement à plus de 2 000 m dans la partie sud de la Région forestière subalpine.

Il faut généralement gravir les hautes montagnes pour rencontrer le Mélèze subalpin, comme l'a fait en 1858 le naturaliste David Lyall (1817-1895). Le nom générique Larix est le nom classique des mélèzes.

Comme tous les mélèzes, il perd ses aiguilles à l'automne. Il ne peut être confondu qu'avec le Mélèze occidental qui, cependant, pousse à plus basse altitude. Il arrive parfois que les deux espèces partagent un même site. On les distingue alors facilement par la forme de la cime et la pubescence des rameaux: une cime plutôt élancée, régulière, et des rameaux presque glabres pour le Mélèze occidental; une cime largement étalée, irrégulière, et des rameaux à forte pubescence pour le Mélèze subalpin.

Le Mélèze subalpin n'est pas exploité commercialement parce qu'il croît souvent dans des endroits inaccessibles.

B 211d

Rare au Manitoba

Pin blanc

pin jaune, pin du Lord, pin strobus, pin de Weymouth.

Eastern white pine, cork pine, majestic pine, pattern pine, Quebec pine, sapling pine, Weymouth pine, white pine, yellow pine.

Pinus strobus L.
Famille du pin (Pinacées)

Traits distinctifs

Feuilles — 5 aiguilles par groupe, 7-12 cm de long, souples et douces au toucher.

Cônes — pendants, cylindriques, souvent incurvés, 8-20 cm de long; possèdent un pédoncule d'environ 1 cm; verts à l'état fermé; s'ouvrent en septembre et tombent durant l'hiver; écailles flexibles.

Taille — 30-40 m de haut, 100-150 cm de diamètre et même davantage en terrain propice.

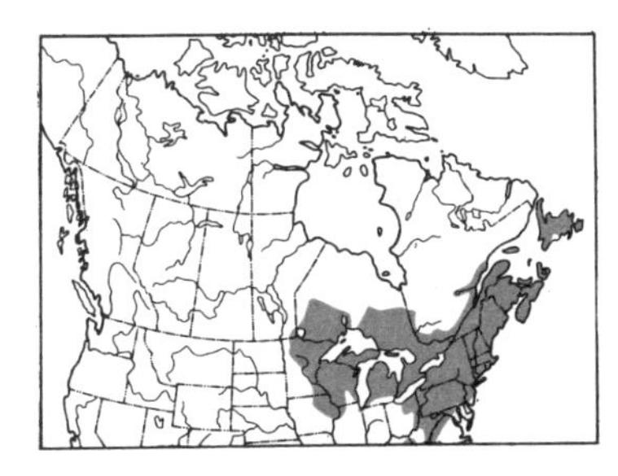

Aire de distribution

Région forestière des Grands Lacs et du Saint-Laurent et régions adjacentes.

Le nom générique *Pinus* est le nom latin classique du pin tandis que son nom spécifique *strobus*, du grec *strobilor*, toupie, ou *strobos*, enroulé autour, fait allusion au cône.

Le Pin blanc, aujourd'hui naturalisé en Europe, fut introduit en Angleterre en 1705 par Lord Weymouth dont il a reçu le nom. Comme les grands Pins blancs renferment normalement beaucoup de bois de coeur, la teinte jaunâtre de ce duramen lui a valu le nom de pin jaune.

Le Pin blanc se différencie des autres pins à l'est des Rocheuses par ses faisceaux de 5 aiguilles vert bleuâtre, douces et flexibles. Bien qu'il soit le plus tolérant de tous les pins au point de vue lumière et humidité, il pousse mieux dans les sols humides, sablonneux et argileux.

Son écorce lisse, d'un brun verdâtre sur les jeunes troncs, est très mince, ce qui le rend particulièrement vulnérable lors des feux de forêt.

Les Iroquois le vénéraient; il était le symbole de leur invulnérabilité. Il entrait dans une vingtaine de préparations médicinales et pouvait même combattre les maladies apportées par les esprits.

À l'époque des grands voiliers, le Pin blanc devint bientôt indispensable à l'industrie navale, en remplaçant le Pin sylvestre (*Pinus sylvestris* L.) dans la fabrication de mâts des bateaux britanniques, car sa taille atteignait souvent 45 m de haut et plus d'un mètre de diamètre. Une loi fut même décrétée afin de le réserver uniquement à l'usage de la marine royale.

Le Pin blanc fait partie de notre histoire. Au début du XIXe siècle, Québec devint, grâce à lui, le plus important port relié à l'industrie du bois au monde. Il est à l'origine de la navigation des trains de bois équarri sur le Saint-Laurent. La rivière Gatineau vit le premier radeau de pins équarris descendre ses eaux en 1806. Ces radeaux voguèrent sur nos grandes rivières pendant environ un siècle.

Peu à peu, la quête d'arbres à forts diamètres devint de plus en plus difficile. Les industriels abandonnèrent graduellement l'exploitation du bois équarri et établirent des scieries afin d'exploiter les arbres de plus petits calibres. On vit alors naître des scieries, «moulins à scies», près des cours d'eau autour desquels se sont érigés des villes et des villages (Hawkesbury, Ottawa, Hull).

Aujourd'hui, à cause d'une exploitation forestière intense, des feux de forêt et de certaines maladies, leurs dimensions et leur nombre ont été considérablement réduits.

En effet, le Pin blanc doit faire face à deux dangereux ennemis: la rouille vésiculeuse, grave maladie parasitaire, et un insecte, le Charançon du Pin blanc (*Pissodes strobi* [Peck]). Des attaques successives de cet insecte déforment l'arbre, ce qui en réduit la valeur commerciale. La rouille vésiculeuse est, au point de vue économique, la plus importante maladie des Pins blancs au Canada et aux États-Unis puisqu'elle détruit annuellement près de 6 millions de mètres cubes de bois.

Cette maladie a été introduite séparément à l'est et à l'ouest du Canada, vers les années 1900 par des plantules de Pin blanc contaminées provenant de pépinières de France et d'Allemagne. Ces plantules européennes, de coût moins élevé, permettaient un reboisement plus économique; mais nous en subissons encore les séquelles. La rouille vésiculeuse limite l'utilisation du Pin blanc comme arbre de reboisement. Cependant, la destruction des groseilliers, des gadelliers et des cassis sauvages ou cultivés (Ribes spp.), hôtes intermédiaires essentiels à la propagation de la maladie, pourrait limiter les dégâts. La solution idéale serait de développer une variété de Pin blanc résistante à cette maladie.

On utilise le Pin blanc pour la fabrication de planches, de cadres de porte et de châssis, de boiseries, de meubles, etc. Ses copeaux et son bran de scie entrent dans la fabrication du bardeau d'asphalte, du papier goudronné, des freins à disques, des chapeaux de distributeur, des téléphones, pour ne nommer que quelques usages.

B 211e

Rare en Alberta

Pin argenté

pin blanc de l'Ouest, pin montagnard (France).

Western white pine, Idaho white pine, mountain Weymouth pine, mountain white pine, silver pine, white pine (Colombie-Britannique).

Pinus monticola Dougl. ex D.Don
Famille du pin (Pinacées)

Traits distinctifs

Feuilles — 5 aiguilles par groupe, vert bleuâtre, 5-10 cm de long, souples et douces au toucher.

Cônes — pendants, cylindriques, souvent incurvés, 10-25 cm de long; possèdent un pédoncule d'environ 2 cm; verts à l'état fermé, s'ouvrent en septembre et tombent durant l'hiver; écailles flexibles.

Écorce — lisse, gris argent chez les jeunes arbres, se fragmente en plaques, devenant brune ou noire avec l'âge.

Taille — 30-40 m de haut, 100-150 cm de diamètre et même davantage en terrain propice.

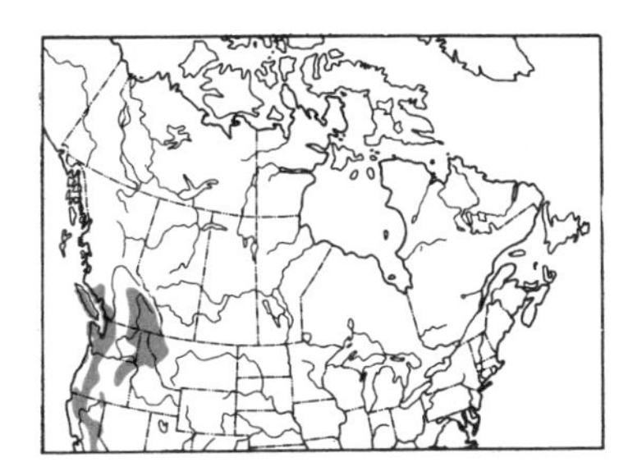

Aire de distribution

Parties méridionales des Régions forestières du Columbia et côtière.

Le Pin argenté, comme plusieurs conifères de l'Ouest, fut découvert par le botaniste irlandais, David Douglas. Il fut observé pour la première fois en 1831 sur les rives de la rivière Columbia.

Les longs cônes pendants au faîte de l'arbre, l'écorce fissurée rectangulairement et, autour du tronc, le tapis d'aiguilles mortes jonché de plusieurs cônes, dévoilent sa présence.

Le nom générique *Pinus* est le nom latin classique du pin. Le nom spécifique *monticola* dérivant du latin *montis*, montagne, et de *colere*, habiter, fait référence à l'habitat du Pin argenté qui est une espèce plutôt montagnarde. Le nom Pin argenté rappelle la couleur de son feuillage.

Sa ressemblance avec le Pin blanc de l'Est est à l'origine de plusieurs noms communs anglais et français. Le Pin argenté possède toutefois des aiguilles et des cônes plus longs. Par contre, on ne peut confondre ces deux espèces car leurs aires de distribution sont à l'opposé et ne se chevauchent pas. Cependant, il existe, à l'ouest du Canada, deux autres espèces de pins à feuilles en faisceaux de 5 aiguilles, le Pin albicaule et le Pin souple, mais ceux-ci ont des aiguilles piquantes plus courtes et des cônes plus petits. Tous les pins à 5 aiguilles par faisceau, indigènes ou cultivés, sont victimes d'une grave maladie, la rouille vésiculeuse. Introduite séparément dans l'Ouest et dans l'Est, cette maladie atteint l'Ouest en 1910, par un seul envoi à Vancouver, de mille plantules de Pins blancs de l'Est en provenance de pépinières de France.

Cette maladie, souvent fatale pour l'arbre atteint, affecte autant les jeunes pins que les arbres adultes d'un peuplement naturel ou d'une plantation. De Vancouver, la maladie s'est répandue dans les peuplements et plantations de pins à 5 aiguilles par faisceau de l'Ouest. Cette maladie est causée par un champignon qui doit séjourner dans un hôte intermédiaire, groseilliers, gadelliers ou cassis sauvages ou cultivés (*Ribes* spp.), avant de contaminer son deuxième et dernier hôte, du groupe des pins blancs. L'élimination de l'hôte intermédiaire et la sélection de lignées de pins résistants à la rouille diminueront le danger potentiel de la rouille vésiculeuse.

Comme le Pin blanc, le Pin argenté est vulnérable aux attaques du Charançon du Pin blanc (*Pissodes strobi* [Peck]), un insecte destructeur qui se rencontre d'un océan à l'autre. L'insecte déforme l'arbre et réduit par le fait même la qualité marchande du bois. De plus, le Pin argenté possède une écorce mince ce qui le rend très sensible aux moindres feux de forêt.

Même si le bois du Pin argenté se travaille facilement, les Amérindiens ne l'utilisaient que rarement. Cependant, avec l'écorce ils confectionnaient des paniers et construisaient des canoës qu'ils cousaient avec des racines et imperméabilisaient avec de la résine de pin.

Le Pin argenté serait une espèce très importante s'il était plus abondant. Cependant, on le rencontre en faible nombre, mêlé à d'autres espèces, quoiqu'il forme parfois des peuplement purs. Son bois est similaire à celui du Pin blanc et s'emploie aux mêmes fins. Ses noeuds étant foncés, il est très en demande pour les panneaux de lambrissage.

B 211f

Pin albicaule

pin à blanche écorce.

Whitebark pine, alpine whitebark, creeping pine, scrub pine, white-stemmed pine.

Pinus albicaulis Engelm.
Famille du pin (Pinacées)

Traits distinctifs

Feuilles — 5 aiguilles par groupe, un peu courbées, 4-8 cm de long; raides et piquantes au toucher.

Écorce — blanchâtre, lisse au début, devenant profondément fissurée et écailleuse par la suite.

Cônes — ovales, 3-7 cm de long, sans pédoncule; pourpres; tombent fermés au sol à maturité, et se désagrègent graduellement; écailles épaisses avec une protubérance pointue mais non piquante; graines comestibles.

Taille — arbuste rampant à petit arbre; 4-15 m de haut, rarement plus, 30-60 cm de diamètre.

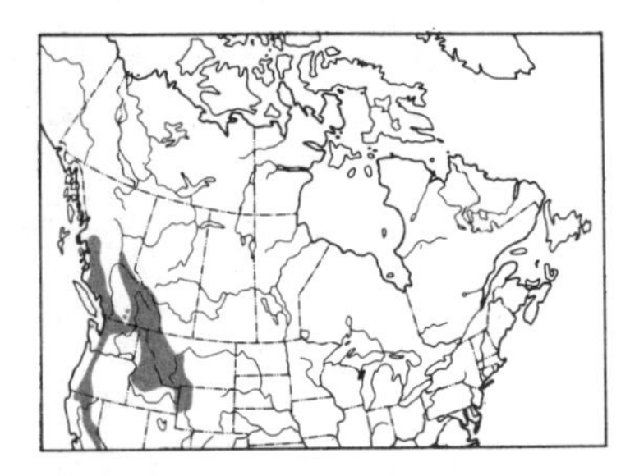

Aire de distribution

À partir d'environ 1 000 m d'altitude dans la Région forestière subalpine.

Pinus est le nom classique pour les pins. Le nom spécifique et plusieurs noms communs soulignent la couleur blanchâtre de l'écorce du Pin albicaule. *Albicaulis*, du latin *alba*, blanc, et *caulis*, tige, soit, pin à tige blanche.

Le Pin albicaule est une espèce qui pousse à la limite de la végétation arborescente. Il prend plusieurs formes selon l'altitude et l'exposition: de petit arbre à tronc droit à arbuste rampant, tordu et rabougri dans les endroits exposés; d'où les noms «creeping pine» et «scrub pine».

Le Pin albicaule forme des peuplements purs ou s'associe à d'autres espèces tel le Pin argenté. Ces deux espèces à 5 aiguilles par faisceau sont faciles à différencier. Le Pin argenté a un feuillage doux au toucher et de gros cônes pendants et pédonculés tandis que le Pin albicaule a un feuillage piquant, en touffes aux extrémités des branches, exposant ainsi les rameaux blanchâtres et de petits cônes non pendants et sans pédoncule.

L'aire de distribution du Pin albicaule chevauche en certains endroits le Pin souple qui lui ressemble beaucoup. Les cônes pourront nous aider à les reconnaître facilement. Seuls les cônes du Pin albicaule tombent sans s'ouvrir et se désagrègent au sol.

À cause de cette particularité unique en Amérique du Nord, il est considéré comme le plus primitif des pins indigènes.

Les grosses graines des cônes du Pin albicaule sont comestibles comme les graines des pins pignons du sud. Les Amérindiens les récoltaient à l'automne, les mangeaient nature, les grillaient ou les entreposaient pour l'hiver ou encore, les réduisaient en farine. Les graines sont une source de nourriture pour les rongeurs et les oiseaux tel le Casse-noix d'Amérique.

B 211g

Rare en Colombie-Britannique

Pin flexible

pin souple.

Limber pine, limbertwig, Rocky Mountain white pine.

Pinus flexilis James
Famille du pin (Pinacées)

Traits distinctifs

Feuilles — 5 aiguilles par groupe, un peu courbées, 3-7 cm de long, raides et piquantes au toucher.

Écorce — lisse et grise au début, devenant presque noire, profondément fissurée et écailleuse par la suite.

Cônes — cylindriques, 8-20 cm de long; possèdent un court pédoncule; verts à l'état fermé, brun pâle par la suite; atteignent leur maturité en septembre, s'ouvrent et tombent durant l'hiver; écailles épaisses; graines comestibles.

Taille — arbuste rampant à petit arbre, 4-15 m de haut, 30-60 cm de diamètre.

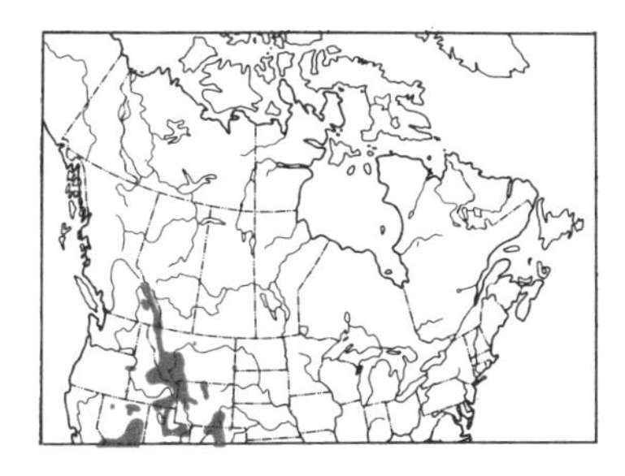

Aire de distribution

À partir d'environ 1000 m d'altitude dans les Rocheuses du sud de la Colombie-Britannique et de l'Alberta.

Pinus est le nom latin classique du pin. Le nom spécifique *flexilis*, flexible, fait référence à la grande souplesse de ses rameaux.

Le Pin flexible fut pour la première fois observé par le Dr Edwin James, médecin de l'armée américaine, attaché à une expédition dans les montagnes Rocheuses en 1820.

Le Pin flexible et le Pin albicaule se ressemblent à un tel point qu'on se demande s'il ne sont pas deux variétés de la même espèce. Toutefois, leurs cônes étant très différents, ils sont considérés comme deux espèces distinctes. Pour les différencier, on ne peut se fier à la flexibilité ou la souplesse des rameaux, car à cet égard, ces deux espèces sont similaires. Leurs rameaux sont si souples qu'on peut en faire des noeuds. Comme la plupart des espèces alpines, ces deux espèces peuvent coloniser les versants exposés grâce à leur système radiculaire très développé qui ancre l'arbre très solidement.

Les grosses graines sont comestibles comme celles du Pin albicaule. Comme les graines sont dépourvues d'ailes, les oiseaux et les petits rongeurs constituent les principaux agents de dissémination de ces deux espèces. Son bois, comme celui du Pin albicaule n'est pas exploité.

B 211h

Rare au Québec et en Ontario

Pin rigide

pin des corbeaux, pin dur.

Pitch pine, hard pine, yellow pine.

Pinus rigida P. Mill.
Famille du pin (Pinacées)

Traits distinctifs

Feuilles — 3 aiguilles tordues par groupe, 4-12 cm de long; vert jaunâtre.

Cônes — forme ovoïde à l'état fermé, 4-8 cm de long, ne possédant pas de pédoncule; écailles non flexibles à bout armé d'un aiguillon;

s'ouvrent à maturité à l'automne et restent sur l'arbre pendant plusieurs années.

Tronc — présence de touffes d'aiguilles sur le tronc.

Taille — 10-15 m de haut, moins de 50 cm de diamètre.

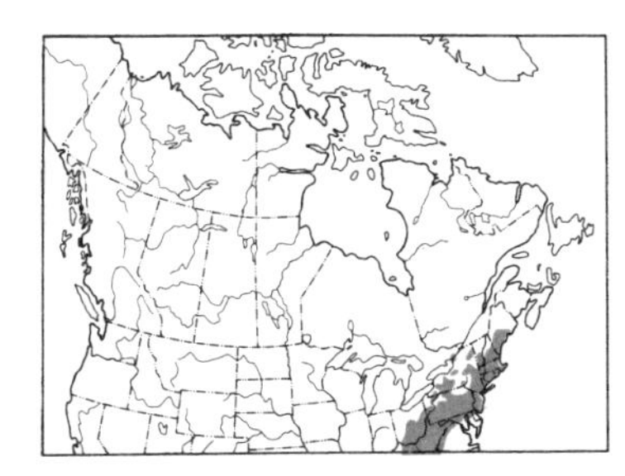

Aire de distribution

Limité entre Kingston et Montréal, le long du Saint-Laurent.

Le nom générique *Pinus* est le nom latin classique du pin. Le Pin rigide est facilement reconnaissable à ses aiguilles tordues et à ses touffes d'aiguilles sur le tronc, ainsi qu'à ses triades d'aiguilles vert jaunâtre, rigides, qui lui ont valu son nom latin *rigida* et son nom anglais «yellow pine».

Il peut croître dans des sols presque stériles, rocailleux ou sablonneux. Ordinairement chétif, c'est un arbre difforme et d'apparence négligée.

De tous les conifères, le Pin rigide est le seul à pouvoir produire des drageons, pousses aériennes nées d'une racine. En effet, on retrouve souvent des jeunes pousses au pied de l'arbre après un feu ou après la coupe de l'arbre. Cette caractéristique explique qu'il soit souvent le seul à repeupler un endroit après un grave incendie.

Aux États-Unis, il sert d'arbre de reboisement là où le sol est très pauvre. Dans les états de Pennsylvanie et de New York, où il est abondant, on l'utilise comme bois de charpente et sa résine constitue l'ingrédient principal dans la fabrication du goudron et de la poix (pitch pine).

Les noeuds contiennent tellement de résine qu'ils résistent à la pourriture. À l'époque des pionniers, les enfants ramassaient la résine et la fixaient au bout de bâtons pour en faire des torches, fournissant ainsi un éclairage à peu de frais.

Au Canada, le Pin rigide est rare et n'est pas exploité commercialement. En 1977, la province de Québec a créé la Réserve écologique du Pin rigide dans la région de Châteauguay.

L'essence de térébenthine souvent employée dans la peinture à base d'huile, provient d'un pin du sud-est des États-Unis possédant également des groupes de 3 aiguilles: le Pin des marais (*Pinus palustris* P. Mill.). Il ne faut pas confondre l'essence de térébenthine avec la térébenthine ou résine des conifères. L'essence s'obtient par la distillation de la résine.

B 211i

Pin ponderosa

pin à bois lourd, pin lourd.

Ponderosa pine, big pine, blackjack pine, British Columbia soft pine, bull pine, heavy pine, western yellow pine, western pitch pine, yellow pine.

Pinus ponderosa Dougl. ex P. et C. Lawson
Famille du pin (Pinacées)

Traits distinctifs

Feuilles — 2 ou 3 aiguilles par groupe, le plus souvent 3; 12-28 cm de long; vert foncé, en touffes serrées comme les poils d'un pinceau.

Cônes — forme ovoïde à l'état fermé, 7-15 cm de long, ne possédant pas de pédoncule; écailles non flexibles à bout armé d'un aiguillon; s'ouvrent à maturité à l'automne et tombent durant l'automne et l'hiver.

Écorce — noirâtre, rugueuse et fissurée chez les jeunes arbres; brun jaunâtre et se divisant en grosses plaques épaisses, semblables aux pièces d'un casse-tête, chez les arbre adultes.

Taille: — 18-45 m de haut, 60-180 cm de diamètre, le plus souvent 25 m de haut et 60 cm de diamètre.

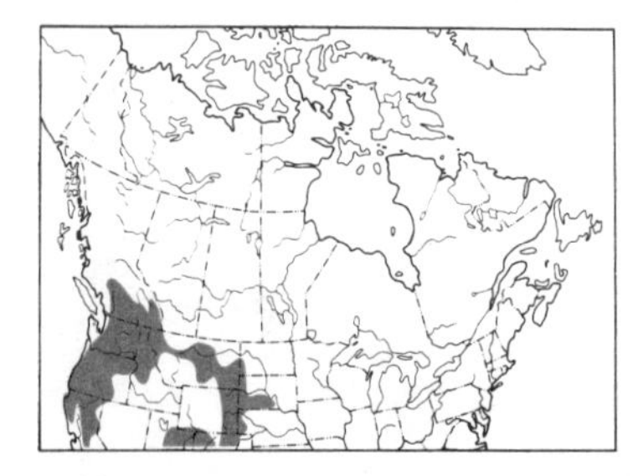

Aire de distribution

Sud de la Région forestière montagnarde en Colombie-Britannique.

Le Pin ponderosa atteint sa limite septentrionale à l'intérieur dans les régions sèches du sud de la Colombie-Britannique. Il est le plus abondant de tous les pins de l'Amérique du Nord et celui qui a la plus grande aire de distribution. Comme il a une très grande répartition géographique, le Pin ponderosa s'est développé en plusieurs formes qui varient selon la latitude tant par le nombre que par la longueur des aiguilles et la taille des cônes. Il se rencontre parfois en peuplements purs où il forme une forêt qui semble aménagée comme un parc très caractéristique que l'on ne peut oublier.

Espèce à croissance rapide qui ne tolère ni les grands froids ni l'ombrage, le Pin ponderosa ne peut se régénérer sous son propre couvert. La forêt doit être éclaircie soit par l'action du feu, soit par l'homme, ou autrement, afin qu'il puisse se propager.

Observé pour la première fois par Lewis et Clark lors de leur expédition de 1804-1806, ce n'est que 20 ans plus tard que le botaniste irlandais David Douglas nomma ces arbres *ponderosa*. Le nom spécifique dérive du latin *pondus* lourd, imposant, allusion à la stature massive de ce pin. On appelle «blackjack pine» et «bull pine» les arbres à écorce noirâtre qui ont une qualité de bois inférieure à celle des gros spécimens à écorce brun jaunâtre (western yellow pine).

À l'instar du Pin rigide à l'Est (pitch pine), le bois du Pin ponderosa renferme de la poix d'où l'origine de «western pitch pine». Pour des raisons un peu obscures, certaines souches renferment une haute concentration de poix. La poix rend le bois réfractaire à la carie et inflammable, d'où l'utilisation de ce bois de souche comme poteau de clôture et comme bois d'allumage.

Les Amérindiens creusaient de gros canoës dans le tronc de l'arbre. Ses cônes, son bois et son écorce servaient de combustible. Ils utilisaient les rameaux qui dégagent une odeur agréable pour en faire une sorte de matelas et comme recouvrement de plancher. Les graines comestibles des cônes étaient mangées nature. Ils fabriquaient une teinture jaune avec le pollen, et la résine servait de gomme à mâcher.

Si les graines constituent une source de nourriture secondaire pour les Amérindiens, elles sont très importantes pour plusieurs oiseaux et petits animaux tels les casse-noix, les écureuils et les tamias.

Le Pin ponderosa est exploité pour son bois en Amérique du Nord ainsi qu'en Europe centrale où il a été introduit. Le deuxième en importance après le Douglas taxifolié pour la production de bois d'oeuvre, le Pin ponderosa est également planté comme arbre d'ornement. Son bois, varie du jaune clair au brun rougeâtre, et dégage une odeur agréable. Il a une texture et des qualités semblables à celles du Pin blanc et s'emploie aux mêmes fins.

B 211j

Rare au Manitoba, à l'Île-du-Prince-Édouard et à Terre-Neuve

Pin rouge

pin à résine, pin résineux, pin de Norvège.

Red pine, bull pine (Maritimes), Canadian red pine, Norway pine, yellow pine.

Pinus resinosa Ait.
Famille du pin (Pinacées)

Traits distinctifs

Feuilles — 2 aiguilles flexibles par groupe, 10-15 cm de long; cassant net lorsqu'on les plie; vert foncé.

Cônes — forme ovoïde à l'état fermé, 4-7 cm de long, possédant un petit pédoncule; écailles non flexibles à bout sans aiguillon.

Taille — 20-30 m de haut, 50-150 cm de diamètre.

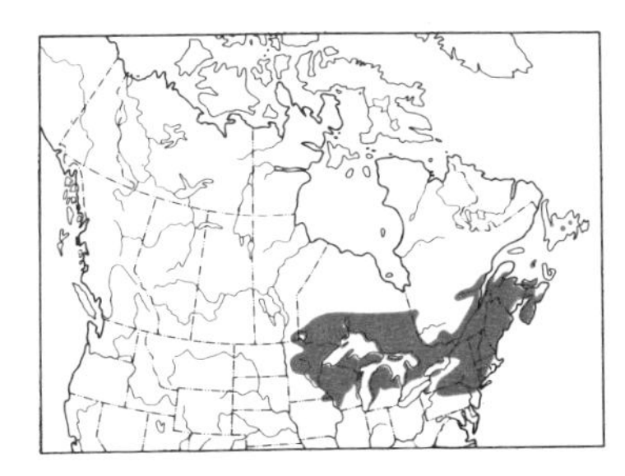

Aire de distribution

De l'Atlantique jusqu'au sud du Manitoba, Région forestière des Grands Lacs et du Saint-Laurent.

Le nom générique *Pinus* est le nom latin classique qui dérive du Sanskrit *pitu* par le grec *pitus*. Son nom scientifique *resinosa* (résineux) lui convient parfaitement puisqu'il est le plus résineux de nos pins.

Le Pin rouge tire son nom de la couleur rougeâtre de son écorce écailleuse qui se crevasse en plaques irrégulières. La particularité qu'ont ses aiguilles de se casser net le distingue du Pin sylvestre (*Pinus sylvestris* L.) et du Pin noir d'Autriche (*Pinus nigra* Arnold), deux espèces introduites dont les aiguilles sont plus flexibles.

Le Pin rouge, indigène de l'Amérique du Nord, est également connu sous le nom de pin de Norvège. Cette appellation vient des premiers explorateurs qui l'ont confondu avec l'Épinette de Norvège (*Picea abies* (L.) Karst.). Le Pin rouge se retrouvait en abondance près de la ville de Norway (Norvège) dans l'état du Maine.

Sa croissance rapide et sa résistance au vent, à la sécheresse, aux infestations d'insectes et à la rouille vésiculeuse le placent au premier rang parmi les pins comme arbre de reboisement. Par contre, le chancre sclérodermien du pin, une maladie fongique, ainsi qu'une petite chenille, le Perce-pousse européen du pin (*Rhyacionia buoliana* [Schiff.]), peuvent causer de graves dommages à une jeune plantation.

Bien qu'il croisse mieux dans un sol léger, sablonneux, bien drainé et un peu acide, il se retrouve dans plusieurs types de sols, souvent trop pauvres pour le Pin blanc. Dans un peuplement dense, sa cime est symétrique, les trois quarts de son tronc sont dépourvus de branches et le feuillage qui forme des touffes vert foncé aux extrémités des branches ressemble au hérisson du ramoneur. Son écorce épaisse le protège bien et il est souvent le seul survivant après un feu de forêt.

Les Amérindiens recueillaient la poix, ou résine, du Pin rouge, du Pin blanc, du Sapin baumier et des épinettes pour la faire bouillir. Ils y rajoutaient du suif et laissaient bouillir jusqu'à l'obtention d'une substance à consistance de mélasse brute. Cette préparation servait à imperméabiliser leurs canoës et à réparer les toits et les récipients d'écorce de bouleau.

Au XIXe siècle, après une exploitation intensive du Pin blanc, nos ancêtres se tournèrent vers le Pin rouge, un bois dont l'élagage naturel donne un tronc presque sans noeuds. Il fut lui aussi utilisé dans la construction de voiliers, de quais, entre autres. Aujourd'hui, son bois rouge clair, plus lourd que celui du Pin blanc est employé comme bois de charpente, bois à pâte; on l'utilise aux mêmes fins que le Pin blanc. De plus, il sert souvent au reboisement. Une réserve écologique du Manitoba, la Wampum Red Pine, fut établie expressément pour protéger la population de Pins rouges, une espèce rare dans cette province.

B 211k

Rare en Colombie-Britannique et à l'Île-du-Prince-Édouard

Pin gris

cyprès, pin chétif, pin divariqué, pin des rochers, pin de Banks.

Jack pine, banksian pine, gray pine, pine, princess (ou princy), scrub pine.

Pinus banksiana Lamb.
 syn. *Pinus divaricata* (Ait.) Dum.-Cours
Famille du pin (Pinacées)

Traits distinctifs

Feuilles — 2 aiguilles légèrement tordues par groupe, rigides et écartées, 2-4 cm de long.

Cônes — asymétriques, fortement incurvés sur la branche, pointant vers le bout de la branche, 2,5-7,6 cm de long.

Taille: — 10-20 m de haut, 30-60 cm de diamètre.

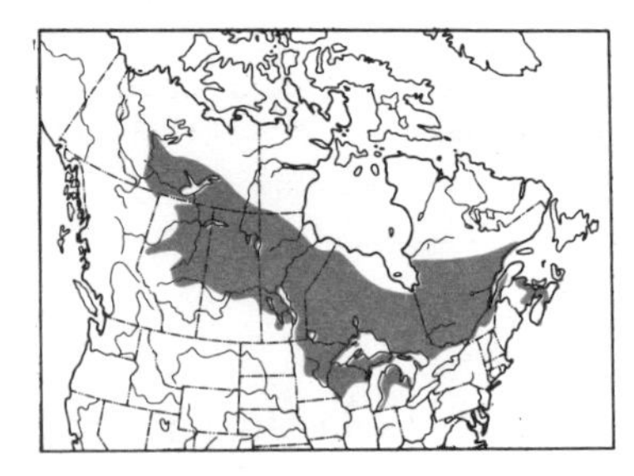

Aire de distribution

Région forestière boréale, introduit à Terre-Neuve.

Il est difficile d'expliquer pourquoi au XIXe siècle et encore de nos jours on appelle communément cyprès, le Pin gris. Pourtant, les cyprès (*Cupressus*) ont des feuilles en écailles alors que les feuilles des pins (Pinacées) sont des aiguilles.

Pinus est le nom latin classique du pin. *Banksiana* est le nom latinisé de Banks, naturaliste anglais (1773-1820) et compagnon du célèbre navigateur britannique James Cook. Le synonyme de *banksiana, divaricata*, qui signifie écarté, est une allusion aux aiguilles jumelées et écartées l'une de l'autre.

À l'ouest du pays, là où l'aire de répartition du Pin gris chevauche celle du Pin tordu (*Pinus contorta* Dougl. ex Loud.), il se forme de nombreux hybrides difficiles à distinguer.

Le Pin gris tolère mal l'ombre, et en sol pauvre, c'est un arbre malingre au tronc tordu, ce qui lui a valu le nom de pin chétif. Considéré comme étant d'espèce pionnière, il pousse souvent en peuplements purs, résultat de l'action de légers incendies qui libèrent la semence emprisonnée dans les cônes. En effet, les cônes du Pin gris peuvent rester sur l'arbre pendant plusieurs années et ils ne s'ouvriront que s'ils sont exposés à une température d'au moins 50°C.

La majorité des peuplements naturels se sont implantés à la suite de feux de forêt. Un grand nombre de peuplements purs dans la Région forestière des Grands Lacs ont remplacé les Pins rouges et les Pins blancs à la suite d'une exploitation forestière intense, de feux de forêt, et aussi à cause de la pauvreté du sol.

Le Pin gris est fréquemment utilisé dans les plantations et comme arbre de reboisement car, grâce à ses racines développées, il peut croître dans des sols pauvres. En général, on l'emploie comme bois à pâte, et pour la construction.

Autrefois, les pionniers croyaient que cet arbre empoisonnait leurs terres. Ils furent bien étonnés quand, après avoir essayé de les détruire par le feu, ils s'en retrouvèrent infestés.

B 211l

Rare aux Territoires du Nord-Ouest

Pin tordu

pin lodgepole, pin de Murray.

Lodgepole pine, black pine, cypress (partie méridionale de l'Alberta et de la Saskatchewan), jack pine (Colombie-Britannique et Alberta), scrub pine, shore pine, western jack pine.

Pinus contorta Dougl. ex Loud.
var. contorta, var. latifolia Engelm.
Famille du pin (Pinacées)

Traits distinctifs

Feuilles — 2 aiguilles par groupe, souvent tordues en spirale; rigides et écartées; 2,5-7,6 cm de long.

var. *contorta* var. *latifolia*

Cônes — souvent asymétriques, bout de l'écaille armé d'une épine incurvée, 2,5-5 cm de long, persistent sur l'arbre.

Taille — 15-30 m de haut, et jusqu'à 60 cm de diamètre.

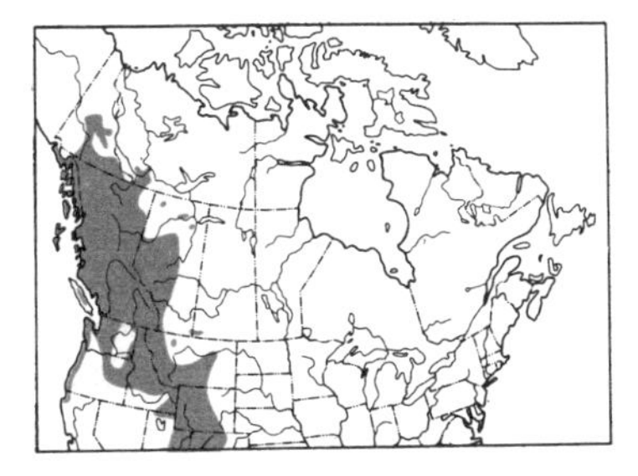

Aire de distribution

Essentiellement des Rocheuses et de la Colombie-Britannique. À l'est des Rocheuses, ne se trouve que dans les collines des Cyprès dans la partie méridionale de l'Alberta et de la Saskatchewan.

Le Pin tordu prend deux formes bien distinctes: une forme tordue, le long de la côte du Pacifique (var. *contorta*) et une forme élancée, à l'intérieur des terres (var. *latifolia*). Les deux formes furent longtemps considérées comme des espèces distinctes. La forme élancée portait le nom de *Pinus murrayana* Balf., d'où l'origine du nom pin de Murray. Aujourd'hui, après des études plus approfondies, on a conclu que ces arbres ne diffèrent que par leur port, et plusieurs auteurs les classent maintenant comme deux variétés de la même espèce.

Le nom générique *Pinus*, nom latin classique du pin, dérive du sanskrit *pitu* par le grec *pitus*. Le nom spécifique et la variété *contorta* du latin *con*, ensemble, et *torquere*, tordu, fait allusion au port tordu du Pin tordu de la côte ouest, et pour la variété *latifolia*, du latin *latus*, large, et de *folium*, feuille, fait référence aux aiguilles qui sont géneralement plus longues que celles de la variété de la côte.

Les Amérindiens se servaient des troncs flexibles de 12 à 14 cm de diamètre pour construire leurs maisons «lodge» ou «tepee», et leurs traîneaux tirés par des chevaux (travois). Le bois renferme beaucoup de poix et brûle bien même s'il est fraîchement coupé. Avec ses racines, ils nattaient des cordes. La résine était utilisée, entre autres, pour imperméabiliser les canoës, les paniers, et comme colle.

Le Pin tordu ressemble au Pin gris par ses deux aiguilles souvent tordues, la persistance des cônes sur les arbres et le besoin de chaleur pour qu'ils s'ouvrent. De plus, c'est une espèce envahissante, qui forme de vastes peuplements purs après un feu de forêt ou une coupe de bois. À cause de ces similarités, les colonisateurs voyageant d'Est en Ouest, ont cru reconnaître le Pin gris en voyant le Pin tordu, ce qui serait peut-être l'origine des noms «jack pine» (nom commun plus utilisé que «lodgepole pine», en Colombie-Britannique) et de «western jack pine». Là où leurs aires de répartition se chevauchent, il se forme de nombreux hybrides difficiles à identifier. Comme le Pin gris, on le nomma tout aussi faussement cyprès, alors que les vrais cyprès du genre *Cupressus* ne se rencontrent que dans l'ouest des États-Unis et leurs feuilles sont en écailles et non en aiguilles.

À l'ouest du pays, le Pin tordu joue un rôle économique important. On l'utilise dans la fabrication de bois de charpente, maisons de bois rond, traverses de chemin de fer, poteaux de clôtures, étais de mines, comme combustible, et dans l'industrie des pâtes et papiers.

Le Pin tordu constitue pour la faune une source de nourriture et un abri. Ses graines tiennent une place importante dans l'alimentation des Dur-becs des Pins et des Casse-noix d'Amérique.

B 211m

Pin sylvestre
pin d'Écosse.

Scots pine, Scotch fir, Scotch pine.

Pinus sylvestris L.
Famille du pin (Pinacées)

Traits distinctifs

Feuilles — 2 aiguilles vert bleuâtre par groupe, tordues, 3,5-8 cm de long.

Cônes — tombent à l'automne ou à l'hiver après deux ans; courbés; 5-8 cm de long; se courbent vers le bas des rameaux la deuxième année.

Écorce — jeune, rouge orangé brillant à la partie supérieure de l'arbre; écailleuse.

Taille — 20-35 m de haut, 20-50 cm de diamètre.

Aire de distribution

Espèce originaire d'Europe, qui se rencontre souvent dans les plantations ou le long des routes.

Le nom générique *Pinus* est le nom latin classique du pin. En Europe, le Pin sylvestre étant une espèce forestière naturelle et de reboisement de haute valeur, la désignation scientifique de l'espèce, *sylvestris*, tirant son origine du latin *sylva* qui signifie forêt, est très appropriée.

L'utilisation qu'on en fait en Europe est équivalente à celle du Pin blanc en Amérique du Nord. C'est avec le Pin sylvestre qu'on fabriquait les mâts des voiliers avant la découverte des Pins blancs géants. Sa résine protégeait le mât contre la carie et on accroissait cette résistance en le laissant tremper dans une solution de chaux et d'eau.

Originaire d'Europe et d'Asie du Nord, il fut importé en Amérique du Nord au début de la colonisation. D'abord utilisé comme arbre ornemental, il devint rapidement arbre de reboisement duquel on cherchait à tirer une nouvelle source de bois de construction.

Il ne possédait malheureusement pas toutes les qualités de nos pins indigènes. À cause de mauvaises sources de semences et d'une maladie parasitaire, nos ancêtres connurent vite les problèmes encourus par l'introduction d'une nouvelle espèce en pays étranger. Plusieurs projets de plantation durent être abandonnés.

Cependant sa croissance juvénile rapide, sa résistance à la pollution urbaine, et sa tolérance à une variété de sols font de lui un arbre idéal pour le contrôle de l'érosion et comme source d'approvisionnement d'arbres de Noël.

LES CONIFÈRES OU RÉSINEUX
(Gymnospermes)

TROISIÈME PARTIE

à feuilles en aiguilles isolées

- Sapin baumier — C 211a
- Sapin subalpin — C 211b
- Sapin gracieux — C 211c
- Sapin grandissime — C 211d
- Pruche du Canada — C 211e
- Pruche occidentale — C 211f
- Pruche subalpine — C 211g
- Douglas taxifolié — C 211h
- If occidental — C 211i
- Épinette blanche — C 211j
- Épinette d'Engelmann — C 211k
- Épinette noire — C 211l
- Épinette rouge — C 211m
- Épinette de Sitka — C 211n
- Épinette bleue — C 211o
- Épinette de Norvège — C 211p

C 211a

Sapin baumier

sapin, sapin blanc, sapin rouge.

Balsam fir, balsam, Canadian fir, fir, var (Maritimes), white fir.

Abies balsamea (L.) P. Mill.
Famille du pin (Pinacées)

Traits distinctifs

Feuilles — aiguilles aplaties, sans pétiole, disposées de chaque côté du rameau; 3-4 cm de long, difficiles à rouler entre le pouce et l'index; dessus vert foncé et luisant, munies de deux lignes blanches en dessous.

Cônes — cylindriques, dressés sur la branche; 5-10 cm de long; mûrs à l'automne de la première année; les écailles se détachent complètement du cône, laissant un axe central persistant.

Écorce — lisse, grisâtre, parsemée de vésicules de résine aromatique saillantes à l'état jeune.

Taille — 10-15 m de haut, 30-80 cm de diamètre.

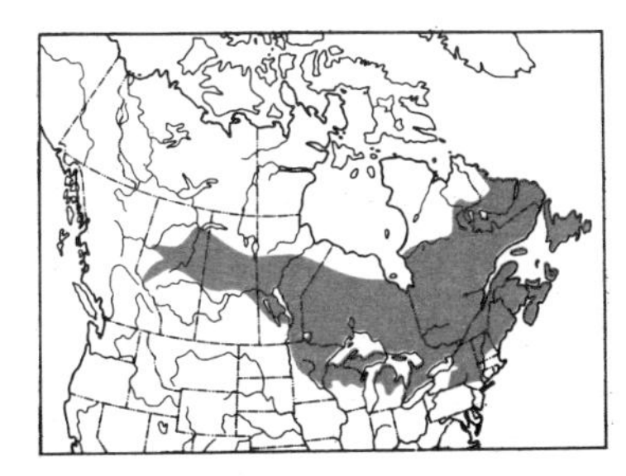

Aire de distribution

Région forestière des Grands Lacs et du Saint-Laurent, Région forestière acadienne, centre et sud de la Région forestière boréale.

Le nom scientifique *Abies* signifie: qui vit longtemps. *Balsamea*, mot latin signifiant baume, décrit bien la résine odoriférante, appelée aussi baume du Canada ou «gomme» de sapin.

Le Sapin baumier est l'un de nos conifères les plus connus car à une certaine époque, grâce à sa forme pyramidale et à son feuillage persistant et aromatique, il fut le conifère le plus utilisé comme arbre de Noël. Aujourd'hui, il est souvent remplacé par les arbres artificiels, le Pin sylvestre, l'Épinette de Norvège, l'Épinette blanche et, occasionnellement, par la Pruche du Canada et le Pin rouge.

Ses feuilles aplaties et ses cônes dressés le distinguent des épinettes tandis que ses aiguilles dépourvues de pétioles le différencient des pruches. Contrairement à la majorité des conifères, les sapins et les ifs *(Taxus)* sont les seuls à conserver leurs aiguilles dans un herbier. Un rameau de sapin, dépouillé de ses aiguilles (laissant une cicatrice circulaire), est lisse, contrairement à celui des pruches et des épinettes.

Le Sapin baumier est une espèce essentiellement boréale qui préfère les lieux humides et frais. Cependant, les jeunes plants peuvent vivre plusieurs décennies sous le couvert des épinettes. Comme l'Épinette noire, le Sapin baumier peut se multiplier par marcottage, c'est-à-dire qu'il a la possibilité de se reproduire par l'enracinement des branches inférieures vivantes dans la litière.

Chaque année, plusieurs milliers d'hectares sont détruits par la Tordeuse de bourgeons de l'épinette (*Choristoneura fumiferana* [Clem.]), petite chenille d'un papillon nocturne, qui s'attaque à ses aiguilles et les dévore, ainsi que par le Puceron lanigère du sapin (*Adelges piceae* [Ratz.]) qui déforme ou tue le Sapin baumier. En Amérique du Nord, cette tordeuse est reconnue comme un des pires ennemis du sapin et de l'épinette. Curieuse appellation, que celle de la tordeuse des bourgeons de l'épinette, alors que son hôte préféré est le Sapin baumier.

La résine du Sapin baumier est connue à travers le monde. De toutes les résines de conifères, elle a été la plus efficace et la plus utilisée dans les médecines traditionnelles des Canadiens français. Sa propriété antiseptique l'a rendue légendaire pour son efficacité sur les brûlures et les blessures. Elle fut utilisée en microscopie et elle entre dans la fabrication de savons, colles, bougies, parfums et désodorisants.

Son bois est surtout utilisé dans l'industrie des pâtes et papiers et pour la fabrication de boîtes, de portes et de lambris.

Rare aux Territoires du Nord-Ouest

Sapin subalpin

sapin de l'Ouest, sapin des montagnes Rocheuses.

Alpine fir, balsam fir, caribou fir, mountain fir, Rocky mountain fir, subalpine fir, sweet-pine, western balsam, white balsam fir.

Abies lasiocarpa (Hook.) Nutt.
Famille du pin (Pinacées)

Traits distinctifs

Feuilles — aiguilles aplaties, sans pétiole, rayonnant en tous sens comme une brosse; 2,5-4,5 cm de long; difficiles à rouler entre le pouce et l'index; vert bleuâtre et munies de lignes blanches sur les deux faces.

Cônes — cylindriques, dressés, groupés, violets; 6-10 cm de long; couverts de résine; mûrs à l'automne de la première année; les écailles se détachent complètement du cône, laissant un axe central persistant.

Écorce — lisse, grisâtre, parsemée de vésicules de résine aromatique saillantes à l'état jeune, se fendille verticalement par la suite.

Taille — 15-45 m de haut, 30-130 cm de diamètre; mais demeure un petit arbuste sur les versants exposés à haute altitude.

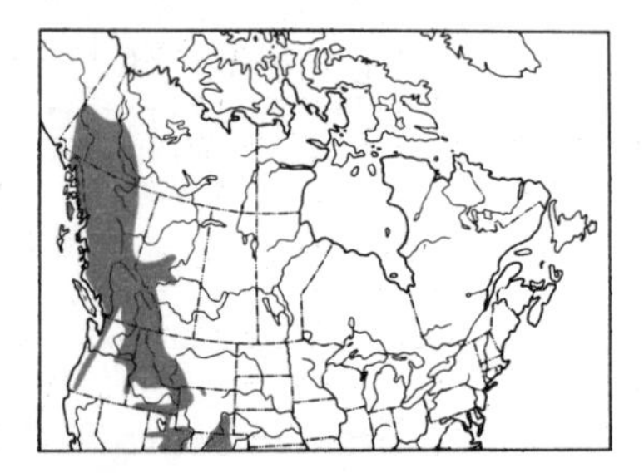

Aire de distribution

Région forestière subalpine et partie nord-ouest de la Région forestière boréale.

L'Amérique du Nord compte neuf espèces de sapins. Des quatre espèces indigènes au Canada, trois ne se trouvent que dans l'Ouest. Il est parfois très difficile de les différencier, surtout quand ils sont jeunes. Même un sapin adulte peut causer des problèmes d'identification si on n'est pas en présence de cônes. De plus, certaines espèces s'hybrident là où leurs aires de distribution se chevauchent, formant des individus intermédiaires. Tel est le cas des Sapin subalpin et Sapin baumier.

Décrit pour la première fois en 1839 par le botaniste W.J. Hooker comme une espèce de pin, ce n'est qu'en 1876 que T. Nuttall, conservateur du Jardin botanique de Harvard, l'assigne au genre *Abies*. Le nom spécifique *lasiocarpa*, dérive du grec *lasios*, laineux, et de *karpos*, fruit, faisant référence aux écailles du cône recouvertes de poils fins.

Comme l'indiquent plusieurs noms communs, le Sapin subalpin est une espèce montagnarde qui vit généralement à altitude plus élevée que les autres sapins. Il se rencontre de 600 m jusqu'à la limite de croissance des arbres, où il n'est plus qu'un arbuste rabougri et rampant. À cette altitude, on le trouve avec le Pin albicaule et le Pin argenté. De silhouette très élancée, même en terrain ouvert, le Sapin subalpin possède la plus grande aire de répartition des sapins de l'Amérique du Nord.

À l'instar d'autres espèces subalpines, ses branches sont courtes et robustes et leurs bouts sont repliés vers le bas par le poids de la neige et de la glace qu'elles doivent supporter pendant les mois d'hiver. Plusieurs cervidés broutent son écorce comme celle des autres sapins, d'où l'origine de «caribou fir».

Les Amérindiens se servaient de ce bois pour fabriquer des bardeaux. Ils en mâchaient la résine, comme celle d'autres sapins, pour se nettoyer les dents; ils l'utilisaient aussi pour boucher les trous de leurs canoës. Ses aiguilles odoriférantes servaient à purifier l'air, à faire de la poudre pour bébé, des parfums et une pommade verte.

Le bois du Sapin subalpin se compare à celui de l'Épinette blanche, avec lequel on le confond, ainsi qu'à celui de l'Épinette d'Engelmann et des autres sapins destinés à la vente.

Le Sapin subalpin porte une superbe flèche élancée quand il est dans son habitat naturel mais, étant une espèce adaptée aux hautes altitudes, il se cultive difficilement ailleurs.

C 211c

Sapin gracieux

sapin argenté, sapin amabilis, sapin rouge.

Amabilis fir, balsam fir, cascades fir, lovely fir, Pacific silver fir, red fir, white fir.

Abies amabilis (Dougl. ex Loud.) Dougl. ex Forbes
Famille du pin (Pinacées)

Traits distinctifs

Feuilles — aiguilles aplaties, sans pétiole, disposées en trois rangées, celles du dessus pointant vers l'extérieur; 2-4 cm de long; difficiles à rouler entre le pouce et l'index; dessus vert foncé et luisant, deux lignes blanches en dessous.

Cônes — cylindriques, dressés, violets; 7-15 cm de long; mûrs à l'automne de la première année; les écailles se détachent complètement du cône laissant un axe central persistant.

Écorce — lisse, grise tavelée de blanc; parsemée de vésicules de résine aromatique saillantes à l'état jeune; écailleuse par la suite.

Taille — 20-40 m de haut, 60-100 cm de diamètre, parfois beaucoup plus grand.

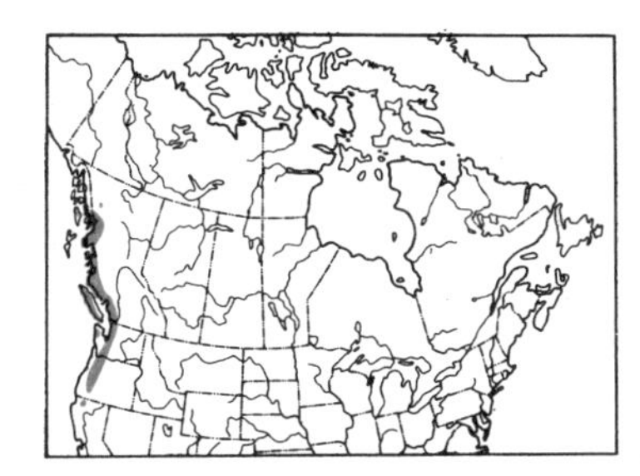

Aire de distribution

Région forestière côtière et zone littorale de la Région forestière subalpine.

Le Sapin gracieux est un bel arbre dans son habitat naturel. Sa couronne est joliment formée. Il possède un feuillage dense, lustré et argenté, et en terrain découvert, les branches s'affaissent jusqu'au ras du sol. On peut donc comprendre aisément pourquoi le botaniste écossais, David Douglas (1798-1834) nomma ce sapin *amabilis*, qui dérive du latin *amare* aimer ou aimable, qui plaît.

Les deux lignes blanches en dessous des aiguilles donnent au feuillage son apparence argenté d'où l'utilisation de blanc et argenté dans les noms communs. Les lignes blanches sont dessinées par des rangées de petites ouvertures naturelles qu'on appelle stomates, et qui permettent les échanges gazeux entre la feuille et le milieu extérieur.

On le nomme à tort sapin rouge à cause d'une certaine similitude entre sa silhouette et celle du Sapin rouge de Californie (*Abies magnifica* A. Murr.), un sapin du Sud-Ouest américain. Comme les autres sapins, son écorce, parsemée de vésicules de résine, appelée baume du Canada ou «gomme» de sapin, est à l'origine des noms «balsam fir» ou sapin baumier donnés à plusieurs espèces de sapins de l'Ouest canadien et américain.

Le Sapin gracieux se rencontre principalement sur le versant ouest de la chaîne côtière des Cascades de 350 à 2 000 m d'altitude. À haute élévation, il partage le même habitat que le Sapin subalpin. Les plus gros spécimens se rencontrent dans les montagnes Olympic de l'État de Washington. Ils peuvent atteindre 70 m de haut et être âgés de plus de 300 ans.

Le bois du Sapin gracieux comme celui de la plupart des sapins, est léger, tendre et peu résistant à la carie. Il est principalement utilisé dans la fabrication de pâte à papier ou d'objets dont la résistance est un facteur secondaire. C'est un bel arbre ornemental dans son aire de répartition naturelle, dans les hautes montagnes de l'Irlande et dans le pays de Galles.

C 211d

Sapin grandissime

sapin de Vancouver, sapin géant.

Grand fir, lowland balsam fir, lowland white fir, giant fir, lowland fir, western white fir.

Abies grandis (Dougl. ex D. Don) Lindl.
Famille du pin (Pinacées)

Traits distinctifs

Feuilles — aiguilles aplaties, sans pétiole, disposées en deux rangées dans un même plan; 2,5-5 cm de long; difficiles à rouler entre le pouce et l'index; dessus vert foncé et luisant; dessous muni de deux lignes blanches.

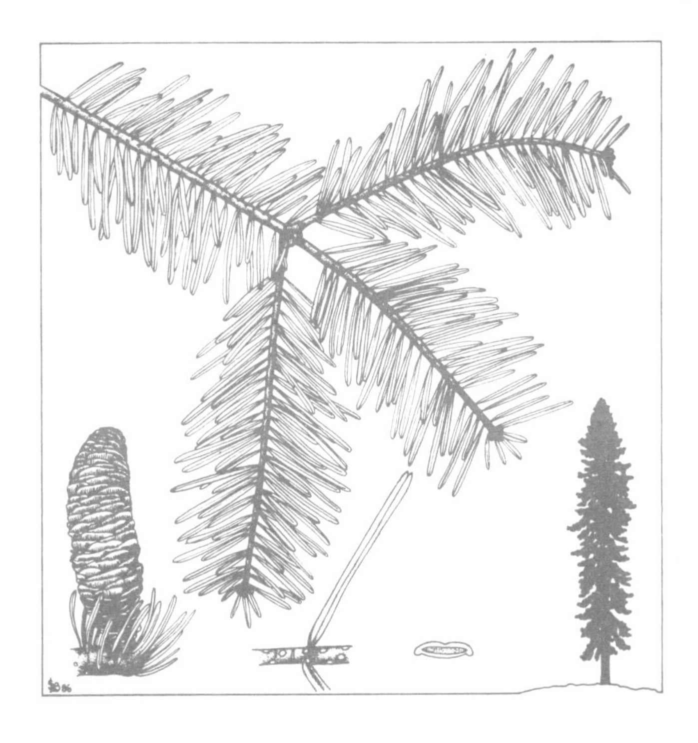

Cônes — cylindriques, dressés, vert jaunâtre; 5-10 cm de long, mûrs à l'automne de la première année; les écailles se détachent complètement du cône, laissant un axe central persistant.

Écorce — lisse, grisâtre, parsemée de vésicules de résine aromatique saillantes à l'état jeune; écailleuse par la suite.

Taille — 30-70 m de haut, 50-100 cm de diamètre.

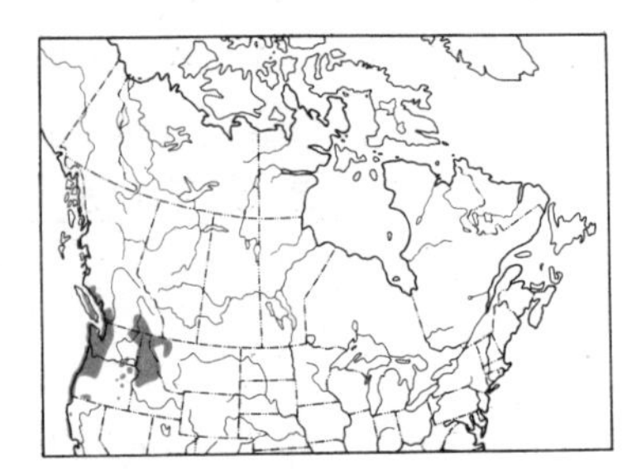

Aire de distribution

À basse altitude dans les Régions forestières côtière et du Columbia.

Le Sapin grandissime porte très bien ses noms français, anglais et son nom scientifique, car il est un des plus grands sapins du Canada. Il est généralement confiné aux vallées basses du niveau de la mer jusqu'à 30 m d'élévation en Colombie-Britannique, d'où l'origine de l'épithète «lowland».

Comme les autres sapins, il tolère l'ombre et peut donc se régénérer sous le couvert des autres arbres. Le Sapin grandissime est l'un des conifères qui croissent le plus rapidement. Les pousses annuelles peuvent dépasser un mètre et un arbre peut atteindre 16 m en 20 ans.

De loin, on le reconnaît à la tête de sa couronne conique et compacte. De près, ce sont les longues aiguilles disposées en deux rangées sur des rameaux étalés qui confirment son identification. Au Canada, seul le Sapin baumier possède des aiguilles disposées de cette façon. On peut le confondre avec le Sapin du Colorado ou sapin argenté (*Abies concolor* (Gord. et Glend.) Hildebr.), espèce de l'Ouest américain dont les aiguilles sont disposées dans un même plan et qui est fréquemment utilisée comme arbre ornemental. Ses aiguilles vert bleuâtre ont des lignes blanches sur les deux faces, tandis que le Sapin grandissime a des aiguilles vert foncé, luisantes sur le dessus, et seul le dessous est muni de lignes blanches.

Très peu répandu au Canada, le Sapin grandissime n'a pas une grande valeur marchande. Son bois léger et peu résistant est utilisé dans la fabrication de la pâte à papier et comme bois de construction en général.

Les Amérindiens ne faisaient pas la distinction entre le Sapin grandissime et le Sapin gracieux. Avec leur bois, ils construisaient des canoës et le fendaient parfois en planches. De leur écorce, ils extrayaient une teinture rose et leurs aiguilles séchées et broyées donnaient une poudre utilisée comme poudre pour bébé.

Introduit en 1830 en Angleterre par David Douglas qui l'a découvert, il est de plus en plus planté en Europe. Bel arbre dans son aire naturelle, il ne semble pas prospérer dans l'Est.

C 211e

Pruche du Canada

haricot (acadien), pérusse ou prusse (France), pruche de l'Est, pruche, tsuga du Canada, violon.

Eastern hemlock, Canada hemlock, hemlock gum tree, hemlock-spruce, hemlock, tree-juniper (Maritimes), weeping-spruce, white hemlock.

Tsuga canadensis (L.) Carr.
Famille du pin (Pinacées)

Traits distinctifs

Feuilles — aiguilles aplaties, portées sur un pétiole, disposées en deux rangées, 1-2 cm de long, difficiles à rouler entre le pouce et

l'index; dessus vert foncé brillant, dessous muni de deux larges bandes blanc bleuté.

Cônes — très petits, moins de 2 cm de long, portés par une courte queue (pétiole); mûrs à l'automne de la première année, mais ne tombent qu'au printemps suivant.

Taille — 20-25 m de haut, 60-100 cm de diamètre.

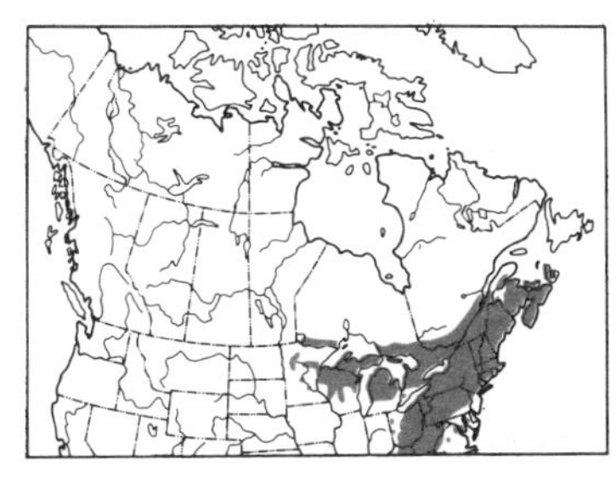

Aire de distribution

Régions forestières des Grands Lacs et du Saint-Laurent, acadienne et, dans une moindre mesure, Région des feuillus.

Le mot pruche, Tsuga en japonais, est probablement un canadianisme qui tire son origine des mots pérusse et prusse qui, en France, signifient épinette, espèce caractéristique de la Prusse. Le genre *Tsuga* n'est pas indigène en Europe mais seulement en Amérique du Nord et en Asie orientale, au Japon. Il ne faut pas confondre l'appellation anglaise «hemlock», qui signifie ciguë, avec la fameuse plante qui tua Socrate. La ciguë provient d'une plante herbacée du genre *Conium*.

La Pruche du Canada ainsi que les deux autres espèces de l'Ouest, la Pruche occidentale et la Pruche subalpine, sont les seuls conifères indigènes à posséder une flèche et un feuillage retombant leur donnant ainsi un profil gracieux (weeping spruce). Sa flèche penche habituellement vers l'Est et peut servir de boussole.

Ses aiguilles, aplaties et disposées sur le même plan, comme les barbes d'une plume, diffèrent de celles du sapin par le pétiole qui est attaché à une petite protubérance de l'écorce du rameau. Contrairement aux sapins, ses cônes tombent en entier et ses rameaux dépourvus de leurs aiguilles sont rugueux comme ceux des épinettes.

L'écorce rougeâtre et écailleuse était autrefois une importante source d'acide tannique utilisé dans le tannage des peaux et du cuir. On se servait aussi de l'écorce interne rouge, astringente, comme teinture.

L'ébranchage naturel ne se faisant pas chez la Pruche, elle produit de nombreux noeuds remarquablement durs. Ces noeuds peuvent en un rien de temps, détruire le tranchant d'une hache. Avis aux amateurs de feux de camp et de feux de foyer: la pruche, plus que tout autre conifère indigène, mis à part le Thuya, peut être dangereuse puisqu'elle a tendance à exploser en projetant des tisons et des braises à plusieurs mètres de distance.

La Pruche du Canada préfère les endroits frais, ombragés et rocailleux mais requiert aussi beaucoup d'humidité. On la rencontre parfois en peuplement pur mais elle est habituellement mêlée aux pins et aux arbres feuillus.

Son bois léger et dur est difficile à travailler puisqu'il fend assez facilement. On l'utilise surtout à l'état brut pour la fabrication de poutres, de traverses de chemin de fer, de ponceaux et de planches de ponts. Ce bois est très en demande dans l'est des États-Unis où les épinettes se font rares à cause des ravages des insectes, des feux de forêt et des exploitations intensives.

La Pruche du Canada forme de très jolies haies compactes, mais il faut être patient car sa croissance est très lente.

Rare en Alberta

Pruche occidentale

pruche de l'Ouest, tsuga de Californie, tsuga de l'Ouest.

Western hemlock, Bristish Columbia hemlock, Pacific hemlock, west coast hemlock.

Tsuga heterophylla (Raf.) Sarg.
Famille du pin (Pinacées)

Traits distinctifs

Feuilles — aiguilles aplaties, portées sur un pétiole, et disposées en deux rangées; varient de 1-2,5 cm de long sur un même rameau; difficiles à rouler entre le pouce et l'index; dessus vert foncé brillant, dessous muni de deux larges bandes blanc bleuté.

Cônes — ovales fermés, pendants; 1,5-2,5 cm de long; sans queue (pédoncule); s'ouvrent, sont mûrs à l'automne de la première année et tombent en hiver.

Taille — 30-50 m de haut, 90-120 cm de diamètre.

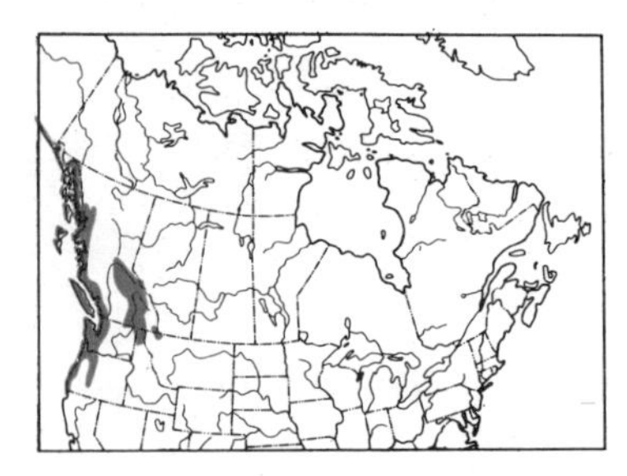

Aire de distribution

Régions forestières côtière et du Columbia et zones pluvieuses des vallées de l'intérieur.

Le nom générique *Tsuga* est l'appellation japonaise de la pruche. Le nom spécifique *heterophylla* dérive du grec *heteros*, différent, et de *phullon*, feuille, faisant allusion à la variation de la longueur des aiguilles sur un même rameau.

La Pruche occidentale se développe à son maximum principalement sous un climat humide et frais, et dans les sols profonds où elle est parfois une espèce dominante des forêts. Elle se mêle souvent avec les géants de nos forêts de l'Ouest, tels le Thuya géant, le Douglas taxifolié et l'Épinette de Sitka. Elle forme aussi des peuplements purs à feuillage très dense que les rayons du soleil pénètrent à peine. Capable de se reproduire sous son propre couvert et empêchant les autres espèces de se reproduire, l'état d'une telle forêt persistera à moins qu'elle ne soit décimée par les scies ou par les flammes.

Forestiers et bûcherons rencontrèrent souvent la Pruche occidentale lors de leurs quêtes de beaux spécimens. Ils la considéraient comme une espèce nuisible car elle restreint par son couvert dense la reproduction et la croissance des espèces dites précieuses. Elle fut longtemps boudée par les bûcherons qui voyaient en cet arbre la Pruche du Canada, une espèce de l'Est considérée commercialement peu importante.

Ce n'est qu'au tournant du XXe siècle que l'on commença à découvrir les qualités de son bois qui est presque aussi résistant que celui du Douglas taxifolié et qui le remplace dans maintes utilités, entre autres, le recouvrement des planchers de gymnase. De plus, la Pruche occidentale est la plus importante source de bois à pâte de la Colombie-Britannique.

C'est l'application de nouveaux procédés chimiques pour la séparation de la cellulose du bois qui souleva un engouement pour la Pruche occidentale, vers 1930. La cellulose, le constituant le plus important de la structure des arbres, est la principale composante de la pâte. Avec la pâte, on ne fabrique pas que du papier. On la traite chimiquement pour faire de la cellophane ou des fibres textiles artificielles, telle la rayonne de viscose, des plastiques, des laques, des verres de sûreté et des pellicules photographiques.

Le Canada importe la majeure partie du tanin qu'il utilise. L'écorce de la Pruche occidentale comme celle du Douglas taxifolié contient une forte proportion de tanin, soit près de 18%. La récupération du tanin de ces deux espèces, entre autres, dans les scieries et les fabriques de pâtes pourrait à elle seule suffire à alimenter l'industrie du tannage. On associe généralement le tanin au tannage, mais il est aussi utilisé à d'autres fins. Le tanin commercial, surtout celui de la Pruche occidentale, s'emploie après extraction comme agent stabilisateur des teintures et des pesticides, et pour contrôler la viscosité lors de forages de puits de pétrole.

Les Amérindiens sculptaient son bois qui se travaille bien. Ils en fabriquaient des cuillères, des lances, des crochets et des bâtons. Le tanin de l'écorce servait au tannage et à la préparation de teintures.

Espèce importante pour la Colombie-Britannique, la Pruche occidentale est souvent plantée en Europe occidentale et septentrionale pour son bois de qualité.

C 211g

Pruche subalpine

pruche de Mertens, pruche de Patton, tsuga de Mertens, tsuga des montagnes.

Mountain hemlock, alpine hemlock, black hemlock, hemlock-spruce.

Tsuga mertensiana (Bong.) Carr.
Famille du pin (Pinacées)

Traits distinctifs

Feuilles — aiguilles à section semi-circulaire, faciles à rouler entre le pouce et l'index, portées sur un pétiole, et disposées tout autour des rameaux; 1-2 cm de long; gris vert sombre sur les deux côtés.

Cônes — cylindriques fermés, pendants; 2,5-7,5 cm de long; sans queue (pédoncule); s'ouvrent; mûrs à l'automne de la première année, mais ne tombent qu'au printemps ou au début de l'été suivant.

Taille — généralement 8-15 m de haut, 25-50 cm de diamètre, mais peut atteindre dans certains sites 30 m de haut et 1 m de diamètre.

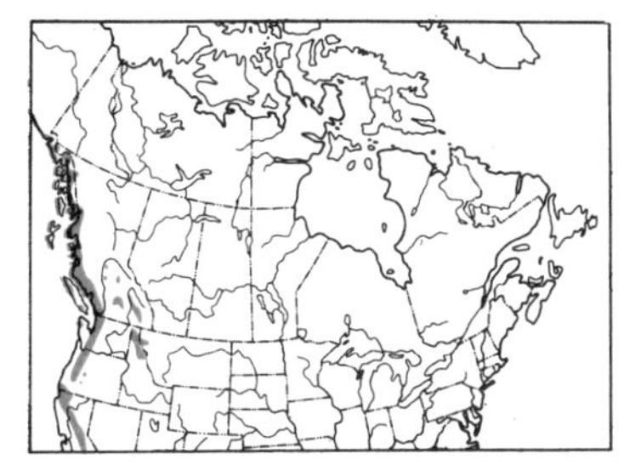

Aire de distribution

Zones humides de la Région forestière subalpine et Régions forestières côtière et du Columbia.

Soyez tout à fait à l'aise si vous prenez la Pruche subalpine pour une épinette. Plusieurs naturalistes ont fait la même erreur, d'où l'origine du nom «hemlock-spruce» ou pruche épinette. Par sa forme, la disposition des aiguilles sur ses rameaux et par ses cônes, elle ressemble beaucoup à l'épinette. La confusion persista jusqu'au milieu du XXe siècle et fut telle que certains botanistes considéraient cette espèce comme un hybride d'une pruche et d'une épinette. Des analyses génétiques confirmèrent la vraie nature de cette pruche.

Le nom générique *Tsuga* est le nom japonais de la pruche, tandis que le nom spécifique *mertensiana* est la latinisation du nom de son découvreur Karl Heinrick Mertens (1796-1831), naturaliste allemand qui découvrit cette espèce à Sitka en Alaska.

La Pruche subalpine, comme ses congénères subalpins, prend la forme d'un arbre imposant ou d'un arbuste rampant, selon l'altitude et l'exposition. Ces espèces caractérisent la flore arborescente des montagnes (Tsuga des montagnes) à la limite de la végétation forestière. Son feuillage très dense en forêt amena les bûcherons à le surnommer «black hemlock», pruche noire.

Cet arbre n'est abattu que lorsque que les deux espèces de pruche de l'Ouest poussent dans un même site. De qualité semblable à celui de la Pruche occidentale, son bois se vend avec ce dernier et sert aux mêmes fins.

C 211h

Douglas taxifolié

douglas, douglas vert, douglas bleu, fausse pruche, pin de Douglas, pin de l'Oregon, sapin de Douglas, sapin de l'Oregon.

Douglas fir, British Columbia fir, douglas pine, douglas spruce, douglas tree, fir (chez plusieurs Amérindiens), Oregon spruce, Oregon pine, red-fir, yellow-fir.

Pseudotsuga menziesii (Mirbel) Franco
  syn. *Pseudotsuga douglasii* Carr.
  syn. *Pseudotsuga taxifolia* (Lamb.) Britton
Famille du pin (Pinacées)

Traits distinctifs

Feuilles — aiguilles aplaties, pointues, flexibles, portées sur un court pétiole; 2-3 cm de long;

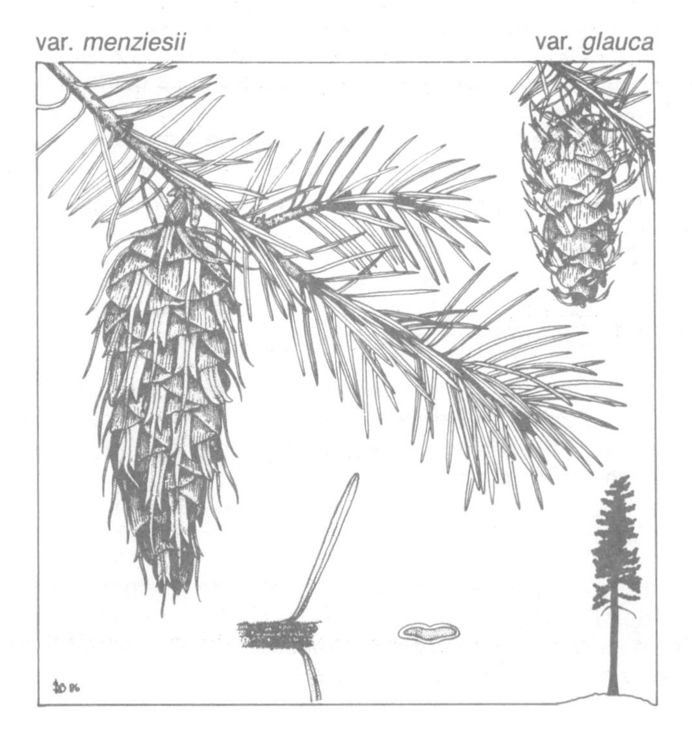

disposées en deux rangées; vert jaunâtre brillant en dessus, plus pâle en dessous; difficiles à rouler entre le pouce et l'index.

Rameaux — lisses; couverts de poils fins; plusieurs sont pendants; bourgeons pointus d'un rouge éclatant.

Cônes — suspendus, ovales à maturité; 5-10 cm de long; de petites aiguilles à 3 pointes (bractées) très apparentes sortent entre les écailles; tombent tous les ans en entier après la chute des graines.

Écorce — lisse, parsemée de vésicules de résine chez les jeunes arbres; devient profondément crevassée à maturité.

Taille — 50-80 m de haut, 90-200 cm de diamètre, parfois jusqu'à 100 m de hauteur et 5 m de diamètre.

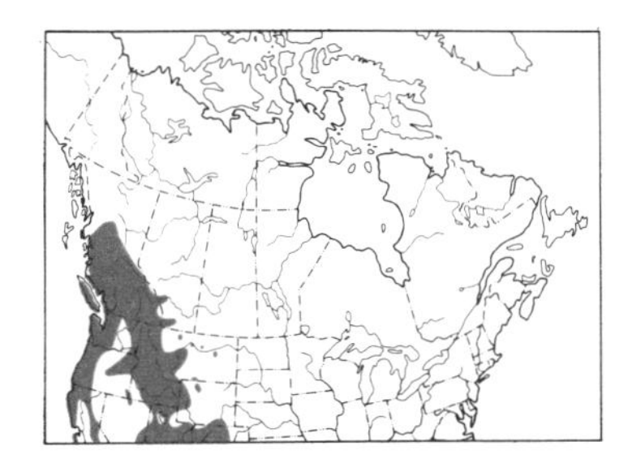

Aire de distribution

Région forestière côtière, partie centrale de la Colombie-Britannique et Rocheuses à l'ouest de l'Alberta.

Le Douglas taxifolié est le plus grand arbre canadien et n'est surpassé en Amérique du Nord que par le Séquoia toujours-vert (*Sequoia sempervirens* (Lamb. ex D.Don) Endl.). Son écorce de plus de 30 cm d'épaisseur le protège bien du feu et ses racines profondes et étalées l'ancrent fermement et le mettent à l'abri des vents violents. D'une longévité de plus d'un millénaire, le Douglas taxifolié est une espèce pionnière qui ne peut se reproduire sous son propre couvert. Tôt ou tard, il sera remplacé par des espèces plus tolérantes comme la Pruche occidentale, le Thuya géant et le Sapin grandissime.

On reconnaît généralement deux formes chez le Douglas taxifolié:

— la variété typique de la côte, (var. *menziesii*), atteint couramment 60 mètres de haut et 2 mètres de diamètre, possède des feuilles vert jaunâtre brillant (douglas vert) et des cônes aux bractées tridentées non retroussées; il pousse sur l'île de Vancouver et sur le littoral adjacent sur le continent;

— la variété de l'intérieur des terres, (var. *glauca* (Beissn.) Franco), atteint rarement 40 mètres de haut, possède des feuilles bleu vert brillant (douglas vert) et des cônes plus petits aux bractées tridentées retroussées vers le haut.

Toutefois, à certains endroits, les deux variétés s'entremêlent.

Par la diversité de ses noms communs et scientifiques, il est évident que le Douglas taxifolié sema la confusion tant chez les spécialistes que chez les profanes.

Lors de son voyage sur la côte du Pacifique en 1778, le capitaine Cook fut impressionné par la stature majestueuse de cet arbre géant. Il fut d'ailleurs le premier à noter cet arbre; il l'associa au sapin, car ses aiguilles douces et aplaties ainsi que les vésicules de résine sur l'écorce des jeunes arbres, lui donnent l'aspect des sapins d'Europe (*Abies*). Par contre, les cônes des sapins sont dressés sur les branches tandis que ceux du Douglas taxifolié sont suspendus.

Comme ses feuilles sont pointues et que ses cônes ressemblent un peu à ceux de l'épinette, on le nomme, à tort, épinette.

À la fin du XVIIIe siècle, notre arbre se métamorphosa de sapin en pin et porta le nom de *Pinus taxifolia* Lamb., de *Taxus*, if, et de *folium*, feuille, un pin qui a des aiguilles semblables à l'if. C'est à la suite de l'herbier compilé par le scientifique irlandais, Archibald Menzies, qui faisait partie de l'expédition historique du capitaine George Vancouver sur la côte du Pacifique, que le botaniste anglais Aylmer Bourke Lambert le classe parmi les pins. Les véritables pins ont des aiguilles groupées en faisceaux, tandis que celles du Douglas taxifolié sont isolées sur le rameau.

En 1825, le botaniste écossais David Douglas, délégué par la Société royale de l'horticulture, redécouvre le «pin taxifolié» à l'embouchure de la rivière Columbia, en Oregon, d'où l'origine des noms pin et sapin de l'Oregon.

Au XIXe siècle, il est classifié tantôt comme un pin *(Pinus)*, un sapin *(Abies)* ou une pruche *(Tsuga)*. Ce n'est que par la découverte d'arbres similaires au «pin de l'Oregon» dans l'Himalaya, que Elie Abel Carrière, conservateur français, proposa en 1867 le nom générique actuel *Pseudotsuga* qui signifie fausse pruche. Il assigna alors à notre arbre le nom de *Pseudotsuga douglasii* en honneur de David Douglas. Plus tard, le nom changea pour *Pseudotsuga taxifolia*, une fausse pruche à feuilles semblables à celles de l'if. Puis en 1950, on lui donna son nom actuel *Pseudotsuga menziesii* en honneur de Archibald Menzies.

Le Douglas taxifolié compte parmi les espèces les plus importantes commercialement et est reconnu comme l'un des meilleurs bois d'oeuvre au monde. Il est facile à travailler, léger, solide, résistant; il prend bien les peintures et les vernis; il ne gondole pas et sèche facilement.

La couleur varie du jaune foncé au brun rougeâtre (red fir et yellow fir). Parce qu'il est de très grande taille, on en tire de grandes pièces qui servent à la grosse charpenterie comme la construction de navires et de chalands et la fabrication de mâts et d'espars. Des milliers de kilomètres de chemin de fer sont construits avec des traverses de Douglas taxifolié traitées. De plus, on en fait du contreplaqué et de la pâte à papier kraft. De son écorce, on fabrique toute une gamme de produits, dont des fertilisants pour le sol. Les centres d'exploitation étant situés près de l'océan, on l'exporte par voies maritimes un peu partout à travers le monde.

L'épuisement des stocks des gros Pins blancs de l'Est, vers la fin du siècle dernier, força les bûcherons et plusieurs entreprises à s'installer dans l'Ouest. Ainsi débuta l'âge d'or de l'industrie forestière dans le Nord-Ouest. La première scierie du Nord-Ouest vit le jour en 1828 et fut mise sur pied par l'ami de David Douglas, le docteur John McLaughlin, agent de la Compagnie de la baie d'Hudson.

Les Amérindiens et les premiers colons recherchaient l'écorce du Douglas taxifolié comme combustible car elle donne une grande chaleur sans dégager de fumée.

Les Amérindiens utilisaient son bois résistant et fort pour la fabrication de huttes, supports, outils, manches de harpons et de lances. Ils en sculptaient des ustensiles et des hameçons.

Ils utilisaient la résine antiseptique comme la «gomme» de sapin, pour traiter les brûlures et les blessures; ils la mastiquaient et s'en servaient pour réparer leurs canoës.

Avec ses aiguilles, on faisait des tisanes pour soigner, entre autres, le rhume.

C 211i **Rare en Alberta**

If occidental

if de l'Ouest

Western yew, Pacific yew, bowplant.

Taxus brevifolia Nutt.
Famille de l'If (Taxacées)

Traits distinctifs
Plante toxique.

Feuilles — aiguilles aplaties, terminées en pointe fine et allongée, vert jaunâtre mat sur le dessus; 1,3-2,5 cm de long, portées sur un pétiole tordu; semblent disposées en deux rangées; difficiles à rouler entre le pouce et l'index; douces au toucher.

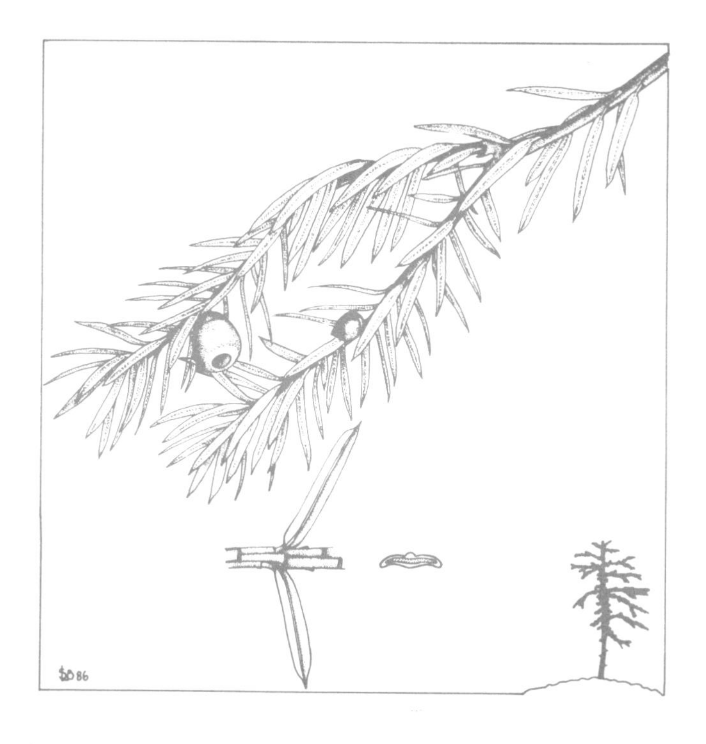

Rameaux — grêles et retombants, verts en dessous.

Fruits — arbre femelle: noyau visible, bleu foncé; partiellement enveloppé d'une membrane charnue (arille) rouge vif à maturité; arbre mâle: minuscules cônes de pollen.

Écorce — écailleuse, rougeâtre et mince.

Taille — arbuste ou petit arbre de 5-15 m de haut, et jusqu'à 30 cm de diamètre.

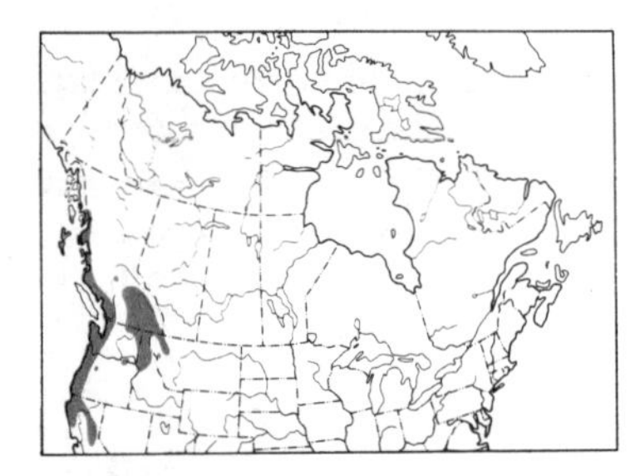

Aire de distribution

Régions forestières côtière et du Columbia.

Petit arbre d'apparence négligée, souvent penché et tordu, l'If occidental se rencontre dans des sols humides près des lacs et des cours d'eau. Abrité dans la forêt par de grands conifères, il a une croissance très lente et tolère très bien l'ombre. On l'appelle aussi if de l'ouest afin de le différencier de l'If du Canada (*Taxus canadensis* Marsh.), un arbuste rampant de l'Est qui ne se trouve qu'à partir du sud-est du Manitoba.

Le nom générique *Taxus*, nom latin classique de l'if, signifie arc, allusion à l'usage du bois de l'If commun d'Europe (*Taxus baccata* L.) qu'en faisaient les archers, et, de toute évidence, Robin des Bois. Le nom spécifique *brevifolia*, à feuilles courtes, le distingue de l'If commun dont les aiguilles sont plus longues.

Encore utilisé pour la fabrication d'arcs, le bois de l'If occidental était apprécié par les Amérindiens pour sa durabilité et sa force (bowplant). Bien que son bois soit dur, il se sculpte et se polit bien. Ils l'utilisaient pour fabriquer des arcs, des massues, des coins, des avirons. Ce bois non résineux était sculpté en cuillères, couteaux, pointes, hameçons, peignes et pelles. De son bois broyé et mélangé à de la graisse de poisson, ils obtenaient une peinture rouge. Les jeunes Amérindiens mesuraient leurs forces en essayant de courber un arbre.

Bien que toxiques, ses fruits étaient mangés par certains groupes amérindiens, mais abstenez-vous de cette pratique.

Avertissement: quoique l'arille soit jugé comestible, le noyau et toutes les parties de cet arbre sont très toxiques pour l'homme. Le feuillage fané est particulièrement toxique pour le bétail et les animaux domestiques.

Plusieurs variétés d'Ifs du Japon (*Taxus cuspidata* Sieb. et Zucc.) sont rustiques au Canada et plantés comme arbres ornementaux. Les fruits rouge vif, très attrayants et tentants pour les enfants, peuvent être mortels. Soyez conscient de ce danger si vous utilisez un if comme arbre ornemental.

C 211j

Épinette blanche

épicéa glauque, épinette grise, épinette du Canada, prusse blanche, sapinette blanche du Canada (France).

White spruce, Canadian spruce, cat spruce, northern spruce (Labrador), pasture spruce, single spruce, skunk spruce.

Picea glauca (Moench) Voss
Famille du pin (Pinacées)

Traits distinctifs

Feuilles — aiguilles quadrangulaires (à 4 côtés), 1,8-2,2 cm de long; vert bleuâtre argenté et mat; faciles à rouler entre le pouce et l'index.

Rameaux — dépourvus de poils (glabres).

Cônes — suspendus, 5-7 cm de long, cônes ouverts cylindriques, tombent tous les ans en entier; écailles à bord lisse.

Taille — 25-40 m de haut, 50-100 cm de diamètre.

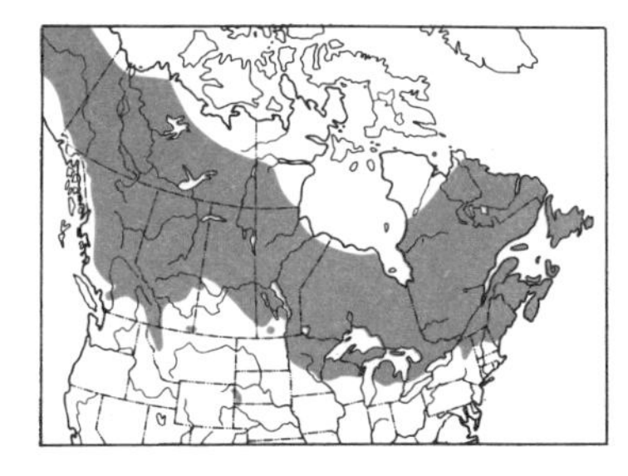

Aire de distribution

Régions forestières boréale, des Grands Lacs et du Saint-Laurent, acadienne et des feuillus, mais dans une moindre mesure et surtout en plantation.

Le nom générique *Picea* signifie poix ou résine et son nom spécifique *glauca* fait allusion à la couleur glauque (vert bleuâtre argenté et mat) de ses aiguilles. L'absence de poils sur ses rameaux la distingue de l'Épinette rouge et de l'Épinette noire dont les rameaux sont recouverts de poils.

Les cônes de l'Épinette blanche sont souples, c'est-à-dire qu'ils ne cassent pas sous la pression des doigts et qu'ils reprennent aisément leur forme.

Ses aiguilles écrasées dégagent une odeur désagréable rappelant le musc de la mouffette, d'où l'origine des noms anglais de l'espèce: «cat spruce» et «skunk spruce».

L'Épinette blanche avec sa cime conique, ainsi que le Sapin baumier et l'Épinette noire caractérisent la forêt boréale. Très répandue et abondante, elle constitue une des espèces les plus importantes au pays dans l'industrie des pâtes et papiers et des bois d'oeuvre.

L'Épinette blanche, fréquemment utilisée dans les plantations d'arbres de reboisement, se retrouve aujourd'hui dans les forêts de feuillus. Même si on en fait souvent des arbres de Noël, les épinettes se prêtent mal à cet emploi parce qu'à l'intérieur, elles perdent rapidement leurs aiguilles.

Les Amérindiens utilisaient les longues racines de l'Épinette blanche, de l'Épinette noire et du Pin gris pour la fabrication d'un cordage, appelé *watap*, dont ils se servaient pour coudre les canoës d'écorce de Bouleau à papier ou d'Épinettte blanche. Dans la région du Bassin de Mackenzie et dans la Cordillère où les Bouleaux à papier étaient rares, l'écorce de l'Épinette blanche remplaçait l'écorce de Bouleau à papier. Les coutures étaient imperméabilisées avec de la gomme d'épinette, de pin ou de sapin.

Une infusion faite avec le feuillage de l'Épinette blanche a des propriétés médicinales et antiseptiques.

Toutes les espèces d'épinettes font commercialement partie du même groupe et sont vendues comme épinette du Canada.

Sa bonne sonorité et sa capacité de transmettre les vibrations mieux que tout autre matériau en font le bois par excellence pour la fabrication des tables de résonance de piano, des tuyaux d'orgue, des guitares et des violons. Son bois, contenant peu de résine, est inodore et insipide. Lorsqu'il est séché, il constitue le bois tout indiqué pour la fabrication de contenants alimentaires.

Son écorce contient de l'acide tannique utilisé en tannerie et dans la fabrication de bougies et de vernis. Ses graines sont une source importante de nourriture pour les oiseaux.

Dans l'est du Canada, l'Épinette blanche doit faire face à la Tordeuse des bourgeons de l'épinette (*Choristoneura fumiferana* [Clem.]), un des insectes défoliateurs le plus nuisible en Amérique du Nord. Cependant les dommages causés à l'Épinette blanche sont moindres que ceux causés au Sapin baumier, l'hôte préféré de la Tordeuse des bourgeons de l'épinette.

Dans l'ouest du pays, l'Épinette blanche forme, avec l'Épinette de Sitka et l'Épinette d'Engelmann, des hybrides auxquels on ne peut donner un nom avec certitude.

C 211k

Épinette d'Engelmann

épinette des montagnes, épicéa d'Engelmann.

Engelmann spruce, mountain spruce, Rocky Mountain spruce, western white spruce.

Picea engelmannii Parry ex Engelm.
Famille du pin (Pinacées)

Traits distinctifs

Feuilles — aiguilles quadrangulaires (à 4 côtés), 1,8-2,2 cm de long; vert bleuâtre argenté et mat; faciles à rouler entre le pouce et l'index.

Rameaux — garnis de poils fins à l'état jeune.

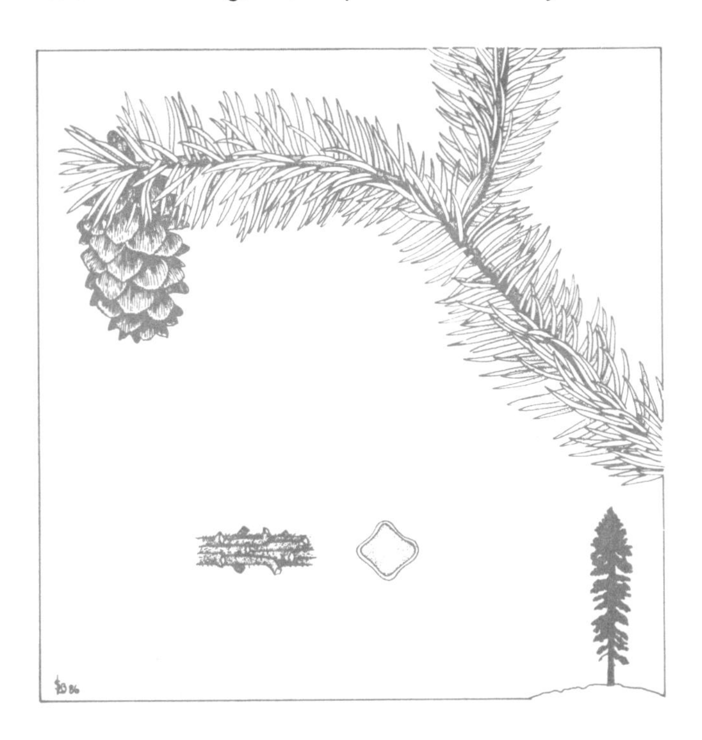

Cônes — suspendus, 5-7 cm de long, cônes ouverts cylindriques, tombent tous les ans en entier, écailles à bord muni de dents.

Taille — 30-40 m de haut, 50-100 cm de diamètre; parfois jusqu'à 55 m de hauteur et 1,8 m de diamètre.

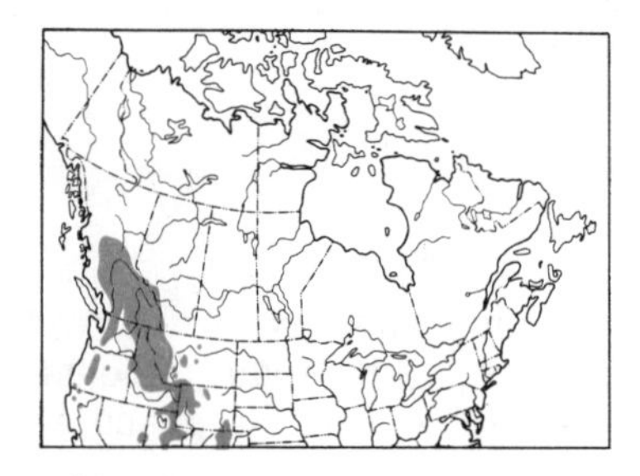

Aire de distribution

Partie sud de la Région forestière subalpine à l'exception de la zone à proximité des côtes du Pacifique.

Les spécialistes ne semblent pas s'entendre sur l'identité de l'Épinette d'Engelmann. Elle ressemble tellement à l'Épinette blanche qu'elle est considérée par certains auteurs comme une variété de celle-ci. Une chose est certaine, il est difficile de les distinguer. Le bord des écailles des cônes semble le seul critère valable. De plus, au sud de la Colombie-Britannique, l'Épinette d'Engelmann s'hybride avec l'Épinette de Sitka.

Le nom scientifique évoque George Engelmann (1809-1884), un botaniste américain d'ascendance allemande, spécialiste des conifères. Les autres noms communs indiquent qu'on la trouve souvent en montagne.

Le bois, très semblable à celui des épinettes de l'Est, est utilisé aux mêmes fins que celui de l'Épinette blanche.

Épinette noire

épicéa marial, épinette bâtarde, épinette des marais, épinette des tourbières, épinette de savane, épinette à bière, sapinette noire (France).

Black spruce, double spruce, bog spruce, swamp spruce, water spruce.

Picea mariana (P. Mill.) B.S.P.
Famille du pin (Pinacées)

Traits distinctifs

Feuilles — aiguilles quadrangulaires (à 4 côtés), 0,5-1,5 cm de long, vert bleuâtre mat; faciles à rouler entre le pouce et l'index.

Rameaux — garnis de poils rouille sur toute leur surface.

Cônes — suspendus, 2-3 cm de long, sphériques lorsqu'ils sont ouverts; persistent sur l'arbre pendant plusieurs années (20-30 ans); écailles raides et cassantes à bord muni de dents.

Taille — 5-18 m de haut, 15-30 cm de diamètre.

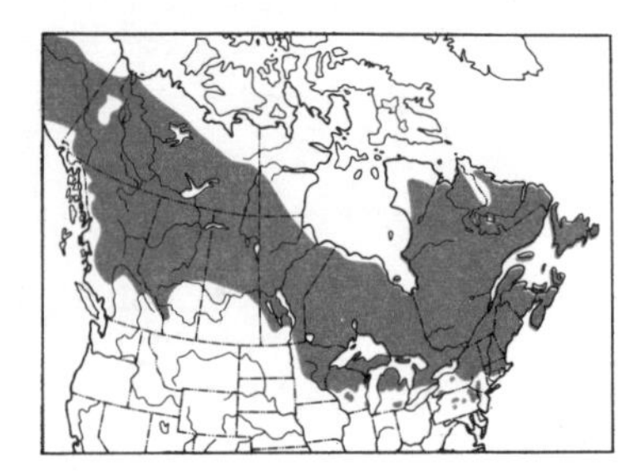

Aire de distribution

Régions forestières boréale, des Grands Lacs et du Saint-Laurent, acadienne et dans une moindre mesure, Région forestière des feuillus.

L'Épinette noire est une espèce caractéristique de la Région forestière boréale. Avec l'Épinette blanche et le Mélèze laricin, elle délimite au Nord la ligne de croissance des arbres.

La cime étroite à sommet compact et les branches retombantes donnent à l'arbre adulte une allure très caractéristique. Ses rameaux garnis de poils rouille et ses cônes qui se brisent sous la pression des doigts lorsqu'ils sont secs, nous permettent de la distinguer de l'Épinette blanche. Il est souvent très difficile de la différencier de l'Épinette rouge, c'est pourquoi, certains auteurs considèrent l'une comme étant une variété de l'autre.

En 1731, Philip Miller, botaniste anglais, lui donna le nom de *Picea mariana*, épinette du Maryland. Cependant, l'Épinette noire ne pousse pas dans cet État. Son nom générique *Picea* vient du latin *pix* qui signifie poix (résine).

L'Épinette noire croît dans divers sols, mais elle se développe mieux dans un milieu humide et acide. Comme on la rencontre souvent dans les tourbières à sphaigne, plusieurs noms français et anglais font allusion à des endroits mouillés (épinette des marais et water spruce).

Au nord, elle pousse dans les vallées bien drainées ou sur les pentes rocheuses. Plusieurs peuplements se sont formés à la suite d'incendies de forêts, car les cônes de l'Épinette noire comme ceux du Pin gris s'ouvrent sous l'effet de la chaleur libérant ainsi leurs graines. En plus de se reproduire par graines, elle peut aussi se propager par marcottage, c'est-à-dire qu'elle a la capacité de produire un nouvel arbre par l'enracinement des branches inférieures vivantes dans la mousse ou la litière.

C'est à partir de l'Épinette noire que l'on fabriquait autrefois la bière d'épinette, considérée à l'époque comme une bonne source de vitamines et de minéraux. En faisant bouillir les nouvelles pousses avec un peu de mélasse, de sirop d'érable ou de miel, de la levure et de l'eau, en moins d'une semaine on obtenait cette bière, prête à boire. Les bulbes de résine durcies constituent une excellente gomme à mâcher.

L'Épinette noire est parmi les espèces les plus répandues et les plus abondantes de l'Amérique du Nord. On l'utilise principalement dans l'industrie des pâtes et papiers. Elle joue donc avec les autres épinettes et le Sapin baumier un rôle vital dans l'économie du pays.

Son bois est peu employé comme bois de construction à cause de ses faibles dimensions. On s'en sert pour le revêtement de maisons et pour la fabrication de boîtes et de contenants. L'Épinette noire s'utilise mal comme arbre de Noël, car elle perd ses aiguilles en séchant. Comme ses branches inférieures ont tendance à mourir sur le tronc au cours des ans, elle est un très mauvais choix comme arbre ornemental.

À l'instar des autres épinettes, l'Épinette noire subit les attaques de plusieurs insectes, tels la tordeuse et le charançon, mais à l'opposé de l'Épinette blanche, ils ne lui causent que rarement des dommages sérieux. Son principal ennemi est une toute petite plante parasitaire, le Petit gui (*Arceuthobium pussillum* Peck), qui déforme l'arbre en provoquant la formation de «balais de sorcière» qui, à la longue, peuvent entraîner sa mort.

C 211m

Épinette rouge

épicéa rouge, prusqueur rouge.

Red spruce, eastern spruce, maritime spruce, spruce, yellow spruce.

Picea rubens Sarg.
Famille du pin (Pinacées)

Traits distinctifs

Feuilles — aiguilles quadrangulaires (à 4 côtés), 1-2 cm de long, vert jaunâtre brillant; souvent recourbées; faciles à rouler entre le pouce et l'index.

Rameaux — garnis de poils bruns.

Cônes — suspendus, 3-5 cm de long, les cônes ouverts sont ovoïdes (en forme d'oeuf); tombent en entier tous les ans; écailles raides, à bord muni de dents ou ondulé.

Taille — 20-30 m de haut, 30-100 cm de diamètre.

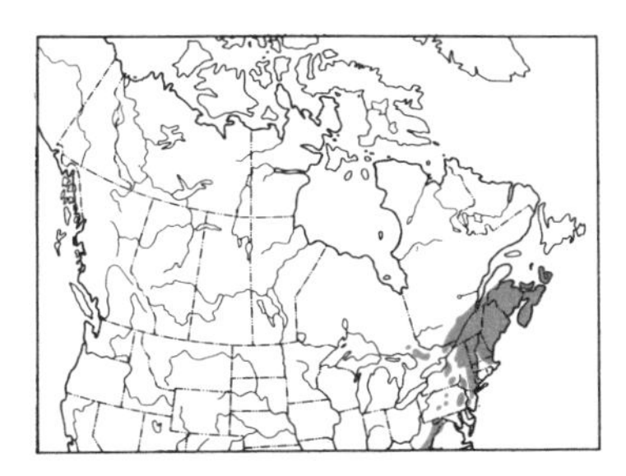

Aire de distribution

Région forestière acadienne, certaines parties de la Région forestière des Grands Lacs et du Saint-Laurent.

Certains traits de l'Épinette rouge tels sa hauteur, la longueur de ses aiguilles et la longueur de ses cônes sont intermédiaires entre l'Épinette noire et l'Épinette blanche, à tel point que certains auteurs la considèrent comme un hybride de celles-ci.

Son nom spécifique *rubens* qui signifie rouge fait allusion à la couleur brun rougeâtre pâle de son écorce tandis que le nom commun anglais «yellow spruce» fait référence à la couleur vert jaunâtre de son feuillage.

Il est souvent difficile d'identifier les épinettes avec certitude; particulièrement l'Épinette rouge et l'Épinette noire qui se ressemblent beaucoup. De plus, là où leur aire de distribution se chevauchent, elles produisent diverses formes hybrides intermédiaires.

C 211n

Épinette de Sitka

Sitka spruce, coast spruce, tideland spruce, tidewater spruce.

Picea sitchensis (Bong.) Carr.
Famille du pin (Pinacées)

Traits distinctifs

Feuilles — aiguilles quadrangulaires (à 4 côtés), plutôt aplaties, très pointues; 1,5-2,5 cm de long; vert jaunâtre sur le dessus et blanchâtre en dessous; difficiles à rouler entre le pouce et l'index.

Rameaux — dépourvus de poils.

Cônes — suspendus, 5-10 cm de long, cylindriques lorsqu'ils sont ouverts; tombent tous les ans en entier; écailles à bord ondulé ou muni de dents.

Taille — 45-60 m de haut, 90-180 cm de diamètre; devient parfois un arbre géant de 90 m de haut et 3,5 m de diamètre.

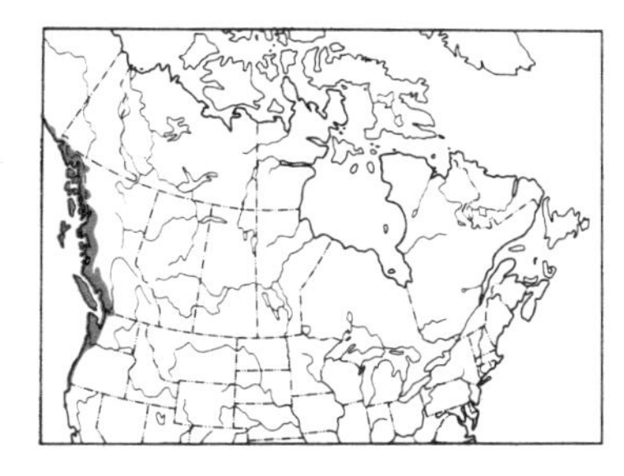

Aire de distribution

Région forestière côtière.

L'Épinette de Sitka joua un rôle très important lors des deux dernières guerres mondiales. Son bois se retrouvait dans presque tous les avions américains, français et britanniques. La qualité de son bois n'est surpassée par aucune autre espèce pour la construction aéronautique. Il est remarquablement fort et résistant tout en étant léger, combinaison essentielle pour les pièces en bois d'un avion. Le rapport résistance-poids de ce bois est un des plus élevé. Au Canada, les plus beaux spécimens pour ce type d'usage se trouvaient dans les îles de la Reine-Charlotte.

L'Épinette de Sitka, caractérise la Région forestière côtière qui s'étend de l'Alaska jusqu'au nord de la Californie. En Alaska, elle s'associe principalement avec la Pruche occidentale tandis qu'en Colombie-Britannique on la trouve principalement avec le Douglas taxifolié et le Thuya géant. Ses noms communs anglais reflètent très bien son habitat qui se limite à une étroite bande de terre ne s'étendant guère à plus 80 km de la côte et sur les îles adjacentes.

Principale espèce marchande de l'Alaska, cette épinette fut notée pour la première fois à Sitka, une région du sud-est de l'Alaska, d'où l'origine du nom scientifique.

Par son bois de grande valeur industrielle, elle joue un rôle très important en Colombie-Britannique pour la production du bois de charpente et de pâte à papier. De toutes les épinettes indigènes du Canada et des États-Unis, l'Épinette de Sitka est celle qui atteint la plus grande taille. Elle est de la classe des géants au même titre que le Thuya géant et le Douglas taxifolié. On l'utilise pour la construction de bateaux, la fabrication de contreplaqués, de mâts et d'espars de toutes sortes. Si vous possédez un échelle en bois, les montants sont probablement faits avec ce bois.

Le bois des épinettes est renommé pour la fabrication de caisses de résonance de haute qualité. L'Épinette de Sitka est certainement un des meilleurs bois à cet égard. Cet arbre fournit des billes de très grande taille. On en tire des pièces de bois sans défaut, à droit fil et de densité uniforme, qualités recherchées pour la fabrication d'instruments de musique.

Les Amérindiens de la côte utilisaient rarement le bois de l'Épinette de Sitka, si ce n'est comme combustible ou pour obtenir de larges planches. Comme pour les autres épinettes, ils en employaient les racines pour faire de la corde ou des paniers et des chapeaux, nattés de façon si dense, qu'ils pouvaient servir pour transporter de l'eau.

C 211o

Épinette bleue

épicéa piquant, épinette bleue du Colorado, épinette glauque, épinette du Colorado, épinette piquante.

Blue spruce, Colorado blue spruce.

Picea pungens Engelm.
Famille du pin (Pinacées)

Traits distinctifs

Feuilles — aiguilles quadrangulaires (à 4 côtés), 0,5-3,1 cm de long, très piquantes, incurvées, nettement bleuâtres ou argentées; faciles à rouler entre le pouce et l'index.

Cônes — suspendus, 5-10 cm de long.

Taille — 20-30 m de haut, 30-100 cm de diamètre.

Aire de distribution

Espèce originaire des montagnes Rocheuses des États-Unis, fréquemment plantée comme arbre ornemental.

Cette espèce, originaire des montagnes Rocheuses des États-Unis, est plantée comme arbre ornemental à cause de ses rameaux bleu argenté. Cette caractéristique est particulièrement accentuée dans plusieurs formes bleues comme l'Épinette bleue du Colorado (*Picea pungens*), dont les cultivars les plus communs sont: 'Glauca', 'Hoopsii', 'Koster' et 'Moerheimi'.

Le nom spécifique *pungens*, piquant, fait allusion à ses longues aiguilles piquantes.

Au point de vue économique, l'espèce présente peu de valeur, car son bois est noueux. Les spécimens qui poussent en forêt succombent souvent aux incendies et aux attaques de certains insectes nuisibles.

C 211p

Épinette de Norvège

épicéa commun, pesse, sapin de Norvège (Europe), sapin rouge (France).

Norway spruce, common spruce.

Picea abies (L.) Karst.
syn. *Picea excelsa* Link
Famille du pin (Pinacées)

Traits distinctifs

Feuilles — aiguilles, quadrangulaires (à 4 côtés), 1,2-2,5 cm de long, vert jaunâtre; faciles à rouler entre le pouce et l'index.

Rameaux — nettement retombants.

Cônes — suspendus, 10-16 cm de long.

Taille — 20-30 m de haut, 30-100 cm de diamètre.

Aire de distribution

Originaire d'Europe, fréquemment utilisée dans l'Est canadien comme arbre d'ornement et en forêt.

Les rameaux retombants de l'Épinette de Norvège adulte lui donnent une forme harmonieuse. Son nom spécifique *abies* signifie sapin. En effet, cet arbre a été mal identifié par les premiers auteurs botanistes qui l'avaient classé dans le genre *Abies*. Ses aiguilles, d'aspect plutôt aplati que quadrangulaire, ressemblent à celles du sapin, mais ses cônes pendants et son feuillage piquant au toucher comme celui des épinettes, diffèrent du sapin. L'Épinette de Norvège joue un rôle important surtout dans l'industrie forestière de l'Europe.

Originaire d'Europe, cette espèce est utilisée, dans l'est du Canada, comme arbre de reboisement parce qu'elle pousse plus rapidement que nos espèces indigènes et parce qu'elle constitue un bon brise-vent.

L'Épinette de Norvège, ainsi que ses nombreuses variétés naturelles ou horticoles, est souvent plantée comme arbre ornemental. Sa croissance rapide, sa cime conique et dense et ses branches persistantes jusqu'au sol en font le sujet idéal pour les plantations d'arbres de Noël. Les nouvelles pousses de l'Épinette de Norvège entrent aussi dans la fabrication de la bière d'épinette.

LES ARBRES À FLEURS OU FEUILLUS
(Angiospermes)

à feuilles opposées, composées
à feuilles opposées, simples
à feuilles alternes, composées
à feuilles alternes, simples

LES ARBRES À FLEURS OU FEUILLUS
(Angiospermes)

PREMIÈRE PARTIE

à feuilles opposées, composées

- Sureau bleu — D 432
- Frêne blanc — D 522a
- Frêne rouge — D 522b
- Marronnier d'Inde — D 532
- Frêne bleu — D 542a
- Frêne noir — D 542b
- Grand Frêne — D 542c
- Érable négundo — D 572

D 432

Sureau bleu

Blue elder, blueberry elder, blue elderberry.

Sambucus cerulea Raf.
syn. *Sambucus glauca* Nutt.
Famille du chèvrefeuille (Caprifoliacées)

Traits distinctinfs

Feuilles — 12-20 cm de long, composées de 5-11 folioles, pétiole cannelé; malodorantes lorsqu'on les écrase.

Fleurs — crème, rassemblées en groupes nombreux formant un sommet presque plat.

Fruits — baies noir bleuâtre, rondes, à 3 petites graines, couvertes d'une mince pruine blanchâtre; sucrées, mûres à la fin de l'été ou à l'automne; comestibles lorsqu'elles sont mûres, mais toxiques à l'état vert.

Taille — petit arbre ou arbuste pouvant atteindre 8 m de haut et 20 cm de diamètre.

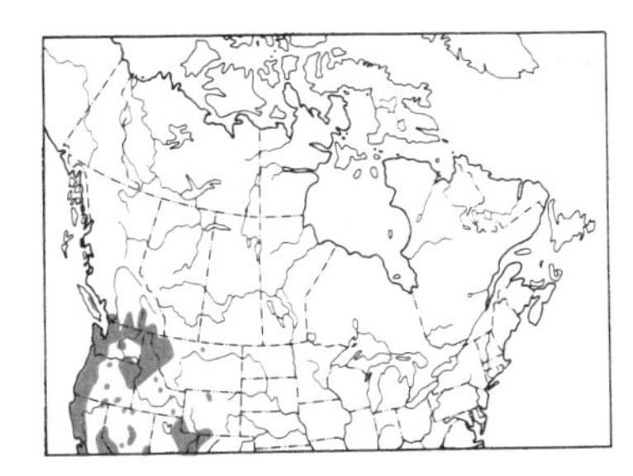

Aire de distribution

Sud de la Colombie-Britannique continentale et côte est de l'île de Vancouver.

Le nom générique *Sambucus* dérive du grec *sambuke*, ancien instrument à cordes pincées, probablement fabriqué avec le bois du Sureau d'Europe (*Sambucus nigra* L.), et *cerulea*, du latin *coeruleus*, d'une couleur bleuâtre et *glauca*, glauque, qui fait aussi allusion à la couleur du fruit.

Le Sureau bleu est le seul sureau qui, au Canada, atteint la taille d'un petit arbre.

Dans l'Est, il y a un sureau arbustif à fruits bleus comestibles, le Sureau du Canada (*Sambucus canadensis* L.). Il se distinque par l'absence de pruine blanchâtre sur les fruits.

On rencontre au Canada un autre sureau arbustif, le Sureau rouge avec ses nombreuses variétés (*Sambucus racemosa* L.). Ses fruits rouges ou bleus, selon les variétés, sont très amers et considérés comme vénéneux. Il se différencie par la disposition de ses fleurs et de ses fruits qui forment un dôme tandis que chez les deux autres espèces, les fruits forment un sommet presque plat.

Une espèce européenne qui ressemble au Sureau du Canada, le Sureau noir (*Sambucus nigra* L.) s'échappe parfois de culture. À l'instar du Sureau bleu et du Sureau du Canada, ses fruits noirs, délicieux et riches en vitamine C, sont couramment employés pour faire des tartes, des gelées, des confitures et du vin.

Avertissement: les fruits rouges, les fruits verts ainsi que les différentes parties des sureaux contiennent des substances toxiques qui peuvent causer vomissements et diarrhée chez certaines personnes, tout particulièrement chez les enfants. Comme la chaleur détruit ces substances toxiques, il faut toujours faire cuire ces fruits avant de les consommer. On a signalé des cas d'empoisonnement chez des enfants qui utilisaient les tiges évidées comme pailles ou sarbacanes.

Tout comme le Sureau du Canada, le Sureau bleu tenait une place importante dans la médecine domestique des premiers colons. On employait les fleurs, l'écorce et les racines en infusion ou en décoction pour soigner une grippe, une fièvre ou comme sudorifique et laxatif. On préparait un onguent avec l'écorce mélangée à du lard pour guérir l'irritation de la peau, les ulcères et les brûlures.

Les Amérindiens consommaient les fruits nature, les transformaient en galettes séchées pour l'hiver ou les entreposaient sous la neige. Les tiges évidées servaient de pailles, sifflets, sarbacanes et tuyaux de pipe.

D 522a

Rare à l'Île-du-Prince-Édouard

Frêne blanc

frêne d'Amérique, frêne blanc d'Amérique, franc frêne.

White ash, American ash, Canadian white ash, ground ash (Maritimes).

Fraxinus americana L.
Famille de l'olivier (Oléacées)

Traits distinctifs

Habitat — sol plutôt sec, rarement le long des cours d'eau.

Feuilles — 20-35 cm de long, composées de 5-9 folioles dépourvues de poils; dessous définiti-

vement plus pâle que le dessus; foliole avec un pétiole de 5-15 mm de long.

Rameaux — dépourvus de poils, présence d'une mince couche cireuse qui se pèle sur les rameaux de plus d'un an.

Fruits — samares; l'aile n'entoure pas la graine; persistent sur l'arbre tout l'hiver.

Écorce — crêtes dures, s'entrecroisant en formant des losanges.

Taille — 15-20 m de haut, 50-100 cm de diamètre.

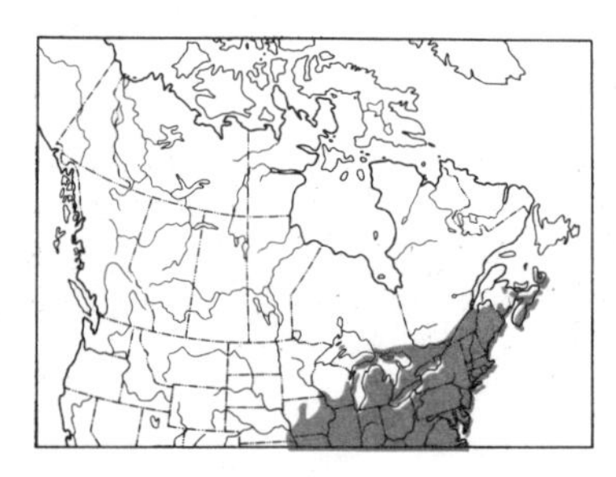

Aire de distribution

Région forestière des feuillus, des Grands Lacs et du Saint-Laurent et Région forestière acadienne à l'exception des parties nordiques.

Les frênes indigènes du Canada sont essentiellement des espèces de l'Est. Cependant, en 1984, quelques spécimens de Frêne de l'Oregon, (*Fraxinus latifolia* Benth.), furent trouvés à Long Beach et Port Alberni, sur l'Île de Vancouver. Il ressemble au Frêne blanc mais, comme l'indique son nom latin, sa feuille est plus large. Il fut longtemps considéré comme une espèce éteinte au Canada. Les seuls autres rapports signalant sa présence datent de 1887 et 1893, et étaient basés sur des spécimens récoltés par John Macoun. Il reste maintenant à déterminer si ces arbres sont indigènes ou échappés de culture.

Le nom générique, *Fraxinus*, est celui que les Romains donnaient au Grand Frêne (*Fraxinus excelsior* L.). Ce nom qui dérive du grec *phraxis*, haies, lui a été assigné car il était souvent utilisé dans les plantations de haies. L'utilisation du qualificatif blanc dans le nom commun fait référence au vert argenté de la face inférieure de sa feuille, de ses rameaux et de son écorce.

Le Frêne blanc, avec son long fût droit, peut tolérer l'ombrage d'une forêt. C'est dans un sol riche mais bien drainé qu'il se développe le mieux.

Avec son bois dur et élastique, l'un des plus précieux en Amérique du Nord, on fabrique les meilleurs bâtons de hockey et de baseball, des raquettes de tennis et plusieurs autres articles de sport. On exploite aussi ses propriétés pour la fabrication de manches d'outils, d'instruments aratoires, de bateaux, de barils ou tonneaux, d'échelles, de meubles et de placage, pour n'en nommer que quelques usages. Autrefois, on l'utilisait dans la construction d'aéroplanes et la fabrication de carosseries d'automobiles. Sa qualité de bois comme chauffage se compare à celle du chêne et du caryer.

Ses grandes feuilles composées qui se colorent du jaune au rouge pourpré à l'automne, ainsi que son écorce losangée, font du Frêne blanc un bel arbre ornemental.

Les Amérindiens en tiraient un sirop amer et extrayaient une teinture jaune de son écorce. D'après Michaud, un botaniste du XVIIIe siècle, on peut soulager la démangeaison causée par les piqûres de moustiques (maringouins) ou d'abeilles en se frottant avec des feuilles de Frêne blanc.

D 522b

Rare en Nouvelle-Écosse

Frêne rouge

frêne, frêne de Pennsylvanie, frêne pubescent, frêne de rivage, frêne de savane.

Red ash, rim ash, river ash, soft ash.

Fraxinus pennsylvanica Marsh.
Famille de l'olivier (Oléacées)

Traits distinctifs

Habitat — terrain humide.

Feuilles — 25-30 cm de long, composées de 7-9 folioles garnies de poils; dessous un peu plus pâle que le dessus; foliole avec un pétiole de 5 mm ou moins.

Rameaux — garnis de poils, absence d'une couche cireuse.

Fruits — samares; l'aile débute vers le milieu de la graine; persistent sur l'arbre presque tout l'hiver.

Écorce — crêtes dures, moins profondes que chez le Frêne blanc, s'entrecroisent en formant des losanges.

Taille — 10-15 m de haut, 30-50 cm de diamètre.

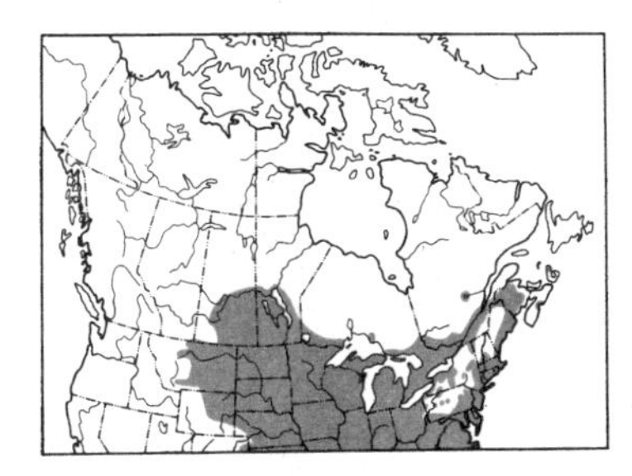

Aire de distribution

Régions forestières des feuillus, des Grands Lacs et du Saint-Laurent, acadienne, lisière sud de la Région forestière boréale (plaine du Manitoba et de la Saskatchewan).

Le nom générique *Fraxinus* vient du grec *phraxis* qui signifie haie et son nom commun Frêne rouge tire son origine de la teinte rouge de l'écorce de son tronc et du brun rougeâtre de ses rameaux. Le nom spécifique *pennsylvanica*, vient de Pennsylvanie, le nom de l'ancienne colonie où il a été récolté.

Le Frêne rouge pousse surtout dans les endroits ouverts, humides, et il tolère mal l'ombre. C'est pour cette raison qu'on le trouve presque exclusivement au bord des cours d'eau et des marécages et rarement en peuplement pur.

Son apparence générale rappelle celle du Frêne blanc, duquel il se distingue toutefois par la pubescence de ses feuilles et de ses rameaux et par le losangé moins prononcé de son écorce qui est le plus souvent teintée de rouge.

Certains auteurs distinguent diverses variétés de Frênes rouges, les plus connues étant le Frêne vert (var. *subintegerrima* (Vahl) Fern.) dans les steppes de l'Ouest et le Frêne d'Austin (var. *austini* Fern.) dans l'Est du Canada. Le Frêne vert diffère essentiellement du Frêne rouge par ses rameaux dépourvus de poils et par ses folioles garnies de dents. Quant au Frêne d'Austin, on le reconnaît à ses folioles aux dents saillantes. Le Frêne vert est souvent planté comme arbre ornemental ou d'ombrage.

Les frênes à rameaux couverts de poils sont toujours des Frênes rouges; par contre, certains frênes à rameaux glabres peuvent aussi être des Frênes rouges.

Son bois, bien que de qualité inférieure à celui du Frêne blanc, est utilisé aux mêmes fins. D'ailleurs, tous les frênes sauf le Frêne noir sont vendus comme Frêne blanc.

On extrait de son écorce un colorant rouge, et de ses cendres la potasse.

Le fruit des frênes, la samare, constitue une importante source de nourriture pour les oiseaux et les petits rongeurs. Ses fruits persistent sur l'arbre pendant tout l'été et une grande partie de l'hiver, sauf chez les Frênes bleus. L'orignal, le cerf et le castor mangent ses feuilles et ses jeunes rameaux.

Le Frêne rouge et ses variétés posent parfois des problèmes d'identification, ce qui n'est pas le cas pour les frênes en général. En effet, les frênes, le Sureau bleu et l'Érable négundo sont les seuls arbres indigènes à posséder des feuilles composées opposées.

Selon une vieille croyance, le frêne attire la foudre; sachez donc le reconnaître avant l'orage.

D 532

Marronnier d'Inde

faux-marron, marronnier commun.

Horsechestnut, large chestnuttree.

Aesculus hippocastanum L.
Famille du marronnier (Hippocastanacées)

Traits distinctifs

Feuilles — 12-25 cm de long, composées de 5-7 folioles sessiles (sans pétiole), palmées (disposées comme les doigts d'une main); rarement 5 folioles.

Bourgeons — volumineux, brun rouge foncé et luisants, très collants au printemps.

Fruits — capsules épineuses contenant 1-3 grosses graines brunes lustrées.

Taille — 12-20 m de haut, 30-150 cm de diamètre.

Aire de distribution

Originaire d'Europe orientale (du Caucase aux Balkans), il est fréquemment planté comme arbre ornemental. Se propage souvent par ses fruits dans le sud de l'Ontario et le sud-ouest du Québec.

Le Marronnier d'Inde offre un spectacle printanier inoubliable. En effet, l'éclatement de ses bourgeons et le relâchement de ses feuilles ne durent que quelques jours.

Son nom générique *Aesculus* vient du grec *aesea*, et signifie probablement nourriture. Ce nom a été donné par les Romains à un chêne à glands comestibles et a été repris par Linné pour désigner les marronniers. Son nom spécifique lui vient du grec *hippos* et *kastanon* qui signifient respectivement cheval et châtaigne.

Utilisées parfois comme fourrage pour les chevaux, les noix du Marronnier d'Inde servent également à fabriquer une décoction que les Turcs réservaient aux soins des chevaux atteints d'un mauvais rhume.

Avis toutefois aux amateurs de noix, celles-ci ne sont pas comestibles et elles ne devraient jamais être confondues avec les châtaignes que l'on trouve sur le marché et qui proviennent du Châtaignier cultivé (*Castanea sativa* P. Mill.) originaire de l'Eurasie.

Le Marronnier d'Inde, originaire d'Europe orientale, est souvent planté comme arbre décoratif et d'ombrage dans les parcs et les avenues. Il est décoratif par ses fleurs blanches, teintées de rouge et de jaune, disposées en grappes dressées et touffues, ce qui donne à l'arbre l'apparence d'un grand chandelier à plusieurs branches. C'est un arbre d'ombrage à cime immense et dense en forme de dôme. Si vous avez l'intention de planter cet arbre sur votre propriété, n'oubliez pas qu'il requiert beaucoup d'espace.

Une espèce indigène des États-Unis, le Marronnier glabre (*Aesculus glabra* Willd.) est probablement indigène au sud de l'Ontario. En effet, une colonie fut confirmée en 1982 à île Walpole (S.J. Darbyshire et K.M. Oldhman, 1985). Il est l'emblème floral de l'Ohio comme l'indique le nom commun anglais «Ohio buckeye». Une odeur désagréable se dégage lorsqu'on écrase les feuilles, les fleurs, les rameaux ou l'écorce, d'où l'origine de «fetid buckeye». Comme chez tous les membres du genre, les graines sont vénéneuses même si certains écureuils les mangent à l'occasion.

Le Marronnier d'Inde se distingue du Marronnier glabre par ses feuilles composées qui comptent généralement 7 folioles, rarement 5, tandis que l'autre porte généralement des feuilles composées de 5 folioles, rarement 7.

D 542a

Rare en Ontario

Frêne bleu

frêne anguleux, frêne quadrangulaire.

Blue Ash.

Fraxinus quadrangulata Michx.
Famille de l'olivier (Oléacées)

Traits distinctifs

Rameaux — nettement quadrangulaire (à 4 côtés).

Feuilles — 20-30 cm de long, composées de 5-11 folioles à pétioles courts.

Fruits — samares, l'aile entoure complètement la graine.

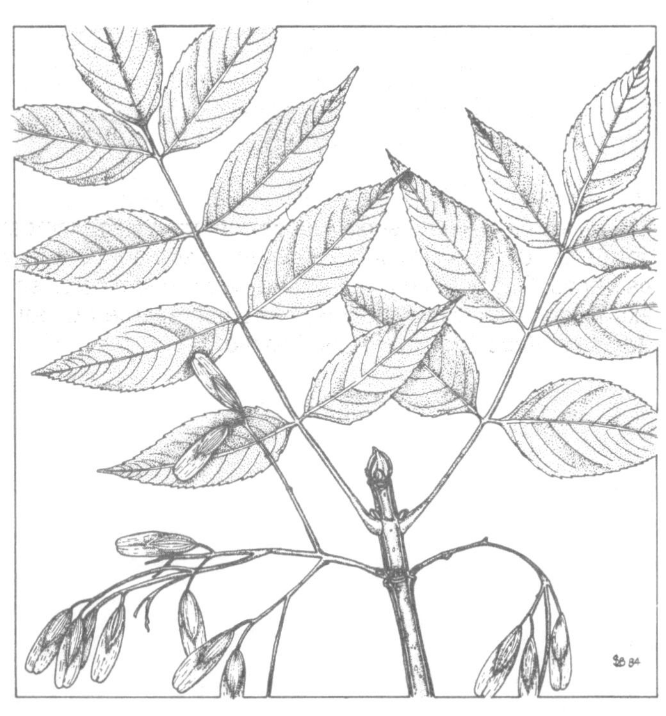

Taille — 10-20 m de haut, moins de 30 cm de diamètre.

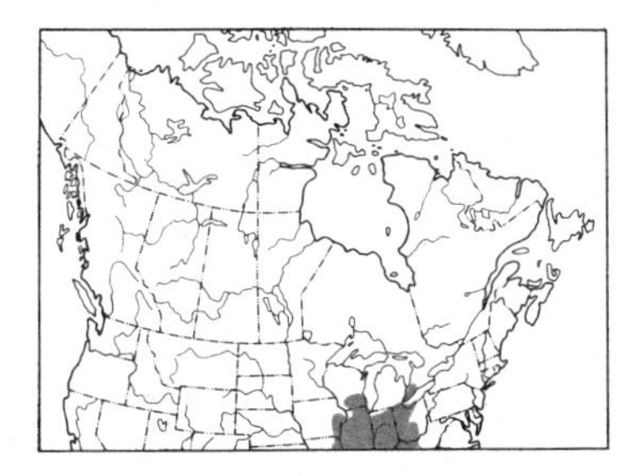

Aire de distribution

Région des feuillus, région du lac Erié seulement.

Cette espèce est limitée au rivage des plages sablonneuses, aux forêts couvrant les plaines d'inondation et aux sols superficiels sur calcaire. En Ontario, on trouve le Frêne bleu à Pointe Pelée, dans l'île Pelée, et dans la vallée de la rivière Thames. Les populations situées le plus en amont et le plus en aval le long de la rivière Thames ont été déracinées. Dans l'île Pelée, le défrichage, le pacage, l'exploitation des carrières de pierres et la viticulture constituent un danger potentiel pour l'espèce.

Il n'a pas de valeur commerciale à cause de sa rareté. Il est toutefois vendu comme Frêne blanc.

Comme son nom spécifique, *quadrangulata*, le suggère, des excroissances légèrement spongieuses confèrent à ses rameaux une forme quadrangulaire qui le distingue aisément de tous les autres frênes. Son nom commun Frêne bleu lui vient de sa sève, qui exposée à l'air, devient bleue, et de son écorce qui donne une teinture bleue lorsqu'elle est broyée.

D 542b

Rare à Terre-Neuve

Frêne noir

frêne à feuilles de sureau, frêne de grève, frêne gras.

Black ash, basket ash, brown ash (Maritimes), hoop ash, swamp ash, water ash.

Fraxinus nigra Marsh.
Famille de l'olivier (Oléacées)

Traits distinctifs

Habitat — terrain très marécageux.

Rameaux — ronds, gris, dépourvus de poils, bourgeon terminal séparé des latéraux.

Bourgeons — presque noirs.

Feuilles — 25-30 cm de long, composées de 7-11 folioles sessiles (sans pétiole), présence de touffes de poils à la naissance des folioles.

Fruits — samares; l'aile entoure complètement la graine; bout presque carré.

Écorce — molle, écailleuse, s'égrène facilement au toucher.

Taille — 10-20 m de haut, moins de 50 cm de diamètre.

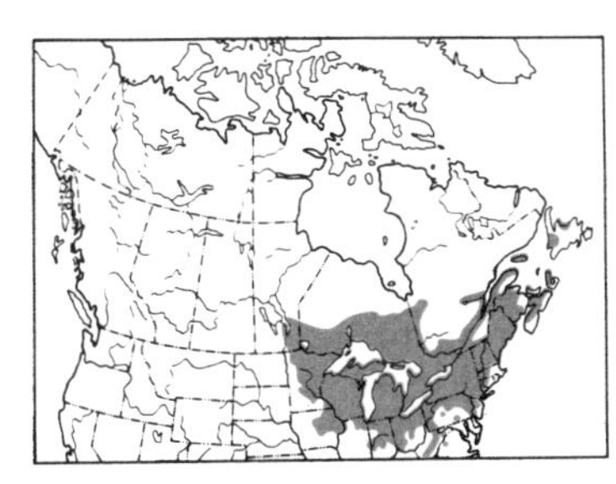

Aire de distribution

Régions forestières des feuillus, des Grands Lacs et du Saint-Laurent, acadienne, et sud-est de la région forestière boréale.

Le Frêne noir est limité aux endroits humides et ouverts, aux terrains marécageux froids, au long des cours d'eau périodiquement inondés et aux étangs. Cet arbre est le seul représentant des frênes sur l'île de Terre-Neuve. Il forme parfois des peuplements purs, mais la plupart du temps, il s'associe avec l'Orme d'Amérique, l'Érable rouge, l'Aulne rugueux, les saules, le Sapin baumier et le Thuya occidental.

En hiver, son écorce molle et douce au toucher et ses bourgeons d'un bleu noir en facilitent l'identification et lui confèrent ses noms spécifique et communs. Son écorce n'est pas losangée comme celles du Frêne blanc et du Frêne rouge. Il se distingue nettement des autres frênes par son fruit à bout presque carré et ses bourgeons pointus presque noirs.

Son bois, beaucoup plus tendre et plus lourd que celui du Frêne blanc, est utilisé pour certaines boiseries et en ébénisterie. En l'immergeant et le martelant par la suite, on obtient des feuillets minces qui se laissent très facilement diviser en lamelles. Les Amérindiens et nos ancêtres les utilisaient pour fabriquer des cerceaux pour tonneaux, d'où l'origine de «basket ash» et «hoop ash», ainsi que pour tresser des paniers, des fonds de chaise et d'autres articles semblables. La cendre de cet arbre est riche en potasse.

D 542c

Grand Frêne

frêne commun, frêne élevé (Europe).

European ash.

Fraxinus excelsior L.
Famille de l'olivier (Oléacées)

Traits distinctifs

Rameaux — rond, gris verdâtre.

Feuilles — 25-35 cm de long, composées de 9-13 folioles sessiles (sans pétiole); absence de touffes de poils à la naissance des folioles.

Fruits — samares; l'aile entoure complètement la graine.

Écorce — ferme et crevassée.

Taille — peut atteindre 40 m de hauteur dans son pays d'origine.

Aire de distribution

Espèce originaire d'Europe, utilisée fréquemment comme arbre ornemental; se propage occasionnellement le long des routes et près des villes.

Le nom spécifique *excelsior*, plus haut, suggère probablement une comparaison avec le Frêne orne ou frêne à fleurs (*Fraxinus ornus* L.) de plus petite taille.

Le Grand Frêne ressemble au Frêne noir par sa feuille, son fruit et ses rameaux, mais en diffère par son écorce ferme, gercée et non écailleuse. Cet arbre est une espèce introduite qui ne se rencontre pas en pleine forêt.

L'utilité du Grand Frêne remonte à l'antiquité. En effet, on écrivait sur son écorce bien avant l'invention du papier. Son bois, pressé à la vapeur, peut prendre diverses formes et on exploita cette caractéristique dans l'industrie guerrière. De plus, la mythologie norroise fit du Grand Frêne l'«arbre moule» duquel émergea la race humaine.

D 572

Érable négundo

aune-buis, érable à Giguère, érable à feuilles de frêne, érable du Manitoba, érable négondo, frêne à fruits d'érable, plaine à Giguère, plaine négundo.

Manitoba maple, ash-leaved maple, box-elder.

Acer negundo L.
Famille de l'érable (Acéracées)

Traits distinctifs

Rameaux — souvent recouverts d'une couche cireuse blanchâtre.

Feuilles — 15-25 cm de long, composées de 3-9 folioles; foliole terminale souvent lobée.

Fruits — 3-4 cm de long; disamares (2 samares ailées réunies à la base) à ailes très peu écartées, persistant sur l'arbre presque tout l'hiver.

Taille — jusqu'à 20 m de haut, 30-60 cm de diamètre.

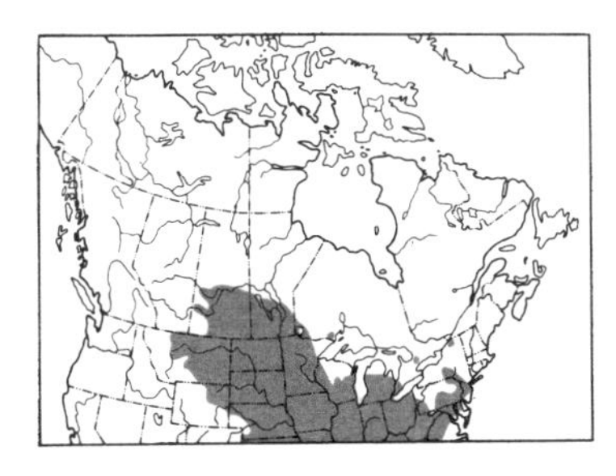

Aire de distribution

Originaire des provinces des Prairies; naturalisé ici et là dans les Régions forestières des feuillus, des Grands lacs et du Saint-Laurent; planté un peu partout au Canada.

Le nom érable à Giguère était déjà utilisé au début du XIXe siècle. Son origine est incertaine. Certains auteurs croient qu'on lui a donné le nom de la personne qui l'a introduit au Québec, tandis que d'autres pensent que Giguère serait une déformation de la prononciation de argilière, autre ancien nom de l'Érable négundo.

Son nom spécifique *negundo* dérive du sanskrit et du bengali *nurgundi* qualifiant le Gattilier (*Vitex agnus-cactus* L.), arbre à feuilles composées originaire de l'Inde.

La feuille de l'Érable négundo ressemble un peu à celle du Sureau *(Sambucus)*. Son bois est souvent utilisé pour la fabrication de boîtes, ce qui explique l'origine de son nom commun anglais «box elder», boîte à sureau ou sureau à boîte. Parmi nos érables indigènes, l'Érable négundo est le seul à porter des feuilles composées.

Sa ressemblance avec le Frêne blanc, quant à son tronc et ses feuilles composées, lui a valu le nom d'érable à feuille de frêne ou de frêne à fruit d'érable. C'est d'ailleurs la raison pour laquelle il est souvent pris pour un Frêne blanc.

Par contre, la nature l'a doté de disamares, fruits caractéristiques des érables. Contrairement aux autres érables indigènes, l'Érable négundo est une espèce dioïque, c'est-à-dire que les fleurs mâles et les fleurs femelles sont portées sur des arbres différents.

On l'appelle aussi érable du Manitoba puisqu'il est originaire des Prairies où il sert de brise-vent et d'arbre d'ombrage. Il croît le long des cours d'eau et sur le rivage des lacs. C'est un arbre très rustique à l'allure rabougrie avec un fût plutôt tordu et penché. Il résiste bien à la sécheresse. Il a été introduit en Europe (en France) en 1688 et dans l'est du Canada, bien qu'il n'ait rien de remarquable si ce n'est sa croissance rapide.

On le plantait fréquemment aux États-Unis le long des rues, mais cette pratique a dû être abandonnée, à cause de son bois peu résistant et de l'abondance de ses fruits.

Les disamares en longues grappes pendantes demeurent sur l'arbre presque tout l'hiver et servent de nourriture aux gros-becs.

Au début de la colonie, dans les provinces des Prairies, on entaillait même l'Érable négundo quand il y avait pénurie de sucre, car avec sa sève comme avec celle des autres érables, on peut fabriquer du sucre. Cependant, il est le moins productif du genre.

D 932

Sureau bleu

voir D 432

LES ARBRES À FLEURS OU FEUILLUS
(Angiospermes)

DEUXIÈME PARTIE

à feuilles opposées, simples

- Cornouiller fleuri — E 522a
- Cornouiller de Nuttall — E 522b
- Viorne lentago — E 542a
- Érable à sucre — E 683a
- Érable noir — E 683b
- Érable grandifolié — E 683c
- Érable de Norvège — E 683d
- Érable rouge — E 693a
- Érable argenté — E 693b
- Érable de Pennsylvanie — E 693c
- Érable à épis — E 693d
- Érable nain — E 693e
- Érable circiné — E 693f
- Catalpa remarquable — E 723

E 522a

Cornouiller fleuri

bois de flèche, bois-bouton, cornouiller à grandes fleurs, cornouiller de Floride, cornouiller à fleurs.

Eastern flowering dogwood, arrowood, bitter red berry, common dogwood, cornel, dogtree, dogwood, Florida dogwood, flower-cornel, flowering dogwood, greath-flowered dogwood, Virginia dogwood, white cornel.

Cornus florida L.
Famille du cornouiller (Cornacées)

Traits distinctifs

Feuilles — 5-15 cm de long; nervation arquée, c'est-à-dire nervures latérales se courbant et longeant le bord.

Fleurs — entourées de 4 grandes bractées blanches cochées à leur extrémité, ressemblant à des pétales; bouton floral en forme de dôme ou de pagode.

Fruits — groupes de 3-6 drupes rouge vif, de 1-1,5 cm de long; pulpe amère.

Écorce — en segments plus ou moins quadrangulaires, ressemble à la peau de l'alligator.

Taille — petit arbre ou arbuste, 4-10 m de haut, 10-20 cm de diamètre.

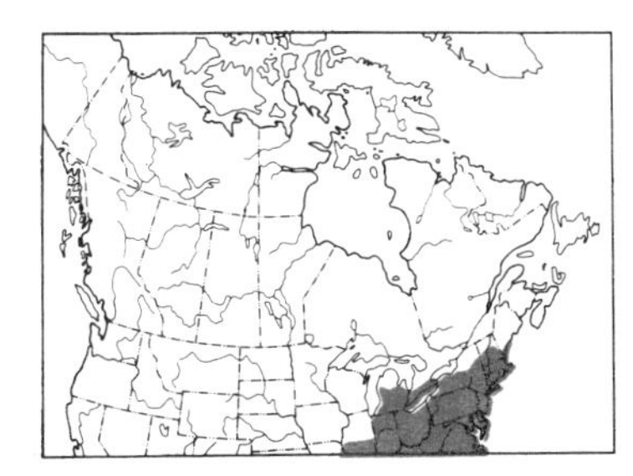

Aire de distribution

Région forestière des feuillus.

Le nom générique *Cornus* vient du latin *corneolus*, de corne, ou de *cornum*, cornouiller. Le bois des cornouillers est en effet très dur et les Romains l'utilisaient pour fabriquer des lances et des flèches, d'où l'origine de son nom commun bois de flèche. Le nom spécifique *florida* vient du latin *flos*, fleur ou fleuri, faisant allusion aux bractées blanches qui donnent l'impression d'une fleur à 4 pétales.

Le Cornouiller fleuri et le Cornouiller de Nuttall sont les seuls cornouillers arborescents du Canada à posséder ce type d'arrangement floral, d'où l'utilisation du nom commun Cornouiller à fleurs. Le Cornouiller du Canada, ou quatre-temps, (*Cornus canadensis* L.) une petite plante herbacée, possède un arrangement floral semblable à celui-ci.

On peut expliquer l'origine du nom commun anglais «dogwood» par l'usage d'une décoction de l'écorce qu'on faisait jadis en Angleterre pour nettoyer les chiens. Une autre explication pourrait être la déformation des mots «daggerwood» ou «dagwood» qui signifient dague ou poignard, ou encore un instrument pointu dont on se servait pour embrocher un morceau de viande pour la faire cuire.

Le Cornouiller fleuri peut être utilisé à plusieurs fins. Son bois lourd, dur et à texture fine servait à fabriquer des manches d'outils, des billes à roulement, des navettes pour les métiers à tisser, des fuseaux, des bobines et des crosses de golf.

Autrefois, les Amérindiens tiraient de ses racines une teinture écarlate servant à colorer les aiguilles de porc-épic et les plumes d'aigles dont ils ornaient leurs coiffures.

Son écorce, séchée et broyée, est un excellent substitut à la quinine pour faire tomber la fièvre; on s'en servait comme médicament contre la malaria au XIXe siècle. La décoction de son écorce a des propriétés astringentes et peut être utilisée pour guérir certains maux de bouche.

Enfin, ses brindilles peuvent tenir lieu de brosse à dents ce qui apparemment rend les dents exceptionnellement blanches.

Cependant, à cause de sa petite taille et de sa rareté, le Cornouiller fleuri n'a pas une grande valeur commerciale. Il est surtout apprécié pour ses qualités d'arbre ornemental. Ses belles grandes «fleurs» qui apparaissent avant les feuilles, son fruit d'un rouge brillant ainsi que son feuillage devenant d'un beau rouge à l'automne font de cette espèce un arbre attrayant. Malheureusement il ne croît bien que dans son aire de répartition naturelle.

Une grande variété d'oiseaux et de petits rongeurs consomment ses fruits à l'automne et au début de l'hiver. Bien que ses fruits amers «bitter red berry» soient comestibles comme ceux de tous les cornouillers, il sont presque immangeables nature. Dénoyautés et réduits en pulpe, on peut les mélanger à d'autres fruits ou les apprêter en confiture et en gelée.

Deux cornouillers exotiques sont couramment utilisés comme arbre ornemental: le Cornouiller du Japon (*Cornus kousa* Hance) qui ressemble au Cornouiller fleuri mais qui fleurit deux ou trois semaines plus tard; et le Cornouiller mâle (*Cornus mas* L.) qu'on plante pour sa floraison hâtive, sa profusion de fleurs jaunes et ses fruits comestibles.

E 522b

Cornouiller de Nuttall

cornouiller du Pacifique.

Western flowering dogwood, flowering dogwood, mountain dogwood, Pacific dogwood, western dogwood.

Cornus nuttallii Audubon ex T. et G.
Famille du cornouiller (Cornacées)

Traits distinctifs

Feuilles — 8-15 cm de long, nervation arquée, c'est-à-dire nervures latérales qui se courbent et longent le bord.

Fleurs — entourées de 4-6 grandes bractées blanches, généralement 5, ressemblant à des pétales; floraison printanière et souvent automnale; bouton floral en forme de dôme ou de pagode.

Fruits — masses denses de 30-40 drupes écarlates, 1-1,2 cm de long, pulpe amère.

Écorce — mince, pourpre foncé, ne forme pas de segments quadrangulaires comme le Cornouiller fleuri même chez les arbres âgés.

Taille — souvent un arbuste de moins de 4 m de haut, mais peut atteindre la taille d'un arbre de 15 m de haut et de 60 cm de diamètre.

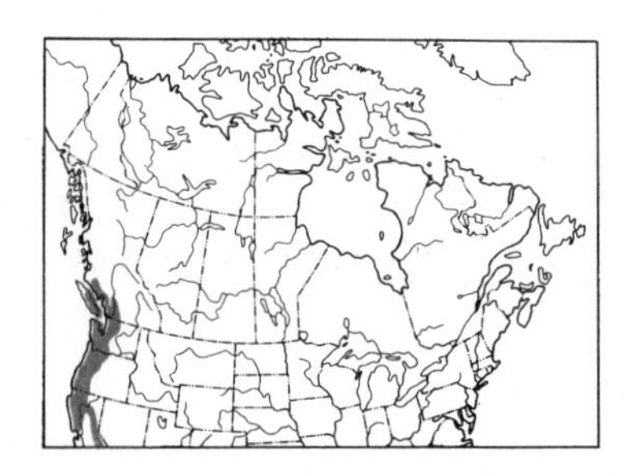

Aire de distribution

Partie sud de la Région forestière côtière et quasi-totalité de l'île de Vancouver.

Le Cornouiller de Nuttall ressemble tellement à son homologue de l'Est, que David Douglas le prit pour un Cornouiller fleuri pendant son voyage de 1825. Envoyé tout spécialement sur la côte du Pacifique par la Société royale d'horticulture pour étudier la forêt et ramasser des semences, il ne se préoccupa même pas de rapporter les graines de cette espèce.

Le Cornouiller de Nuttall se différencie du Cornouiller fleuri par ses plus grandes «fleurs», par ses 5 bractées florales (4 chez l'autre) et par son écorce presque lisse.

Thomas Nuttall (1786-1859), botaniste et ornithologue américano-britannique, fut le premier à reconnaître ce cornouiller comme une nouvelle espèce et c'est en son honneur que son ami John James Audubon le nomma.

Nuttall observa ces arbres en 1834 à Fort Vancouver et remarqua que leurs fruits étaient la nourriture préférée des Pigeons à queue barrée. C'est une des raisons pour lesquelles Audubon intégra cet arbre dans la composition de sa peinture du Pigeon à queue barrée qu'on trouve dans le fameux ouvrage *Birds of America*.

Le nom générique *Cornus* fait allusion au bois dur et à grain fin. Les Amérindiens l'utilisaient pour faire des arcs, des flèches, des manches d'outils, des peignes, des aiguilles, et récemment, des aiguilles à tricoter.

Les pionniers utilisaient une décoction de son écorce, ainsi qu'ils le faisaient avec celle du Cornouiller fleuri, comme substitut de la quinine, remède spécifique contre le paludisme.

Le Cornouiller de Nuttall vit sous le couvert des grands arbres et requiert un minimum de lumière pour fleurir. Il est particulièrement éclatant, au printemps, par ses grandes «fleurs» de plus de 12 cm de diamètre, blanches ou crème d'abord, et teintées de rose par la suite. L'automne, cet arbre nous éblouit en nous offrant un spectacle inusité pour une espèce canadienne. Sur un fond rouge, orangé jaune, rehaussé par des masses de fruits écarlates, s'épanouissent pour une seconde fois de belles grandes «fleurs» blanches.

Le Cornouiller de Nuttall, emblème floral de la Colombie-Britannique depuis 1956, est donc une espèce ornementale parfaite, très recherchée pour les aménagements paysagers. Toutefois, comme l'espèce de l'Est, il supporte mal le froid et pousse avec difficulté en dehors de son aire de distribution. En Colombie-Britannique, le Cornouiller de Nuttall et le Nerprun Cascara sont les seuls arbres protégés par la loi.

E 522c

Cornouiller alternifolié

voir G 522g

E 542a Rare en Saskatchewan et au Nouveau-Brunswick

Viorne lentago

alisier, bourdaine, viorne alisier, viorne à manchettes.

Nannyberry, blackhaw, sweet viburnum, sleepberry, wild raisin.

Viburnum lentago L.
Famille du chèvrefeuille (Caprifoliacées)

Traits distinctifs

Feuilles — 5-10 cm de long; parsemées de petites taches foncées en dessous; pétiole habituellement cannelé, ailé et souvent de couleur rouille.

Fleurs — rassemblées en groupes nombreux formant un sommet arrondi.

Fruits — drupes noir bleuâtre, sucrées et comestibles; noyau ovale, plat et rugueux.

Taille — petit arbre ou arbuste pouvant atteindre 10 m de haut, et 20 cm de diamètre.

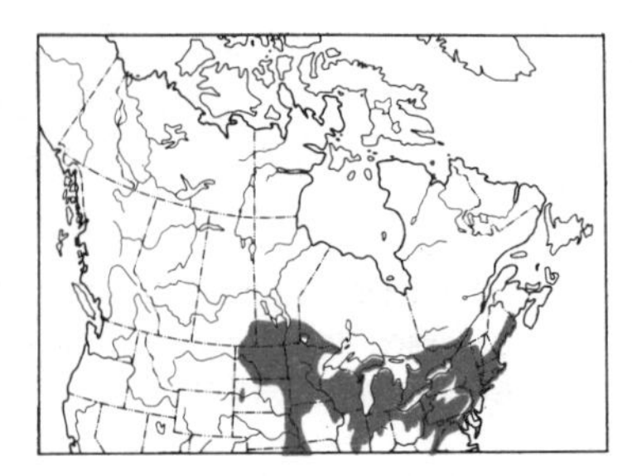

Aire de distribution

Régions forestières des feuillus, des Grands Lacs et du Saint-Laurent, et certains secteurs sud de la Région forestière boréale.

Le nom générique *Viburnum* est le nom latin classique pour les viornes et il dérive du latin *viere*, lier, faisant allusion à la souplesse des rameaux de certaines espèces de ce genre. Son nom spécifique *lentago* est un ancien nom générique qui signifie flexible et qui fut attribué à cette espèce par Linné.

La Viorne lentago est la plus grande des viornes au Canada. Elle pousse dans les terrains fertiles, le long des cours d'eau, en bordure des étangs et des marécages ainsi que dans les érablières et les taillis. Ses feuilles finement dentées, et son inflorescence sessile (sans pédoncule) la distinguent de la Viorne cassinoïde (*Viburnum cassinoides* L.) avec laquelle elle pourrait être confondue, mais cette dernière a des feuilles dépourvues de dents et une inflorescence à long pédoncule.

Son bois est dur et lourd, mais de trop petite taille pour être exploité commercialement. De plus, il dégage une odeur désagréable et persistante lorsqu'on le brise. Son fruit comestible, sucré et charnu renferme un gros noyau noir et plat. Il est aussi une source de nourriture importante pour les oiseaux qui contribuent certainement à la dispersion de l'espèce.

La Viorne lentago est plantée comme espèce ornementale à cause de ses jolies fleurs à odeur suave, de ses fruits et de ses rameaux rouge brillant, et aussi parce qu'elle forme de très belles haies. Par contre, comme elle drageonne facilement, elle peut devenir envahissante sur une petite propriété.

E 542b

Nerprun Cascara

voir G 542f

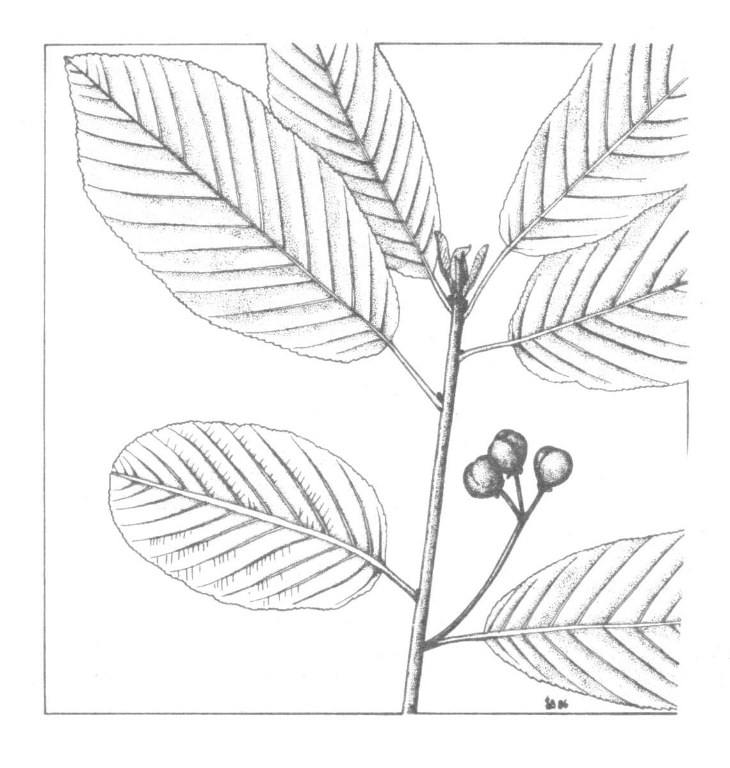

E 683a

Érable à sucre

érable sucrier, érable dur, érable franc, érable du Canada, érable piqué, érable franche, érable moiré, érable ondé.

Sugar maple, bird's-eye maple, curly maple, hard maple, head maple, rock maple, sugartree, sweet maple.

Acer saccharum Marsh.
syn. *Acer saccharophorum* K. Koch
Famille de l'érable (Acéracées)

Traits distinctifs

Feuilles — généralement 5 lobes, limbe de 8-15 cm de long; dessous dépourvu de poils, sinus arrondi.

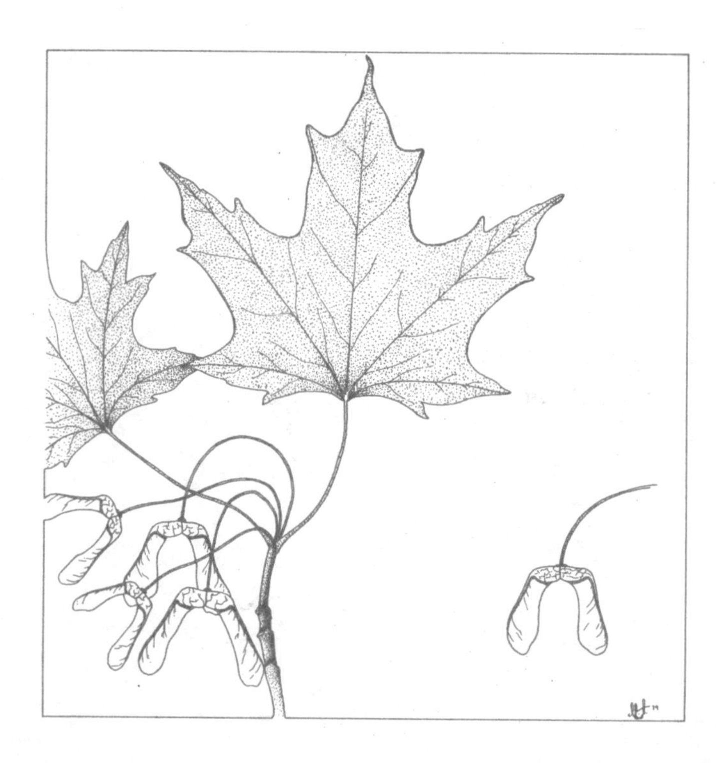

Fruits — 1-2 cm de long; disamares, tombant à l'automne; samares à ailes presque parallèles ou peu divergentes formant un U.

Écorce — gris foncé, crevassée et écailleuse sur les vieux sujets.

Taille — 20-30 m de haut parfois jusqu'à 45 m, 50-150 cm de diamètre.

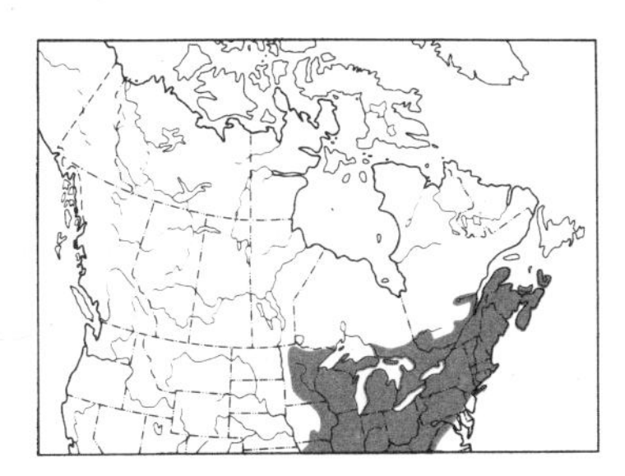

Aire de distribution

Régions forestières des feuillus, des Grands Lacs et du Saint-Laurent, et acadienne.

Le nom générique *Acer*, nom latin classique de l'érable, vient du celte *ac* et fait allusion à la dureté du bois.

L'Érable à sucre supporte très bien l'ombre et, à cet égard, il est un des plus tolérants de nos érables. On le trouve parfois en peuplements purs que l'on appelle érablières, ou associé à d'autres espèces de feuillus ou de résineux.

Tous les peuplements dominés par l'érable sont des érablières; ceux dominés par l'Érable à sucre sont des érablières sucrières. Le terme érablière ne se rencontre pas dans la littérature anglaise. Les anglophones ont l'équivalent par «Sugar Maple Forest» (érablière pure), «Sugar Maple Basswood Forest» (érablière à tilleul) et par «Beech Sugar Maple Forest» (érablière à hêtre).

Le nom latin et les noms français et anglais reflètent deux caractéristiques importantes de l'Érable à sucre: la dureté de son bois et sa sève sucrée.

Son bois, un des plus estimés au Canada pour la construction de meubles, est dur, fort, lourd, résistant à l'usure; il acquiert aussi un beau fini. C'est le bois par excellence pour le parquet des allées de quilles. On l'utilise en ébénisterie, pour le placage et le tournage. On en fabrique des instruments aratoires, des manches d'outils, des boiseries, des articles de sport et des instruments de musique, ainsi que tout objet qui requiert un bois dur et fort.

Le grain serré de son bois présente parfois des anomalies et forme un grain ondulé ou moucheté, d'où ses noms français érable piqué et érable moiré. Cette particularité est très appréciée et très recherchée pour la fabrication de meubles de haute qualité.

Autrefois, on employait son bois pour faire des chariots, des charrettes, des voitures et des rails. Les premiers trains ne circulaient pas sur un «chemin de fer» mais plutôt sur un «chemin de bois» ou «chemin à lisses» fait de rails en bois d'Érable à sucre.

L'Érable à sucre est également un excellent bois de chauffage qui dégage beaucoup de chaleur et qui produit des braises très chaudes. Les premiers colons apprirent des Amérindiens à se servir de ces cendres, riches en potasse, comme engrais. À l'époque, on s'en servait aussi dans la fabrication du savon. Au milieu du XIXe siècle, l'industrie de la potasse devint si florissante au Québec, qu'elle fournissait 80% de la potasse de l'Amérique. Aujourd'hui, les artisans potiers se servent de ces cendres pour fabriquer des très belles glaçures avec lesquelles ils décorent leurs pièces.

Bien qu'il existe environ 160 espèces d'érables à travers le monde, ce n'est qu'en Amérique du Nord que l'on trouve l'Érable à sucre.

Nos ancêtres apprirent des Amérindiens l'art de fabriquer le sucre et le sirop d'érable, technique qu'ils ne tardèrent pas à maîtriser. La cabane à sucre avec ses nuages de vapeur, les traditions du temps des sucres avec ses festivités et son folklore prirent bientôt naissance. Quoique l'on puisse entailler à l'automne, la saison idéale est le printemps. Une bonne coulée de sève nécessite des températures qui demeurent sous le point de congélation la nuit et qui atteignent environ 5°C le jour. Il faut généralement 40 litres de sève pour produire un litre de sirop.

C'est vers 1880, grâce à l'invention de l'évaporateur à cheminée, que débuta la commercialisation des produits de l'Érable à sucre. Aujourd'hui, l'agriculteur n'a plus à transporter l'eau d'érable à la main. En effet, comme tous les autres autres types de production, l'acériculture se modernise. Une tubulure en plastique, qui achemine la sève directement au lieu de transformation, remplace les seaux. Pour augmenter la production et régulariser le flux de la sève, on utilise un système de collecte sous vide. L'évaporateur chauffé traditionnellement au bois cède la place au chauffage au mazout ou au gaz qui sera à son tour éventuellement remplacé par un appareil d'infiltration ou de thermocompression, une évaporation sans feu.

Toutefois, une menace plane sur les érablières. Depuis environ une dizaine d'années, les biologistes et les acériculteurs notent des symptômes de dépérissement des érablières au Québec. Le nombre d'érables et d'espèces compagnes (frênes, hêtre, bouleaux) morts prématurément augmente d'une année à l'autre. Le phénomène semble lié à une conjugaison de stress naturels tels que la sécheresse, la défoliation sévère et des hivers très rigoureux, catalysés par la pollution atmosphérique et les précipitations acides.

E 683b

Rare au Québec

Érable noir

Black maple, black sugar maple.

Acer nigrum Michx. fil.
Famille de l'érable (Acéracées)

Traits distinctifs

Feuilles — généralement 3 lobes courts, limbe de 10-15 cm de long; extrémités des lobes retombants, flétris; dessous densément garni de poils.

Fruits — 1-2,5 cm de long; disamares (2 samares ailées réunies à la base); semblables à celles de l'Érable à sucre.

Écorce — gris noirâtre, généralement plus crevassée que celle de l'Érable à sucre.

Taille — 20-30 m de haut, 50-150 cm de diamètre.

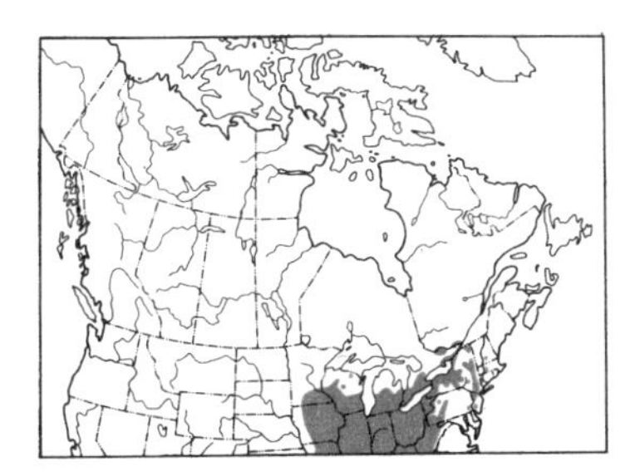

Aire de distribution

Régions forestières des feuillus, des Grands Lacs et du Saint-Laurent jusqu'à Montréal.

Le nom générique *Acer* signifie dur, alors que le nom spécifique *nigrum*, noir ou foncé, fait allusion à la couleur de son feuillage vert foncé et de son écorce gris noirâtre.

L'Érable noir a une allure semblable à celle de l'Érable à sucre. Dans les endroits où leurs aires de répartition se chevauchent, ils s'hybrident donnant naissance à des individus aux caractères intermédiaires. Plusieurs botanistes ne le considèrent pas comme une espèce mais plutôt comme une variété de l'Érable à sucre.

Son bois, vendu commercialement comme «érable dur», est utilisé aux mêmes fins que le bois de l'Érable à sucre.

Sa sève tout comme celle de l'Érable à sucre, est recueillie pour faire du sirop.

E 683c

Érable grandifolié

érable à grandes feuilles, érable de l'Oregon.

Bigleaf maple, British Columbia maple, broadleaf maple, common maple, Oregon maple.

Acer macrophyllum Pursh
Famille de l'érable (Acéracées)

Traits distinctifs

Feuilles — très grandes, limbe de 20-30 cm de long, 5-7 lobes profonds, sinus arrondi.

Fruits — 3-4 cm de long; disamares, en grappes pendantes, tombent à l'automne; samares à ailes presque parallèles ou peu divergen-

tes; formant un V étroit; graines couvertes de poils hérissés très denses.

Écorce — gris sombre, profondément fissurée et écailleuse sur les vieux sujets.

Taille — 15-30 m de haut, 60-100 cm de diamètre.

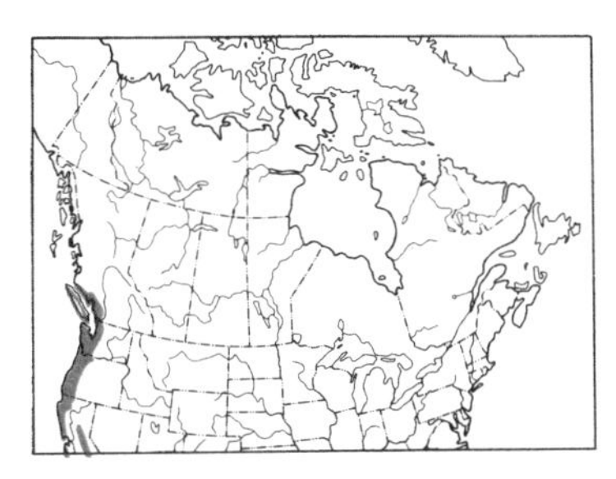

Aire de distribution

Région forestière côtière, confiné au Sud-Ouest de la Colombie-Britannique; introduit au nord de l'île de Vancouver.

On ne peut confondre la feuille de l'Érable grandifolié avec celle d'aucun autre érable indigène. Ses grandes feuilles qui atteignent parfois une largeur de 50 cm, sont à l'origine du nom scientifique et des noms communs.

Il est un des rares bois francs de la côte du Pacifique à avoir une certaine valeur commerciale, et le seul érable de l'Ouest à atteindre les dimensions d'un arbre moyen. Au sud-ouest de l'Oregon, il est une des principales espèces forestières d'où l'appellation érable de l'Oregon.

Son bois clair de texture uniforme est utilisé dans l'industrie du meuble, l'ébénisterie de cuisine et pour les ouvrages qui requièrent un bois dur. Une croissance anormale de son bois serré produit un beau bois au grain moucheté ou ondulé, très recherché pour le placage.

Les Amérindiens s'en servaient pour sculpter divers types d'ustensiles, des hameçons, des peignes et notamment des avirons. Ils nattaient des cordes avec l'écorce interne. Ils mangeaient les graines germées bouillies.

Bel arbre ornemental, on le plante pour son ombrage et pour son feuillage qui prend de belles teintes orangées à l'automne. Toutefois, l'Érable grandifolié ne supporte pas les hivers froids. À l'instar de l'Érable à sucre, il peut être entaillé et il donne un sirop de bonne qualité.

E 683d

Érable de Norvège

érable plane, érable platanoïde, plane.

Norway maple.

Acer platanoides L.
Famille de l'érable (Acéracées)

Traits distinctifs

Feuilles — écoulement d'une sève laiteuse lorsqu'on brise le pétiole et les bourgeons; limbe de 8-15 cm de long.

Fruits — 3-5 cm de long; disamares; samares à ailes très écartées, presque à 180°.

Écorce — légèrement crevassée, non écailleuse.

Taille — 15-20 m de haut, 30-60 cm de diamètre.

Aire de distribution

Originaire d'Europe, fréquemment planté comme arbre ornemental.

Le nom générique *Acer*, qui signifie dur, est le nom latin classique de l'érable. Son nom spécifique *platanoides* vient du grec *platanos*, platane et *idea*, qui signifie apparence, indiquant ainsi que les feuilles de cette espèce ressemblent aux feuilles du platane (*Platanus*). On l'appelle Érable de Norvège car cet arbre est originaire de la Norvège; c'est en Angleterre qu'il fut introduit en tout premier lieu.

L'Érable de Norvège orne nos rues, nos parcs et nos parterres. C'est un grand favori des paysagistes à cause de sa belle cime symétrique, dense et ronde et de son feuillage vert foncé qui tourne au jaune pâle à l'automne. Il conserve aussi son feuillage deux semaines de plus que nos érables indigènes. Il croît rapidement, tolère la poussière, la fumée et les polluants atmosphériques mieux que les espèces indigènes. Il est plus résistant aux insectes et aux maladies fongiques.

Le 'Crimson King', un des nombreux cultivars fréquemment plantés, orne nos jardins, nos parterres et nos rues avec son superbe feuillage rouge.

E 693a

Érable rouge

érable tendre, plaine, plaine rouge, plane rouge.

Red maple, curled-maple, scarlet maple, soft maple, swamp maple, water maple.

Acer rubrum L.
Famille de l'érable (Acéracées)

Traits distinctifs

Feuilles — 3-5 lobes à sinus aigus peu profonds; limbe de 5-15 cm de long.

Fruits — disamares à ailes peu écartées, tombant tôt en été; samares courtes, 1,5-2,5 cm.

Rameaux — rouge lustré, bourgeons petits et rouges, ne dégageant pas d'odeur désagréable lorsque brisés.

Taille — 20-25 m de haut, 40-130 cm de diamètre.

Aire de distribution

Régions forestières des feuillus, des Grands Lacs et du Saint-Laurent, acadienne, et extrémité de la Région forestière boréale.

Son nom générique, *Acer*, signifie dur. Par contre, ses rameaux, ses bourgeons, ses fleurs, ses fruits et ses pétioles rougeâtres ainsi que son feuillage d'automne généralement écarlate lui ont valu son nom spécifique, *rubrum*, et son nom commun français Érable rouge.

Il prolifère habituellement dans les lieux humides et frais, ou marécageux, d'où les noms «water maple» et «swamp maple»; on le rencontre parfois en terrain sec et même rocailleux.

Comme chez l'Érable argenté, ses fleurs apparaissent bien avant les feuilles et donnent naissance à des fruits, des disamares petites et à graines gonflées. L'Érable rouge est un des arbres les plus communs de l'est de l'Amérique du Nord. Il croît depuis l'extrémité est de la Région forestière boréale jusque dans les marécages du sud de la Floride.

Sa sève est deux fois moins sucrée que celle de l'Érable à sucre mais on peut en faire du sirop. Son bois brun clair et lourd n'a ni la résistance ni la force de celui de l'Érable à sucre; il est cependant utilisé à des fins semblables, comme bois à pâte et dans la fabrication des boîtes et des caisses.

Il est souvent planté comme arbre ornemental ou d'ombrage. Des variétés horticoles ont été sélectionnées pour obtenir un feuillage automnal d'un rouge attrayant.

Autrefois, les colons de l'État de Pennsylvanie faisaient bouillir son écorce afin d'en extraire une teinture ou une encre rouge foncé. On peut obtenir des teintures rouges, brunes ou noires en utilisant différents mordants tels l'alun, la crème de tartre, le sel, le vinaigre ou le chrome (dichromate de potassium).

E 693b

Érable argenté

érable blanc, érable à fruits cotonneux, plaine de France, plaine blanche, plane blanche.

Silver maple, white maple, river maple.

Acer saccharinum L.
Famille de l'érable (Acéracées)

Traits distinctifs

Feuilles — 5 lobes à sinus profond en forme d'ogive; limbe de 8-15 cm de long.

Rameaux — dégagent une odeur désagréable lorsque brisé.

Fruits — disamares à ailes très écartées, tombent tôt au printemps; samares longues de 3-7 cm.

Taille — 20-30 m de haut, 50-100 cm de diamètre.

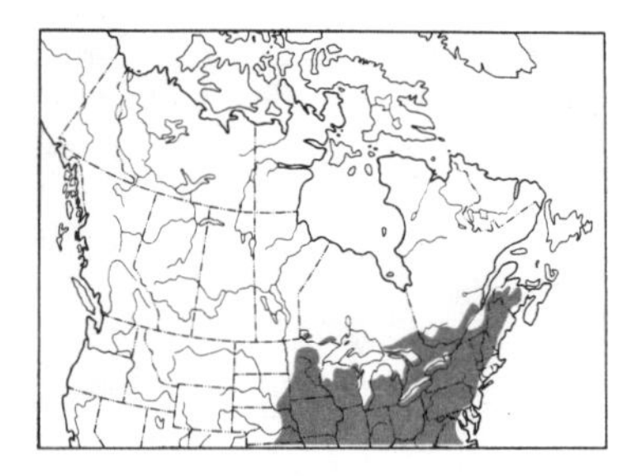

Aire de distribution

Région forestière des feuillus, sud-est de la Région forestière des Grands Lacs et du Saint-Laurent (Ontario et Québec); et acadienne (sud-ouest du Nouveau-Brunswick). Introduit ailleurs au Canada.

Son som générique *Acer* signifie dur et fait allusion à la dureté du bois des érables en général. Cependant, le bois de l'Érable argenté est moins dur que celui de l'Érable à sucre. L'origine de son nom spécifique *saccharinum* reste obscure; certains auteurs considèrent ce qualificatif comme une déformation du latin *saccharum*, sucre.

Bien que sa sève soit deux fois moins sucrée que celle de l'Érable à sucre, on en obtient un sirop pâle au goût exquis. Néanmoins, il serait difficile d'en faire une grande production puisque l'Érable argenté est moins commun que l'Érable rouge et l'Érable à sucre.

Ses feuilles au dessous blanchâtre sont à l'origine des qualificatifs blanc et argenté employés dans les noms communs anglais et français; «river maple» fait allusion à son habitat humide et marécageux. À l'automne ses feuilles prennent une teinte jaune clair et brunâtre. L'Érable argenté est, avec l'Érable rouge, le premier érable à fleurir au printemps. Son fruit est le plus grand de ceux de tous nos érables indigènes. Parfois une de ses samares avorte, favorisant ainsi la croissance de l'autre.

Communément planté comme arbre ornemental à cause de sa rusticité et de sa croissance rapide, il possède toutefois des branches fragiles qui se brisent à la moindre tempête ou sous le poids de la glace. Ses racines peuvent parfois boucher la canalisation sanitaire et les tuyaux d'égouttement d'une maison. Son bois est souvent employé aux mêmes fins que celui de l'Érable à sucre.

E 693c

Érable de Pennsylvanie

bois barré, bois noir, bois d'orignal, érable strié, érable jaspé (Europe), érable barré.

Striped maple, moose wood, moose maple, whistlewood, goosefoot maple, moosewood.

Acer pensylvanicum L.
Famille de l'érable (Acéracées)

Traits distinctifs
Petit arbre de sous-bois.

Écorce — rayée de bandes verticales blanc verdâtre, devenant noires avec l'âge.

Feuilles — très grandes, à 3 lobes; 10-18 cm de large.

Fruits — 1,5-2,5 cm; disamares très écartées, en grappes pendantes; tombent à l'automne.

Taille — petit arbre ou arbuste de 4-10 m de haut, 7-20 cm de diamètre.

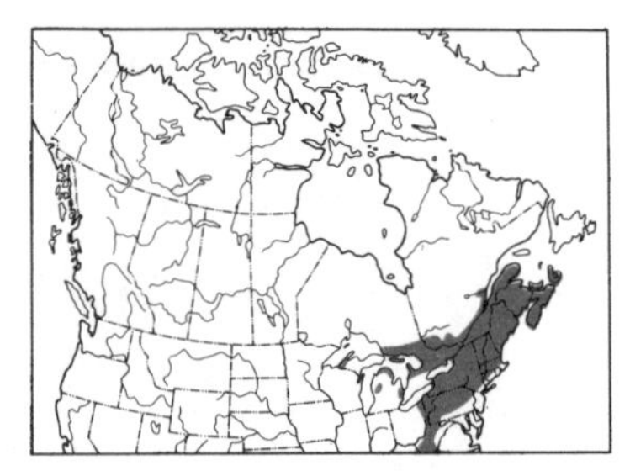

Aire de distribution

Régions forestières des Grands Lacs et du Saint-Laurent et acadienne.

L'écorce striée de cet arbre justifie ses noms communs érable barré et bois barré. Des grappes longues et pendantes de fleurs jaunes apparaissent après la feuillaison. Elles donnent naissance aux disamares qui se distinguent par leurs péricarpes (enveloppe de la graine) déprimés, et qui ne seront mûres qu'à l'automne. Le nom générique *Acer* signifie dur et le nom spécifique *pensylvanicum*, de Pennsylvanie.

Sa grande feuille, mince et retombante, ressemble un peu à une patte d'oie d'où l'origine de son nom commun anglais «goosefoot maple».

Souvent associé à l'Érable à épis, il préfère les endroits ombragés et frais, et comme lui, il se reproduit végétativement par marcottage.

Les colons observèrent, surtout pendant l'hiver, les cerfs et les orignaux broutant ces jeunes pousses et ils le surnommèrent bois d'orignal. Le nom commun anglais «moosewood» tire son origine de l'algonquin «mousou» qui signifie mangeur de branches. Les castors et les lièvres mangent son écorce. Comme le fruit de tous les érables, celui de l'Érable de Pennsylvanie entre dans la diète de plusieurs oiseaux et petits rongeurs.

Son bois n'est pas commercialisé mais on s'en sert parfois comme bois de chauffage. On le plante aussi comme arbre ornemental. Ses belles grandes feuilles retombantes qui se colorent d'un beau jaune pâle à l'automne et son écorce striée sont probablement les raisons de son introduction en Europe comme arbre ornemental.

E 693d

Érable à épis

bâtarde, érable bâtard, fouéreux, plaine, plaine bleue, plane bâtard.

Mountain maple, dwarf maple, low-moose maple, whitewood (Nouveau Brunswick), whiterod, white maple.

Acer spicatum Lam.
Famille de l'érable (Acéracées)

Traits distinctifs
Petit arbre ou arbuste de sous-bois.

Feuilles — 3-5 lobes, le plus souvent 3; limbe de 8-12 cm de long.

Fruits — 1-2 cm; disamares à ailes un peu écartées, en grappes dressées, tombant à l'automne.

Rameaux — garnis de poils très courts.

Taille — arbuste ou petit arbre de 3-5 m de haut, 7-20 cm de diamètre.

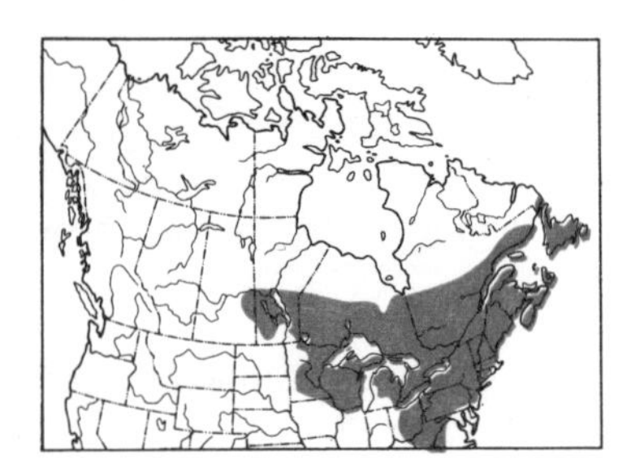

Aire de distribution

Régions forestières des feuillus, des Grands Lacs et du Saint-Laurent, acadienne, et sud-est de la région forestière boréale.

Le nom générique *Acer* signifie dur. Son nom spécifique *spicatum* qui vient de *spica*, pointe ou épi, fait allusion à ses fleurs en grappes dressées apparaissant une fois la feuillaison terminée.

À l'automne, ses fruits sont souvent d'un rouge écarlate et l'enveloppe de la graine (le péricarpe) de ses samares, tout comme celles de l'Érable de Pennsylvanie, est déprimée sur un côté.

L'Érable à épis avec son tronc court et tordu, et l'enracinement de ses branches inférieures dans la litière prend une allure de bosquet, formant parfois un fourré impénétrable. Les cerfs et les orignaux raffolent de ce petit érable que les habitants de l'Île-aux-coudres appellent bois fouéreux. L'Érable à épis est le plus petit et le plus nordique de nos érables. Il se retrouve dans les endroits ombragés, frais et humides, et dans les forêts montagneuses et rocheuses comme son nom anglais l'indique «mountain maple».

Les Amérindiens avaient souvent mal aux yeux à cause de la fumée des feux de camps. Afin de soulager leur mal, ils faisaient bouillir l'intérieur de jeunes rameaux d'érables et ajoutaient une pincée d'alun au liquide ainsi obtenu et, quelques fois par jour, ils mettaient des gouttes de cette solution dans leurs yeux.

L'Érable à épis n'a aucune valeur commerciale mais il joue un rôle important en empêchant l'érosion des berges et des côteaux escarpés. Sa couleur, ses fruits et son feuillage automnal d'un beau rouge lui valent parfois d'être utilisé comme arbre ou arbuste ornemental.

E 693e

Érable nain

Douglas maple, dwarf maple, Rocky Mountain maple, western mountain maple.

Acer glabrum Torr. var. douglasii (Hook.) Dippel
Famille de l'érable (Acéracées)

Traits distinctifs
Petit arbre ou arbuste des endroits ouverts.

Feuilles — 3-5 lobes, limbe de 6-10 cm de long; se divisent parfois en 3 folioles; sans poils.

Fruits — 1,5-2,5 cm; disamares; samares à ailes presque parallèles, formant un V étroit; tombent à l'automne.

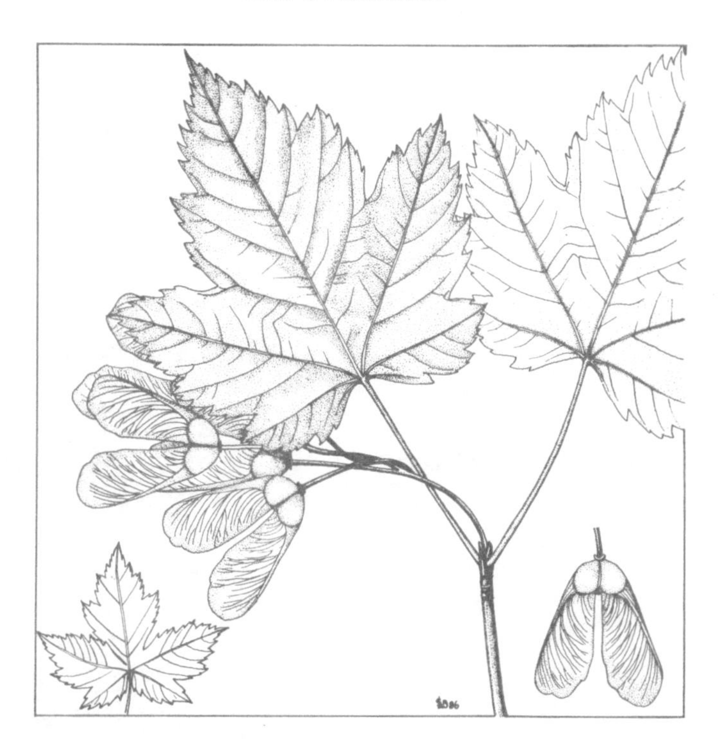

Taille — arbuste ou petit arbre à troncs multiples de 1-10 m de haut, 17-25 cm de diamètre.

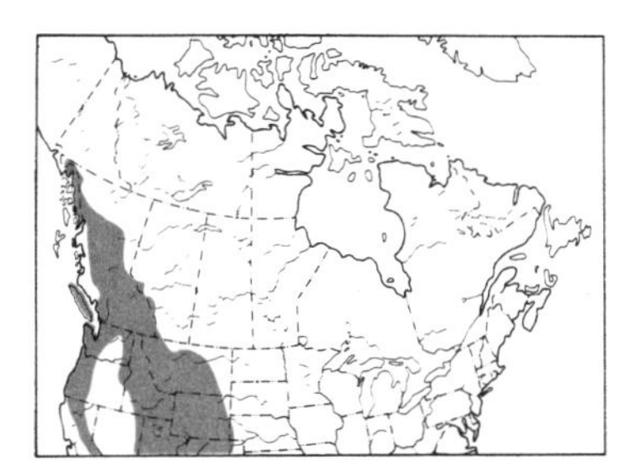

Aire de distribution

Au sud du 56e degré de latitude nord. De la côte est de l'île de Vancouver jusqu'aux montagnes Rocheuses.

Le nom spécifique *glabrum*, glabre, (ou dépourvu de poils), fait référence aux feuilles sans poils sur les deux faces. Elles ressemblent aux feuilles de l'Érable à épis (mountain maple), origine de certains de ses noms communs anglais. L'Érable nain a une distribution géographique étendue et on considère qu'il existe deux variétés de la même espèce. La variété que l'on trouve au Canada occupe la partie septentrionale de son aire (var. *douglasii*) tandis que la variété spécifique (var. *glabrum*), absente du Canada, s'étend vers le sud dans les Rocheuses.

Contrairement à l'Érable circiné, cette espèce ne tolère pas l'ombre et croît habituellement dans les endroits ouverts. On le trouve le plus souvent sous forme d'arbuste et, au Canada, il n'atteint la taille d'un arbre que sur la côte, sur les îles avoisinantes et dans la partie sud de la Colombie-Britannique.

La forme des feuilles est très variable, soit de 3 à 5 lobes ou une feuille composée de 3 folioles. L'Érable nain est généralement une espèce dioïque c'est-à-dire que les fleurs mâles et les fleurs femelles apparaissent sur des arbres distincts, alors que les érables canadiens sont généralement monoïques (fleurs mâles et fleurs femelles sur le même arbre).

Comme celles de l'Érable circiné, les graines de l'Érable nain sont mangées par les petits rongeurs et les oiseaux. Les cerfs, de leur côté, en broutent les feuilles et les rameaux.

Les couleurs automnales de son feuillage ne sont pas aussi éclatantes que celles de l'Érable circiné. Planté comme arbre ornemental, il forme de jolis bosquets. Son bois est un bon combustible et les Amérindiens l'utilisaient aux même fins que celui de l'Érable circiné.

E 693f

Érable circiné

érable à feuilles rondes.

Vine maple.

Acer circinatum Pursh
Famille de l'érable (Acéracées)

Traits distinctifs
Petit arbre ou arbuste rampant de sous-bois.

Feuilles — presque rondes, 7-11 lobes, rarement 5; limbe de 6-12 cm de long.

Fruits — 2,5-4 cm; disamares; samares à ailes très écartées, presque à 180°; tombent à l'automne.

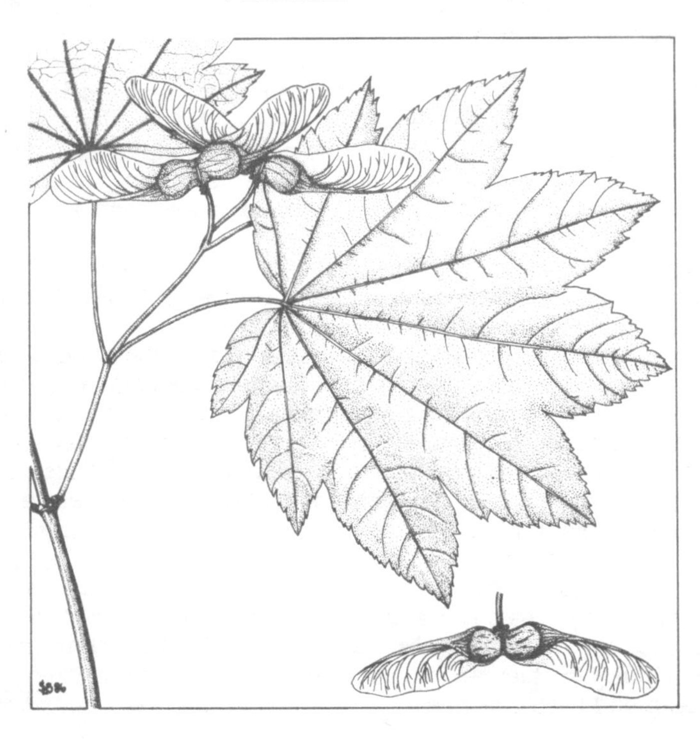

Rameaux — dépourvus de poils et de bourgeon terminal.

Taille — arbuste ou petit arbre à troncs multiples de 5-9 m de haut, 7-15 cm de diamètre.

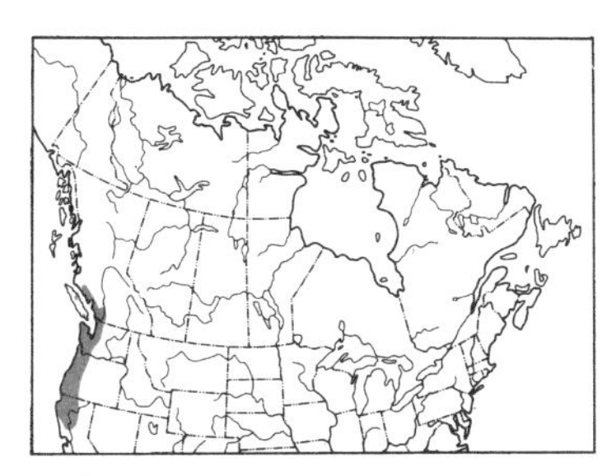

Aire de distribution

Limité au sud de la Région forestière côtière, rare sur l'île de Vancouver.

L'Érable circiné croît à l'ombre des gros arbres, et prend le plus souvent une allure d'arbuste difforme. Ses branches, affaissées sous le poids de la neige, s'étendent sur le sol sur des distances pouvant aller jusqu'à 10 m, et lui donnent l'apparence d'une vigne, d'où son nom anglais «vine maple». Les coureurs des bois l'appelaient «bois du diable» car ils trébuchaient sur ses branches rampantes cachées sous le tapis de la forêt lorsqu'ils marchaient, mi-aveugles, chargés d'un canoë et de bagages. Rarement arbre à tronc unique, l'Érable circiné pousse en buisson dans les clairières et préfère les sols humides et profonds.

Le nom générique *Acer* qui fait allusion à la dureté du bois des érables en général, est très approprié à l'Érable circiné. Le nom spécifique *circinatum*, s'enrouler, fait référence aux branches qui ont tendance à s'enrouler aux autres arbres, telle une vigne.

Les premiers colons utilisaient son bois très dur et résistant pour fabriquer des timons de charrette, des manches d'outils et des jougs. Le bois à l'état vert, presque impossible à brûler, servait de crochet à chaudron au-dessus du feu. Le Amérindiens utilisaient le bois fort et flexible de l'Érable circiné ainsi que celui de l'Érable nain pour les montures de leurs filets de pêche et de leurs raquettes, et s'en servaient parfois pour fabriquer des arcs, des flèches et des paniers pour bébés.

Ce n'est qu'à l'automne que l'on remarque ce petit arbre, caché sous le couvert des autres arbres, alors qu'il étale avec splendeur ses feuilles écarlates et orangées ainsi que ses rameaux et ses fruits rouge vif. Ce sont ces raisons qui en font un bel arbre ornemental.

E 723

Catalpa remarquable

catalpa du Nord, catalpa à feuilles cordées.

Northern catalpa, cigartree, catawbatree, hardy catalpa, indian bean tree, western catalpa.

Catalpa speciosa (Warder ex Barney) Engelm.
Famille du bignonia (Bignoniacées)

Traits distinctifs

Feuilles — opposées ou verticillées (plus de deux feuilles au même niveau sur la tige); limbe de 10-30 cm de long.

Fruits — longs follicules, 20-50 cm de long et 1,5 cm de large, ressemblant à un cigare, et pen-

dant sur l'arbre presque tout l'hiver; graines aplaties, frangées à chacune des extrémités.

Fleurs — blanches, marquées de brun pourpre et de jaune, très grandes, environ 6 cm de diamètre; grappe terminale dressée.

Taille: — 10-15 m de haut, 20-40 cm de diamètre.

Aire de distribution

Originaire des États-Unis, planté un peu partout comme arbre ornemental.

Le Catalpa remarquable déploie ses larges feuilles d'aspect tropical tard au printemps; ses belles grandes fleurs fécondées par les insectes ne s'épanouiront que lorsqu'elles auront atteint leur plein développement, en juin ou juillet. Dès la première gelée, ses feuilles noirciront et tomberont. Les fruits resteront sur l'arbre tout l'hiver lui donnant une allure très caractéristique, d'où l'origine de «cigartree» et «indianbean tree».

Le nom générique *Catalpa* est le nom que les Amérindiens de la Caroline donnèrent à cet arbre. Le nom spécifique, *speciosa*, dérive du latin *species,* forme ou apparence, et de *osers*, plein de, faisant allusion aux fleurs très voyantes. Le nom «catawbatree» évoque l'époque ou une grosse chenille d'un papillon de nuit *(Ceratomia catalpae)*, communément appelée «catawbaworm», était très en demande comme appât de pêche.

Croissance rapide et légèreté du bois qui pourrit difficilement au contact du sol, voilà deux qualités qui font de lui un arbre fréquemment utilisé aux États-Unis pour la fabrication de poteaux de clôtures et de poteaux de téléphone.

Quant au Catalpa commun ou catalpa du Sud, (*Catalpa bignonioides* Walt.), il est beaucoup moins rustique dans nos régions. Il se distingue par sa taille et ses fleurs plus petites, mais plus nombreuses sur chaque grappe, ainsi que par ses feuilles qui dégagent une odeur désagréable lorsqu'on les froisse.

LES ARBRES À FLEURS OU FEUILLUS
(Angiospermes)

TROISIÈME PARTIE

à feuilles alternes, composées

- Ailante glanduleux — F 422
- Sumac vinaigrier — F 432a
- Sorbier d'Amérique — F 432b
- Sorbier plaisant — F 432c
- Noyer cendré — F 432d
- Noyer noir — F 432e
- Caryer cordiforme — F 432f
- Caryer tomenteux — F 432g
- Févier épineux — F 522a
- Chicot Févier — F 522b
- Robinier faux-acacia — F 522c
- Ptéléa trifolié — F 522d
- Sumac lustré — F 522e
- Caryer ovale — F 542a
- Caryer lacinié — F 542b
- Caryer glabre — F 542c

F 422

Ailante glanduleux

ailante, faux-vernis du Japon, frêne puant.

Ailanthus, Chinese sumac, stinking-ash, tree-of-heaven.

Ailanthus altissima (P. Mill.) Swingle
syn. *Ailanthus glandulosa* Desf.
Famille de l'ailante (Simarubacées)

Traits distinctifs

Feuilles — très grandes, parfois jusqu'à 1 m; composées de 11-25 (41) folioles lustrées; odeur désagréable lorsqu'elles sont broyées; folioles portant de petites glandes et de grosses dents à la base.

Fleurs — petites et verdâtres; mâles et femelles habituellement sur des arbres distincts, odeur désagréable.

Fruits — samares rougeâtres, 5 cm de long, rassemblées en masse dense terminale.

Taille — 15-30 m de haut, 30-100 cm de diamètre.

Aire de distribution

Originaire du nord de la Chine. Naturalisé au sud de l'Ontario.

Originaire du nord de la Chine, l'Ailante glanduleux fut introduit en Angleterre en 1751 par des missionnaires jésuites et en Amérique du Nord en 1874. Largement planté comme arbre ornemental, il s'est échappé de culture.

Il n'est pas toujours recommandé de planter l'Ailante glanduleux, car les feuilles et les fleurs mâles dégagent une odeur désagréable et le pollen est responsable des réactions allergiques tel le rhume des foins. De plus, ses racines vigoureuses peuvent endommager les puits et les systèmes de drainage. L'Ailante glanduleux émet des rejets et drageonne facilement. Une fois établi, il est très difficile de s'en débarrasser. Il s'accommode des sols pauvres et tolère très bien l'atmosphère des villes et la pollution.

Le nom générique semble être la traduction d'une phrase chinoise qui signifie «un arbre qui peut atteindre le ciel». Une autre signification serait qu'il dérive de *ailanto* ou *aylanto*, nom indigène de l'ailante. Le nom spécifique *altissima*, dérive du latin *altus*, haut. Les petites glandes que portent les dents des folioles dégagent une odeur désagréable lorsqu'on les frotte et sont à l'origine de *glandulosa* et de frêne puant.

Même si l'ailante possède des feuilles composées et des samares, il n'a aucun lien de parenté avec les frênes. Les frênes ont des feuilles composées opposées et non alternes comme c'est le cas pour l'ailante.

La silhouette de l'ailante qui ressemble à celle du Sumac vinaigrier est à l'origine de «Chinese sumac». On l'appelle parfois faux-vernis du Japon à cause de la ressemblance de ses grandes feuilles composées avec celles de l'Arbre à laque (*Rhus verniciflua* Stokes), un espèce asiatique qui sert à fabriquer un vernis noir toxique.

F 432a / F 442a

Sumac vinaigrier

sumac amarante, vinaigrier sumac.

Staghorn sumac, sumac, sumac vinegar tree, velvet sumac.

Rhus typhina L.
Famille de l'acajou (Anacardiacées)

Traits distinctifs

Feuilles — composées de 11-31 folioles recouvertes de poils en dessous; 25-50 cm de long.

Fruits — masses coniques composées de drupes laineuses rouge vif, persistant tout l'hiver.

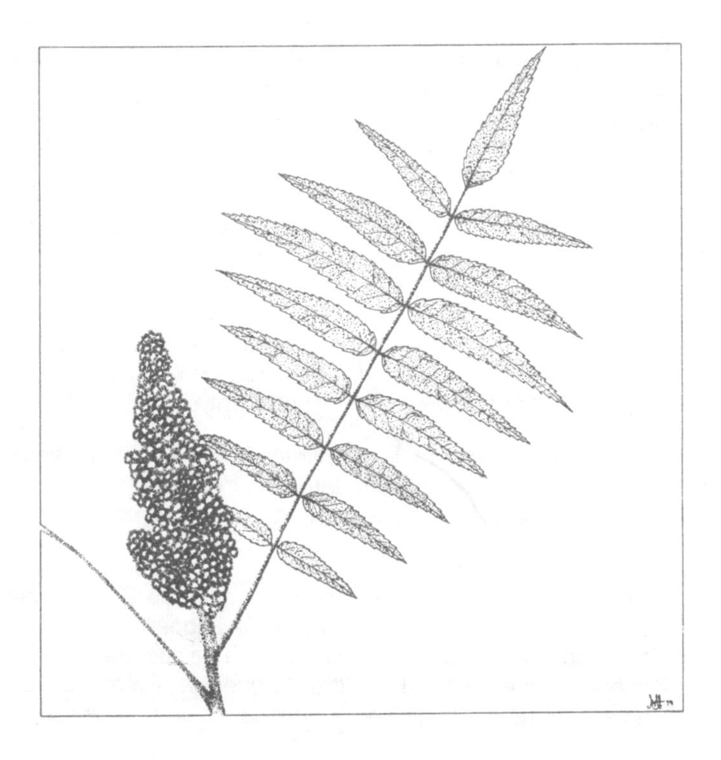

Taille — petit arbre ou arbuste pouvant atteindre plus de 6 m de haut et 5-15 cm de diamètre.

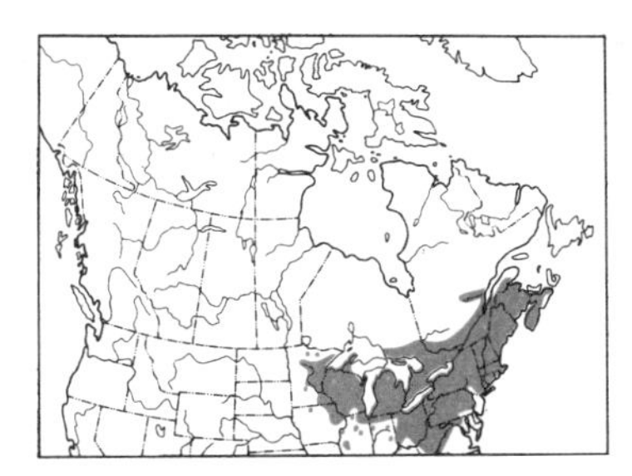

Aire de distribution

Régions forestières des feuillus, des Grands Lacs et du Saint-Laurent, et acadienne.

Le nom générique vient du latin et du grec *rhous* ou *rhoys*, ancien nom des sumacs de la Sicile, et signifie couler. En effet, les rameaux cassés des espèces de ce genre exsudent un suc laiteux qui devient noir lorsqu'il est exposé à l'air. Le nom spécifique, *typhina*, fait allusion à la ressemblance de la texture veloutée de ses rameaux avec celle de l'épi cylindrique et compact de la massette ou quenouille *(Typha)*.

De petite taille, souvent tordu et à sommet plat, le Sumac vinaigrier colonise les lieux ouverts, rocheux et secs, à l'orée des forêts, dans les taillis et les coteaux, dans les champs abandonnés ou le long des cours d'eau.

Ses fruits au goût acide et recouverts de poils, sont à l'origine de son nom commun: vinaigrier. Les poils veloutés qui recouvrent ses rameaux, ressemblent au velours qui recouvre les bois des cervidés pendant l'été, d'où l'origine de son nom anglais «staghorne sumac».

On peut confondre le Sumac vinaigrier avec une espèce très apparentée, le Sumac glabre (*Rhus glabra* L.). Comme les noms français et latin l'indiquent celui-ci se distingue toutefois par l'absence de poils sur les branches, les rameaux et les feuilles. De plus, c'est un arbuste peu répandu au Canada et rare au Québec.

De cette même famille, trois espèces sont très vénéneuses: le Sumac grimpant ou herbe à la puce (*Rhus radicans* L.), le Sumac lustré (*Rhus vernix* L.) et le Sumac occidental (*Rhus diversilobum* T. et G.). Le Sumac vinaigrier s'en distingue par ses fruits caractéristiques et par la présence de poils sur ses rameaux et ses feuilles.

Les fruits, l'écorce et les feuilles du Sumac vinaigrier sont riches en acide tannique. Les Amérindiens l'utilisaient autrefois pour tanner les peaux. Ils en utilisaient la sève pour enlever les verrues, mélangeaient ses feuilles à d'autres pour en faire du tabac, préparaient une boisson semblable à la limonade avec ses fruits et, enfin, ils tiraient un gargarisme de ses feuilles et de ses fruits.

On peut grignoter ses fruits au goût piquant, en faire de la gelée ou une boisson, «sumacade», désaltérante. Il est toutefois préférable de consommer ce breuvage avec modération et d'éviter de le faire bouillir trop longtemps à cause de sa haute teneur en acide tannique. On peut aussi obtenir une encre noire en faisant bouillir ses feuilles et ses fruits.

Lors de la floraison, vers la mi-juin, le Sumac vinaigrier fournit une grande quantité de pollen et de nectar, ce qui, au grand plaisir des apiculteurs, augmente la production du miel. Les fruits persistent sur l'arbre tout l'hiver et sont, avec les rameaux, une source de nourriture pour plusieurs cervidés, rongeurs et oiseaux, tels que les faisans et les gélinottes.

Son feuillage gracieux et tombant à la manière des fougères, passe à l'automne par toutes les nuances, du rouge orangé au pourpre. Ses fruits persistants et très visibles lui donnent une allure particulière. C'est pourquoi le Sumac vinaigrier, le cultivar 'Laciniata' à feuilles découpées entre autres, est souvent planté comme arbre ornemental. Attention cependant, il a tendance à drageonner très rapidement ce qui le rend plutôt indésirable sur une petite propriété.

Son bois n'a aucune valeur commerciale mais il est parfois utilisé comme bois d'oeuvre et pour le tournage.

F 432b / F 442b

Sorbier d'Amérique

cormier, maska, maskouabina.

American mountain-ash, American rowan-tree, catberry, dog-berry, mountain-ash, pigberry, roundwood, rowan-berry, rowan-tree, servicetree.

Sorbus americana Marsh.
syn. *Pyrus americana* (Marsh.) DC.
Famille du rosier (Rosacées)

Traits distinctifs

Feuilles — 12-30 cm de long, composées de 11-17 folioles minces et très pointues; folioles, 3-5 fois plus longues que larges.

Fleurs — blanches, rassemblées en groupes formant un sommet aplati ou arrondi.

Fruits — petites pommes à pépins (sorbes), rondes, d'un rouge orange vif, comestibles et acides; 4-6 mm de diamètre.

Rameaux — glabres (dépourvus de poils); bourgeons noirs, lustrés et visqueux.

Taille — arbuste ou petit arbre pouvant atteindre 10 m de haut et 10-20 cm de diamètre.

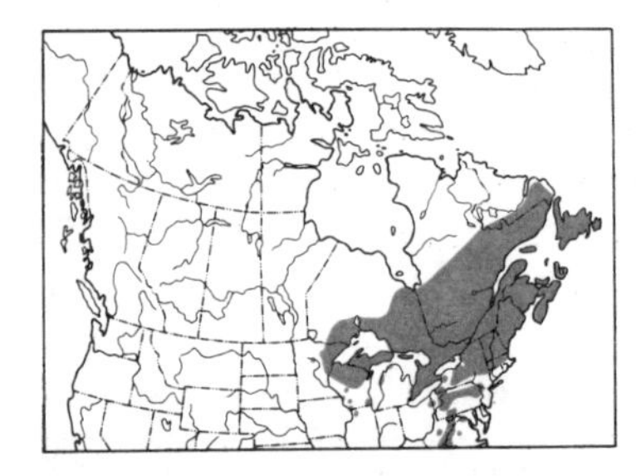

Aire de distribution

Sud de la Région forestière boréale (de la frontière du Manitoba vers l'Est), Région forestière des Grands Lacs et du Saint-Laurent.

Le Sorbier d'Amérique peut se vanter d'avoir semé la confusion chez nos ancêtres européens qui le prirent pour un frêne. Ainsi, ses feuilles, composées de plusieurs folioles, lui méritèrent le nom anglais «mountain-ash». C'est là cependant que s'arrête sa similitude avec le frêne *(Fraxinus)*. Les feuilles du Sorbier d'Amérique ont une disposition alterne sur le rameau alors que celles du frêne sont opposées.

On reconnaît le Sorbier d'Amérique à sa cime étroite, à son sommet arrondi, à ses groupes de fleurs blanches et à ses groupes de fruits orangés, ronds, luisants et pendants.

Le nom générique *Sorbus* signifie qui absorbe, arrête, tandis que son nom spécifique *americana*, d'Amérique, le distingue de l'espèce européenne, le Sorbier des oiseleurs (*Sorbus aucuparia* L.). Le synonyme *Pyrus* vient du latin *pirus* qui signifie poirier.

On le trouve dans les sols humides, en bordure des lacs et des marais, et sur les coteaux rocheux, mais il est plus abondant dans les forêts de sapins.

Au canada, seuls les Sorbier d'Amérique et Sorbier plaisant atteignent la forme arborescente. Toutefois, il existe deux sorbiers arbustifs en Colombie-Britannique et en Alberta. Le premier est le Sorbier de Sitka (*Sorbus sitchensis* M. Roemer), ainsi appelé parce qu'il fut découvert à Sitka, en Alaska. Le deuxième est le Sorbier des montagnes Rocheuses (*Sorbus scopulina* Greene), une espèce que l'on peut rencontrer à haute altitude. Comme l'indique le nom spécifique *scopulina*, semblable à un petit balai, il n'est plus, à ces hauteurs, qu'un arbuste rabougri.

Les Algonquins préparaient un petit «remontant» en faisant bouillir ses jeunes rameaux avec les nouveaux rameaux de l'Épinette blanche, des feuilles de Gaulthérie couchée, communément appelée thé des bois (*Gaultheria procumbens* L.) et des fleurs de Sureau blanc (*Sambucus canadensis* L.) dans un peu de vin.

Certains Amérindiens ramassaient ses fruits, les faisaient sécher pour les broyer afin d'obtenir une farine. Cueillis après les premières gelées, ils ont une saveur aigre-douce et peuvent être apprêtés en jus, en gelée, en confiture, en marmelade ou tout simplement être mangés nature, mais avec modération à cause de leur haute teneur en tanin. On peut les utiliser pour la fabrication de vin et de liqueurs alcoolisées aromatisées aux sorbes.

Les fruits sont aussi employés en médecine populaire. Riches en vitamine C et en fer, même à l'état sec, ils sont légèrement laxatifs, diurétiques, astringents et digestifs. Ils accompagnent très bien les aliments indigestes. Les fruits sont très appréciés par plusieurs espèces d'oiseaux, tout particulièrement les gélinottes, les Jaseurs des cèdres, les grives et les gros-becs, et même par l'Ours noir qui ne se gène pas pour monter dans l'arbre ou pour le courber.

Son bois n'a aucune valeur, commerciale. Cependant, le Sorbier d'Amérique est parfois planté comme arbre ornemental.

F 432c / F 442c

Sorbier plaisant

sorbier décoratif, sorbier des montagnes, sorbier monticole.

Showy mountain-ash, american mountain-ash, northern-ash dogberry, northern-ash, showy northern-ash.

Sorbus decora (Sarg.) Schneid.
syn. *Pyrus decora* (Sarg.) (Hyl.)
Famille du rosier (Rosacées)

Traits distinctifs

Feuilles — 10-25 cm de long; composées de 13-17 folioles fermes à pointe courte, brusquement rétrécies; folioles 2-3 fois plus longues que larges.

Fleurs — ressemblent à celles du Sorbier d'Amérique mais plus grandes; apparaissent 10-12 jours plus tard que celles du Sorbier d'Amérique.

Fruits — petites pommes à pépins (sorbes), ressemblant à celles du Sorbier d'Amérique, mais plus grosses; 8-12 mm de diamètre.

Taille — petit arbre ou arbuste pouvant atteindre 10 m de haut et 10-30 cm de diamètre.

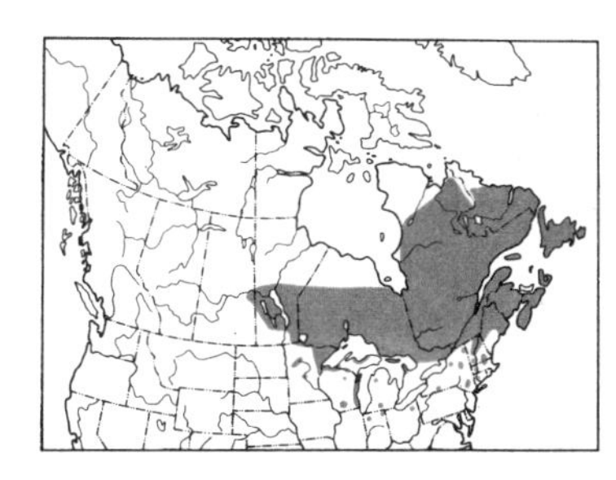

Aire de distribution

Régions forestières boréale (du centre du Manitoba jusqu'à Terre-Neuve), des feuillus, des Grands Lacs et du Saint-Laurent, et acadienne.

Le nom générique *Sorbus* est le nom latin classique pour les sorbiers et le nom spécifique *decora*, élégant ou ornemental, fait allusion à ses fleurs voyantes et à ses fruits d'un rouge éclatant, ce qui en fait un arbre souvent recommandé par les paysagistes.

Le Sorbier plaisant ressemble au Sorbier d'Amérique à un tel point qu'il était jadis classé comme une variété de celui-ci. Aujourd'hui, il est considéré comme une espèce distincte. Il s'en distingue surtout par ses fleurs et ses fruits plus gros, et par ses folioles à bords presque parallèles. On ne peut cependant se fier uniquement à ces caractéristiques.

Les fruits sont une importante source de nourriture pour plusieurs espèces d'oiseaux en hiver. On prétend que lorsque les espèces indigènes croissent avec le Sorbier des oiseleurs, une espèce introduite, les oiseaux mangent d'abord les fruits des espèces indigènes. L'accroissement de la population des Jaseurs des cèdres en milieu urbain pendant l'hiver est probablement le résultat de la grande popularité des sorbiers (indigènes ou introduits) comme arbre ornemental.

Le Sorbier des oiseleurs, ou des oiseaux, (*Sorbus aucuparia* L.), est une espèce introduite d'Europe. Il est souvent planté dans les parterres mais il s'échappe parfois de culture pour croître à l'état sauvage, probablement à cause de la dispersion de ses graines par les oiseaux. Il se distingue par ses jeunes rameaux beaucoup plus poilus que ceux de nos espèces indigènes et par ses bourgeons d'hiver non visqueux, recouverts de duvet blanchâtre.

Le nom spécifique du Sorbier des oiseleurs, *aucuparia* vient du latin *aucupari*, «j'attrape les oiseaux». En Europe, les oiseleurs (personnes qui piègent les oiseaux), utilisent le fruit du sorbier comme leurre. Son nom anglais «rowan-tree» est dérivé d'un ancien mot scandinave qui signifie rouge, allusion à la couleur voyante de ses fruits. Dans les pays scandinaves, ces fruits sont très recherchés comme épice. Frais ou séchés, ils relèvent les sauces et le gibier, particulièrement le gibier à plumes.

F 432d / F 442d

Noyer cendré

arbre à noix longues, noyer à beurre, noyer gris, noix longues, noyer tendre.

Butternut, lemon walnut, oilnut, white walnut.

Juglans cinerea L.
Famille du noyer (Juglandacées)

Traits distinctifs

Feuilles — 30-60 cm de long; composées de 11-17 folioles, avec une foliole terminale habituellement présente et de même dimension que les plus longues; la chute de la feuille laisse une cicatrice en forme de tête de bélier.

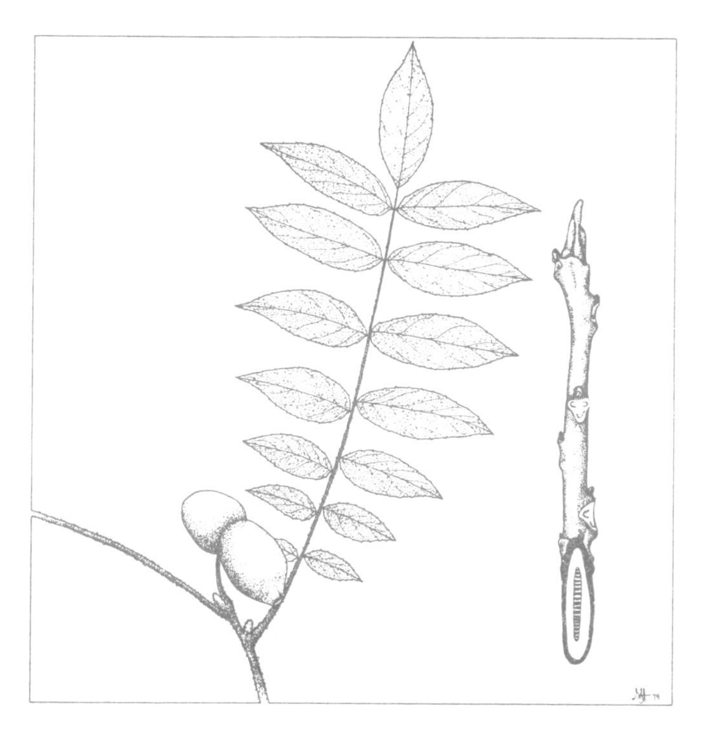

Fruits — noix à amande douce; pointue à une extrémité, 4-6 cm de long, enfermée dans un brou (enveloppe externe) très visqueux, poilu et qui tache les doigts.

Rameaux — moelle cloisonnée brun foncé.

Écorce — gris pâle, crevassée, à côtes aplaties qui s'entrecroisent.

Taille — 12-20 m de haut, 30-60 cm de diamètre.

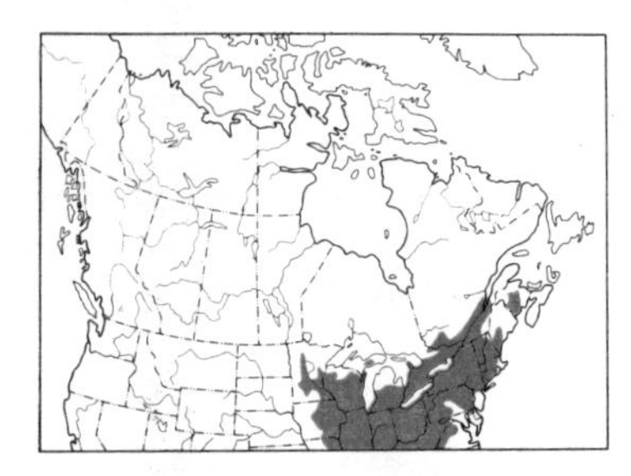

Aire de distribution

Région forestière des feuillus, sud-est de la Région forestière des Grands Lacs et du Saint-Laurent et secteur ouest de la Région forestière acadienne.

Son nom générique est la contraction de deux mots latins *Jovis* et *glans*, gland de Jupiter. Son nom spécifique vient du latin *cineris*, poussière ou cendre, et fait allusion à la couleur gris pâle de son écorce.

Le Noyer cendré se rencontre dans les érablières souvent montueuses et le long des cours d'eau, mais jamais en peuplement pur. Il préfère un sol fertile, humide et bien drainé mais il pousse également dans un sol sec et rocheux tout particulièrement dans les sols de nature calcaire. Il a un fût court qui se ramifie en grosses branches ascendantes et une cime large, claire, quelque peu arrondie ou aplatie au sommet.

En hiver, le Noyer cendré se distingue facilement du Noyer noir par ses rameaux collants et ses cicatrices foliaires bordées de poils. Le Noyer noir a des rameaux non collants et des cicatrices foliaires cordiformes dépourvues de poils.

Son bois est tendre, (d'où l'origine de son nom commun, noyer tendre), faible, beaucoup plus léger que celui du Noyer noir, et d'un brun pâle prenant rapidement une teinte foncée lorsqu'il est exposé à l'air. D'aucune valeur commerciale, on l'utilise parfois pour confectionner des boiseries, des meubles, des boîtes, et des jouets.

Le brou et l'écorce de la racine libèrent une teinture jaune ou orange. Au cours de la guerre de Sécession, les soldats portaient des uniformes durables, de confection domestique, teints sans mordant avec un extrait du brou et de l'écorce externe du Noyer cendré.

De ses feuilles on obtient une couleur brun bronze en utilisant de l'alun comme mordant. De son écorce interne séchée on fait une infusion que l'on peut utiliser contre les maux de dents et la dysenterie.

À l'instar de l'homme, plusieurs petits rongeurs sont friands du fruit du Noyer cendré. Les écureuils jouent un rôle important dans la dissémination naturelle des graines. Ils se font des réserves dans des trous dans le sol; certaines sont oubliées et les graines germent par la suite. Les noix contiennent une amande difficile à déloger, douce, sucrée et délicieuse lorsque mûrie à point.

On exerçait autrefois un certain commerce de ces noix dans la région de Montréal. Elles peuvent être apprêtées de la même façon que les noix vendues sous le nom de «noix de Grenoble», le fruit du Noyer royal, ou commun, d'Europe (*Juglans regia* L.). On peut les consommer nature, salées ou fumées au bois de caryer, en tartes ou en bonbons. De plus, les jeunes noix marinées sont un excellent condiment pour les viandes.

Autrefois, les Amérindiens les faisaient bouillir afin d'en extraire une huile qu'ils utilisaient comme beurre, d'où l'origine du nom anglais «oilnut». Les amandes étaient ensuite séchées et broyées et elles servaient à enrichir les bouillies de farine de maïs.

Le Noyer cendré et le Noyer noir peuvent être entaillés comme l'Érable à sucre. Leur sève sucrée produit un excellent sirop.

F 432e / F 442e

Noyer noir

noyer noir d'Amérique.

Black walnut, American black walnut, American walnut, eastern black walnut.

Juglans nigra L.
Famille du noyer (Juglandacées)

Traits distinctifs

Feuilles — 20-60 cm de long; composées de 15-23 folioles dont la terminale est habituellement absente, si présente, elle est beaucoup plus petite que les autres; la chute de la feuille laisse une cicatrice cordiforme.

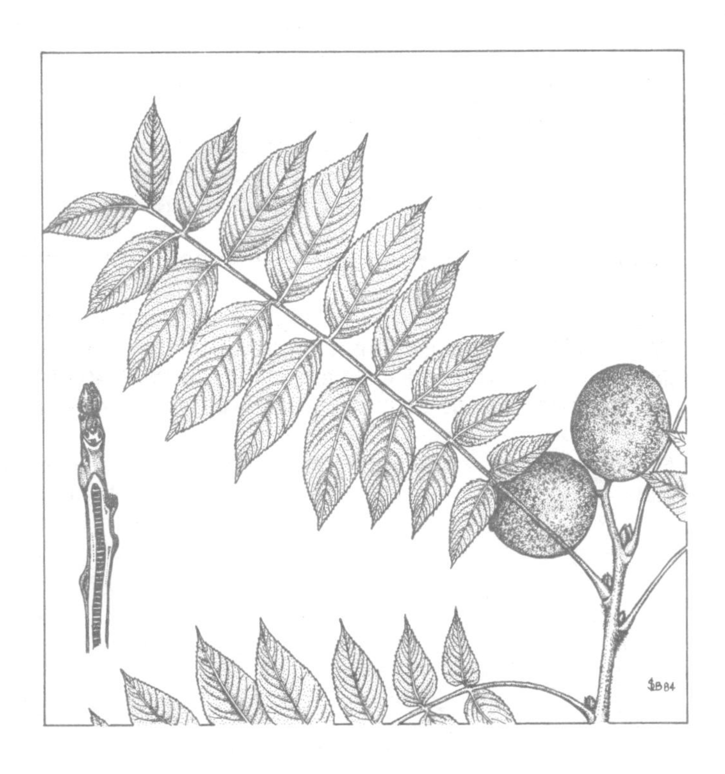

Fruits — noix, presque ronde, à amande douce; 4-6 cm de diamètre, enfermée dans un brou (enveloppe externe) non visqueux qui tache les doigts.

Écorce — brun foncé, presque noire, profondément fissurée, à côtes arrondies qui s'entre-croisent.

Rameaux — moelle cloisonnée couleur crème.

Taille — 20-27 m de haut, 60-120 cm de diamètre.

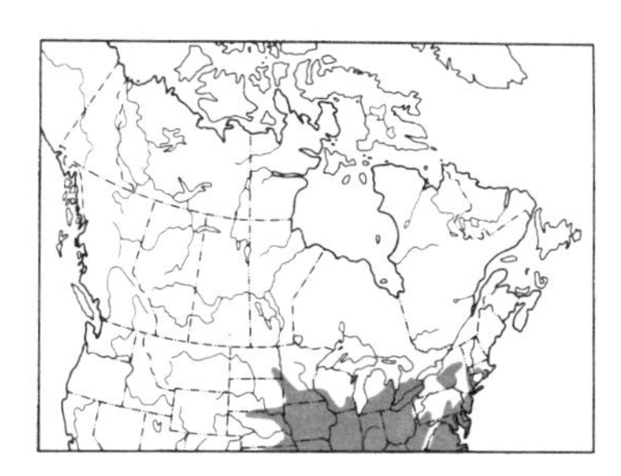

Aire de distribution

Région forestière des feuillus; planté à quelques endroits au Québec.

Le Noyer noir est un arbre au bois superbe, luisant et d'un riche brun chocolat. Parmi les feuillus, c'est probablement l'espèce la plus précieuse et la plus recherchée en Amérique du Nord.

Chez les anciens Grecs, le noyer s'appelait l'arbre royal tandis que chez les Romains, il était voué au plus puissant des dieux, à Jupiter lui-même. Son nom générique est la contraction de deux mots latins *Jovis* et *glans*, gland de Jupiter. Son nom spécifique *nigra* désigne la couleur foncée de son écorce.

Les rameaux de cette espèce, comme ceux des autres noyers, présentent, en coupe oblique, une moelle cloisonnée ou chambrée. La moelle est brun clair ou crème chez le Noyer noir et brun foncé chez le Noyer cendré. Cette caractéristique nous aide à les distinguer des caryers, proches parents dont la moelle est solide. En forêt, le Noyer noir a une silhouette arrondie, un long fût sombre et crevassé. Il préfère les sols limoneux, riches, profonds et bien drainés et ne se rencontre pas en peuplement pur mais mêlé à d'autres feuillus.

Le bois du Noyer noir est un des bois les plus estimés à cause de ses nombreuses qualités; il est dur, lourd, fort, résistant aux chocs et à la carie, ordinairement de droit fil et facile à travailler. Il peut être collé, prend un beau poli, accepte bien les teintures, ne rétrécit pas et ne tord pas avec le temps.

C'est le bois par excellence pour la fabrication de crosses et de fût de fusils, de bateaux et de meubles de haute qualité. Il est aussi très en demande pour le placage destiné à l'ébénisterie. Ce bois est si précieux et si rare qu'il arrive parfois qu'un arbre non abattu soit vendu aux enchères à des prix allant jusqu'à 5 000$. On raconte même que certains gros Noyers noirs furent volés sur des propriétés privées.

Ses fruits sont comestibles et aussi très recherchés pour leur saveur; mais attention, car leurs taches sur les tissus sont indélébiles. Ils peuvent être apprêtés de la même façon que ceux du Noyer cendré. Malheureusement, l'amande est difficile à déloger et aujourd'hui, on essaye de développer de nouvelles variétés à brou plus mince.

Même ses brous furent très en demande car, en plus d'en extraire une teinture noirâtre et du tanin, on les transformait en charbon de haute qualité utilisé dans les masques à gaz au cours de la Première Guerre mondiale. On en tirait même une farine de brou qui servait d'insecticide dans les années 1930. Incidemment, les Amérindiens broyaient les brous pour en faire un poison servant à tuer les poissons. Cette pratique est illégale de nos jours et antisportive.

Les réserves canadiennes de Noyer noir sont quasi épuisées. Toutefois, il existe des programmes de reboisement dans le sud de l'Ontario et du Québec.

Planté comme arbre ornemental et d'ombrage, on doit lui consacrer beaucoup d'espace pour lui permettre d'atteindre son développement maximal. Il se transplante difficilement à cause de sa longue racine pivotante. Ses racines sécrètent une substance, le juglon, qui empêche, autour delui, la croissance des légumes cultivés (tomate, luzerne), la pousse de nombreux autres arbres et de ses propres plantules.

F 432f / F 442f

Caryer cordiforme

arbre à noix amères, carya amer, caryer amer.

Bitternut hickory, swamp hickory.

Carya cordiformis (Wang.) K. Koch
Famille du noyer (Juglandacées)

Traits distinctifs

Feuilles — 15-30 cm de long; composées de 7-11 folioles, généralement 9.

Rameaux — grêles et lisses ou un peu pubescents; bourgeons jaune soufre, moelle solide (non cloisonnée).

Fruits — noix à graine très amère, enfermée dans un brou très mince et lisse, vert jaunâtre, s'ouvrant en 4 valves à maturité.

Écorce — gris pâle ou brune chez l'adulte avec des crevasses peu profondes; ne se détache pas en lambeaux ou en lanières.

Taille — 15-20 m de haut, 30-50 cm de diamètre.

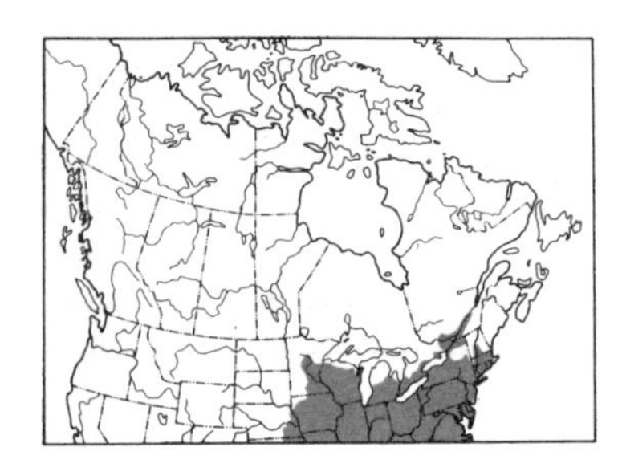

Aire de distribution

Région forestière des feuillus et zone sud de la Région forestière des Grands Lacs et du Saint-Laurent.

Le nom générique vient du grec *karuon*, ancien nom du noyer *(Juglans)* dont les fruits ressemblent un peu à ceux des caryer *(Carya)*. Le nom spécifique *cordiformis* dérive du latin *cordis*, de coeur, et de *forma*, forme, allusion à la forme du fruit.

Si le noyer et le caryer présentent de nombreuses similarités, le caryer se distingue par ses rameaux à moelle solide, par le brou de ses fruits qui, à maturité, se détache de la coque en quatre valves et par la couleur de son bois qui va du blanc au brun rougeâtre. De son côté, le noyer a des rameaux à moelle cloisonnée, le brou de ses fruits ne s'ouvre pas à maturité et son bois va du brun pâle au brun foncé.

Des 5 espèces canadiennes de caryer, le Caryer cordiforme est le plus facile à identifier parce qu'il est le seul à avoir des bourgeons jaune soufre. Cette particularité dévoile également sa présence en hiver. Distinct des «vrais caryers» à cause de ses bourgeons caractéristiques, ses fruits à brou marqué de quatre arêtes et ses feuilles possédant un plus grand nombre de folioles, il appartient au groupe des «Caryers pacaniers». La pacane, délicieuse et renommée (tartes aux pacanes), provient d'un caryer de l'est des États-Unis, le Pacanier (*Carya illinoensis* (Wang.) K. Koch).

Les fruits du Caryer cordiforme ne sont certainement pas apparentés aux pacanes par leur saveur, car elles sont si amères (arbre à noix amères, bitternut hickory) que même les écureuils s'en désintéressent ou ne s'en nourrissent qu'en dernier recours.

Le Caryer cordiforme est le plus commun, suivi du Caryer ovale. On le rencontre dans les terrains bas et humides, ou sur les sols élevés et riches, dans des endroits bien protégés des vents du nord. Comme il supporte bien l'ombre, on le trouve associé à d'autres espèces à bois dur tels que l'Érable à sucre et le Hêtre à grandes feuilles.

Son bois lourd, dur et fort n'est pas aussi résistant aux chocs que celui des autres caryers canadiens. Il brûle en donnant une chaleur intense, et produit peu de cendres; on le recommande pour fumer la viande qu'il imprègne d'une saveur caractéristique. Autrefois on l'utilisait pour fabriquer des roues. De nos jours, il sert à la fabrication de manches d'outils, d'articles de sport, de boiseries intérieures et on l'utilise en ébénisterie.

Nos ancêtres extrayaient de ses noix une huile qu'ils faisaient brûler dans les lampes; de plus, cette huile avait, semble-t-il, des propriétés bénéfiques pour soulager les rhumatismes.

Bien qu'il soit le plus commun et le plus abondant des caryers au Canada, ses réserves ne suffisent pas pour répondre à la demande; aussi, les industries qui l'utilisent s'approvisionnent-elles presque uniquement aux États-Unis.

F 432g / F 442g

Caryer tomenteux

carya tomenteux, caryer cotonneux, noyer à noix douces, noyer blanc, noyer dur.

Mockernut hickory, bigbud hickory, bullnut hickory, white hickory, whiteheart hickory.

Carya tomentosa (Poir.) Nutt.
syn. *Carya alba* (P. Mill.) K. Koch
Famille du noyer (Juglandacées)

Traits distinctifs

Feuilles — 15-30 cm de long; composées de 7-9 folioles, parfois 5; dessous des folioles recouvert de poils fins; très aromatiques lorsqu'on écrase une foliole.

Rameaux — robustes et pubescents (recouverts de poils); bourgeon terminal brun rougeâtre, très gros (environ 2 cm de long) et pubescent; moelle solide (non cloisonnée).

Fruits — noix à graine ou amande douce et comestible, enfermée dans un brou très épais qui s'ouvre à maturité.

Écorce — gris foncé avec des crevasses peu profondes ne se détachant pas en lambeaux ou lanières.

Taille — 25-30 m de haut, 70 cm de diamètre.

Aire de distribution

Région forestière des feuillus: seulement sur le littoral sud-est du lac St. Clair et aux extrémités est et ouest du lac Érié.

Le nom générique *Carya* est un ancien nom grec pour le noyer et son nom spécifique *tomentosa*, tomenteux (couvert de duvet), est une allusion à la pubescence de ses rameaux, de ses bourgeons et du dessous de ses folioles.

Comme il existe plusieurs variétés et des hybrides difficiles à déterminer chez chaque espèce, l'identification des caryers s'en trouve plutôt compliquée et ambiguë. Toutefois, le Caryer tomenteux, le Caryer glabre et le Caryer lacinié sont des espèces relativement rares aux Canada, et ne se trouvent qu'au sud de l'Ontario. Afin de déterminer avec précision les différentes espèces de caryers, on doit utiliser plusieurs caractères d'identification pour confirmer son choix.

Contrairement au Caryer cordiforme, le Caryer tomenteux ne supporte pas l'ombre et préfère les versants à sols riches et bien drainés. Bien que rare au Canada, c'est une espèce très commune dans le sud des États-Unis.

Une si petite amande dans une si grosse noix lui a probablement valu son nom anglais «mockernut» (noix moqueuse), mais cette amande, quel délice.

Le bois du Caryer tomenteux est jugé de qualité supérieure à celui des autres caryer mais sa rareté au Canada fait qu'il n'a aucune valeur commerciale.

Les Amérindiens obtenaient une teinture noire en faisant bouillir l'écorce dans une solution de vinaigre. On extrait une teinture beige de ses feuilles et de ses rameaux si on utilise la crème de tartre comme mordant; par ailleurs, son écorce produit une teinture jaune si on utilise l'alun comme mordant.

F 522a

Rare en Ontario

Févier épineux

févier à trois épines, carouge à miel, févier d'Amérique.

Honey-locust, sweet-locust, thorney-locust, tree-thorned acacia.

Gleditsia triacanthos L.
Famille des pois (Légumineuses)

Traits distinctifs

Feuilles — 15-30 cm de long; composées, pennées ou bipennées; nombre pair de folioles.

Rameaux — garnis de redoutables épines simples ou ramifiées; dépourvus de bourgeon terminal.

Fruits — longues gousses de 30 cm et plus, minces, plates et généralement aromatiques; tordues en tire-bouchon et très abondantes sur l'arbre.

Tronc — à maturité, hérissé d'amas d'aiguilles pouvant mesurer jusqu'à 30 cm.

Taille — pouvant atteindre 30 m, mais généralement plus petit, 60-100 cm de diamètre.

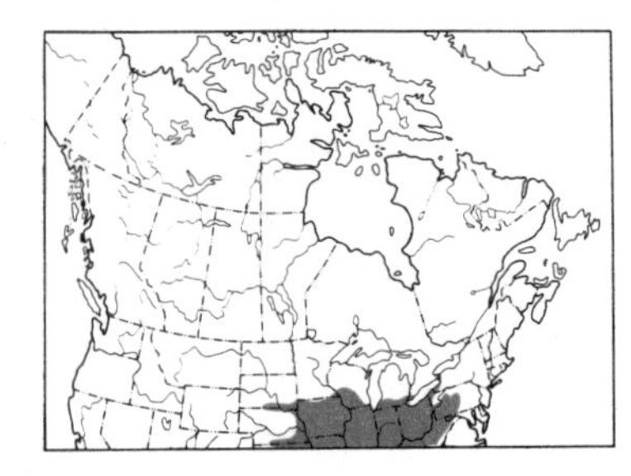

Aire de distribution

Région forestière des feuillus, le long de la rive du lac Érié, planté comme arbre ornemental et échappé de culture.

Le nom générique est un hommage à Johann Gottlieb Gleditsch, directeur du Jardin botanique de Berlin au XVIIIe siècle. Le nom spécifique vient du grec *treis*, trois, et *akantha*, épine, faisant allusion aux trois épines qui se retrouvent habituellement à chaque bourgeon. Il existe sur le marché une variété (var. *inermis* Pursh), dépourvue d'épines ou n'en ayant que quelques-unes et portant des fruits plus courts et roux.

Le Févier épineux, doit son nom commun aux groupes d'épines longues et pointues qui parsèment ses branches. Ces épines dures et très dangereuses, qu'on a autrefois utilisées comme clou ou épingle, constituent une protection pour l'arbre.

Ses gousses contiennent une substance sucrée qui a un goût semblable à celui qu'aurait un mélange d'huile de castor et de miel d'où l'origine du nom anglais «honey-locust».

Le Févier épineux, probablement introduit au Canada il y a très longtemps, ne pousse spontanément que dans le sud de l'Ontario et qu'à l'ouest du Québec.

Son bois, dur, lourd, et se polissant bien, est parfois utilisé en ébénisterie et en menuiserie. Le Févier épineux peut constituer des haies défensives et peut être employé dans les jardins d'ornement. Cet arbre a été introduit en Europe au XVIe siècle pour décorer les parcs et les jardins.

Plusieurs animaux sauvages et domestiques se nourrissent de son feuillage. Ses fleurs voyantes et ses gousses sucrées attirent les abeilles en grand nombre. De ses fruits on peut faire de la bière. Contrairement à la grande majorité des Légumineuses, les racines du Févier épineux ne portent pas ces nodosités qui sont causées par la présence des bactéries fixatrices d'azote atmosphérique.

F 522b

Rare en Ontario

Chicot Févier

café du Kentucky, caféier du Kentucky, chicot dioïque (France), chicot du Canada, gros févier, gymnocladier dioïque.

Kentucky coffee tree, coffeebean, coffeenut, coffeetree.

Gymnocladus dioicus (L.) K. Koch
Famille des pois (Légumineuses)

Traits distinctifs

Feuilles — composées habituellement d'un nombre pair de folioles, 40 ou plus; très grandes, doublement composées (bipennées); atteignant jusqu'à 1 m de long et 0,6 m de large; folioles rarement opposées.

Rameaux — très robustes et relativement peu nombreux sur les branches.

Fruits — gousses rougeâtres, aplaties et coriaces; 8-25 cm de long; persistantes tout l'hiver.

Taille — 15-23 m de haut, 40-60 cm de diamètre.

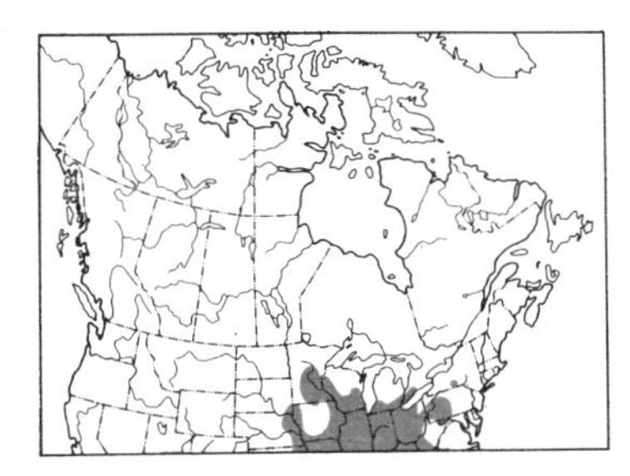

Aire de distribution

Région forestière des feuillus, extrême sud-ouest de l'Ontario. Planté au Canada comme arbre ornemental.

Le nom générique vient du grec *gymnos*, nu, et *klodos*, rameau ou branche, à cause de l'apparence dénudée de cet arbre tôt à l'automne ou parce que ses feuilles, au printemps, émergent beaucoup plus tard que chez les autres espèces de son groupe. Le nom spécifique vient aussi du grec *di*, deux, et *oikor*, maison, faisant ainsi allusion aux plantes qui ont des fleurs mâles et des fleurs femelles sur des arbres distincts.

Il est formé de quelques grosses branches et de rameaux très gros et trapus qui ressemblent à des chicots, d'où l'origine du nom commun chicot du Canada.

Ses graines noires, après avoir été grillées et broyées, servaient autrefois de succédané amer du café, ce qui lui a valu le nom de café du Kentucky. Les Amérindiens les faisaient griller pour les manger comme des noix, d'où son nom «coffeenut». **Attention:** il est indispensable qu'elles soient grillées car les graines et la pulpe intérieure de la gousse sont toxiques. Le Chicot Févier ne semble pas constituer une source de nourriture pour les animaux sauvages; on dit même que du bétail fut malade après avoir bu de l'eau contaminée par ses feuilles ou ses fruits.

En 1981, il a été impossible de retrouver les populations répertoriées lors des prélèvements réalisés en 1950 et auparavant; elles ont probablement été déracinées. Sa rareté fait de lui un arbre sans valeur commerciale. Il est surtout cultivé pour son feuillage original comme arbre ornemental dans les jardins et les parcs.

F 522c

Robinier faux-acacia

acacia blanc, acacia commun, faux-acacia (France), robinier.

Black locust, common locust, false acacia, white locust, yellow locust.

Robinia pseudoacacia L.
Famille des pois (Légumineuses)

Traits distinctifs

Feuilles — 20-35 cm de long; composées d'un nombre impair (7-19) de folioles.

Rameaux — en zigzag; armés d'une paire de courtes épines à chaque bourgeon.

Fleurs — blanches, parfumées, en grappes pendantes, ressemblant à celles du pois.

Fruits — gousses aplaties et lisses, marron foncé à noires à maturité; 7-10 cm de long, vénéneuses.

Taille — 9-15 m de haut, 30-60 cm de diamètre.

Aire de distribution

Espèce originaire des États-Unis; couramment planté comme arbre ornemental et s'échappant parfois de culture.

Le nom générique Robinier, de Robin, lui fut donné par Linné en l'honneur de Jean Robin et de son fils Vespasien Robin, herboristes des rois de France aux XVIe et XVIIe siècles. Ils furent les premiers à cultiver le robinier dans les jardins du Louvre et à populariser l'utilisation de cette espèce dans le pays. Le nom spécifique vient de *pseudo*, faux, et *acacia*, du grec *acakia*, désignant l'acacia.

Le Robinier est faussement désigné comme un acacia. Les vrais acacias, quoique de la même famille (Légumineuses), sont des arbres que l'on trouve dans presque toutes les régions tropicales et subtropicales du monde.

Les premiers colons de la Nouvelle-Angleterre prirent le robinier pour le Caroubier (*Ceratonia siliqua* L.) ou «biblical locust», arbre dont saint Jean-Baptiste mangeait les fruits (caroubes) pour survivre en forêt, d'après l'évangile selon saint Marc. Cependant, les fruits du robinier ne sont pas comestibles. «black» fait allusion à la couleur de ses fruits.

Le Robinier faux-acacia à couronne ouverte, irrégulière et aux branches tordues, est un arbre de croissance rapide. Il est très envahissant et peut s'accommoder de plusieurs types de sols. Son système radiculaire traçant est très développé. Il se multiplie par des rejets de racines ou par drageons, à des distances pouvant souvent aller jusqu'à 5 m de la plante mère. À cause de ces caractéristiques, on y a souvent recours pour stabiliser le sol afin de contenir l'érosion. Ses racines sont si fortes qu'on l'utilise pour contenir les digues.

Le Robinier faux-acacia fut introduit en Europe au début du XVIIe siècle pour orner les jardins et pour fixer les sols. Il existe plusieurs cultivars sur le marché, avec ou sans épines. Aujourd'hui, il est naturalisé dans toute l'Europe.

On peut trouver au Canada d'autres espèces de robiniers plantés comme arbres ornementaux dont, entre autres, le Robinier visqueux (*Robinia viscosa* Vent. ex Vaug.) qui se distingue du Robinier faux-acacia par ses fleurs roses et inodores, ses rameaux, ses pétioles et ses gousses visqueuses et collantes au toucher.

Lorsque le Robinier faux-acacia est de petite taille, il peut être confondu avec un arbuste, le Clavalier d'Amérique (*Zanthoxylum americanum* P. Mill.), à cause de ses courtes épines et de la forme similaire de leurs feuilles. Cependant, le Clavalier d'Amérique se distingue par sa forme qui reste arbustive, par ses feuilles garnies de petits points translucides et aromatiques lorsqu'elles sont écrasées, par la présence d'épines sur le pétiole et par ses fruits ronds.

Le bois jaune verdâtre du Robinier faux-acacia est très dur, lourd et durable. Sa décomposition dans la terre est très lente, ce qui en fait un bois très recherché pour les traverses de chemin de fer, poteaux, piquets et pieux. Les menuisiers apprécient ce bois dont le volume varie très peu malgré les changements climatiques. On peut l'utiliser comme bois de chauffage, mais attention, il éclate et projette des étincelles comme le bois de la pruche et celui du thuya.

L'écorce interne, les feuilles et les graines du robinier sont vénéneuses. Du bétail, ayant mangé ses feuilles ou son écorce, a été empoisonné; et des enfants ont été très malades après avoir mastiqué son écorce. Chose étrange cependant, les lapins, les lièvres, les faisans et les Tourterelles tristes mangent ses graines qui ne semblent pas les affecter. Autrefois, les Amérindiens fabriquaient des flèches de son bois vénéneux. Comme pour la majorité des Légumineuses, ses racines portent des nodosités causées par la présence de bactéries fixatrices d'azote, enrichissant ainsi le sol.

Rare en Ontario

Ptéléa trifolié

bois puant, orme de Samarie, orme de Samarie à trois folioles (France).

Hoptree, common hoptree, stinking-ash, three-leaved hoptree, wafer ash.

Ptelea trifoliata L.
  syn. *Ptelea angustifolia* Benth.
Famille du citron (Rutacées)

Traits distinctifs
Les feuilles, les fleurs, l'écorce et les rameaux dégagent une odeur très désagréable lorsqu'ils sont écrasés.

Feuilles — parsemées de petits points translucides visibles lorsqu'on place la feuille devant le soleil; foliole de 5-10 cm de long.

Fruits — samares entourées d'une aile circulaire; persistant presque tout l'hiver sur l'arbre.

Taille — petit arbre ou grand arbuste pouvant atteindre 5 m de haut et 8-12 cm de diamètre.

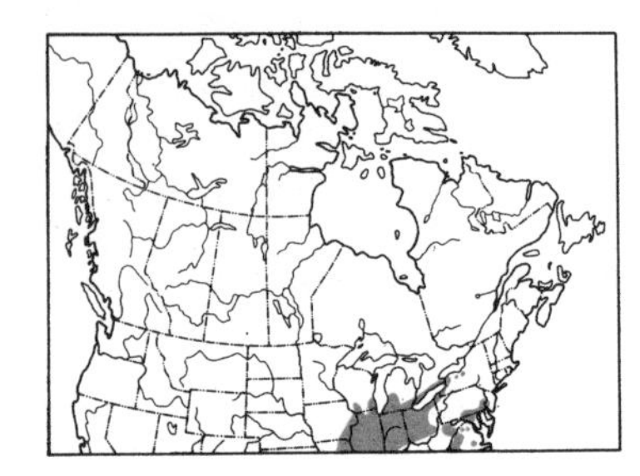

Aire de distribution

Région forestière des feuillus, rare en Ontario; utilisé comme arbre ornemental; s'échappe parfois de culture.

Son nom générique *Ptelea* est le nom commun grec pour orme et il a été attribué par Linné à ce genre. Son nom spécifique vient du latin *tres*, trois et de *folium*, feuille, faisant allusion aux trois folioles de la feuille.

Cependant, le Ptéléa trifolié n'appartient pas à la famille des Ormes mais plutôt à celle du citron, famille qui comprend aussi les oranges et les autres agrumes. Le nom commun, orme de Samarie, est dû à la ressemblance de ses fruits avec ceux de l'orme.

Il porte aussi très bien le nom commun de «bois puant» car presque toutes ses parties dégagent une odeur désagréable. Même ses fleurs libèrent une senteur de charogne dans le but de faire féconder ses fleurs en attirant les insectes charognards.

Autrefois, on se servait de ses fruits comme substitut au houblon dans la fabrication de la bière, d'où l'origine de son nom anglais «hoptree». Ses fruits à l'allure de gaufrettes justifient la première partie de son nom «wafer-ash», quant à «ash», frêne, il ne fait allusion à aucune ressemblance, si ce n'est que tous les deux possèdent des feuilles composées.

Ce petit arbre, capable de tolérer le couvert d'une forêt, a une croissance lente et une durée de vie courte. Son bois dur, lourd, à grain serré, d'un jaune brun, est de trop petite taille pour un usage commercial. On l'utilise parfois comme arbre ornemental ou planté en haie.

Bon nombre des populations de cette espèce sont protégées dans des parcs et des réserves naturelles, mais plusieurs autres sont menacées par la mise en valeur des littoraux.

F 522e

Rare au Québec

Sumac lustré

arbre du vernis, bois-chandelle, sumac à vernis, sumac vénéneux.

Poison sumac, poison-dogwood, poison-elder, poison-elderberry, poison-oak, swamp sumac.

Rhus vernix L.
syn. *Toxicodendron vernix* (L.) Kuntze
Famille de l'acajou (Anacardiacées)

Traits distinctifs
TOUTES SES PARTIES SONT TRÈS TOXIQUES — **plante vénéneuse.**

Feuilles — 15-30 cm de long; composées de 7-13 folioles lustrées.

Fruits — drupes blanc luisant et rassemblées en groupes, persistant sur l'arbre tout l'hiver; fruits non terminaux, situés à la jonction de la feuille et de la tige.

Taille — petit arbre ou arbuste pouvant atteindre 6 m de haut, 8 cm de diamètre.

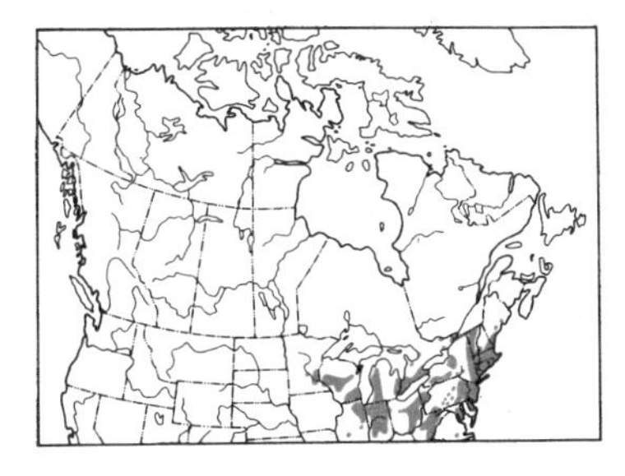

Aire de distribution

Secteurs sud de la Région forestière des feuillus et quelques endroits de la Région forestière des Grands Lacs et du Saint-Laurent.

De tous les arbres, il importe de pouvoir reconnaître le Sumac lustré. C'est un petit arbre que l'on rencontre dans les bois marécageux, les tourbières ou à proximité des lacs tourbeux. Sa petite cime arrondie est formée de branches assez fortes portant de grandes feuilles alternes, composées de folioles sans dents au dessus vert foncé lustré, d'où l'origine du nom Sumac lustré.

Ses feuilles ressemblent aux feuilles composées d'un arbuste épineux de la même famille que le Ptéléa trifolié: le Clavalier d'Amérique (*Zanthoxylum americanum* P. Mill.). Toutefois, les feuilles et les rameaux du Clavalier sont armés d'épines alors que ceux du Sumac lustré sont lisses.

Deux autres espèces vénéneuses de cette famille se rencontre au Canada: une espèce transcontinentale, le Sumac grimpant, ou herbe à la puce (*Rhus radicans* L.), et une espèce de l'Ouest, rare en Colombie-Britannique, le Sumac occidental (*Rhus diversilobum* T. et G.). Ces espèces contiennent une huile laiteuse ou incolore à laquelle plusieurs personnes sont allergiques. Seul le Sumac lustré atteint la taille d'arbre, les deux autres étant des lianes ou de petits arbustes.

Le nom générique *Rhus* dérive probablement du grec ou du latin *rhous* ou *rhoys*, le nom ancien du sumac de la Sicile, et qui signifie couler; d'autres croient que c'est un nom d'origine celtique qui veut dire rouge. Le nom spécifique, *vernix*, signifie vernis.

C'est par erreur que Linné a attribué à cette espèce la source du vernis de Chine qui provient en réalité d'une espèce asiatique similaire, l'Arbre à laque (*Rhus verniciflua* Stokes). Plusieurs auteurs séparent les plantes vénéneuses du genre *Rhus* et les placent dans le genre *Toxicodendron* qui vient du grec *toxikon*, poison, et *dendron*, arbre. *Radicans*, racine, fait allusion aux racines qui se propagent par marcottage et *diversilobum*, fait référence à la feuille irrégulièrement lobée.

Les groupes de fruits verdâtres prennent naissance à l'aisselle des feuilles et se transforment en fruits globuleux blancs ou ivoire. Le Sumac lustré conserve ses fruits durant l'automne et l'hiver rendant ainsi l'identification beaucoup plus facile pendant cette période. À l'automne, ses fruits voyants contrastent avec les teintes sombres environnantes, ce qui lui donne une allure caractéristique. Combien de gens ne connaissant pas ses effets néfastes ont ramassé des rameaux en guise de décoration, mais à quel prix!

Un contact plus ou moins prolongé avec une partie quelconque de ces plantes cause des éruptions cutanées douloureuses. La démangeaison est causée par l'huile contenue dans toutes les parties de la plante à longueur d'année. Cette substance ne s'évapore pas et elle peut contaminer les vêtements, les chaussures, les outils pendant des mois. Même les animaux domestiques et les autres animaux peuvent transmettre le poison.

Il faut éviter de brûler toutes les parties de cette plante, car la fumée transporte la substance toxique dans l'air. Les pires empoisonnements furent causés par de la fumée contaminée entrée en contact avec la peau, les yeux, les muqueuses de la bouche, du nez et de la gorge. Si on croit être contaminé, il faut se laver à fond avec de l'eau chaude et du savon dans le plus bref délai possible. Il ne faut jamais utiliser de substances huileuses ou graisseuses car elles tendent à dissoudre et à répandre la toxine. Quoique cette toxine, aussi contenue dans les fruits, soit très vénéneuse pour l'homme, elle ne semble pas affecter les oiseaux qui en mangent.

Cet arbre n'a aucune valeur commerciale. On fabriquait avec sa sève une encre indélébile et un vernis noir lustré d'où le surnom de «arbre du vernis». Cette pratique a toutefois dû être abandonnée, le produit fini demeurant toxique.

F 542a

Caryer ovale

arbre à noix piquées, caryer à fruits doux, caryer à noix douces, caryer blanc, noyer blanc, noyer écailleux, noyer tendre.

Shagbark hickory, scalybark hickory, shellbark hickory, upland hickory.

Carya ovata (P. Mill.) K. Koch
syn. *Carya carolinae-septentrionalis* (Ashe) Engl. et Graebn.
Famille du noyer (Juglandacées)

Traits distinctifs

Feuilles — 20-30 cm de long; généralement composées de 5 folioles (rarement 7); contour des dents bordé de nombreux poils (visibles à la loupe).

Rameaux — gros, luisants, sans poils; bourgeon terminal brun verdâtre très gros (1-2 cm de long) et poilu.

Fruits — noix rondes, amande douce et comestible, enfermée dans un brou épais, brun rougeâtre foncé et qui s'ouvre à maturité.

Écorce — se détache en lambeaux ou lanières retroussés chez les adultes; gris sombre.

Taille — 19-25 m de haut, 30-60 cm de diamètre.

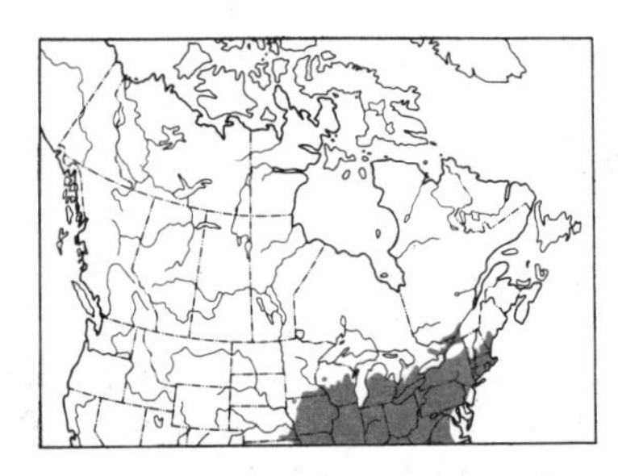

Aire de distribution

Région forestière des feuillus et sud de la Région forestière des Grands Lacs et du Saint-Laurent.

Le Caryer ovale et le Caryer lacinié sont les seuls arbres de notre flore à posséder un tronc à écorce qui se détache en longues lanières leur donnant une apparence négligée d'où l'origine du nom anglais «shagbark hickory».

Le Caryer ovale se distingue du Caryer lacinié par ses feuilles à 5 folioles et par l'absence presque totale de poils en dessous de la feuille. La feuille du Caryer lacinié possède généralement 7 folioles et est densément poilue. Le Caryer lacinié est une espèce rare au Canada et il est confiné à quelques sites du sud de l'Ontario tandis que le Caryer ovale a une plus grande aire naturelle dans le sud de l'Ontario et dans la vallée du Saint-Laurent.

Le nom générique *Carya* est un ancien nom grec pour le noyer et le nom spécifique *ovata* vient du latin *ovum* qui signifie oeuf, faisant allusion à la forme ovoïde de son fruit.

Les noix de cette espèce constituaient une importante source de nourriture pour plusieurs tribus amérindiennes. Une fois broyées et bouillies dans l'eau, ces noix donnent un «lait», substance huileuse qui a l'aspect de la crème. Ce liquide laiteux entrait dans la préparation du pain de maïs et de la bouillie de farine de maïs; les premiers colons ne tardèrent pas à utiliser le «lait» du caryer et ses noix. Il est possible que le nom anglais «hickory» soit une déformation de son nom amérindien «pocohicora» ou «pauchohiceora».

On ne sépare pas le bois des différentes espèces de caryer pour les vendre; on le trouve sur le marché sous la désignation de «caryer». Environ 98% de la production mondiale de bâtons de crosse provient du Canada. Seul le bois de «caryer» possède la rigidité et l'élasticité requises à une telle production. Cependant, le bois du Caryer ovale est l'un des meilleurs. Il est dur, fort, résistant et extrêmement lourd. On l'emploie en charronnage et dans la fabrication de rais, de manches d'outils, d'instruments aratoires, de pièces de machinerie, d'accessoires sportifs: skis, cannes à pêche et arcs, entre autres.

Le Caryer ovale, comme tous les caryers d'ailleurs, dégage beaucoup de chaleur en brûlant et ce, au même niveau que le Chêne blanc. Son bois sert à produire un charbon de bois de haute qualité. On l'utilise aussi pour fumer des viandes. Comme les noyers, et l'Érable à sucre, il peut être entaillé pour recueillir sa sève sucrée.

On extrait une teinture jaune de son écorce interne. Cette teinture fut brevetée au XVIIIe siècle, mais elle ne fut pas vraiment exploitée car il était possible de se procurer des jaunes plus intenses.

Le Caryer ovale et ses variétés améliorées produisent une noix comestible appellée noix piquée. Elle peut être consommée nature ou incorporée dans les recettes qui demandent des noix ou des pacanes.

F 542b

Rare en Ontario

Caryer lacinié

caryer à écorce laciniée (France).

Big shellbark hickory, bigleaf, big chagbark hickory, bottom shellbark, kingnut hickory, shagbark hickory.

Carya laciniosa (Michx. fil.) Loud.
Famille du noyer (Juglandacées)

Traits distinctifs

Feuilles — 25-50 cm de long, composées de 7-9 folioles (généralement 7); dessous pubescent; absence de poils au bout des dents.

Rameaux — analogues à ceux du Caryer ovale; de couleur orange pâle.

Fruits — semblables à ceux du Caryer ovale mais plus gros; 5-6 cm de diamètre.

Écorce — gris foncé, se détachant en lambeaux ou en lanières; semblable au Caryer ovale.

Taille — 20-30 m de haut, 60-100 cm de diamètre.

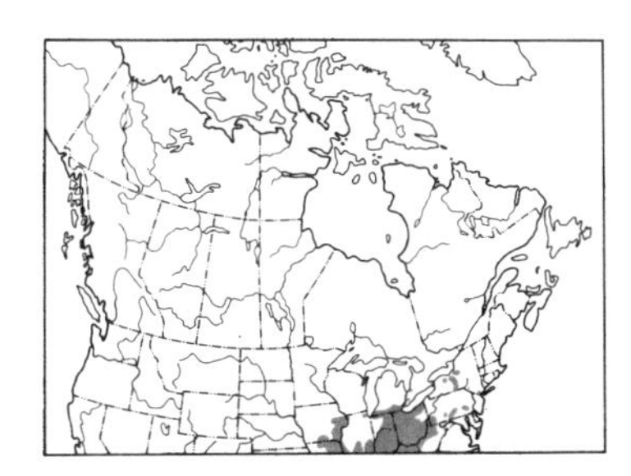

Aire de distribution

Disséminé dans la Région forestière des feuillus.

Bien que semblable au Caryer ovale, ce caryer à croissance lente en diffère par ses feuilles possédant 7 folioles, rarement 5 ou 9; et contrairement à ceux des autres caryers, ses rameaux sont de couleur orange.

Le nom générique *Carya* est un ancien nom grec pour le Noyer; le nom spécifique *laciniosa* vient du latin *lacinia* couper en lambeaux, allusion à l'écorce caractéristique de cette espèce.

Son bois a les mêmes qualités techniques et est utilisé aux mêmes fins que celui des autres caryers. Ses noix comestibles, à brou épais, sont les plus grosses de toutes les noix de caryers, et peuvent remplacer les pacanes dans la confection des tartes. La grosseur de ses noix lui a valu l'appellation «kingnut». Il est sans doute intéressant de souligner que le mot noix est en réalité un mot vague qui englobe une grande variété de fruits depuis ceux des vrais noyers (famille des Juglandacées) jusqu'aux noix exotiques: noix du Brésil, noix de coco, noix de cajou ou d'acajou, noix de cola (kola), noix de muscade.

Les fruits comestibles de nos caryers sont très recherchés par plusieurs mammifères tels que l'Ours noir, le renard, le lièvre, le Raton laveur, l'écureuil et le tamia. Les canards et les cailles s'en nourrissent à l'occasion. Le brou vert broyé des caryers, tout comme celui des noyers, servait autrefois à empoisonner les poissons mais cette pratique est tout à fait illégale de nos jours.

F 542c

Rare en Ontario

Caryer glabre

carya glabre, caryer à cochons, caryer des pourceaux, noyer à cochons, noyer à noix de cochon.

Pignut hickory, black hickory, broom hickory, smoothbark hickory.

Carya glabra (P. Mill.) Sweet
syn. *Carya leiodermis* Sarg.
Famille du noyer (Juglandacées)

Traits distinctifs

Feuilles — 15-30 cm de long, composées de 5-7 folioles; dépourvues de poils.

Rameaux — grêles, lisses et luisants, dépourvus de poils.

Fruits — noix piriformes; amande souvent amère, enfermée dans un brou mince.

Écorce — grêle avec des crevasses peu profondes; ne se détache pas en longs lambeaux ou lanières.

Taille — 15-20 m de haut, 30-100 cm de diamètre.

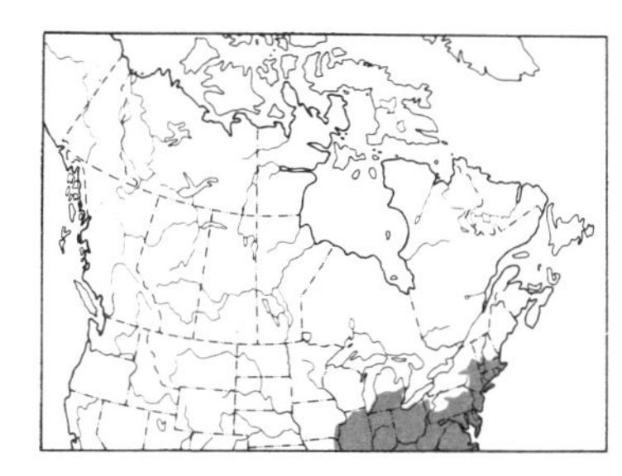

Aire de distribution

Région forestière des feuillus, surtout dans la péninsule au sud du lac Ontario.

Le Caryer glabre est très variable et ressemble à une espèce américaine, le Caryer jaune (*Carya ovalis* (Wang.) Sarg.) qui semble-t-il ne se rencontre pas au Canada. Il faut se servir de toutes les données pour identifier cet arbre. Son écorce pâle est beaucoup moins déchiquetée que celles du Caryer ovale et du Caryer lacinié; les crêtes étroites et entrecroisées sont arrondies. Comme le Caryer tomenteux et le Caryer lacinié, il est une espèce rare au Canada. Ces trois espèces de caryers ont une aire de répartition beaucoup plus grande aux États-Unis et ils sont communs au sud des Appalaches.

Les noms spécifiques *glabra*, glabre, ou dépourvu de poils, et *leiodermis* du grec *leios*, lisse, et *derma*, peau, font allusion à l'absence ou au peu de pubescence de ses feuilles et de ses rameaux.

Comme le fruit du Caryer glabre contient peu de matière comestible et qu'il est très amer, les amateurs de noix le laissent aux cochons, préférant ceux du Caryer lacinié et du Caryer ovale.

Son bois servait jadis à faire des balais, d'où le nom anglais «broom hickory». Le bois de cet arbre n'est pas exploité au Canada à cause de sa rareté mais il a les mêmes propriétés et peut être utilisé aux mêmes fins que celui des autres caryers.

LES ARBRES À FLEURS OU FEUILLUS
(Angiospermes)

QUATRIÈME PARTIE

à feuilles alternes, simples

- Saule satiné — G 422
- Châtaignier d'Amérique — G 432a
- Chêne jaune — G 432b
- Cerisier tardif — G 442a
- Cerisier de Pennsylvanie — G 442b
- Peuplier angustifolié — G 442c
- Saule noir — G 442d
- Saule à feuilles de pêcher — G 442e
- Saule brillant — G 442f
- Saule du Pacifique — G 442g
- Saule à tête laineuse — G 442h
- Saule arbustif — G 442i
- Saule pétiolé — G 442j
- Saule des bancs de sable — G 442k
- Saule pleureur — G 442l
- Saule blanc — G 442m
- Saule fragile — G 442n
- Saule de Bebb — G 522a
- Saule discolore — G 522b
- Saule de Sitka — G 522c
- Saule de Scouler — G 522d
- Saule de Hooker — G 522e
- Saule de l'Alaska — G 522f
- Cornouiller alternifolié — G 522g
- Arbousier Madroño — G 522h
- Asiminier trilobé — G 522i
- Nyssa sylvestre — G 522j
- Magnolier acuminé — G 522k
- Sassafras officinal — G 522l
- Hêtre à grandes feuilles — G 532a
- Peuplier à grandes dents — G 532b
- Pommier odorant — G 532c
- Pommier du Pacifique — G 532d
- Mûrier rouge — G 533
- Cerisier de Virginie — G 542a

- Cerisier amer — G 542b
- Amélanchier — G 542c
- Pommier commun — G 542d
- Prunier d'Amérique — G 542e
- Nerprun Cascara — G 542f
- Aubépine — G 552a
- Aulne rugueux — G 552b
- Aulne de Sitka — G 552c
- Bouleau à papier — G 552d
- Bouleau jaune — G 552e
- Bouleau occidental — G 552f
- Ostryer de Virginie — G 552g
- Charme de Caroline — G 552h
- Peuplier baumier — G 562a
- Peuplier occidental — G 562b
- Prunier noir — G 562c
- Aulne rouge — G 562d
- Chêne à gros fruits — G 572a
- Chêne blanc — G 572b
- Chêne de Garry — G 572c
- Chêne bicolore — G 572d
- Chêne rouge — G 582a
- Chêne noir — G 582b
- Chêne palustre — G 582c
- Chêne ellipsoïdal — G 582d
- Chêne de Shumard — G 582e
- Gainier rouge — G 623
- Peuplier faux-tremble — G 662
- Peuplier blanc — G 672a
- Tulipier d'Amérique — G 672b
- Platane occidental — G 683a
- Tilleul d'Amérique — G 732a
- Micocoulier occidental — G 732b
- Bouleau gris — G 852a
- Bouleau d'Alaska — G 852b
- Bouleau blanc d'Europe — G 852c
- Peuplier deltoïde — G 862a
- Peuplier de Lombardie — G 862b
- Orme d'Amérique — G 952a
- Orme liège — G 952b
- Orme rouge — G 952c
- Hamamélis de Virginie — G 962

G 422

Saule satiné

Silky willow, satin willow, satiny willow.

Salix pellita Anderss. ex Schneid.
Famille du saule (Salicacées)

Traits distinctifs

Feuilles — 4-13 cm de long, 0,5-2,5 cm de large. Dessus: vert foncé et sans poils. Dessous: velouté, souvent soyeux, densément couvert de poils blancs lustrés; bord de la feuille retroussé.

variation du bord de la feuille

Fleurs — chatons (groupes de fleurs mâles ou femelles) apparaissant avant ou en même temps que les feuilles.

Rameaux — jaunâtres à brun rougeâtre, lisses et souvent recouverts d'une mince pellicule de cire; robustes.

Taille — arbuste ou petit arbre pouvant atteindre 5 m de haut.

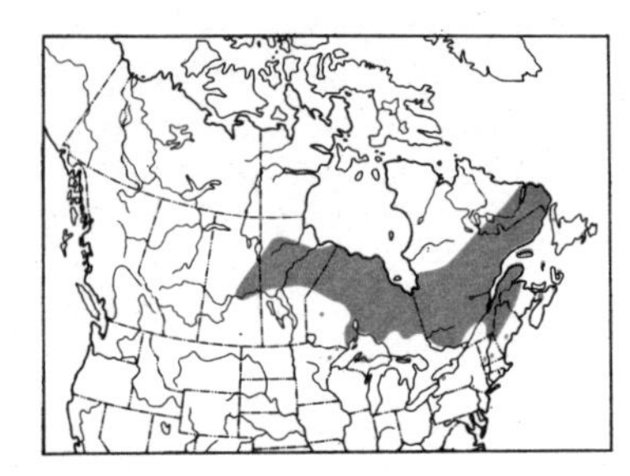

Aire de distribution

De la Nouvelle-Écosse à la Saskatchewan. Absent dans l'Île du Prince-Édouard.

Le nom générique *Salix* est un ancien nom latin pour saule, dérivé du celte *sal*, signifiant près, et *lis,* eau, allusion à l'habitat des saules en général. Le nom spécifique *pellita*, pellicule, fait allusion aux rameaux recouverts d'une mince pellicule de cire. Les autres noms font référence à la feuille veloutée sur la face inférieure. Espèce que l'on rencontre principalement dans le nord-est du Canada, le Saule satiné présente parfois une forme lisse, *psila*, qui se caractérise par une feuille dont la face inférieure glauque est dépourvue de poils.

Le Saule satiné possède son homologue à l'ouest de la Saskatchewan, le Saule de Drummond (*Salix drummondiana* Barr. ex Hook.) mais celui-ci n'atteint pas la taille d'un arbre. Certains taxonomistes le considèrent comme une variété du Saule satiné, mais dans la majorité des ouvrages on le traite comme une espèce distincte. Son nom est un hommage à Thomas Drummond, (1780-1853), un botaniste écossais.

Dans l'Est du Canada, on peut confondre le Saule satiné avec un saule introduit et échappé de culture, le Saule osier ou osier blanc, (*Salix viminalis* L.). Originaire d'Europe et d'Asie, il est cultivé comme arbre ornemental et comme source d'osier pour les ouvrages de vannerie, ses rameaux étant considérés comme les meilleurs, quant à la qualité et à la quantité, pour la fabrication de meubles et de paniers. Le nom spécifique *viminalis*, qui signifie propre à faire des liens, provient de cette particularité. C'est un arbuste ou un petit arbre pouvant atteindre huit mètres et plus de hauteur, aux longs rameaux d'un jaune verdâtre, très flexibles. Le Saule osier se distingue du Saule satiné particulièrement par ses rameaux très élancés et par l'absence d'une mince pellicule blanchâtre.

On peut facilement confondre l'Olivier de Bohême (*Elaeagnus angustifolia* L.), une espèce de la famille Élaéagnacées, avec les saules. Cet arbre, originaire d'Asie occidentale et d'Europe méridionale, est fréquemment cultivé dans les parcs et les jardins. La confusion est due à la similitude de leurs feuilles. L'Olivier de Bohême possède une feuille alterne, lancéolée, dépourvue de dents, et dont le dessus est vert foncé et le dessous argenté. Il se distinque cependant par la présence d'écailles brillantes sur la face inférieure de la feuille, sur les rameaux et sur les fruits qui ressemblent à de petites olives.

G 432a

Rare en Ontario

Châtaignier d'Amérique

châtaignier, châtaignier denté.

American chestnut, chestnut, sweet chestnut.

Castanea dentata (Marsh.) Borkh.
Famille du hêtre (Fagacées)

Traits distinctifs

Feuilles — 15-21 cm de long, 5-7 cm de large; nervures latérales parallèles, saillantes et se terminant en dents pour former une courte soie.

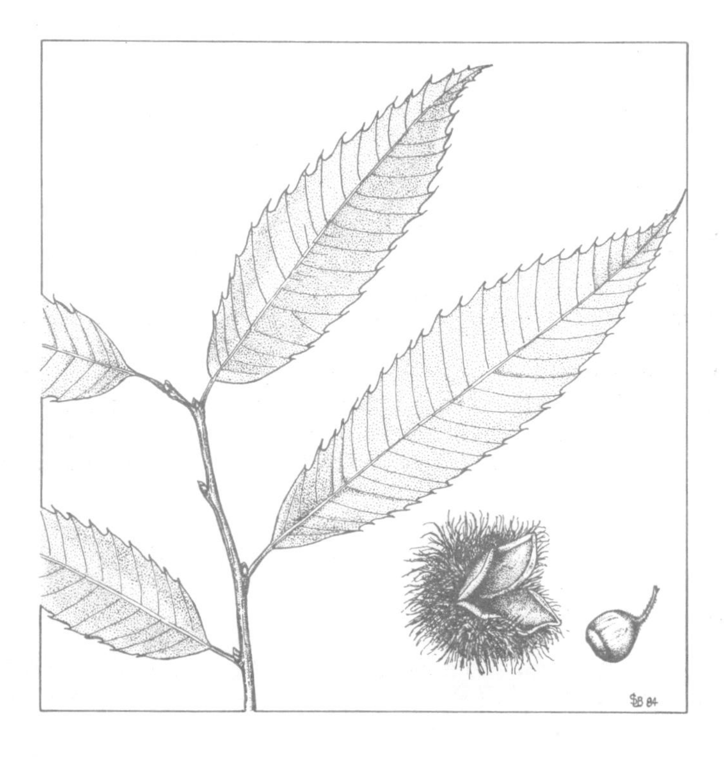

Fruits — noix appelées châtaignes, d'un brun terne, lisses, groupées (de 1-3) dans une bogue épineuse; amande douce et comestible.

Taille — dépasse rarement 10 m de haut; 15 cm de diamètre.

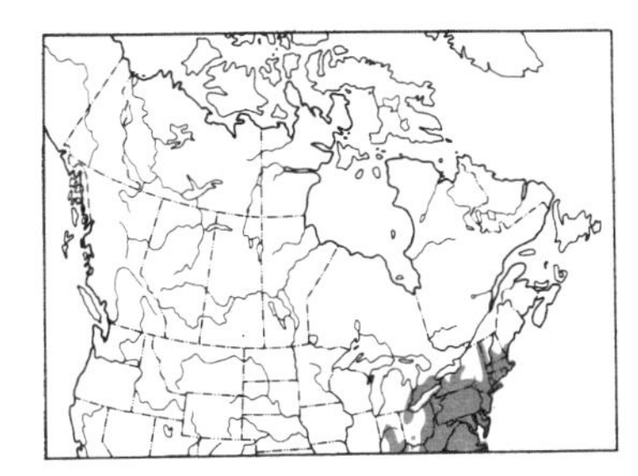

Aire de distribution

Région forestière des feuillus.

Au début du siècle, le Châtaignier d'Amérique avait une valeur commerciale importante en Amérique du Nord tant pour son bois de charpente que pour ses fruits.

Cependant, en moins d'une génération des peuplements entiers furent décimés par la rouille, ou brûlure du Châtaignier, une grave maladie introduite vers 1900, et qui cause le cancer de l'écorce. Contrairement à la rouille vésiculeuse du pin blanc qui doit passer par un hôte intermédiaire (*Ribes*) avant de s'attaquer au Pin blanc, la brûlure du châtaignier se propage d'arbre en arbre par les spores transportées par le vent. En 1937, une étude démontra que 99% des arbres avaient été tués aux États-Unis.

Le Châtaignier a pu survivre jusqu'à nos jours grâce aux drageons qui produisent parfois des graines qui réussissent à échapper à la maladie. Personne ne pouvait soupçonner au début du siècle qu'un arbre pourrait être presque exterminé en si peu de temps.

Le nom générique vient du grec *kastanou* ou *kastanea*, châtaigne, et le nom spécifique *dentata*, denté, fait allusion au bord denté de la feuille.

Il ne faut pas confondre ses fruits, les châtaignes comestibles (appelées aussi marrons), que l'on trouve sur le marché (Châtaignier commun, *Castanea sativa*, P. Mill.), avec les fruits du Marronnier d'Inde qui eux ne sont pas comestibles.

Selon la croyance populaire, la gelée des feuilles bouillies soulage les brûlures et la transpiration des pieds. L'infusion de l'écorce du Châtaignier calme la douleur des amygdales lorsqu'on s'en gargarise; avec un peu de miel cette infusion est censée guérir la coqueluche.

G 432b

Chêne jaune

chêne chincapin, chêne de Mühlenberg, chêne à chinquapin.

Chinquapin ou **Chinkapin oak**, rock oak, yellow chestnut oak, yellow oak.

Quercus muehlenbergii Engelm.
Famille du hêtre (Fagacées)

Traits distinctifs

Feuilles — 10-15 cm de long, 3-8 cm de large; 8-13 nervures latérales parallèles se terminant en dents de chaque côté du limbe.

Rameaux — dépourvus de poils, bourgeon terminal semblable aux bourgeons latéraux.

Fruits — glands à graines comestibles; 1,2-2,5 cm de long dans une cupule profonde, mince, couverte de petites écailles recouvertes de poils.

Écorce — gris clair, écailleuse.

Taille — 12-15 m de haut, 30-60 cm de diamètre.

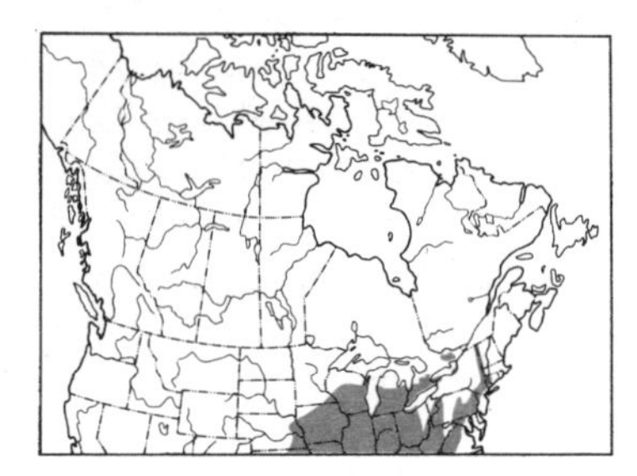

Aire de distribution

Région forestière des feuillus et au nord-est du lac Ontario.

Le nom générique *Quercus* est le nom donné au chêne par les Romains, tandis que son nom spécifique *muehlenbergii* lui fut donné en l'honneur de Henry Ernst Mühlenberg (1753-1815), un botaniste de Pennsylvanie, qui fut le premier à identifier cette espèce.

Ce chêne de taille moyenne, peu commun dans son aire de distribution, se distingue du Châtaignier par son fruit, un gland, et par l'absence de courtes soies au bout des dents de ses feuilles. On pourrait parfois le confondre avec un autre chêne, le Chinquapin (*Quercus prinoides* Willd.) mais celui-ci est un arbuste de petite taille et ses feuilles possèdent généralement 6 dents de chaque côté.

Plusieurs livres soulignent la présence du Chêne châtaignier (*Quercus prinus* L.) à l'extrémité sud de l'Ontario.

Cependant, un spécialiste qui a scrupuleusement scruté les spécimens de l'Herbier national rejette cette espèce de la flore canadienne. Tous ces spécimens sont des identifications erronées, et sont en réalité des spécimens de Chêne jaune.

La cime, composée de plusieurs branches, est étroite et arrondie au sommet. Son feuillage vert jaunâtre brillant lui a valu le nom de Chêne jaune et c'est à la ressemblance de sa feuille à celle du Châtaignier qu'il doit le nom de «chêne chinquapin» qui signifie châtaignier en langage amérindien. Avec le Chêne bicolore (*Quercus bicolor*, Willd.) et le Chêne châtaignier, il fait partie de la catégorie des chênes prins, groupe qui se caractérise par la feuille généralement dentée ou crénelée, ou à lobes peu profonds, plutôt que nettement lobées comme celles de la grande majorité des chênes. De plus, les dents ne sont pas terminées par de courtes soies.

Ses glands sont comestibles et plus doux que ceux des autres chênes. Son bois, sans grande importance commerciale, se vend sous le nom «chêne blanc», et est surtout utilisé comme bois de charpente, traverses de chemin de fer, bois de chauffage. Le Chêne jaune est parfois planté comme arbre ornemental ou d'ombrage.

G 442a

Cerisier tardif

cerises d'automne, cerisier d'automne, cerisier noir.

Black cherry, cabinet cherry, mountain black cherry, rum cherry, timber cherry, wild black cherry, whiskey cherry, wine cherry.

Prunus serotina Ehrh.
Famille du rosier (Rosacées)

Traits distinctifs

Feuilles — 6-12 cm de long; la plus grande largeur se situe vers le milieu du limbe; épaisses et coriaces, à fines dents incurvées; dessus, vert foncé et cireux; dessous plus pâle et garni de poils qui vont du blanc au roux de chaque côté de la nervure centrale.

Rameaux — brun rougeâtre; un seul bourgeon à l'extrémité du rameau; odeur prononcée lorsqu'on les brise.

Fruits — drupes, cerises presque noires, en grappes; comestibles, un peu amères, juteuses.

Écorce — lisse chez les jeunes arbres et marquée de traits horizontaux saillants (lenticelles) blanchâtres; devenant rugueuse et se détachant en bandes recourbées.

Taille — 20-30 m de haut; 30-100 cm de diamètre.

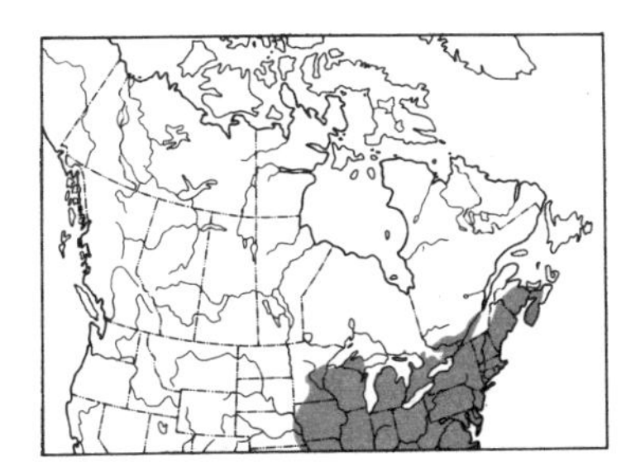

Aire de distribution

Région forestière des feuillus, secteurs méridionaux de la Région forestière des Grands Lacs et du Saint-Laurent et la Région forestière acadienne.

Le nom générique *Prunus*, nom latin classique du prunier, dérive du grec *prunos*, prune ou cerise. Le nom spécifique *serotina* vient du latin *serus*, tard, et fait référence à l'apparition tardive des fleurs, et du fruit qui reste parfois sur l'arbre jusqu'à la mi-octobre.

Le Cerisier tardif est le seul cerisier canadien qui soit un grand arbre, atteignant parfois 30 m dans certaines régions. Tous les autres cerisiers indigènes sont de petits arbres ou des arbustes. Il croît dans une grande variété de sols et on le trouve dans les érablières, les bois rocheux ou les boisés le long des rivières.

Son bois dur, à grain serré et régulier, se polit bien. Il est employé en ébénisterie et pour la fabrication d'instruments de musique, de boiseries et de manches d'outils de toutes sortes. Sa qualité, égale à celle du Noyer noir (*Juglans nigra*, L.), et sa riche couleur brun rougeâtre semblable à celle de l'acajou, sont les caractéristiques qui ont fait que plusieurs meubles de style colonial furent fabriqués de ce bois au début de la colonisation.

Il fut aussi un des premiers arbres à être introduit dans les jardins anglais, et ce, dès 1629. Il était jadis le bois le plus recherché pour le montage des gravures et des eaux-fortes. Cet arbre fut si exploité au Canada qu'aujourd'hui il n'abonde nulle part.

Les feuilles libèrent de l'acide cyanhydrique qui, sous l'action d'enzymes que l'on trouve dans l'estomac, s'avère un poison très dangereux. On rapporte des cas d'empoisonnement de bétail ayant mangé des feuilles partiellement fanées, ainsi que des cas d'empoisonnement, voire même de décès, chez des enfants qui auraient mâché de ses brindilles.

Autrefois, en médecine populaire, on employait les feuilles et l'écorce interne comme tonique, comme sédatif, et contre les maladies des bronches. Toutefois cette pratique est tout à fait à déconseiller à cause de sa toxicité.

La pulpe du fruit se mange nature ou en gelée, en sirop, en vin, en jus et en tarte. Si le Cerisier tardif fut un arbre précieux pour l'homme, ses fruits constituent une source de nourriture importante pour les oiseaux et pour plusieurs mammifères. Quoique les noyaux soient toxiques pour les humains, ils sont très appréciés par les tamias et la Souris sylvestre qui ne se gênent pas pour en faire des provisions.

G 442b

Rare aux Territoires du Nord-Ouest

Cerisier de Pennsylvanie

arbre à petites merises, cerisier d'été, merise, merisier, petit merisier.

Pin cherry, bird cherry, cherrytree, fire cherry, hay cherry, pigeon cherry, red cherry, wild cherry, wild red cherry.

Prunus pensylvanica L.fil.
Famille du rosier (Rosacées)

Traits distinctifs

Feuilles — 4-12 cm de long; la plus grande largeur se situe dans le tiers inférieur du limbe; dépourvues de poils, luisantes sur les deux faces.

Rameaux — plusieurs bourgeons groupés à l'extrémité du rameau; rouge luisant; à saveur amère et à odeur prononcée lorsqu'on les brise.

Fruits — drupes, cerises ou merises rouge vif, attachées à un long pédoncule, et en groupes de 2-6; très acides et comestibles.

Écorce — lisse, brun rouge; apparence de vernis; marquée de traits horizontaux (lenticelles) poudreux orangés et très visibles.

Taille — petit arbre ou arbuste pouvant atteindre 15 m de haut; 10-30 cm de diamètre.

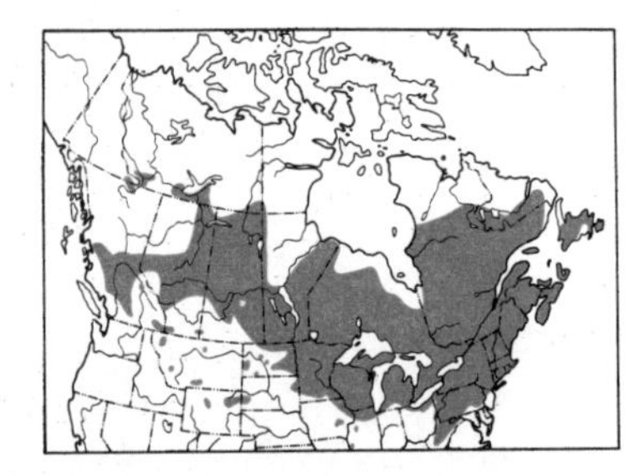

Aire de distribution

Dans presque toutes les Régions forestières du Canada, depuis Terre-Neuve jusqu'au centre de la Colombie-Britannique.

Le Cerisier de Pennsylvanie, au tronc droit, est considéré par certains comme le plus joli de nos cerisiers. Il ne faut pas le confondre avec le Bouleau jaune (ou merisier) de genre *Betula*.

Le nom générique vient du grec *prunos* qui signifie prunier ou cerisier, et le nom spécifique, *pensylvanica*, dérive de l'ancienne orthographe de Pennsylvanie utilisée par les colons français. Plusieurs noms anglais dévoilent des caractéristiques importantes de l'espèce. Les oiseaux qui sont les principaux agents de dispersion de ses graines s'en nourrissent à profusion, ce qui justifie le nom «bird cherry». Le nom «pin cherry» fait allusion à la disposition de ses groupes de fruits à longs pédoncules, ressemblant à des pelotes fichées d'aiguilles ou d'épingles.

Le Cerisier de Pennsylvanie se reproduit spontanément à la suite des feux de forêts, d'où son nom commun «fire cherry». On l'appelle aussi «hay cherry» parce que ses fruits mûrissent à peu près à la saison des foins. La couleur rouge vif de ses fruits lui a valu le nom de «red cherry».

Le Cerisier de Pennsylvanie est un des premiers arbres à déployer ses fleurs blanches au printemps, avant ou en même temps qu'apparaissent ses feuilles.

C'est une espèce pionnière qui ne tolère pas l'ombre et disparaît très vite sous le couvert des autres arbres. Ayant besoin de beaucoup de soleil pour croître, il envahit les brûlis, les bleuetières, les pâturages, les secteurs récemment déboisés, les champs abandonnés ou les taillis, et on le voit fréquemment le long des clôtures et des routes. Ses fruits, étant beaucoup trop lourds pour être disséminés par le vent comme ceux des peupliers, des saules et des bouleaux, le Cerisier de Pennsylvanie, comme tous les cerisiers, se propage par l'intermédiaire des animaux, principalement des oiseaux.

Au printemps, dans les endroits où les aires de répartition se chevauchent, on pourrait le confondre avec deux espèces qui ont un arrangement floral semblable, le Prunier noir (*Prunus nigra* Ait.) et le Prunier d'Amérique (*Prunus americana* Marsh.). Par contre, ces deux espèces portent des rameaux épineux et leurs fleurs sont beaucoup plus grandes (1,5-3 cm de diamètre).

Ses fruits, quoique plus amers que ceux du Cerisier tardif, peuvent être apprêtés de la même façon. Comme chez tous les cerisiers (indigènes ou introduits), ses feuilles, son écorce interne et ses noyaux contiennent un poison, l'acide cyanhydrique.

Ce petit arbre, trop petit pour être utilisé commercialement, est parfois employé comme stabilisateur de sol pour contenir l'érosion. Il joue un rôle très important comme abri (après un feu de forêt), en créant de l'ombre pour faciliter l'implantation d'espèces plus tolérantes. Enfin, on le plante à l'occasion comme arbre ornemental mais il a tendance à se propager rapidement.

G 442c

Rare en Saskatchewan

Peuplier angustifolié

peuplier à feuilles étroites, liard amer.

Narrowleaf cottonwood, mountain cottonwood, willow cottonwood, willow-leaved cottonwood, yellow cottonwood.

Populus angustifolia James
Famille du saule (Salicacées)

Traits distinctifs

Feuilles — 5-12 cm de long; ressemblent à celles du saule typique; dessous souvent marquées de taches résineuses brunâtres.

Rameaux — grêles, blanc éclatant; bourgeons lisses, pointus, un peu gommeux, aromatiques.

Écorce — lisse et vert jaunâtre; crevassée et gris brun sur les arbres âgés.

Taille — 10-15 m de haut; 20-30 cm de diamètre.

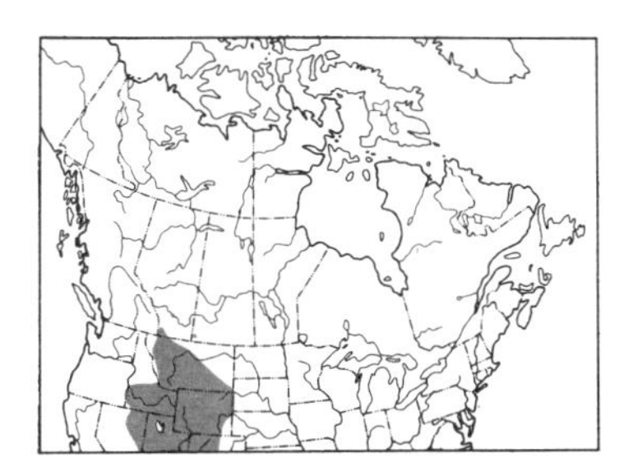

Aire de distribution

Sud-ouest de la Saskatchewan et quelques vallées du sud de l'Alberta.

Le nom générique *Populus*, signifiant probablement peuple, est le nom commun latin pour les peupliers, et le nom spécifique *angustifolia*, dérive du latin *angustus*, étroit, et de *folium*, feuille. Le nom «peuplier à feuilles étroites» est la traduction littérale du nom scientifique. La couleur de son écorce et de ses feuilles est à l'origine de ses autres noms communs.

Le Peuplier angustifolié fut découvert en 1805 par Lewis et Clark lors de leur expédition vers le Nord-Ouest. Ce peuplier est une espèce commune des montagnes Rocheuses aux États-Unis (mountain cottonwood), mais plutôt rare au Canada.

Au premier coup d'oeil, on peut facilement confondre le Peuplier angustifolié avec les saules, car à l'instar de plusieurs espèces de saules, il possède des feuilles lancéolées et il préfère les endroits humides le long des cours d'eau. Toutefois, il s'en distingue par ses fleurs en chatons qui pendent, alors que celles des saules se dressent sur les branches. Les bourgeons des peupliers sont couverts de plusieurs écailles alors que ceux des saules n'ont qu'une seule écaille. De plus, particulièrement au printemps, les bourgeons couverts de résine dégagent une odeur aromatique, ce qui prouve qu'il appartient plutôt au groupe des Peupliers baumiers qu'au groupe des saules.

Comme chez la majorité des saules, les espèces de peupliers forment de nombreux hybrides ce qui rend leur identification laborieuse. Le Peuplier angustifolié et le Peuplier baumier s'hybrident facilement, réduisant ainsi le nombre de spécimens typiques de Peuplier angustifolié. Il s'hybride aussi avec le Peuplier deltoïde pour former le Peuplier à feuilles de lance (*Populus* x *acuminata* Rydb.)

Comme tous les membres de la famille des Salicacées, l'arbre contient de la salicine, un produit analgésique. L'application des fruits cotonneux mouillés peut enrayer une infection de la gencive, et une décoction des fruits peut soulager les maux de dents.

De petite taille et rare au Canada, le Peuplier angustifolié n'a aucune valeur commerciale. Son système radiculaire très développé contribue à contenir l'érosion des berges.

G 442d

Saule noir

Black willow, swamp willow.

Salix nigra Marsh.
Famille du saule (Salicacées)

Traits distinctifs

Feuilles — 5-15 cm de long, 0,5-2 cm de large; stipules, toujours denticulés, très en évidence sur les pousses vigoureuses; presque de la même teinte vert foncé sur les deux faces, seulement un peu plus pâle en dessous; souvent sans glande à la jonction du pétiole et du limbe.

Rameaux — fins et très cassants à la base, jaunâtres à brun rougeâtre, garnis de poils au début, devenant lisses peu après; bourgeons très pointus.

Taille — grand arbuste ou arbre de 3-20 m de haut, pouvant atteindre 50 cm et plus de diamètre.

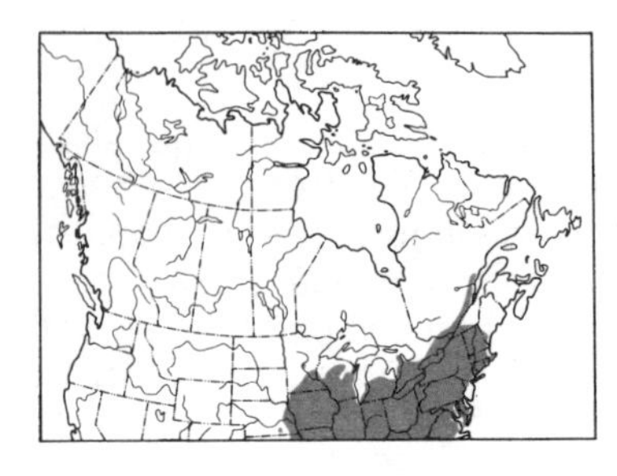

Aire de distribution

Région forestière des feuillus, sud de la Région forestière des Grands Lacs et du Saint-Laurent et Région forestière acadienne.

Le nom générique *Salix* est un ancien nom latin pour saule, dérivé du celte *sal*, et *lis*, eau, allusion à l'habitat des saules en général. Le nom spécifique *nigra*, noir, fait allusion à l'écorce noire des vieux arbres; elle est alors profondément crevassée, s'enlevant par écailles et souvent rugueuse.

Le Saule noir pousse sur les dunes et les rivages, près des cours d'eau, dans les endroits souvent submergés au printemps, dans les marécages et dans la forêt. C'est le saule qui se rencontre le plus souvent sous forme d'arbre.

Il est le plus grand des saules indigènes du Canada. Le tronc a souvent tendance à se diviser dès la base en plusieurs branches ou tiges, ce qui lui donne une silhouette bien caractéristique.

Parmi les saules à feuilles étroites, il est le seul dont les feuilles sont, pour ainsi dire, d'un vert uniforme sur les deux côtés et le seul à conserver des stipules très en évidence sur les pousses vigoureuses jusqu'à l'automne.

Le fait de croître souvent le long des cours d'eau, ainsi que la tendance qu'ont ses rameaux à se briser dans les intempéries et la facilité avec laquelle ils prennent racine, favorisent la multiplication végétative et la dissémination naturelle. En effet, les rameaux, transportés par le courant, s'enracineront dans les anses des cours d'eau, de même que les très petites graines à aigrettes soyeuses germeront dans des sites ensoleillés et humides.

Contrairement aux fruits lourds des chênes, des caryers et de la plupart des conifères, les fruits du Saule noir contiennent très peu de réserves nutritives et doivent donc germer dans les 24 heures qui suivent leur chute. Ces graines légères, produites à profusion et capables de flotter dans l'air, seront également disséminées par le vent.

Toutefois, si la régénération par les graines n'est pas très efficace, le Saule noir, comme tous les autres saules, a la capacité de se reproduire facilement en émettant des rejets, c'est-à-dire des pousses qui renaissent des racines ou des souches. On exploite souvent cette particularité afin de contenir l'érosion en stabilisant les berges des rivières.

S'il est facile de distinguer les saules des autres espèces d'arbres, il n'est pas aussi simple de reconnaître les différentes espèces de saules indigènes dont environ 75 au Canada. Les caractères importants pour l'identification ne se retrouvent pas toujours en même temps sur l'arbre car les saules sont des plantes dioïques, c'est-à-dire qu'ils portent les fleurs mâles et les fleurs femelles sur des arbres différents. De plus, les feuilles des rejets diffèrent souvent de celles de la plante mère et pour compliquer le tout, les saules s'hybrident, donnant ainsi des individus à caractères intermédiaires. Cependant, la majorité des saules sont des arbustes et seulement cinq ou six d'entre eux sont des arbres.

Le Saule noir, sans valeur commerciale, est parfois utile, là où il abonde, comme bois de chauffage, bois de charpente et en charbon de bois. Durant la Révolution américaine et à l'époque des pionniers, on tirait de son bois et de celui des autres saules du charbon de bois très fin dont on fabriquait de la poudre à canon.

Les Amérindiens ont longtemps utilisé des extraits de ce saule pour soulager les maux de tête.

G 442e

Saule à feuilles de pêcher

saule amygdaloïde.

Peachleaf willow, peach-leaved willow, peach willow.

Salix amygdaloides Anderss.
Famille du saule (Salicacées)

Traits distinctifs

Feuilles — 5-14 cm de long, 1-3 cm de large; stipules petits ou absents la plupart du temps; lisses; dessus vert jaunâtre à vert foncé, dessous beaucoup plus pâle; absence de glandes à la jonction du pétiole et du limbe, et si présentes, elles sont très petites.

Rameaux — lisses; brun jaunâtre, flexibles et un peu retombants; bourgeons très pointus et écailles de bourgeons jaunes.

Taille — grand arbuste ou arbre de 10-20 m de haut, pouvant atteindre 40 cm de diamètre.

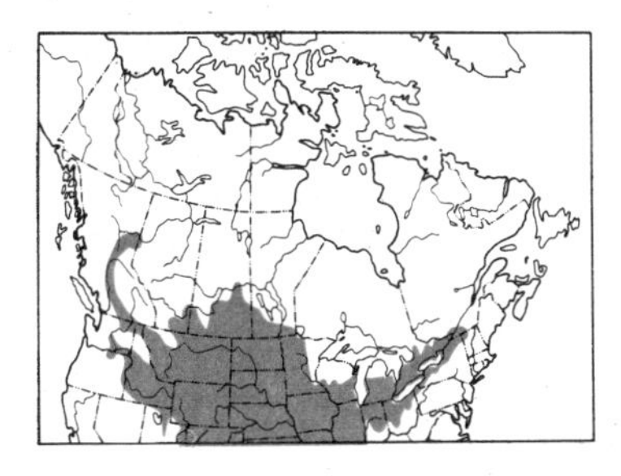

Aire de distribution

Régions forestières des feuillus, des Grands Lacs et du Saint-Laurent et Région des Prairies.

Le nom générique *Salix* est un ancien nom latin pour saule, dérivé du celte *sal*, près, et *lis*, eau, faisant allusion à l'habitat des saules en général. Son nom spécifique *amygdaloides* dérive du grec *amygdalos*, amande, et de *oides*, semblable à, allusion à la forme d'amande de la feuille.

Cet arbre, dont les feuilles ressemblent étrangement à celles du pêcher, aime les rives, les marécages, les étangs et les bois situés à basse altitude. Les berges des rivières lui doivent beaucoup car ses racines tenaces ont empêché que bon nombre d'entre elles soient emportées par l'érosion.

C'est une espèce pionnière qui se rencontre souvent avec le Peuplier deltoïde et l'Érable argenté. Le Saule à feuilles de pêcher dont le tronc se ramifie à faible hauteur ressemble au Saule noir mais s'en distingue par ses feuilles plus larges et non incurvées, glauques en dessous, ainsi que par l'absence fréquente de stipules et par ses rameaux retombants et non cassants.

Afin de soulager un mal de tête lors d'une randonnée en forêt, il suffit de mastiquer un bout d'écorce de ses rameaux, car l'écorce de tous les saules contient de la salicine, une substance semblable à l'aspirine.

On peut extraire du tannin de son écorce ainsi qu'une teinture brun pâle.

Comme la plupart des saules, il n'a aucune valeur commerciale, mais on l'utilise pour faire des piquets de clôture, du bois de chauffage et parfois du charbon de bois.

Les saules sont importants pour la faune car ils fournissent nourriture et gîte à plusieurs espèces d'oiseaux et de mammifères. La pollinisation ne se fait pas uniquement par le vent mais également par les insectes car ses fleurs contiennent du nectar. Les fleurs s'épanouissent tôt au printemps procurant ainsi aux abeilles un approvisionnement important de nectar.

G 442f

Saule brillant

saule laurier, saule luisant (France).

Shining willow

Salix lucida Mühl. ssp. *lucida*
Famille du saule (Salicacées)

Traits distinctifs

Feuilles — 4-15 cm de long, 1,5-4,5 cm de large; lisses, luisantes sur les deux faces; vert foncé sur les deux faces, seulement un peu plus pâles en dessous; terminées par une longue pointe fine; jeunes feuilles souvent rougeâtres et garnies de poils rouille; munies de glandes à la jonction du pétiole et du

limbe; stipule semi-circulaire parfois absente.

Rameaux — très luisants, lisses; jaunes à brun rougeâtre; écaille des bourgeons brun pâle.

Taille — petit arbre ou arbustre pouvant atteindre 10 m de haut et 15-20 cm de diamètre.

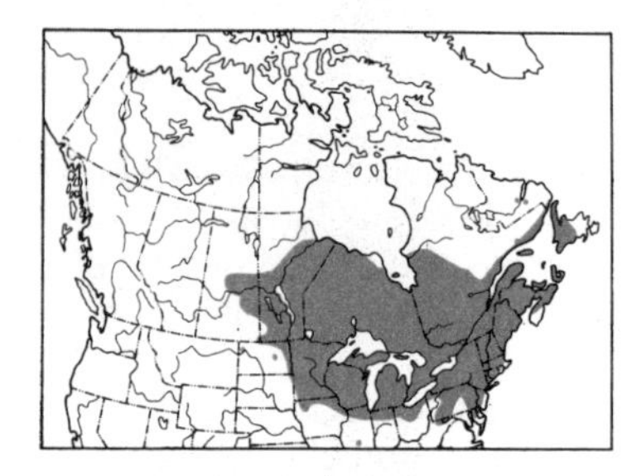

Aire de distribution

Régions forestières des feuillus, des Grands Lacs et du Saint-Laurent, acadienne, des Prairies et sud de la Région forestière boréale.

Ce petit arbre, un de nos plus beaux saules indigènes, pousse naturellement dans les terrains bas, en bordure des rives, des marais et des tourbières ainsi que sur les bancs de sable le long des ruisseaux. Lorsque l'on contemple le luisant délicat des rameaux et le magnifique éclat vert sombre des feuilles, lustré comme du cuir, il est aisé de comprendre ce qui a valu à cette sous-espèce le nom de Saule brillant (*lucida* en latin). On voit tout aussi facilement la raison qui pousse les paysagistes à l'employer comme arbre ornemental.

La feuille du Saule brillant et celle du Saule à feuille de pêcher se ressemblent mais cette dernière n'est pas brillante ou lustrée en dessous.

Les saules sont les seuls arbres indigènes à feuilles alternes dont les bourgeons sont serrés contre la ramille et complètement recouverts d'une seule écaille, ce qui les distingue de tous les autres arbres. Les bourgeons du Platane d'Occident et ceux du Magnolia à feuilles acuminées, deux espèces rares au Canada, possèdent également une seule écaille, mais ils forment un angle ouvert avec la ramille. Quoique ses bourgeons soient petits et parfois difficiles à observer, cette caractéristique est sans équivoque.

On remarque souvent chez les saules comme chez d'autres espèces d'arbres, de grosses excroissances sphériques, des boursouflures ou des boutons qui déforment les feuilles ou les rameaux. Ce sont des galles causées par de minuscules insectes (mouches, guêpes ou pucerons) qui parasitent les végétaux. La femelle pond ses oeufs sur la feuille ou le rameau, et les tissus de la plante réagissent en développant une tumeur d'où un insecte adulte sortira plus tard dans la saison. Chaque parasite provoque la formation d'une galle caractéristique en un point particulier d'une plante. Certains champignons peuvent également être responsables de la formation d'une galle.

G 442g

Saule du Pacifique

saule à étamines velues (France), saule brillant de l'Ouest, saule laurier de l'Ouest.

Pacific willow, western shining willow.

Salix lucida Mühl. ssp. *lasiandra* (Benth.) E. Murray
syn. *Salix lasiandra* Benth.
Famille du saule (Salicacées)

Traits distinctifs

Feuilles — 6-15 cm de long, 1,5-3 cm de large; lisses; vert foncé et luisantes au-dessus, blanchâtres en dessous; terminées par une longue pointe fine; munies de glandes à la jonction

du pétiole et du limbe; stipules semi-circulaires bien visibles.

Rameaux — luisants, lisses, jaunes à brun rougeâtre; écailles des bourgeons brun pâle.

Taille — petit arbre ou arbuste pouvant atteindre 12 m de haut et 30-35 cm de diamètre.

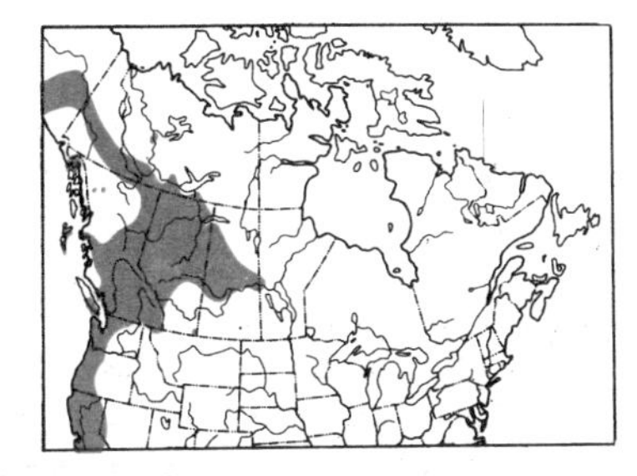

Aire de distribution

De l'Alaska jusqu'à la partie ouest du Manitoba.

Le Saule du Pacifique, un de nos plus grands saules indigènes, est, avec le Peuplier occidental et l'Aulne rouge, un arbre typique des rives des rivières, des marécages et des étangs.

Le nom saule à étamines velues est la traduction littérale du nom scientifique, *Salix*, saule, et de *lasiandra* qui dérive du grec *lasios*, laineux, et *andros*, mâle, faisant référence aux fleurs staminées (mâles) à étamines poilues. On l'appelle parfois saule brillant de l'Ouest parce que ses feuilles luisantes ressemblent à celles du Saule brillant (*Salix lucida* Mühl.ssp. *lucida*). Les deux arbres ont tellement de points communs que certains auteurs classent le Saule du Pacifique comme une sous-espèce du Saule brillant.

On peut confondre le Saule du Pacifique avec le Saule à feuilles de pêcher là où leurs aires de distribution se chevauchent.

Cependant, le Saule du Pacifique se distingue par la présence de glandes à la jonction du pétiole et du limbe et par les stipules bien évidentes. De son côté, le Saule à feuilles de pêcher ne possède pas de glandes, ou si présentes, elles sont très petites et les stipules sont très petites ou absentes.

Les Amérindiens utilisaient le bois léger et tendre du Saule du Pacifique pour allumer le feu par friction; l'écorce interne servait à faire des cordes.

G 442h

Saule à tête laineuse

saule rigide.

Heart-leaved willow, erect willow.

Salix eriocephala Michx.
syn. *Salix rigida* Mühl.
Famille du saule (Salicacées)

Traits distinctifs

Feuilles — 5-15 cm de long, 1-4 cm de large; très variables; dessus vert foncé, dessous blanchâtre et souvent garni de poils de chaque côté de la nervure centrale; stipule généralement grande et persistante.

Rameaux — lisses ou un peu poilus, jaunes à brun rougeâtre.

Taille — arbuste à troncs multiples ou petit arbre pouvant atteindre 9 m de haut et 15 cm de diamètre.

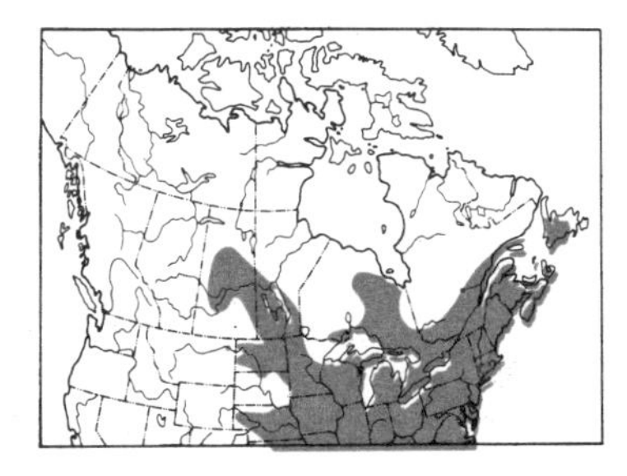

Aire de distribution

Des provinces de l'Atlantique jusque dans la partie ouest de la Saskatchewan.

Le Saule à tête laineuse est un excellent exemple de la complexité des saules. Certains botanistes le considèrent comme une espèce aux formes extrêmement variables alors que pour d'autres c'est un assemblage d'espèces similaires difficiles à identifier. Plusieurs ouvrages utilisent le nom *Salix rigida* Mühl., mais Argus (1980) stipule que le vrai nom de ce groupe est *Salix eriocephala* Michx.

Le nom spécifique *eriocephala*, tête laineuse, fait allusion aux chatons de fleurs laineuses qui apparaissent avant ou en même temps que les feuilles et *rigida*, rigide, fait référence aux feuilles qui deviennent rigides à l'automne. La base de la feuille est souvent cordiforme, ce qui lui a valu le nom «heart-leaved willow».

Les piqûres de petits insectes provoquent la formation de galles argentées qu'on employait autrefois en infusion contre la rétention d'urine.

G 442i

Rare en Ontario

Saule arbustif

Shrubby willow, littletree willow.

Salix arbusculoides Anderss.
Famille du saule (Salicacées)

Traits distinctifs

Feuilles — 2-7 cm de long, 0,5-1,5 cm de large; luisantes; vert foncé et glabres au-dessus; blanchâtres et soyeuses en dessous; stipules très petites qui tombent tôt.

Rameaux — minces, un peu poilus jeunes; brun jaunâtre.

Taille — arbuste à troncs multiples ou petit arbre pouvant atteindre 6 m de haut et 10 cm de diamètre.

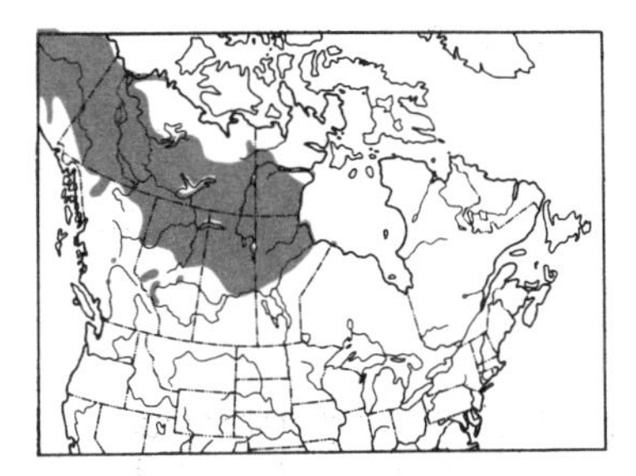

Aire de distribution

Principalement dans la partie septentrionale de la Région forestière boréale de l'Alaska au nord-ouest de l'Ontario; au lac Mistassini au Québec.

Le Saule arbustif, caractéristique de la forêt de la Région boréale, est une espèce dont la taille peut varier, selon le type d'habitat, de l'arbuste rampant de 30 cm de haut à un petit arbre de plus de cinq mètres. On le trouve sur les rivages des rivières et dans les tourbières.

Le nom spécifique *arbusculoides*, signifie qui ressemble à *Salix arbuscula* L., une espèce de saule indigène du nord de l'Europe. Il forme parfois des peuplements purs très denses ou s'associe à l'Épinette blanche et aux bouleaux.

G 442j

Saule pétiolé

saule à long pétiole (France).

Slender willow, basket willow, meadow willow, stalked willow.

Salix petiolaris Sm.
syn. *Salix gracilis* Anderss.
Famille du saule (Salicacées)

Traits distinctifs

Feuilles — 2-12 cm de long, 0,5-2 cm de large; luisantes; vert foncé dessus et glauques dessous; les deux faces sont généralement glabres; les jeunes feuilles sont souvent rougeâtres et soyeuses; stipule très petite qui tombe tôt, ou généralement absente.

Rameaux — élancés, soyeux jeunes, devenant presque glabres par la suite, jaunâtres à brun rougeâtre.

Taille — arbuste à troncs multiples ou petit arbre pouvant atteindre 7 m de haut et 10 cm de diamètre.

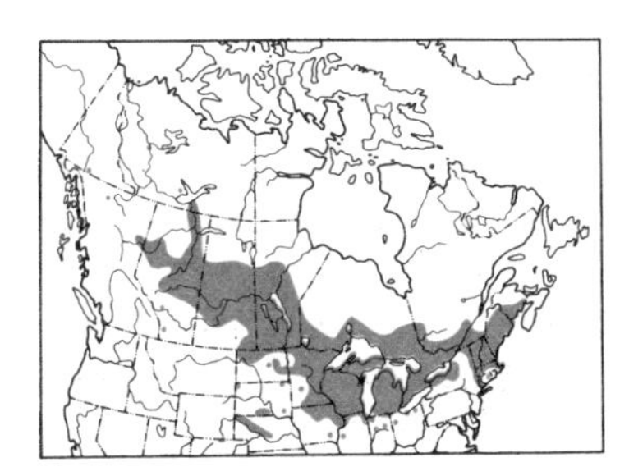

Aire de distribution

De l'est de la Colombie-Britannique jusqu'au Nouveau-Brunswick.

Le Saule pétiolé aux rameaux dressés forme habituellement avec d'autres saules des saulaies se prolongeant sur les rivages des lacs, des rivières, des ruisseaux, des étangs et des marécages. Il croît aussi dans les marais et prés humides.

Le nom spécifique *petiolaris*, fait référence à la présence d'un pétiole de la feuille tandis que *gracilis* qualifie les rameaux menus et élancés avec lesquels on fait parfois des paniers (basket willow).

Le Saule pétiolé fut décrit pour la première fois par Sir James Edward Smith (1759-1828), à partir de saules introduits en Angleterre. En 1784, il acheta l'Herbier de Linné, et fut le fondateur de «The Linnean Society» en Angleterre.

G 442k

Saule des bancs de sable

saule à feuilles exiguës, saule de l'intérieur.

Sandbar willow, basket willow, coyote willow, narrowleaf willow, pink-barked willow, ropeplant, silver willow, slenderleaf willow.

Salix exigua Nutt.
syn. *Salix interior* Rowlee
Famille du saule (Salicacées)

Traits distinctifs

Feuilles — 5-15 cm de long, 0,5-1,5 cm de large; très étroites; dents espacées ou sans dents; pétiole ou queue très petit; jaune vert et glabres dessus, plus pâles avec ou sans poils

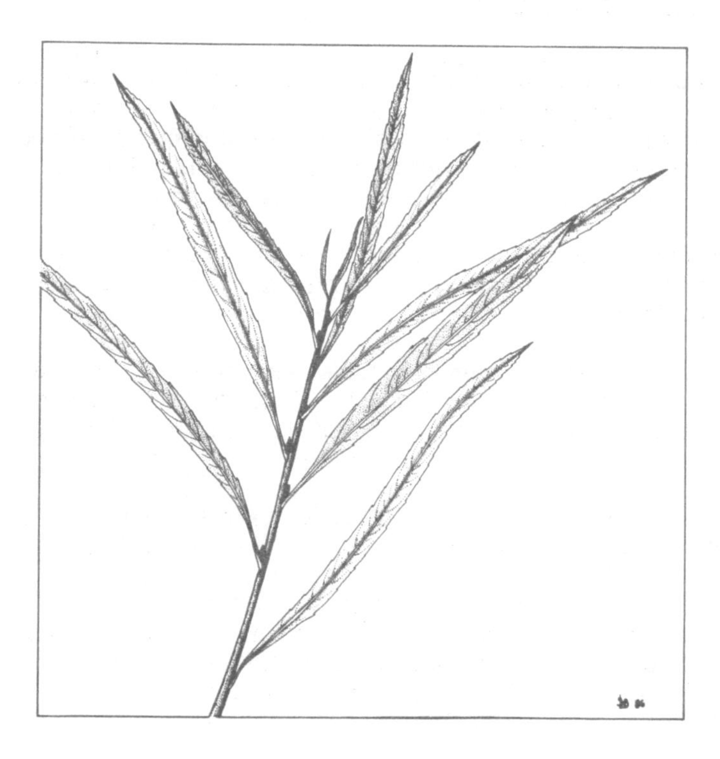

dessous; stipule minuscule et généralement absente.

Rameaux — fins, dressés, brun jaunâtre à brun rougeâtre foncé.

Taille — arbuste de 1-4 m de haut, parfois petit arbre pouvant atteindre 6 m de haut et 15 cm de diamètre.

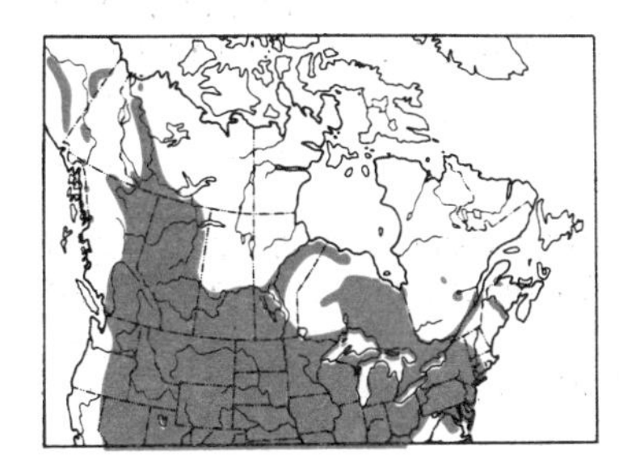

Aire de distribution

De l'est de la Colombie-Britannique jusqu'au Nouveau-Brunswick.

Espèce typique des terres inondées et des plaines alluviales, le Saule des bancs de sable, comme son nom l'indique, colonise les bancs de sable récemment formés le long des rivières, des ruisseaux et des lacs. Il supporte les sols secs ou très mouillés où il se propage vigoureusement par des tiges souterraines qui montent à la surface. Le Saule des bancs de sable formera rapidement un taillis et stabilisera les sols, préparant ainsi la venue à d'autres espèces telles que les saules, les peupliers et les aulnes.

Le nom spécifique *exigua*, exigu, fait référence à la feuille très étroite et *interior*, intérieur, indique qu'il est essentiellement une espèce que l'on trouve à l'intérieur des terres et non le long des côtes.

Le Saule des bancs de sable occupe une très grande aire de distribution. Il est présent dans presque toute l'Amérique du Nord, de l'Alaska jusqu'au Mexique. Espèce aux caractères instables, elle s'est développée, selon les conditions du milieu, en plusieurs types qui varient selon la forme et le degré de pubescence des feuilles. Les spécialistes la considèrent comme une espèce aux formes variables ou comme un assemblage d'espèces similaires difficiles à identifier.

Dans le sud-ouest de la Colombie-Britannique et sur l'île Vancouver, le Saule à feuilles sessiles (*Salix sessilifolia* Nutt.) joue le même rôle que le Saule des bancs de sable. Il peut atteindre 8 m de haut et se caractérise par une feuille plus large (1-3,5 cm) que celle de son homologue, veloutée au-dessous et s'insérant directement sur le rameau. Il fut découvert à l'embouchure de la rivière Willamette et nommé par le botaniste et conservateur du Jardin botanique de Harvard, Thomas Nuttall (1784-1859).

Les Amérindiens utilisaient les rameaux flexibles et l'écorce du Saule des bancs de sable ainsi que d'autres saules pour faire de la corde, de la ficelle et des paniers. Ils tissaient les fibres de l'écorce pour se confectionner des vêtements, des sacs et des couvertures.

Le bois servait à fumer la viande, le poisson et les peaux, et à fabriquer des raquettes légères et des arcs. Ils se brossaient les dents avec les rameaux de saules et l'écorce interne déchiquetée servait à faire des couches pour bébés et des serviettes hygiéniques.

G 442I

Saule pleureur

saule, saule de Babylone, saule parasol.

Weeping willow, babylone weeping willow.

Salix babylonica L.
Famille du saule (Salicacées)

Traits distinctifs

Feuilles — 5-12 cm de long, 0,5-2 cm de large; stipules lanceolées; dessus, vert jaunâtre et lisse; dessous, blanchâtre et lisse; sans glandes à la jonction du pétiole et du limbe, si présentes très petites.

Rameaux — fins, très allongés et pendant parfois jusqu'à terre; très cassants à la base; brun jaunâtre.

Taille — peut atteindre 12 m de haut et 60 cm ou plus de diamètre.

Aire de distribution

Originaire de Chine et introduit d'Europe en Amérique du Nord vers 1800; planté comme arbre ornemental et s'échappant parfois de culture.

Cette espèce exotique, caractérisée par ses branches voûtées, ses longs rameaux traînant jusque par terre et son écorce profondément fissurée, nous vient du nord de la Chine. Grâce à sa silhouette particulière, il est un des seuls saules facilement identifiables à longeur d'année.

Une erreur de Carl von Linné, le père de la nomenclature binomiale par genre et espèce, qui prit cet arbre pour le Saule biblique de Babylone, est à l'origine de son nom spécifique *babylonica*. De fait, ces arbres sont des Peupliers d'Euphrate (*Populus euphratica* Olivier). Peut-être y a-t-il là une allusion à la légende qui raconte que pendant l'exil des Hébreux à Babylone, les exilés juifs suspendaient leurs harpes à cet arbre sous lequel il pleuraient en signe de deuil. Le nom générique, *Salix*, dérive du celte *sal*, près, et lis, eau, faisant référence au type de sol où il se rencontre le plus souvent.

Le Saule pleureur, introduit dans presque tous les parcs du monde entier, se trouve au Canada sous la forme d'arbre femelle seulement. La propagation doit donc se faire par voie végétative en plantant un rameau portant des bourgeons. Ce saule, comme la plupart des saules, porte ses fleurs mâles et femelles sur des arbres différents. Il est un des premiers arbres dont les feuilles s'épanouissent au printemps et un des derniers à les perdre à l'automne.

G 442m

Saule blanc

osier jaune, saule, saule argenté.

White willow, common willow, French willow.

Salix alba L.
Famille du saule (Salicacées)

Traits distinctifs

Feuilles — 4-12 cm de long, 0,5-2 cm de large; stipules, petites et souvent absentes; dessus, vert, et dessous, blanchâtre; légèrement soyeuses sur les deux faces; souvent munies de petites glandes à la jonction du pétiole et du limbe.

Rameaux — couverts de longs poils soyeux; se brisent parfois à la base; souvent retombants; brun olive à brun jaunâtre, fréquemment d'un jaune brillant.

Taille — 15-25 m de haut, 60 cm et plus de diamètre.

Aire de distribution

Originaire d'Eurasie, et s'échappant souvent de culture.

Ce saule ornemental très apprécié n'est pas une espèce indigène mais il est néanmoins fort bien adapté au Canada. La cime composée des principales branches ascendantes et des longs rameaux parfois pendants est supportée par un tronc à écorce gris foncé devenant fissurée avec l'âge.

L'apparence de son feuillage gris argent, due à la présence de poils blancs sur les feuilles, est à l'origine de son nom spécifique *alba*, blanc. Le nom générique *Salix* est le nom latin classique pour le saule.

Le Saule blanc est le plus commun des saules d'Europe; il est fréquemment planté ici à cause de sa croissance rapide. Cet arbre s'hybride facilement avec le Saule fragile donnant ainsi des individus aux caractères intermédiaires. Il existe une variété du Saule blanc dont les feuilles ainsi que les rameaux jaunes et flexibles sont dépourvus de poils, qu'on appelle Osier jaune (*Salix alba* var. *vitellina* Wimmer).

En Europe les fins rameaux des saules sont utilisés en vannerie, industrie de fabrication d'objets en osier. Afin d'obtenir une grande quantité d'osier, on taille souvent l'arbre en têtard, c'est-à-dire de manière à former des touffes de rameaux au sommet du tronc.

Son bois léger, solide, homogène et ne se fendant pas lors du séchage est utilisé en sculpture et pour la fabrication de sabots. En Angleterre, c'est le bois préféré pour les balles et les maillets du jeu de croquet.

G 442n

Saule fragile

saule, saule cassant.

Crack willow, brittle willow, snap willow.

Salix fragilis L.
Famille du saule (Salicacées)

Traits distinctifs

Feuilles — 7-15 cm de long, 1-3 cm de large; stipules, petites ou absentes; glabres sur les deux faces; dessus, vert foncé, et dessous glauque; souvent munies de glandes à la jonction du pétiole et du limbe.

Rameaux	—	lisses, brillants et rigides, rougeâtres à brun verdâtre; se cassant à la base.
Taille	—	20-30 m de haut et pouvant atteindre 100 cm de diamètre.

Aire de distribution

Originaire de l'Asie Mineure ou d'Europe, souvent échappé de culture et maintenant naturalisé dans le nord-est de l'Amérique du Nord.

Importé d'Europe pendant la période coloniale, le Saule fragile, *fragilis* en latin, ou cassant, doit son nom à la facilité avec laquelle ses rameaux se détachent. Ses branches brisées jonchent le sol après l'orage, et avec un peu d'humidité, elles prendront racine.

À une certaine époque, on le transformait en charbon de bois pour la fabrication de la poudre à canon. Malgré sa «vocation martiale», il constitue également un parasol pour ceux qui redoutent l'ardeur du soleil. Cet arbre n'est pas exploité commercialement mais sert parfois de bois de chauffage.

Il est le plus grand de tous les saules; il peut atteindre jusqu'à 30 mètres de haut. Naturalisé en Amérique du Nord, le Saule fragile se trouve au delà des parcs et des jardins, le long des cours d'eau, dans les marécages et les boisés mouillés. Les cours d'eau favorisent la propagation de l'espèce en transportant ses rameaux.

Il faut tout de même noter que les spécimens purs de Saule fragile sont rares au Canada. Par contre, on trouve également des arbres aux caractères intermédiaires entre le Saule fragile et le Saule blanc.

G 442o

Saule satiné

voir G 422

variation du bord de la feuille

G 462

Saule satiné

voir G 422

variation du bord de la feuille

G 522a

Saule de Bebb
chatons.

Bebb's willow, beak willow, long-beaked willow.

Salix bebbiana Sarg.
Famille du saule (Salicacées)

Traits distinctifs

Feuilles — 2-8 cm de long, 1-3 cm de large; dessus, vert terne; dessous, glauque ou blanchâtre; nervures rugueuses et proéminentes souvent présentes.

variation du bord de la feuille

Fleurs — chatons (groupes de fleurs mâles et femelles) apparaissant en même temps que les feuilles.

Rameaux — brun rougeâtre; gardent leur pubescence pendant plusieurs années ou sont dépourvus de poils.

Taille — petit arbre ou arbuste pouvant atteindre 8 m de haut, 15 cm de diamètre.

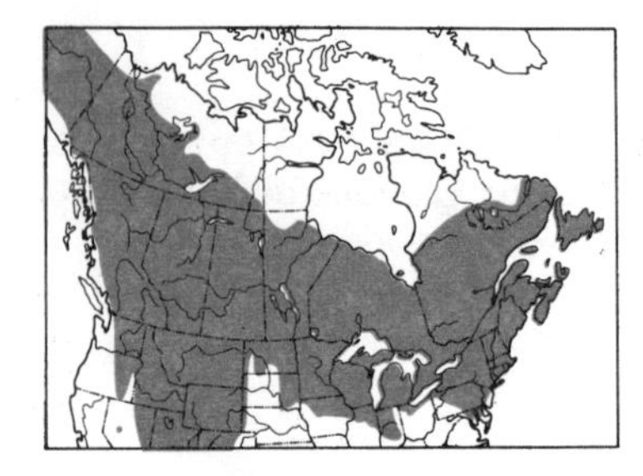

Aire de distribution

Tout le Canada à l'exception de la Région forestière côtière.

Le Saule de Bebb, le plus commun de tous les saules, est probablement le plus variable quant à la forme et au contour de sa feuille et au degré de pubescence de ses rameaux. La variabilité ne se rencontre pas uniquement dans un grand nombre de variétés géographiques de cette espèce, mais aussi sur un même arbre. En effet, l'aspect du bord de la feuille varie souvent sur un même rameau ou au cours d'une même saison. Les premières feuilles peuvent être dépourvues de dents et un peu plus tard d'autres feuilles apparaîtront sur le même rameau avec de petites dents pointues ou arrondies.

Le nom spécifique *bebbiana* lui fut donné en hommage à Michael Schuck Bebb (1833-1895), un spécialiste américain de l'étude des saules.

À cause de son abondance, ce saule constitue une source de nourriture importante pour les oiseaux et les mammifères.

L'orignal, le castor, le rat musqué et le lièvre mangent les rameaux et l'écorce; le lagopède, la gélinotte, et le gros-bec mangent les feuilles et les bourgeons. On se sert parfois de son bois en sculpture et en vannerie. Autrefois, on s'est servi du charbon de son bois pour la fabrication de poudre à canon.

G 522b

Rare aux Territoires du Nord-Ouest

Saule discolore

chatons, minous, petits minous, petits chats.

Pussy willow, glaucous willow, pussyfeet.

Salix discolor Mühl.
Famille du saule (Salicacées)

Traits distinctifs

Feuilles — 3-10 cm de long, 1-3 cm de large; dessus, vert foncé éclatant; dessous, glauque; dépourvues de poils à maturité.

Fleurs — chatons (groupes de fleurs mâles ou femelles) apparaissant longtemps avant les feuilles.

Rameaux — brun rougeâtre, lisses et lustrés ou parfois recouverts d'une mince pellicule de cire.

Taille — petit arbre ou arbuste pouvant atteindre 6 m de haut, 20 cm de diamètre.

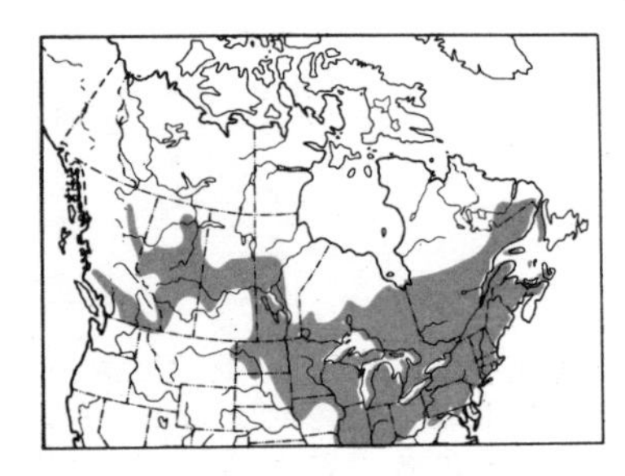

Aire de distribution

Toutes les Régions forestières à l'exception de la Région forestière côtière.

L'apparition des fleurs du Saule discolore, communément appelées chatons, vers la fin d'avril, est un signe avant coureur du printemps. Les fleurs femelles sont alors très recherchées pour la confection de bouquets. Ce saule, comme tous les saules, est une plante dioïque, c'est-à-dire dont les fleurs mâles et les fleurs femelles sont portées sur des arbres différents. On récolte parfois, par erreur, les fleurs mâles qui ressemblent aux fleurs femelles; toutefois, les fleurs mâles sont à éviter comme fleurs coupées car elles éparpillent leurs étamines jaunes et leur pollen dans la maison.

Le nom spécifique *discolor*, de deux couleurs, fait allusion aux couleurs contrastées de la feuille alors que plusieurs noms communs font allusion aux fleurs soyeuses.

Pendant l'hiver on peut forcer l'épanouissement des chatons en mettant les rameaux de saule à la chaleur.

Une floraison précoce procure une source de nourriture importante pour les abeilles ou autres insectes et favorise la pollinisation. Les insectes attirés par le pollen des fleurs mâles compléteront le cycle de la vie de cet arbre, démontrant une fois de plus les liens intimes qui existent entre le règne animal et le règne végétal.

G 522c

Rare en Alberta

Saule de Sitka

Sitka willow, coulter willow, silky willow.

Salix sitchensis Sanson et Bong.
Famille du saule (Salicacées)

Traits distinctifs

Feuilles — 4-10 cm de long, 2-4 cm de large; dessus, vert foncé; dessous, couvert de poils grisâtres créant un effet satiné.

Fleurs — chatons (groupes de fleurs mâles ou femelles) apparaissant en même temps que les feuilles.

Rameaux — les nouvelles pousses argentées et veloutées perdent presque entièrement leur pubescence la deuxième saison; rougeâtres; cassant facilement à la base.

Taille — arbuste à troncs multiples ou petit arbre pouvant atteindre 8 m de haut, et 20 cm de diamètre.

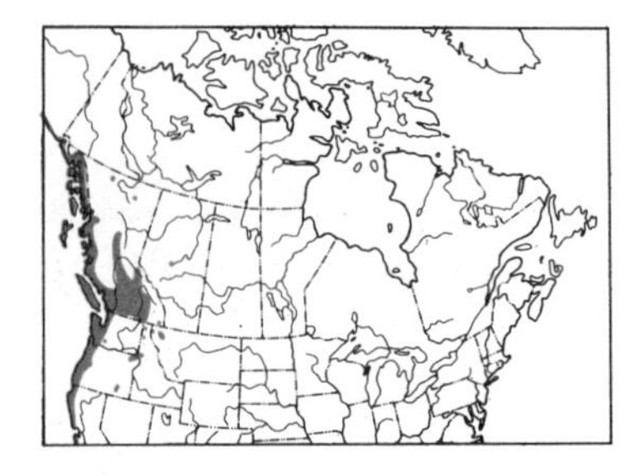

Aire de distribution

Principalement dans la Région forestière côtière et du Columbia, et ici et là, à l'intérieur des terres jusque dans les Rocheuses de l'Alberta.

Le Saule de Sitka se reconnaît à sa feuille plus élargie en haut qu'en bas et dont la face inférieure est soyeuse et satinée (silky willow). On peut le confondre avec le Saule de Scouler qui possède une feuille semblable. Toutefois, le dessous de la feuille de ce dernier est généralement couvert de poils rouille et ne produit pas l'effet satiné.

Le nom Saule de Sitka désigne la partie sud-est de l'Alaska, endroit où il fut noté et collecté pour la première fois.

Le Saule de Sitka préfère les sols riches et humides le long des cours d'eau. Ses racines rougeâtres flottent souvent sur l'eau comme le varech.

Les Amérindiens confectionnaient des paniers et des cordes avec les rameaux flexibles. Ils fabriquaient des ficelles avec l'écorce pelée et tiraient une boisson tonifiante de l'écorce bouillie. Le bois leur servait de combustible.

G 522d

Saule de Scouler

Scouler willow, fire willow, mountain willow.

Salix scouleriana Barr. ex Hook.
Famille du saule (Salicacées)

Traits distinctifs

Feuilles — 5-10 cm de long, 1,5-4 cm de large; dessus, vert foncé et habituellement glabre; dessous, souvent couvert de poils rouille.

Fleurs — chatons (groupes de fleurs mâles ou femelles) apparaissant longtemps avant les feuilles.

Rameaux — brun foncé à brun jaunâtre, couverts de poils gris pendant plusieurs saisons; robustes.

Taille — arbuste ou petit arbre pouvant atteindre 12 m de haut, 30 cm de diamètre.

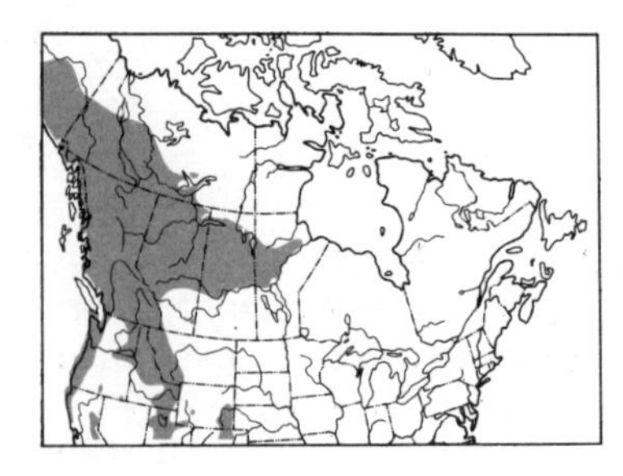

Aire de distribution

De l'ouest du Manitoba à la Colombie-Britannique.

Contrairement à la majorité des autres saules, le Saule de Scouler, se développe très bien loin des cours d'eau. À l'intérieur des forêts, il s'associe avec les aulnes et les érables ou avec les bouleaux, les épinettes et les peupliers. On le trouve en montagne jusqu'à environ 3 000 mètres d'altitude où il n'est plus qu'un petit arbuste (mountain willow). À l'instar du Peuplier faux-tremble et des aulnes, le Saule de Scouler envahit les sols par la dissémination de ses graines après le passage d'un incendie d'où l'origine de «fire willow».

Le nom spécifique *scouleriana*, fait référence à John Scouler (1804-1871), naturaliste et médecin écossais qui récolta des plantes sur la côte nord-ouest de l'Amérique du Nord.

Les Amérindiens employaient le bois tendre pour faire des ustensiles et des aiguilles à tricoter. De plus, les rameaux en osier servaient à coudre les canoës d'écorce et à faire des cerceaux.

Comme plusieurs autres saules, il constitue, tout particulièrement pendant l'hiver, une importante source de nouriture pour les cervidés.

G 522e

Saule de Hooker

Hooker willow, beach willow, bigleaf willow, coast willow, pussy willow, shore willow.

Salix hookeriana Barr. ex Hook.
Famille du saule (Salicacées)

Traits distinctifs

Feuilles — 4-15 cm de long, 2,5-7,5 cm de largeur; ce qui est très large pour un saule; dessus, vert clair, avec ou sans poils; dessous, glauque, couvert de poils à maturité; souvent garnies de poils de chaque côté de la nervure centrale.

Fleurs — chatons (groupes de fleurs mâles ou femelles) apparaissant longtemps avant les feuilles.

Rameaux — brun foncé, souvent densément couverts de poils gris argenté pendant plusieurs saisons; robustes.

Taille — arbuste à troncs multiples ou petit arbre pouvant atteindre 6 m de haut, 20 cm de diamètre.

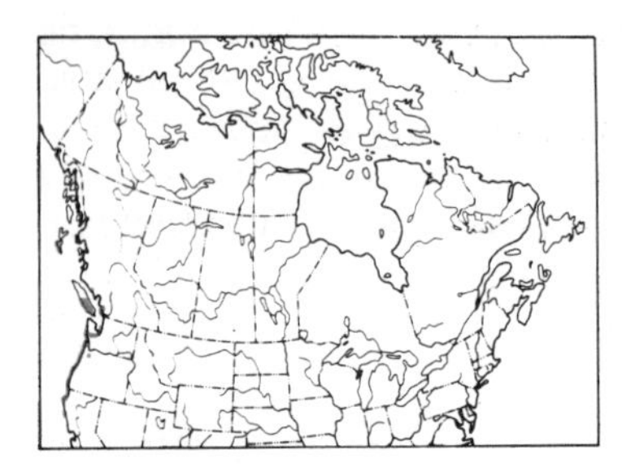

Aire de distribution

Principalement dans la partie sud de la Région forestière côtière.

Très tôt au printemps, le Saule de Hooker expose les gros chatons veloutés (pussy willow) de ses fleurs femelles. À Victoria, sur l'île Vancouver, ils apparaissent dès le mois de février. Souvent, cet arbre croît dans les eaux peu profondes des étangs et des lacs, d'où l'origine des noms «beach willow» et «shore willow».

Le Saule de Hooker se reconnaît à ses feuilles relativement plus larges (bigleaf willow) que celles des autres saules et aux poils qui couvrent leur face inférieure. Il fut ainsi nommé en hommage au célèbre botaniste écossais Sir William Jackson Hooker (1785-1865). Joseph Barratt (1796-1882) a décrit cet arbre pour la première fois dans l'ouvrage intitulé *Flora boreali-americana* de Hooker.

Les Amérindiens tordaient les fibres de l'écorce interne des saules pour obtenir de longues cordes; au printemps, ils portaient les chatons des fleurs comme parure.

G 522f

Rare en Alberta

Saule de l'Alaska

saule feutré.

Alaska willow, feltleaf willow.

Salix alaxensis (Anderss.) Cov.
syn. *Salix longistylis* Rydb.
Famille du saule (Salicacées)

Traits distinctifs

Feuilles — 4-10 cm de long, 1,5-4 cm de large; dessus, vert mat et presque glabre; dessous, texture feutrée, densément couvert de poils blancs brillants; bord de la feuille souvent retroussé; présence de stipules élancées bien visibles.

Fleurs — chatons (groupes de fleurs mâles ou femelles) apparaissant longtemps avant les feuilles.

Rameaux — brun rougeâtre, généralement veloutés, densément couverts de poils blancs pendant plus d'une saison; robustes.

Taille — arbuste ou petit arbre pouvant atteindre 10 m de haut, 15 cm de diamètre.

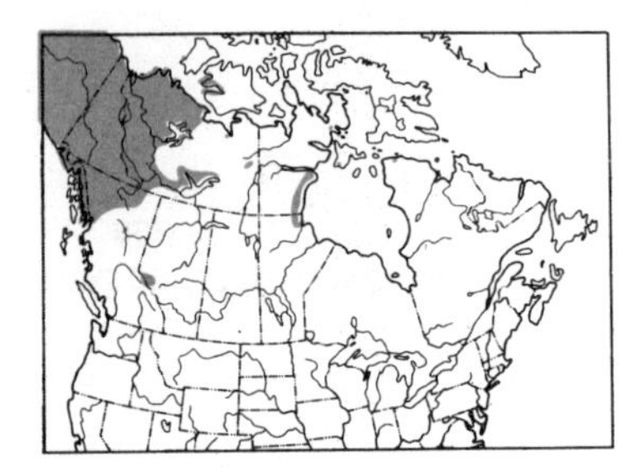

Aire de distribution

Principalement dans la partie septentrionale de la Région forestière boréale.

Le Saule de l'Alaska se reconnaît à sa feuille bicolore à texture feutrée et à ses rameaux veloutés. Il se trouve à toutes les élévations, du niveau de la mer jusqu'au delà de la limite de végétation arborescente où il n'est plus qu'un petit arbuste couché et rampant. Il préfère les sols rocheux le long des rivières et des lacs, et croît sur les pentes des hautes montagnes.

Le Saule de l'Alaska est une espèce essentiellement septentrionale, et son aire de distribution s'étend jusqu'en Sibérie.

Le nom spécifique *alaxensis*, de alaxa, est une vieille connotation russe pour Alaska, et *longistylis*, long style, fait référence aux fleurs femelles.

Le Saule de l'Alaska et le Saule arbustif sont souvent la seule source d'approvisionnement de bois de chauffage dans certaines régions éloignées. L'écorce interne a permis la survie de gens en situation d'urgence.

G 522g

Rare à Terre-Neuve

Cornouiller alternifolié

cornouiller à feuilles alternes.

Alternate-leaved dogwood, blue dogwood, green osier, pagoda dogwood, pagodatree.

Cornus alternifolia L. fil.
Famille du cornouiller (Cornacées)

Traits distinctifs

Feuilles — 4-13 cm de long; souvent groupées à l'extrémité des branches; les nervures latérales se courbent et longent le bord.

Fleurs — assemblées en groupes nombreux formant un sommet aplati.

Fruits — drupes non comestibles, bleu foncé ou noir bleuâtre, portées sur un court pédoncule.

Rameaux — presque horizontaux.

Taille — petit arbre ou arbuste pouvant atteindre 10 m de haut, et 5-15 cm de diamètre.

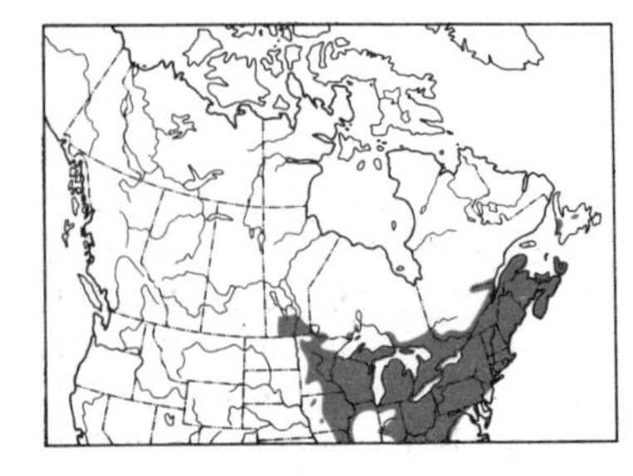

Aire de distribution

Régions forestières des feuillus, des Grands Lacs et du Saint-Laurent, et acadienne. Il s'étend vers le nord, dans l'est du Canada, jusqu'à la lisière sud de la Région forestière boréale.

Le nom générique, *Cornus*, vient du latin *corneolus*, de corne, ou de *cornum*, cornouiller. Le bois des cornouillers est en effet très dur et très ferme comme les cornes des bovins. Le nom spécifique, *alternifolia*, désigne l'alternance des feuilles.

Contrairement aux autres membres du genre *Cornus*, le Cornouiller à feuilles alternes est le seul, avec une espèce d'Asie orientale, à posséder des feuilles alternes. Ses branches, également en disposition alterne sur le tronc, sont étagées, lui donnant ainsi une allure de pagode, temple de l'Extrême Orient, d'où son nom commun «pagodatree». On peut expliquer l'origine du nom commun «dogwood» par l'usage d'une décoction de l'écorce qu'on faisait jadis en Angleterre pour nettoyer les chiens galeux. Une autre explication pourrait être la déformation du nom «daggerwood» ou «dagwood» qui signifie dague ou poignard ou encore un instrument pointu dont on se servait pour embrocher les morceaux de viande pour les faire cuire.

Espèce des sous-bois, on le rencontre dans les érablières, les taillis, au bord des ruisseaux ou rivages de rivières ainsi qu'au pied de versants à pente raide.

Son bois dur et résistant n'a cependant aucune valeur commerciale. De ses racines on tire une teinture brun pâle, ou brun plus foncé si on ajoute du vinaigre.

Ses fruits constituent une importante source de nourriture pour les petits rongeurs et plusieurs espèces d'oiseaux, y compris la Gélinotte huppée. Ses feuilles et ses rameaux sont broutés par le Cerf de Virginie.

Le Cornouiller alternifolié et ses différentes variétés est cultivé comme arbre ornemental à cause de son allure caractéristique, la profusion de ses fleurs blanches ou crème et son feuillage écarlate à l'automne.

On compte plusieurs cornouillers arbustifs au Canada dont le Cornouiller stolonifère (*Cornus stolonifera* Michx.), qui est répandu à la grandeur du pays. On l'appelle également hart rouge ou osier rouge à cause de la couleur rougeâtre de son écorce et de son bois. Le nom spécifique *stolonifera* signifie qu'il se multiplie par marcottage, c'est-à-dire par l'enracinement des tiges aériennes, ou stolons, dans la litière. C'est une espèce très variable qui préfère les endroits humides. Habituellement arbuste à multiples troncs, il a des feuilles opposées ovales, des inflorescences blanches à cymes aplaties et des fruits blancs ou bleuâtres. C'est un beau spécimen pour fins ornementales.

Le Cornouiller rugueux (*Cornus rugosa* Lam.) occupe aussi une grande aire de distribution au Canada: du sud du Manitoba jusqu'aux Maritimes. C'est un arbuste ou un petit arbre à feuilles opposées presque rondes à dessous blanc soyeux et dessus rugueux, à rameaux verts marqués de traits pourpre et à fruits bleu pâle.

G 522h

Arbousier Madroño

arbousier de Menzies, arbousier d'Amérique (France), madrona, madrono.

Arbutus, madrona, madrono, madrone, Pacific madrona.

Arbutus menziesii Pursh
Famille de la bruyère (Éricacées)

Traits distinctifs
Le seul feuillu indigène à feuilles persistantes au Canada.

Feuilles — 7-15 cm de long; coriaces, vert luisant dessus; persistant plus d'une saison.

Fleurs — en forme de petits godets, blanc crème, en grappes au bout des branches.

Fruits — baies de 1 cm, rouge orangé; farineux, comestibles mais très aigres.

Écorce — mince, tachée de vert jaunâtre et de rouge; craquelée en écailles à la base; pèle par bandes papyracées irrégulières qui tombent durant l'été et l'automne.

Taille — 10-30 m de haut, 30-90 cm de diamètre.

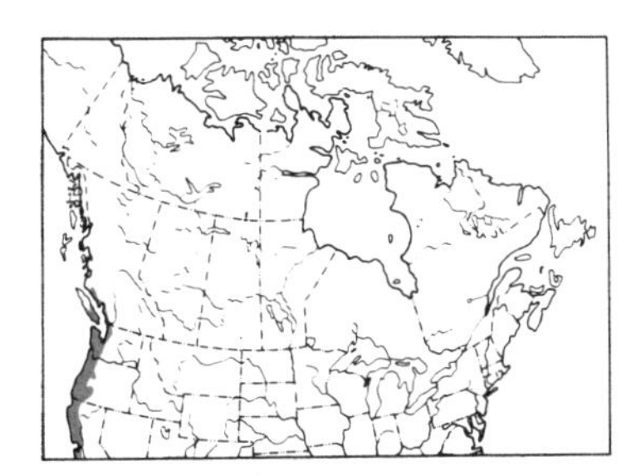

Aire de distribution

Sud-Ouest de la Colombie-Britannique le long de la côte et sur l'île Vancouver.

On ne peut confondre l'Arbousier Madroño avec aucun autre arbre au Canada, particulièrement en hiver. Il est unique en son genre. C'est un feuillu à feuilles persistantes et à écorce caduque. Ses feuilles ont un cycle de deux ans comme celles de plusieurs conifères. Elles virent au rouge ou à l'orange vers le milieu du deuxième été et tombent pour faire place aux nouvelles feuilles qui s'épanouiront rapidement. Quant à l'écorce, elle tombe pendant tout l'été et l'automne. Elle s'exfolie, pèle en bandes verticales, s'enroule et se détache par la suite. L'écorce interne vert jaunâtre nouvellement exposée tourne rapidement au rouge. Le charme de cet arbre est créé par les différents tons de son écorce caduque.

C'est un bel arbre ornemental qui requiert cependant un entretien pendant presque six mois par année pour le ratissage des feuilles, de l'écorce ou des fruits.

Le nom de la famille des Éricacées dérive de *Erica*, bruyère,qui est un petit arbrisseau de France, totalement absent de la flore américaine. Cette lacune est largement comblée par certaines espèces très connues et répandues de cette famille, tels que les bleuets, les canneberges et les rhododendrons; plusieurs espèces d'Éricacées forment la masse de végétation des tourbières et des toundras.

Le nom générique *Arbutus*, est le nom latin classique pour l'Arbousier, ou arbre aux fraises, (*Arbutus unedo* L.), une espèce de l'Europe méridionale. L'espèce canadienne fut dédiée à un naturaliste écossais, Archibald Menzies, qui l'a décrite en 1792. Il faisait partie de l'expédition dirigée par le capitaine Vancouver en tant que scientifique et médecin.

Il existe une vingtaine d'espèces originaires des régions méditerranéennes et de l'Amérique centrale. L'Amérique du Nord compte trois espèces dont une est indigène au Canada. L'Arbousier Madroño est le plus septentrional du groupe, et il atteint la limite de son aire au sud de la Colombie-Britannique. De toutes les Éricacées, l'Arbousier Madroño est la plus imposante.

Madroño, qui est l'appellation espagnole de l'Arbousier (arbre aux fraises), fut donnée par un religieux espagnol à cause de la ressemblance avec une espèce de son pays. Le nom s'applique aux espèces nord-américaines.

Les petites fleurs mellifères à odeur sucrée qui ressemblent à celles des airelles ou bleuets *(Vaccinium)* apparaissent au printemps. À la fin de l'été, l'arbre se charge de fruits. Le Pigeon à queue barrée et les grives, entre autres, s'en régalent et favorisent ainsi la dissémination de l'espèce. Comme le décrit le nom spécifique *unedo,* «j'en mange un seul», en parlant des fruits de l'arbre aux fraises, les fruits amers de l'Arbousier Madroño sont comestibles si vos papilles les tolèrent. Les Amérindiens les mangeaient nature ou cuits; mais une surconsommation cause des crampes. De plus, il semble que ce fruit possède des propriétés narcotiques.

Le bois de l'Arbousier est dur et lourd mais a tendance à se fendiller au séchage. Au Canada, il n'a aucune importance commerciale. On utilisait son écorce riche en tannin pour le tannage du cuir. L'écorce bouillie servaient aux Amérindiens pour la teinture des avirons et des hameçons.

G 522i

Rare en Ontario

Asiminier trilobé

corossol, faux-bananier.

Pawpaw, false banana, pawpaw custard apple, tall pawpaw, common pawpaw.

Asimina triloba (L.) Dunal
Famille de l'asiminier (Anonacées)

Traits distinctifs

Feuilles — feuillage retombant et mince; feuilles longues, jusqu'à 30 cm.

Fleurs — pourpre rougeâtre, très voyantes, 3 sépales et 6 pétales (3 petits et 3 grands).

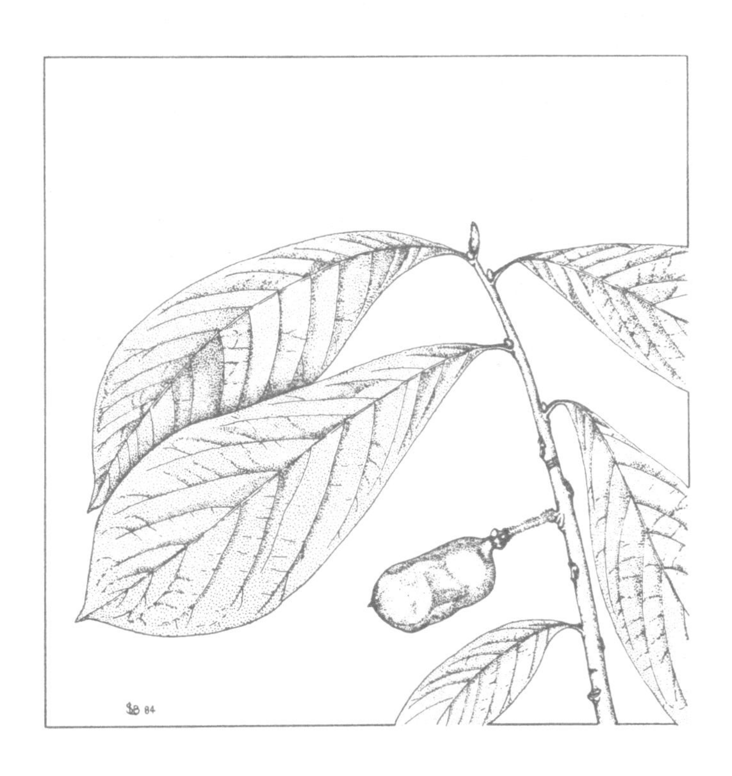

Fruits — baies, jaunâtres à maturité et en forme de poire.

Taille — arbuste ou petit arbre pouvant atteindre 7,5 m de haut et 20-30 cm de diamètre.

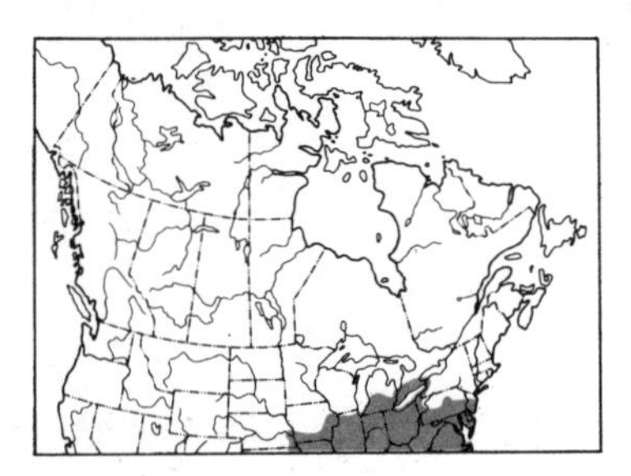

Aire de distribution

Sud de la Région forestière des feuillus.

Dépassant rarement la taille d'un petit arbre, l'Asiminier trilobé fait partie d'une famille dont la plupart des membres sont des espèces tropicales ou subtropicales. Le genre *Asimina*, ne se rencontre qu'en Amérique du Nord.

Le nom générique dérive de *assimin*, nom Amérindien pour corossol ou pawpaw, et le nom spécifique *triloba*, trois lobes, fait allusion aux parties de la fleur qui sont groupées par trois ou par multiples de trois.

Sans aucune valeur commerciale si ce n'est comme arbre ornemental, l'Asiminier trilobé se situe dans la partie la plus septentrionale de l'aire de répartition de la famille. Leur nombre a considérablement diminué au Canada à cause du déboisement. Aujourd'hui, seuls les oiseaux et les petits mammifères dégustent leurs fruits que récoltaient jadis les populations locales. La saveur des fruits sembleraient varier selon la latitude; ceux du sud des États-Unis auraient meilleur goût. Certaines personnes ont essayé de définir leur goût particulier en le comparant aux saveurs ou arômes de bananes, de crème de lait, de pommes, d'ananas, d'eau de Cologne et même de térébenthine.

Rare en Ontario

Nyssa sylvestre

gommier noir, nyssa des forêts, toupélo, tupélo de montagne (France).

Black tupelo, black gum, pepperidge, sourgum, tupelo.

Nyssa sylvatica Marsh.
Famille du nyssa (Nyssacées)

Traits distinctifs

Feuilles — 5-12 cm de long; dessus, vert foncé et luisant; dessous, pâle et légèrement recouvert de poils; coriaces.

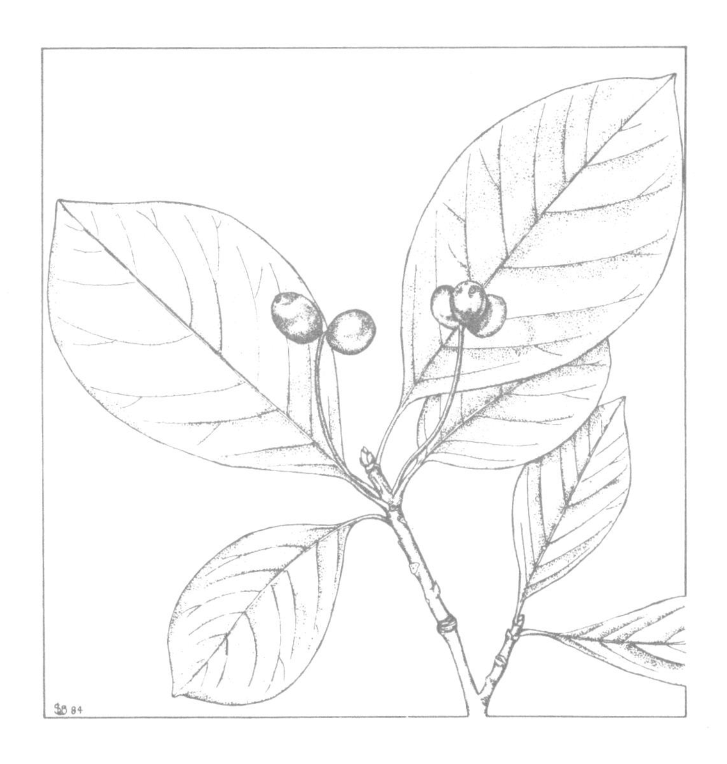

Fruits — 1 ou 3 drupes à noyau strié, bleu noir; portés sur un long pédoncule; chair mince, huileuse et au goût acide.

Rameau — moelle cloisonnée.

Écorce — grossièrement fissurée, donnant l'aspect d'un quadrillage ou d'une peau d'alligator.

Taille — 12-15 m de haut, 10-20 cm de diamètre.

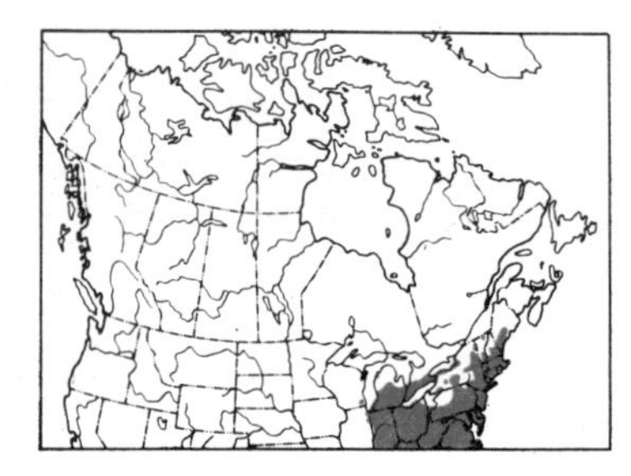

Aire de distribution

Région forestière des feuillus.

Carl von Linné (1707-1778), naturaliste suédois, a choisi le nom générique *Nyssa* probablement à cause de l'habitat (terrain bas et humide) des toupélos en général. *Nyssa* vient du grec *nusa*, nymphe, une divinité subalterne des fleuves et des fontaines de la mythologie grecque. Le nom spécifique *sylvatica*, du latin *sylva*, signifie forêt, relatif aux arbres.

Gommier fait allusion à la chair huileuse et gommante du fruit tandis que noir fait référence à la couleur du fruit. Le nom anglais «pepperidge» caractérise la ressemblance du noyau strié avec le poivre en grains.

Le nombre d'arbres a considérablement diminué au Canada. On utilise encore aujourd'hui son bois pour les boiseries et la fabrication de boîtes et de caisses. Aux États-Unis on se sert largement de son bois assez lourd et dur pour tout objet dont la résistance à l'usure est importante. Son beau feuillage lustré tournant au rouge écarlate et doré à l'automne font de lui un arbre ornemental très apprécié.

G 522k

Rare en Ontario

Magnolier acuminé

magnolia à feuilles acuminées.

Cucumbertree, cucumber magnolia, magnolia, pointed-leaved magnolia.

Magnolia acuminata L.
Famille du magnolier (Magnoliacées)

Traits distinctifs

Feuilles — grandes, minces, environ 18 cm de long et 10 cm de large; nervures saillantes.

Fleurs — inodores, environ 5 cm de long; 3 sépales et 6 pétales jaune verdâtre; solitaires, apparaissant après la feuillaison.

Fruits — composés, agrégés de follicules; ressemblent à un cône et a l'aspect d'un concombre quand il est vert; rouge foncé, brillants, dressés à maturité.

Taille — peut atteindre 25 m de haut et 60 cm de diamètre.

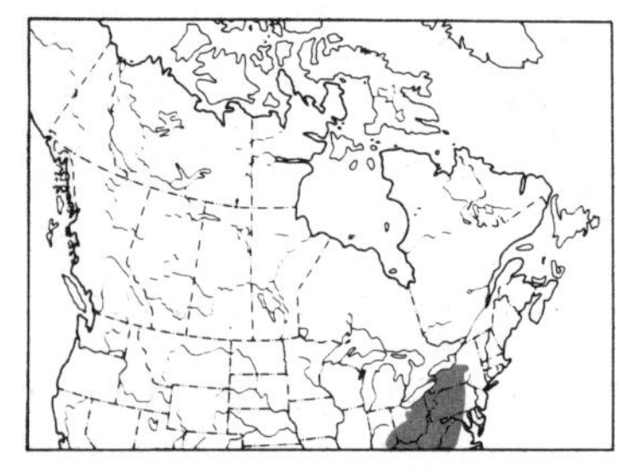

Aire de distribution

Ici et là dans la Région forestière des feuillus.

Le Magnolier acuminé est la seule espèce de la famille des Magnoliacées à s'être aventurée au Canada. Cette famille est bien connue pour ses grandes fleurs opulentes qui peuvent atteindre un diamètre de 30 cm chez certaines espèces et qui en font des sujets très recherchés pour l'ornement des parcs et des jardins. Ses fleurs jaune verdâtre terne qui apparaissent entre la mi-avril et la mi-juin, se repèrent aisément parmi le feuillage. Il a des racines très résistantes, et on peut y greffer des boutures de magnoliers exotiques pour leur permettre de survivre à nos hivers rigoureux.

Le nom générique vient du nom de Pierre Magnol (1638-1715), directeur du Jardin botanique de Montpellier en France. Le nom spécifique *acuminata* vient du latin *acuminare*, rendre pointu, allusion à la forme pointue de la feuille. Le nom anglais «cucumber tree» fait allusion à la forme de son fruit qui a l'aspect d'un concombre.

Rare au Canada, le magnolier et ses variétés ont peu d'importance économique. On le plante souvent comme arbre ornemental et les horticulteurs ont développé plusieurs variétés à fleurs très voyantes. On cultive plusieurs espèces de fleurs plus grandes et plus belles que celles du magnolier indigène. Parmi celles-ci notons le *Magnolia* x *soulangiana* Soul., un hybride issu du croisement de deux espèces chinoises. Il supporte bien la pollution et les terrains pauvres. Ses larges fleurs en forme de tulipes existent en plusieurs variétés horticoles de couleurs et de tailles différentes.

G 522I

Sassafras officinal
laurier-sassafras.

Sassafras, cinnamon wood, greenstick, mittentree, sassafrax, saxifrax.

Sassafras albidum (Nutt.) Nees
Famille du laurier (Lauracées)

Traits distinctifs
Feuilles, rameaux et écorce aromatiques, odeur d'épices.

Feuilles — 10-25 cm de long; 3 types de contour sur le même arbre: non lobé, bilobé ou trilobé.

Fleurs — petites, en grappes peu fournies, jaune verdâtre, mâles et femelles sur des arbres différents (dioïque).

Fruits — drupes bleu foncé.

Taille — arbuste ou petit arbre pouvant atteindre 10 m de haut et 30-40 cm de diamètre.

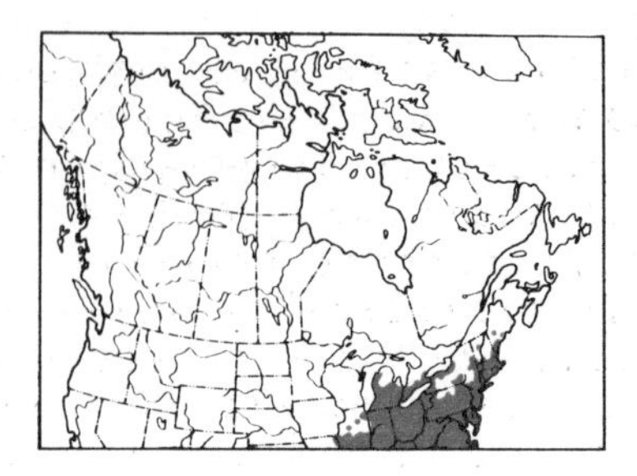

Aire de distribution

Région forestière des feuillus, ne se rencontre pas au nord de Toronto.

Vous reconnaîtrez cet arbre à l'odeur d'épice que dégagent ses feuilles, ses rameaux, son écorce, et son bois, ainsi que par ses feuilles à contours divers.

Au cours de leurs explorations en Floride au XVIe siècle, les Espagnols confondirent son arôme avec celui de la cannelle d'où l'origine du nom «cinnamon wood». Croyant que les racines de cet arbre avaient des propriétés curatives extraordinaires, on l'exporta en Europe. Les Européens se rendirent très vite compte que ce n'était que de la superstition.

Le nom générique *Sassafras*, celui utilisé par les colons français et espagnols établis en Floride, vient tout probablement d'un emprunt à la langue amérindienne. Son nom spécifique *albidum* signifie blanchâtre, allusion à la couleur de sa feuille.

Le nombre de feuilles lobées diminue avec l'âge de l'arbre. Elles sont peu abondantes sur les vieux arbres. La ressemblance de ses feuilles bilobées avec le pouce d'une moufle justifie le nom anglais «mittentree».

On trouve souvent le Sassafras officinal sous forme d'arbuste aux branches fragiles et tourmentées, et entouré de nombreux rejets. Il croît sous le couvert des autres arbres et préfère les sols limoneux et sablonneux. Sa capacité de régénération par émissions de rejets de ses racines et par ses graines lui permet d'accaparer rapidement les champs abandonnés, à la manière d'une mauvaise herbe.

Son bois cassant est sans valeur commerciale. On tire de ses racines une huile servant à parfumer les savons et à donner l'arôme du soda racinette (bière d'épinette). On peut infuser son écorce afin d'obtenir une tisane savoureuse et tonifiante mais on peut aussi en extraire une teinture orange.

L'odeur caractéristique du Sassafras provient du safrol, additif alimentaire banni au Canada et aux États-Unis à cause de propriétés cancérigènes. On peut se procurer l'écorce séchée dans les magasins d'aliments naturels et les boutiques d'épicerie fine.

G 532a

Hêtre à grandes feuilles

hêtre, hêtre américain, hêtre rouge.

American beech, beech, red beech.

Fagus grandifolia Ehrh.
Famille du hêtre (Fagacées)

Traits distinctifs

Feuilles — 5-15 cm de long; coriaces, nervures parallèles se terminant par une dent.

Rameaux — menus, lustrés; bourgeons effilés, longs d'environ 2 cm.

Fruits	— 2 akènes ou faînes brunes, pyramidales et lisses, encloses dans une coque hérissée de piquants, s'ouvrant en 4 valves à maturité; sucrés et comestibles.
Écorce	— lisse, gris argent avec des taches foncées.
Taille	— 18-24 m de haut, 60-100 cm de diamètre.

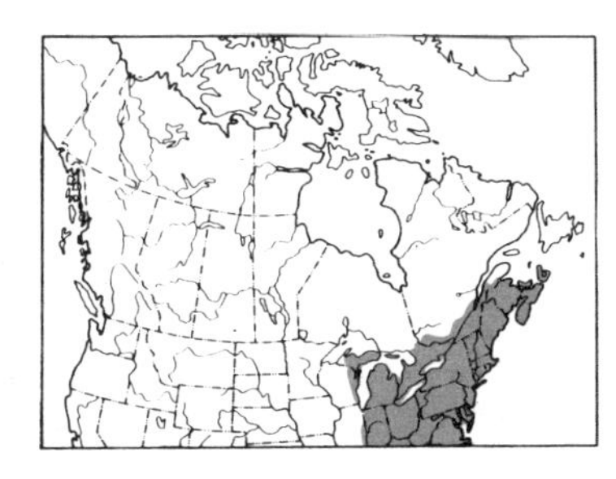

Aire de distribution

Régions forestières des feuillus, des Grands Lacs et du Saint-Laurent et Région forestière acadienne.

Le Hêtre à grandes feuilles se reconnaît aisément à longueur d'année, grâce à son écorce lisse, argentée et parsemée de taches foncées en forme de losange. Chez les jeunes arbres, les feuilles persistent parfois tout l'hiver.

Les amoureux y gravent leurs initiales et la date dans un coeur, croyant ainsi préserver leur union pour l'éternité. Malheureusement, la longévité de cet arbre n'est que de 300 à 400 ans. Cette pratique d'entailler l'arbre est à déconseiller car on le blesse et il devient vulnérable aux maladies et aux attaques d'insectes.

L'Ours noir, très friand de ses fruits, n'hésite pas à grimper dans l'arbre pour les cueillir. Les marques laissées par les griffes de l'animal s'étendent à mesure qu'augmente la circonférence de l'arbre, ce qui a donné lieu à des récits exagérés à propos «d'ours géants».

Le nom de famille, Fagacées, et le nom générique, *Fagus*, dérivent du grec *fagein* qui signifie manger, allusion aux fruits comestibles de plusieurs membres de la famille du hêtre, à laquelle appartiennent également le chêne et le châtaignier. Le nom spécifique *grandifolia*, grande feuille, sert à le distinguer du Hêtre européen (*Fagus sylvatica* L.) à feuilles plus petites et fréquemment planté comme arbre ornemental.

Le Hêtre à grandes feuilles préfère les endroits légèrement froids et bien drainés. Il se rencontre dans les forêts mixtes, et il appartient à la strate arborescente dominante avec l'Érable à sucre, le Bouleau jaune et la Pruche du Canada. Son système radiculaire, absorbe la nourriture près de la surface du sol ce qui rend difficile la croissance d'autre végétation. L'ombrage dense que donne le feuillage d'une hêtraie (peuplement dominé par le hêtre), cause la quasi-absence de plantes vertes au niveau du sol.

Ses fruits, très riches en huile, constituent une source de nourriture importante pour les petits rongeurs, les ours, les ratons laveurs et pour plusieurs oiseaux tels que la Gélinotte huppée et le Tétras du Canada.

On cueille les faînes après les premières gelées d'octobre, on les sèche, on les torréfie et on les moud afin de les transformer en une farine ou poudre qui entrera dans la confection de boissons nutritives. On peut les consommer nature comme un succédané du café ou mélangées au café, au lait ou au chocolat auquel on ajoutera du miel au goût.

Autrefois, dans les régions où le Hêtre poussait en abondance, on extrayait de ses fruits une huile comparable à l'huile d'olive. Nos ancêtres l'utilisaient comme substitut du beurre et comme huile à lampe. Il y a une vingtaine d'années on vendait les faînes dans les grands marchés. Il serait toutefois plus sage de les consommer avec modération car on les soupçonne de provoquer l'entérite.

On utilise son bois rigide, dur et résistant pour la fabrication d'articles tournés, de contre-plaqués, de meubles peu coûteux, de planchers et d'ustensiles. On l'emploie aussi en tonnellerie, comme bois de chauffage et pour les traverses de chemin de fer.

Le Hêtre compte plusieurs ennemis, dont le Porc-épic qui mange son écorce, et souvent même tout le tour du tronc, causant ainsi la mort de l'arbre. Des populations entières sont parfois infestées de petits insectes suceurs, cochenille du hêtre, introduits au Canada via la Nouvelle-Écosse en 1890, rendant le Hêtre plus susceptible au chancre (maladie des arbres). De plus, ses racines sont souvent l'hôte d'un parasite, l'Épifage de Virginie (*Epifagus virginiana* (L.) Bart.), une plante sans chlorophylle commune dans l'aire de distribution du Hêtre à grandes feuilles.

G 532b

Rare au Manitoba

Peuplier à grandes dents

grand tremble, tremble jaune.

Large-toothed aspen, bigtooth aspen, big-toothed poplar, lar-getooth poplar, poplar.

Populus grandidentata Michx.
Famille du saule (Salicacées)

Traits distinctifs

Feuilles — limbe de 5-8 cm de long; pétiole aplati, généralement plus court que le limbe.

Rameaux — robustes; bourgeons couverts d'un duvet grisâtre.

Écorce — semblable à celle du Peuplier faux-tremble; au début marquée de petits losanges orange; très crevassée sur les arbres âgés.

Taille — 15-25 m de haut, 30-60 cm de diamètre.

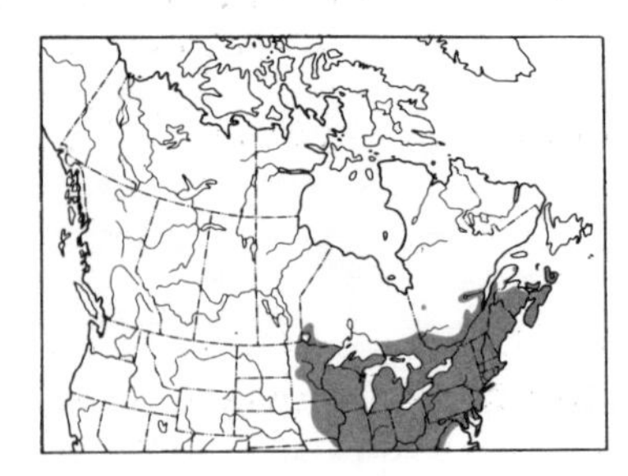

Aire de distribution

Régions forestières des feuillus, des Grands Lacs et du Saint-Laurent et Région forestière acadienne.

On reconnaît aisément le Peuplier à grandes dents dans la forêt au printemps, car au début de la feuillaison, les rameaux et les bourgeons sont couverts d'un duvet blanchâtre, ce qui donne une cime qui tranche sur le vert de la voûte des autres arbres. Son nom commun, grand tremble, vient du fait qu'au moindre souffle du vent ses feuilles bruissent et s'agitent, tout comme celles de la plupart des peupliers.

Le nom générique *Populus*, peuple, tire son origine du temps où l'on plantait ces arbres sur les places publiques réservées au peuple. Le nom spécifique *grandidentata*, grandes dents, décrit sa feuille.

Le Peuplier à grandes dents, une espèce pionnière, préfère les sols humides et fertiles. Il s'associe souvent au Bouleau blanc, au Peuplier faux-tremble et à l'Érable rouge.

Tout comme le Peuplier faux-tremble, il se propage par les rejets de ses racines et par ses graines qui ne sont viables que durant quelques jours. À l'opposé du Peuplier deltoïde et des saules, il ne se régénère pas végétativement si on enfonce un rameau ou une branche dans le sol.

La culture d'un champignon, le Pleurote comestible (*Pleurotus*, variété québécoise), devient de plus en plus populaire. À cette fin, on inocule avec du blanc de champignon des billes de peuplier et d'autres bois mous (saule, bouleau) ou des billes de bois franc (érable, frêne, chêne). Un an ou deux plus tard, on obtiendra une bonne récolte de champignons frais. Les conifères ne se prêtent pas à ce genre de culture.

Le Peuplier à grandes dents et le Peuplier faux-tremble composent la nourriture préférée des castors. Son bois semblable à celui du Peuplier faux-tremble est utilisé aux mêmes fins.

G 532c

Pommier odorant

pommettier, pommier coronaire, pommier sauvage.

Wild crab apple, American crab apple, garlandtree, sweet crab apple, wild crab.

Malus coronaria (L.) P. Mill.
syn.: *Pyrus coronaria* L.
Famille du rosier (Rosacées)

Traits distinctifs

Feuilles — limbe de 5-10 cm de long; dessus, vert brillant; dessous, presque dépourvu de poils; parfois lobées à la base.

Fleurs — roses à blanches, parfumées, très voyantes; en bouquets sur de courts rameaux.

Fruits — pommes, presque rondes (3,5 cm de diamètre); vert jaunâtre à maturité; comestibles, aigres.

Rameaux — lisses, bourgeons rouge vif; vieux rameaux armés d'éperons semblables à des épines.

Taille — arbuste ou petit arbre de 6-10 m de haut et 30 cm de diamètre.

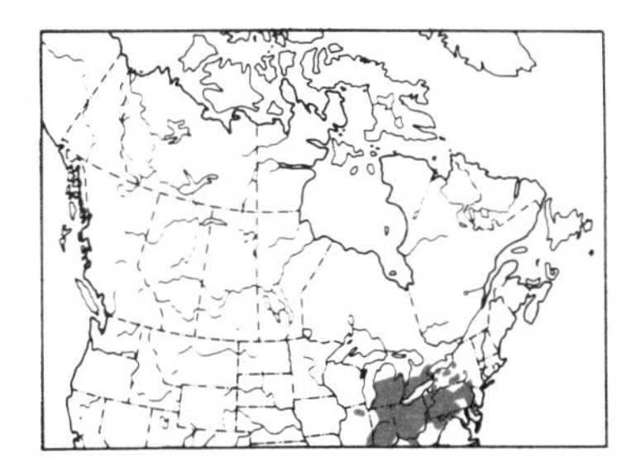

Aire de distribution

Région forestière des feuillus.

Le nom générique *Malus*, nom latin classique du pommier, vient du grec *melon* qui signifie pomme ou fruit. Certains auteurs réunissent les poiriers, les sorbiers et les pommiers sous le genre *Pyrus*, tandis que d'autres les séparent en trois genres différents, soit: *Pyrus* pour les poiriers, *Sorbus* pour les sorbiers et *Malus* pour les pommiers. Bien que les feuilles et les fleurs du pommier et du poirier soient très similaires, leurs fruits restent par contre très différents. Le nom spécifique *coronaria* qui signifie semblable à une couronne ou approprié pour la fabrication de guirlandes, fait allusion aux fleurs attrayantes de l'arbre et est aussi à l'origine du nom anglais «garlandtree».

L'absence de poils sur le dessous de sa feuille et la présence d'éperons le distinguent aisément du Pommier commun.

Au printemps, le Pommier odorant s'orne de délicates fleurs parfumées. L'apparition des fruits verts et aigres attire les oiseaux ainsi que les Cerfs de Virginie et les mouffettes. L'homme aime manger son fruit, la pommette, de laquelle il retire l'acidité en la faisant cuire. La saveur de la gelée, riche en pectine, se marie agréablement à celle d'autres fruits sauvages ou cultivés leur donnant un arôme spécial. Les Amérindiens les cueillaient à l'automne et les conservaient tout l'hiver, pour en extraire au printemps, un sirop ou un cidre délicieux.

Ils exploitaient également les qualités de son bois dur, fort et souple dont ils fabriquaient des hampes de harpons, des manches d'herminettes et de pioches et des engrenages pour les moulins à farine. Le bois se sculpte bien et offre des coloris intéressants lorsqu'il est tourné. Le tronc sert de porte-greffe pour certaines variétés de pommiers moins rustiques.

G 532d

Pommier du Pacifique

Pacific crab apple, Oregon crab apple, western crab apple.

Malus fusca (Raf.) Schneid.
  syn. *Malus diversifolia* (Bong.) M. Romer
  syn. *Pyrus fusca* Raf.
Famille du rosier (Rosacées)

Traits distinctifs
Le seul pommier indigène à fruits ovales de la côte du Pacifique.

Feuilles — limbe de 5-10 cm de long; dessus, vert foncé mat; dessous, presque dépourvu de poils: parfois lobées à la base.

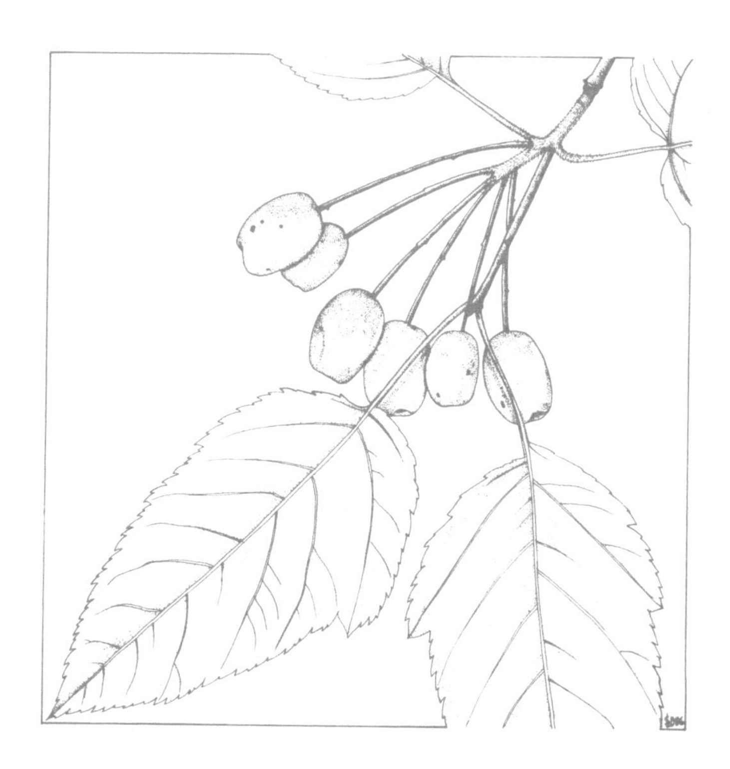

Fleurs — roses à blanches, parfumées, très voyantes; en bouquets sur de courts rameaux.

Fruits — pommes, ovales ou oblongues, 1,2-2 cm de long; jaunes ou rouges à maturité; comestibles, aigres.

Rameaux — lisses; vieux rameaux armés d'éperons semblables à des épines; bourgeons rouge vif.

Taille — arbuste ou petit arbre de 6-8 m de haut et 30 cm de diamètre.

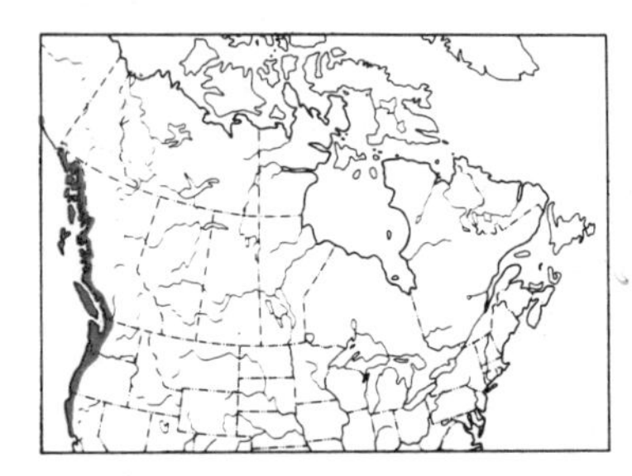

Aire de distribution

Région forestière côtière.

Le nom générique *Malus* est le nom latin classique du pommier. Certains auteurs réunissent les poiriers, les sorbiers et les pommiers sous le genre *Pyrus*, tandis que d'autres les séparent en trois genres différents. Le nom spécifique *diversifolia*, du latin *diversus*, séparé, et de *folium*, feuille, fait allusion aux formes diverses que prennent les feuilles. Quant à *fusca*, du latin *fuscus*, noir, il fait allusion au dessus vert foncé mat de la feuille en comparaison du dessus vert brillant de la feuille du Pommier odorant.

Le Pommier du Pacifique fut décrit pour la première fois en 1792 par Archibald Menzies, le médecin botaniste écossais qui accompagnait le capitaine George Vancouver.

Préférant les sols humides, l'espèce rivulaire armée d'éperons forme parfois des bosquets presque impénétrables. Son bois très résistant, comme celui de son analogue de l'Est (le Pommier odorant), s'emploie pour fabriquer des pièces dont la résistance à l'usure est importante. On l'utilisait pour faire des manches d'outils, des massues, des billes à roulement. Les Amérindiens le sculptaient pour faire des coins à refendre qu'ils utilisaient sur le Thuya géant pour obtenir des planches.

Les fruits très amers font d'excellentes gelées et confitures. Les Amérindiens de la côte les mangeaient nature, cuits, mélangés à d'autres fruits, ou ils les conservaient pour l'hiver.

Comme les noyaux de toutes les espèces de pruniers, de poiriers et de cerisiers, les pépins du fruit des pommiers contiennent des substances qui, sous l'action des acides gastriques, dégagent l'acide cyanhydrique. Manger quelques pépins n'est pas dangereux, mais en absorber une grande quantité peut causer des intoxications graves.

G 533

Rare en Ontario

Mûrier rouge

mûrier rouge d'Amérique, mûrier sauvage.

Red Mulberry.

Morus rubra L.
Famille du mûrier (Moracées)

Traits distinctifs

Feuilles — limbe de 7-13 cm de long; sans lobes ou lobées (1-5 lobes minces); dessus couvert de poils.

Rameaux — rougeâtres.

Fruits — composés, multiples drupes (comme les framboises); dimension 2,5 cm de long; rouge foncé, presque noirs à maturité; sucrés, juteux et comestibles.

Écorce — brun rougeâtre; se détache en bandes ou en plaques écailleuses; ressemble à celle de l'Ostryer de Virginie.

Taille — petit arbre pouvant atteindre 10 m de haut et 10-20 cm de diamètre.

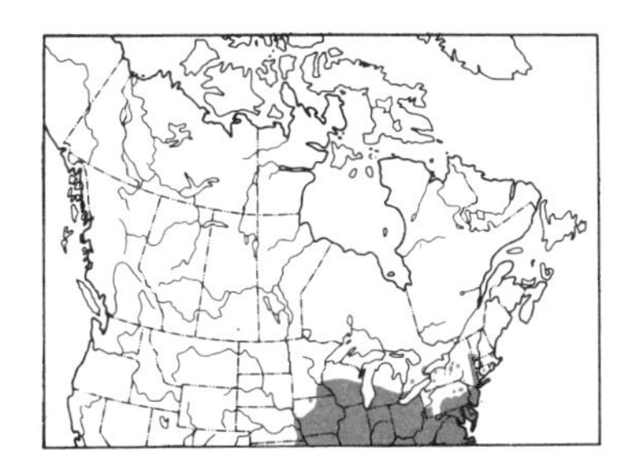

Aire de distribution

Région forestière des feuillus; planté comme arbre fruitier ou ornemental au Canada et échappé de culture.

Le Mûrier rouge est issu d'une famille qui joue un rôle économiquement important. Le figuier, producteur de la figue, et le Figuier élastique (*Ficus elastica* Roxb. ex Hornem), plante verte d'intérieur très commune, appartiennent à cette famille.

Le nom générique *Morus* vient *morea*, ancien nom du mûrier, et le nom spécifique *rubra*, rouge, décrit la couleur de son fruit.

Les mots mûrier et mûre sont très souvent utilisés de façon erronée pour désigner la plante et les fruits de la ronce à fruits noirs *(Rubus)*, de la famille des Rosacées, ce qui crée une confusion avec les mûriers du genre *Morus* de la famille des Moracées.

Peu abondant à l'état sauvage, il est planté pour ses fruits savoureux et comme arbre d'ornement pour sa beauté. Dans les vergers, on l'utilise comme leurre afin de protéger les récoltes des autres fruits, et dans les jardins, comme nourriture pour les oiseaux. Ses fruits au goût sucré peuvent être mangés nature ou en tartes et dans les gâteaux.

Il faut toutefois s'assurer qu'ils sont bien mûrs parce que les fruits verts peuvent causer des désordres gastriques. Les personnes à peau très sensible souffrent parfois de dermatite après un contact avec les feuilles ou les tiges.

On rencontre au Canada une espèce originaire de Chine, le Mûrier blanc (*Morus alba* L.). Cet arbre, cultivé dans le monde entier comme source de nourriture pour les chenilles du ver à soie, fut introduit aux États-Unis dans le but d'entreprendre cet élevage. Cependant, la tentative échoua. Échappé de culture depuis fort longtemps, cet arbre s'est acclimaté et c'est pourquoi on le trouve à l'état sauvage.

On distingue le Mûrier blanc du Mûrier rouge par sa feuille qui n'a de poils que le long de la nervure principale.

G 542a

Rare aux Territoires du Nord-Ouest

Cerisier de Virginie

cerisier, cerisier à grappes, cerisier sauvage.

Choke cherry, chuckley-plum, common choke cherry, red choke cherry, sloetree, wild cherry.

Prunus virginiana L.
Famille du rosier (Rosacées)

Traits distinctifs

Feuilles — limbe de 4-12 cm de long, minces; la plus grande largeur se situe dans le tiers supérieur du limbe; présence d'une paire de glandes sur le pétiole.

Fruits	— drupes, cerises rouge foncé ou noires en grappes; très astringents, comestibles.
Écorce	— lisse, brun foncé.
Taille	— arbuste ou petit arbre pouvant atteindre 10 m de haut et 5-15 cm de diamètre.

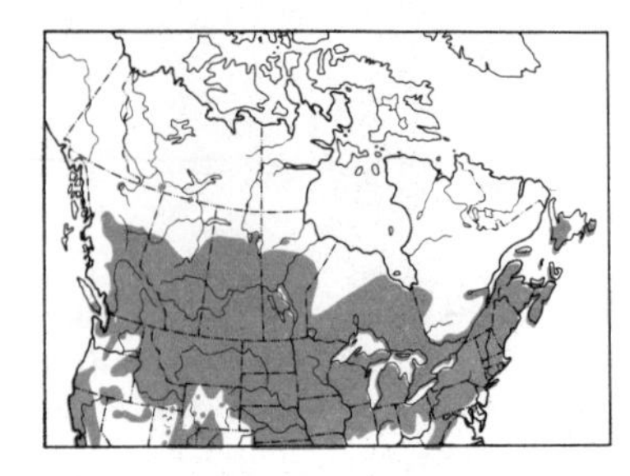

Aire de distribution

Régions forestières des feuillus, des Grands Lacs et du Saint-Laurent, acadienne, des Prairies et Région forestière boréale.

L'odeur d'amande amère, très caractéristique lorsqu'on en brise l'écorce, confirme sans équivoque l'identité de ce cerisier. Cette odeur révèle aussi la présence de l'acide cyanhydrique qui, sous l'action des enzymes de l'estomac, s'avère un poison très dangereux pour l'homme. Toutes les recommandations faites à ce sujet pour le Cerisier tardif s'appliquent à tous les cerisiers et pruniers.

Le nom générique *Prunus* est le nom latin classique du prunier ou du cerisier. Le nom spécifique *virginiana* vient de Virginie. Son nom anglais «choke cherry» fait allusion à son fruit très astringent qui empâte la bouche, surtout s'il n'est pas mûr.

Ses fruits, semblables à ceux du Cerisier tardif, s'apprêtent de la même façon. Comme tous les cerisiers, il représente une importante source de nourriture pour les oiseaux qui en sont les principaux agents de dissémination. Cette espèce préfère la lumière. On la rencontre souvent en bordure de la forêt, des érablières, des taillis, des ruisseaux et des rivières, où elles jouent parfois un rôle de stabilisateur de sol contre l'érosion. Certains auteurs divisent cette espèce variable en trois variétés géographiques selon les différences de sa feuille et de son fruit.

On rencontre souvent des toiles de soies attachées aux fourches de cerisiers ou d'autres membres de la famille du rosier. Ces abris contiennent d'innombrables chenilles appelées chenilles à tente ou larves de livrée. Heureusement, ces insectes ne tuent pas les arbres, même lorsqu'elles les dénudent complètement de leur feuillage. Les livrées (*Malacosoma* sp.) sont des petits papillons nocturnes classés parmi les six plus grands ennemis de la forêt canadienne. Ils s'attaquent aussi aux bouleaux, aux ormes, aux peupliers et aux saules.

Les rameaux sont parfois déformés par une excroissance noire appelée le nodule noir du cerisier, vulgairement dénommé «crotte de chien» ou «galle». Cette maladie, très répandue en Amérique du Nord, est provoquée par un champignon *(Apiosporina morbosa* (Fr.) Arx.).

Le Cerisier de Virginie et le Cerisier tardif étaient autrefois couramment utilisés en médecine populaire, ce qui est maintenant à déconseiller.

Les Amérindiens et les premiers colons utilisaient les feuilles, l'écorce ou les racines pour préparer une tisane contre la toux, la malaria, les maux d'estomac, la tuberculose et les vers intestinaux. Les racines et l'écorce s'employaient également comme sédatif et tonique pour l'enrichissement du sang et comme stimulant apéritif.

G 542b

Cerisier amer

Bitter cherry, bird cherry, quinine cherry, wild cherry.

Prunus emarginata (Dougl. ex Hook.) Walpers
Famille du rosier (Rosacées)

Traits distinctifs

Feuilles — 3-10 cm de long; minces et frêles, effilées aux deux bouts, irrégulièrement dentées; la plus grande largeur se situe vers le milieu du limbe; mates sur les deux faces; présence (normalement) d'une ou deux paires de glandes sur le pétiole.

Rameaux — rouge luisant; à saveur amère; plusieurs bourgeons groupés à l'extrémité du rameau.

Fruits — drupes (cerises ou merises) rouge foncé, attachées à un court pédoncule; excessivement amères et astringentes.

Écorce — lisse, brun rouge, apparence de vernis, marquée de traits horizontaux (lenticelles) poudreux, orangés et très visibles; très amère.

Taille — petit arbre ou arbuste de 4-15 m de haut, 10-30 cm de diamètre.

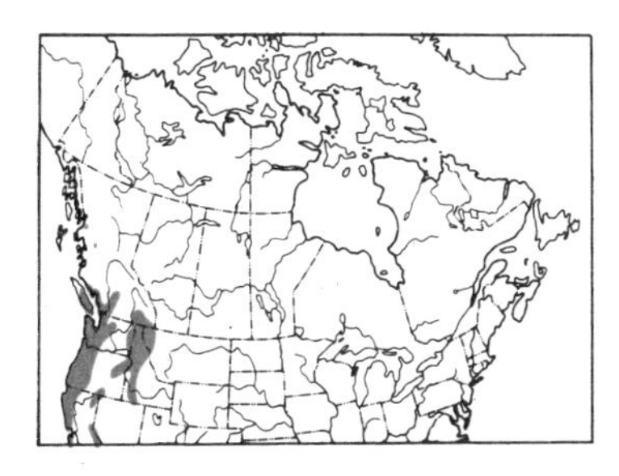

Aire de distribution

Régions forestières côtière, du Columbia, secteurs humides de la Région forestière montagnarde, sud de la Colombie-Britannique.

Il n'existe pas de meilleur nom pour cet arbre! Il s'agit de goûter une seule fois à ses fruits, ses feuilles ou son écorce pour ancrer son goût dans la mémoire. Ce qui est presque immangeable pour l'homme ne l'est sûrement pas pour les oiseaux, les ours et les petits rongeurs qui se gavent de ses fruits.

Le nom générique *Prunus* est le nom latin classique du prunier ou du cerisier. Le nom spécifique *emarginata* fait référence aux pétales et aux sépales faiblement encochés.

Le Cerisier amer comme le Cerisier de Virginie et le Cerisier de Pennsylvanie sont des espèces colonisatrices de courte durée. Elles sont vite remplacées par des espèces tolérant mieux l'ombre. On l'utilise parfois comme une plante abri dans les plantations de semis de conifères.

Le Cerisier amer est presque une réplique du Cerisier de Pennsylvanie, mais il s'en distingue par sa feuille effilée au deux bouts, souvent arrondie à la partie supérieure, et par le pédoncule court de ses fruits. Certains auteurs partagent cette espèce en deux variétés: var. *mollis* (Dougl.) Brewer, un arbre de bonne taille le long de la côte et var. *emarginata,* un arbuste à l'intérieur des terres.

Son bois, comme celui des petits cerisiers, est mou, de faible résistance, et est utilisé comme combustible.

Les Amérindiens se servaient de son écorce solide qui se pèle de la même manière que celle du bouleau, pour faire des paniers et des cordes, ou pour décorer ou renforcer les arcs, les flèches et les pipes. De plus, l'écorce s'employait comme pansement que l'on collait avec de la résine.

G 542c

Amélanchier

petites poires, poirier.

Serviceberry, chuckley-pear, indian pear, juneberry, peartree, serviceberry, sarvissberry, saskatoon, Scotch apple, servicetree, shadberry, shadbush, sugarplum, sweet-pear, wild pear.

Amelanchier Medik.
Famille du rosier (Rosacées)

Traits distinctifs

Feuilles — moins de 8 cm de long; minces; dessus vert foncé; dessous plus pâle.

Fleurs — 5 pétales d'un blanc éclatant apparaissant avant la feuillaison; le plus souvent en grappes au bout des rameaux.

Fruits — pommes pourpre foncé, sucrées, juteuses, contenant de grosses graines; conservent le calice de la fleur au sommet; comestibles.

Écorce — mince et lisse, grisâtre, marquée de bandes verticales; devenant rugueuse par la suite.

Taille — arbuste ou petit arbre de 2-10 m de haut, 7-30 cm de diamètre.

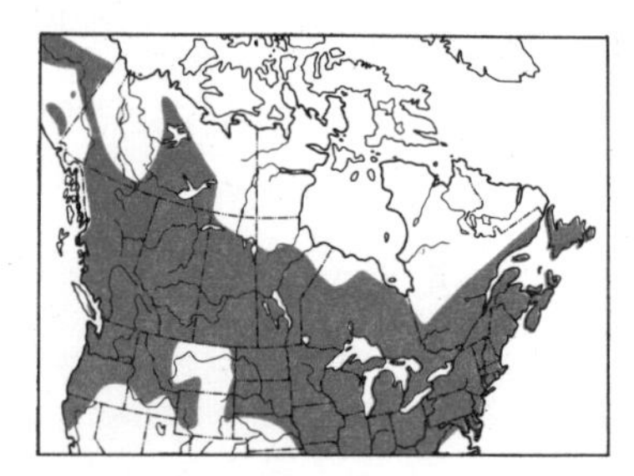

Aire de distribution

D'un océan à l'autre.

L'identification du genre *Amelanchier* ne pose guère de problème. Ses fleurs blanches voyantes apparaissant tôt au printemps, et ses fruits, de petites poires noires, mûrs vers la fin de juillet ou au début d'août, le caractérisent bien.

Cependant, l'identification des espèces, toutes étroitement apparentées, se révèle une tâche difficile. Les spécialistes eux-mêmes se perdent en conjectures quant au nombre d'espèces. La cause du problème tient à l'hybridation et au mode de reproduction qui s'effectuent entre les différentes espèces d'amélanchiers, soit par polyploïdie (dédoublement de la matière génétique), soit par apomixie (reproduction des plantes par graines, sans fécondation).

Son nom générique *Amelanchier* est le nom commun d'une espèce européenne. «Serviceberry» est une déformation du nom «sarvissberry» qui à son tour dérive de sarviss, une transformation de *Sorbus* donné par les Romains.

Les fleurs apparaissent au mois de juin d'où l'origine de «juneberry». Le mot «shad» du nom «shadberry» signifie alose ou poisson de mai, et se retrouve dans plusieurs de ses noms communs anglais, car la remontée printanière dans nos rivières de ce poisson de la famille du hareng, correspond à la période de floraison de l'Amélanchier. Le nom «Saskatoon» vient d'un mot qui désignait les Amélanchiers qu'on retrouvait jadis en abondance autour de la ville de ce nom.

Plusieurs mammifères mangent ses fruits et son feuillage. Les oiseaux tels que le Merle d'Amérique et le Cardinal rouge, très friands de ses fruits, nidifient souvent près de ces arbres.

L'Amélanchier fournissait les ingrédients de base au fameux «pemmican», une préparation de viande séchée et de gras animal que les Amérindiens mangeaient ou emportaient en voyage l'hiver. Une personne réussissait à survivre très longtemps grâce à cette préparation qui, accompagnée d'un supplément de vitamine C contenue dans les fruits d'églantier ou dans une infusion à base d'épinette ou de thuya, prévenait l'apparition du scorbut.

Ses fruits, très riches en fer et en cuivre, peuvent se manger frais ou séchés tels des raisins secs. On peut aussi les déguster dans les crêpes, les muffins, les tartes, en gelée ou en confiture.

G 542d

Pommier commun

pommier, pommier nain, pommier sauvage.

Common apple, apple, common apple tree, common domestic apple, wild apple.

Malus pumila P. Mill.
syn. *Malus communis* Poir.
syn. *Pyrus pumila* (P. Mill.) K. Koch
Famille du rosier (Rosacées)

Traits distinctifs

Feuilles — limbe de 4-10 cm de long; pétiole et dessous du limbe duveteux.

Fruits — pommes, vert jaune; aigres ou sucrées.

Rameaux — dépourvus d'éperons épineux; extrémité souvent couverte d'un duvet blanchâtre.

Taille — 9-12 m de haut, 30-60 cm de diamètre.

Aire de distribution

Originaire d'Europe et d'Asie occidentale, planté partout comme arbre fruitier ou ornemental et échappé de culture.

Le Pommier commun est sans doute l'ancêtre des pommiers cultivés d'aujourd'hui. Longtemps ignoré par les peuples de l'Asie mineure, le Pommier sauvage fut vite cultivé par les Grecs. Sous l'empereur romain Auguste (63 avant J.-C. à 14 après J.-C.) on comptait déjà pas moins de 30 variétés différentes. Aujourd'hui, on dénombre plusieurs milliers de variétés de pommiers cultivés provenant de cette espèce et du Pommier de Sibérie (*Malus baccata* (L.) Borkh.). Au Canada, il se distingue du Pommier sauvage (*Malus coronaria* (L.) P. Mill.) par la pubescence du dessous de ses feuilles et de ses pétioles.

Le nom générique *Malus* est le nom latin classique du pommier et les noms spécifiques *pumila* et *communis* désignent respectivement nain et commun. *Pyrus* est le nom latin classique du poirier. Le mot pomme vient du latin *pomum* qui signifie «fruit» en général.

Un fût court, une couronne basse en forme de dôme, en plus des nombreuses branches dressées et tordues, caractérisent l'apparence du Pommier commun. Il croît spontanément un peu partout, même en forêt. Ce phénomène est sûrement l'oeuvre des bûcherons, des chasseurs et des coureurs de bois qui jetèrent ici et là des coeurs de pommes lors de leurs excursions en forêt. Les fruits du pommier se consomment en gelée et peuvent être apprêtés comme ceux du Pommier sauvage. Les ours, les cerfs et les renards en mangent à l'automne.

Le bois brun rouge, dur, solide et à grain fin se travaille bien au tour et on s'en sert aussi en sculpture. C'est un excellent bois de chauffage et on utilise souvent son bran de scie pour fumer la viande.

Outre les qualités de son bois, le pommier est rempli de vertus médicinales comme le confirme le vieil adage: «Une pomme par jour, plus de médecin.» («An apple a day keeps the doctor away»).

En effet, la pomme est une bonne source de vitamines, de sucres, d'acides essentiels et de plusieurs minéraux tels que le potassium, le sodium et le phosphore. C'est la peau du fruit qui contient le plus grand nombre de ces éléments, mais malheureusement, on devrait toujours peler une pomme cultivée parce que l'arboriculture moderne fait appel à tout un arsenal de pesticides et de nombreux produits nocifs. Par contre, la consommation d'une grande quantité de pépins peut être mortelle.

G 542e

Prunier d'Amérique

guignier, prunier, prunier de La Galissonnière, prunier sauvage.

Wild plum, American plum, brown plum, plum, red plum, yellow plum.

Prunus americana Marsh.
Famille du rosier (Rosacées)

Traits distinctifs

Feuilles — limbe de 4-12 cm de long; absence de petites glandes au bout des dents; présence d'une paire de glandes sur le pétiole.

Fleurs — parfumées, d'un blanc éclatant, apparaissant avant ou pendant la feuillaison.

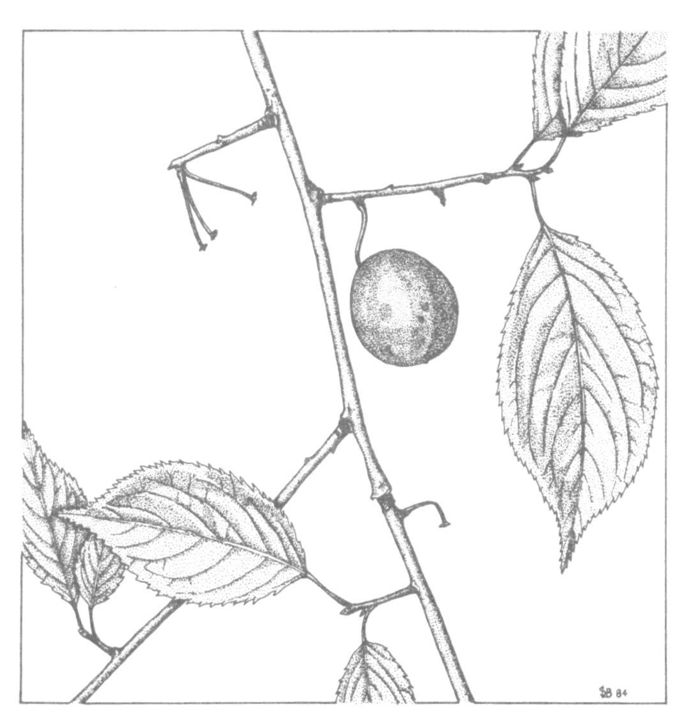

Fruits — drupes, de rouges à jaunes; recouverts de pruine (revêtement cireux); chair juteuse et acide; comestibles.

Rameaux — portent des pointes semblables à des épines.

Taille — arbuste ou petit arbre pouvant atteindre 10 m de haut et 30 cm de diamètre.

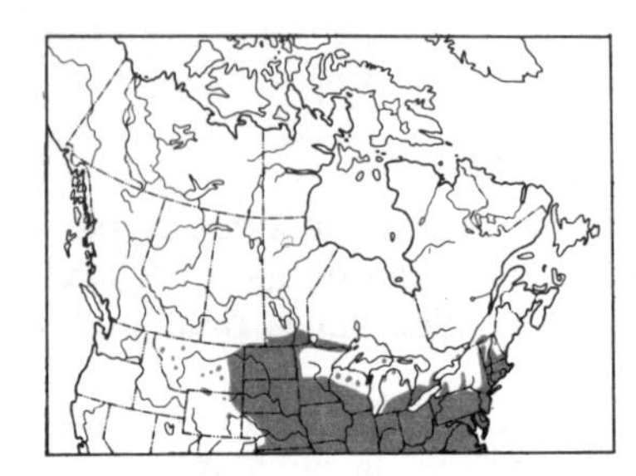

Aire de distribution

Région forestière des feuillus, planté un peu partout au Canada et échappé de culture.

Le Prunier d'Amérique a souvent été planté au delà de son aire de distribution. On a développé des centaines de cultivars à grandes fleurs pour fins ornementales. On le rencontre le long des cours d'eau où il sert de stabilisateur de sol en contenant l'érosion.

La couleur de ses fruits explique plusieurs noms communs anglais. Ses fruits peuvent être apprêtés de la même façon que ceux du Prunier noir.

Attention! L'écorce et les feuilles, ainsi que les noyaux de ses fruits libèrent l'acide cyanhydrique dans l'estomac.

Son bois, dur et résistant, n'est pas exploité commercialement à cause de sa petite taille.

G 542f

Nerprun Cascara

cascara, écorce sacrée, nerprun de pursh.

Cascara, bayberry, bearberry, bearwood, bitterbark, cascara buckthorn, cascara sagrada, holybark, Persian bark.

Rhamnus purshiana DC.
Famille du nerprun (Rhamnacées)

Traits distinctifs

Feuilles — 6-15 cm de long; 10-15 paires de nervures parallèles saillantes; souvent regroupées au bout des rameaux, parfois opposées sur le rameau.

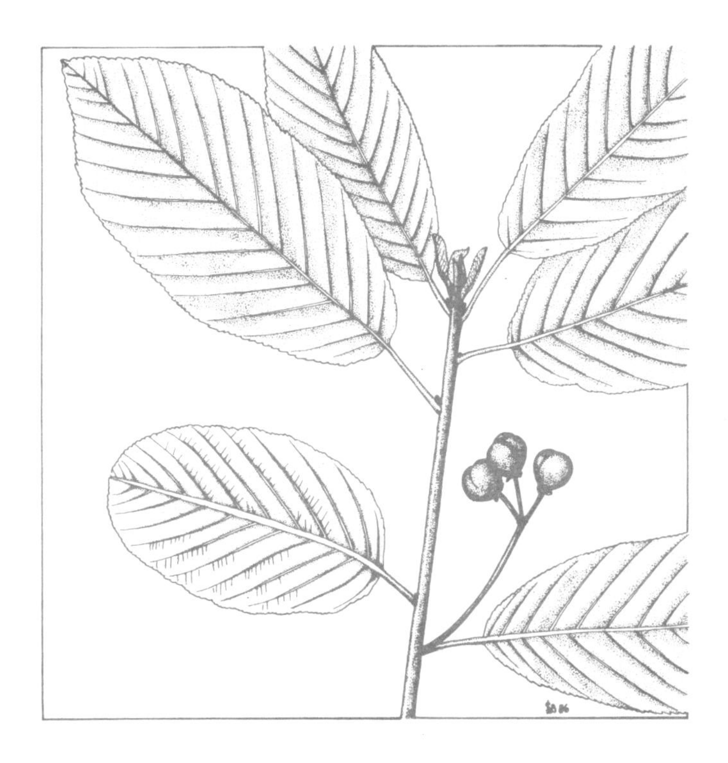

Fruits — petites drupes rouges, à 2 ou 3 noyaux, qui virent au noir; légèrement sucrés.

Rameaux — grêles, brun rougeâtre; bourgeons petits, sans écailles, couverts de poils rouille.

Écorce — mince, lisse, grise ou brune; fissurée de petites écailles chez les vieux arbres; écorce interne jaune qui vire au brun lorsqu'elle est exposée à l'air; intensément amère.

Taille — arbuste ou petit arbre de 5-12 m de haut et 15-40 cm de diamètre.

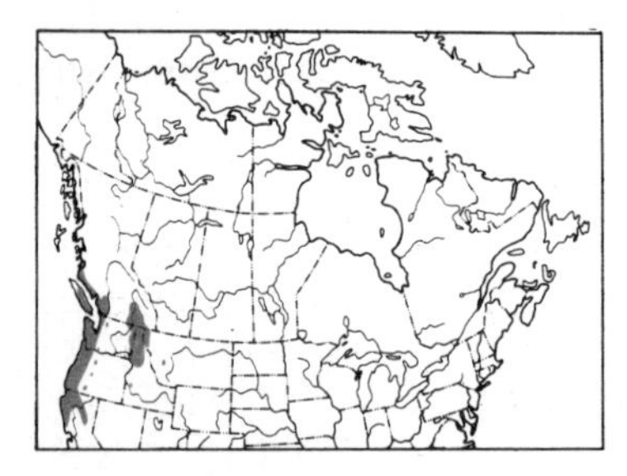

Aire de distribution

Sud des Régions forestières côtière et du Columbia.

Le nom générique *Rhamnus* est le nom latin classique pour les nerpruns et signifie probablement épineux, allusion aux branches armées d'épines de certaines espèces de nerpruns, ou il dérive du grec *rhamnos*, le nom de certaines espèces de ce genre. Le nom spécifique *purshiana* fut donné en hommage au botaniste germano-américain, Frederick Pursh (1774-1820), auteur de *Flora Americae Septentrionalis* qui mourut à Montréal alors qu'il préparait un ouvrage sur la flore du Canada. Le nom français nerprun est une contraction du latin *niger prunus*, noir prunier. Le nom commun écorce sacrée est tout simplement la traduction du nom espagnol *Cascara sagrada*.

Les colonisateurs espagnols apprirent des Amérindiens les propriétés médicinales de ces arbres. Avec l'écorce, les Amérindiens préparaient une décoction qu'ils utilisaient comme laxatif et comme tonique. Une forte dose causait parfois des intoxications qui pouvaient être mortelles. Les fruits ont un effet purgatif semblable mais moins prononcé. L'écorce riche en tannin servait également à préparer une teinture verte.

Ce n'est que vers 1880 que débuta la commercialisation du produit connu en pharmacie comme cascara sagrada, l'écorce desséchée et pulvérisée du Nerprun Cascara. Depuis ce temps, il est répertorié dans la pharmacopée américaine et est aujourd'hui listé dans le Code canadien d'identification des drogues.

De ce nouveau commerce sont nés les récolteurs d'écorce de cascara. L'arbre décortiqué est coupé afin de stimuler la formation de drageons pour une récolte future. Un récolteur inexpérimenté découvre très rapidement que le port de gants de caoutchouc est essentiel. Le contact de l'écorce fraîche avec la peau produit un effet laxatif. Les «pilules CC» que tant de soldats connurent durant la Deuxième Guerre mondiale sont à base de cette écorce. Même si on trouve sur le marché plusieurs laxatifs synthétiques, la demande pour l'écorce du Nerprun Cascara existe encore aujourd'hui. On la récolte commercialement dans les forêts de l'État de Washington et de l'Oregon et dans des plantations établies pour fins d'exploitation de l'écorce. Au Canada un permis est requis pour couper le Nerprun de Cascara sur les terres de la couronne. On peut se procurer ce laxatif naturel à l'état pur sous forme de liquide ou en comprimés, ou incorporé à d'autres produits, chez son pharmacien ou chez les marchands de produits naturels. Il est également utilisé comme laxatif en médecine vétérinaire.

Les fruits apparaissent vers la fin de l'été. Plusieurs auteurs mentionnent la comestibilité des fruits des nerpruns, tandis que d'autres affirment le contraire. Les noyaux, ainsi que la pulpe, à un moindre degré, contiennent des substances toxiques. Toutefois, les oiseaux, le raton laveur et l'ours les consomment d'où l'origine de «bearberry».

Le Nerprun Cascara ressemble au Nerprun à feuilles d'aulne (*Rhamnus alnifolia* L'Her.), un arbuste du même genre qu'on trouve un peu partout au Canada. Le Nerprun Cascara se différencie par sa feuille qui possède 10 à 15 paires de veines au lieu de 5 à 7 paires comme chez le Nerprun à feuilles d'aulne.

Deux espèces de nerpruns introduites d'Europe s'échappent de culture et se sont naturalisées dans l'est du Canada: le Nerprun bourdaine (*Rhamnus frangula* L.) caractérisé par une feuille ovale sans dents, et le Nerprun cathartique (*Rhamnus cathartica* L.) qui a une feuille finement dentée, presque ronde et principalement opposée sur le rameau, ainsi que des branches épineuses.

G 542g

Arbousier Madroño

voir G 522h

G 542h

Cerisier tardif

voir G 442a

G 552a

Aubépine

cenelle, cenellier, pommettier, senelier, snellier.

Hawthorn, may-apple, thorn.

Crataegus L.
Famille du rosier (Rosacées)

Traits distinctifs

Feuilles — très variables et même sur un même arbre.

Fleurs — ressemblent à celles du Pommier commun; blanches à roses; dégagent une odeur fétide.

Fruits — pommes ou cenelles rouges, orange, jaunes, bleues, ou noires; comestibles, à pulpe farineuse.

Écorce — habituellement armée de fortes épines lisses et luisantes.

Taille — arbuste ou petit arbre pouvant atteindre 10 m de haut et 40 cm de diamètre.

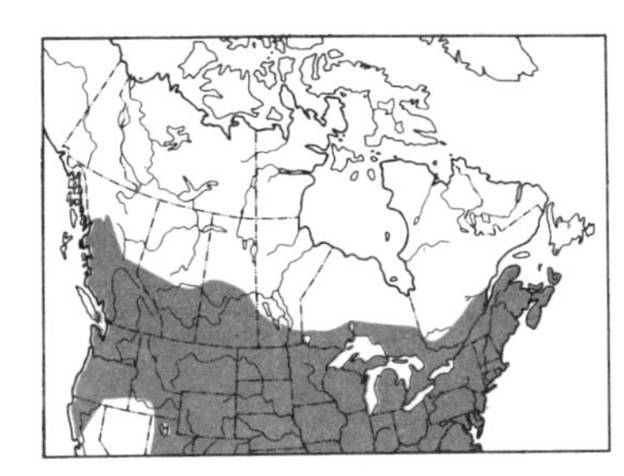

Aire de distribution

Croît çà et là au Canada.

Qui ne connaît pas cet arbre, dont les rameaux aux longues épines forment des enchevêtrements presque impénétrables. C'est l'endroit idéal pour les oiseaux qui construisent des nids.

Ce genre, de pleine lumière, incapable de tolérer l'ombre, se rencontre dans les champs abandonnés, le long des clôtures, des routes et des ruisseaux. À l'automne, ses fleurs se transformeront en cenelles à la grande joie du Jaseur des cèdres, du Bruant fauve, de la Gélinotte huppée et des petits rongeurs qui facilitent la dispersion des graines. L'Aubépine est souvent considérée comme une mauvaise herbe par l'homme qui a toutefois contribué à répandre et à diversifier le genre.

La différenciation des espèces d'aubépines au Canada s'avère une tâche très difficile. Les botanistes eux-mêmes se perdent en conjectures quant au nombre d'espèces canadiennes et américaines. Par contre, le genre *Crataegus* est très caractéristique et très stable. La grande diversification serait causée par le défrichement massif de nos forêts vierges qui débuta avant même l'arrivée de l'homme blanc en Amérique du Nord. L'envahissement et la colonisation de ces nouveaux habitats par différentes espèces d'aubépines, auparavant inaccessibles à cause des barrières physiques, provoqua leur hybridation. De plus, la polyploïdie, c'est-à-dire le dédoublement de la matière génétique, et l'apomixie qui est la reproduction asexuelle des plantes par graines mais sans fécondation, contribua certainement à l'élargissement de l'éventail des variations.

Le nom générique *Crataegus* est le nom latin classique pour l'Aubépine. Il dérive du grec *krataigos*, arbre-aiguille, et de *dratos*, fort, allusion à la dureté et à la résistance de son bois.

On l'emploie pour la fabrication de manches d'outils, de maillets et en gravure. Ses aiguilles servent de cure-dents, de poinçons, d'épingles et parfois d'hameçons. Utilisée en haie, l'Aubépine formera une clôture infranchissable.

Fort connues en Europe, ses fleurs séchées sont utilisées en infusion comme cardiotonique. Elles contiennent des substances qui ont les mêmes propriétés que la digitaline. L'écorce agit contre la fièvre et la cenelle contre la diarrhée.

Les fruits se consomment nature. Leur saveur varie énormément d'une espèce à l'autre. L'abondance des noyaux peut même nous décourager de les manger. Ils peuvent se combiner à d'autres fruits pour faire des gelées, des confitures et des compotes. Les Amérindiens mêlaient son fruit à de la viande séchée pour faire un mets traditionnel, le pemmican.

G 552b

Aulne rugueux

aulne blanc, aulne à feuilles minces, aulne blanchâtre, aulne commun, vergne, verne.

Speckled alder, alder, grey alder, hoary alder, mountain alder, red alder, river alder, rough alder, tag alder.

Alnus incana (L.) Moench
ssp. *rugosa* (Du Roi) Clausen et
ssp. *tenuifolia* (Nutt.) Breitung
syn. *Alnus rugosa* (Du Roi) Spreng.
syn. *Alnus tenuifolia* Nutt.
Famille du bouleau (Bétulacées)

Traits distinctifs

Feuilles — 5-10 cm de long; mates; 6-12 nervures droites très apparentes en dessus; les nervu-

res secondaires sont disposées comme les barreaux d'une échelle.

Rameaux — en zigzag, bourgeons possédant un pédoncule (ou queue) bien distinct.

Fruits — ressemblent à un petit cône à maturité; demeurent sur les rameaux tout l'hiver.

Écorce — lisse, brun rougeâtre, lenticelles orangées bien visibles.

Taille — arbuste ou petit arbre pouvant atteindre 12 m de haut et 15 cm de diamètre.

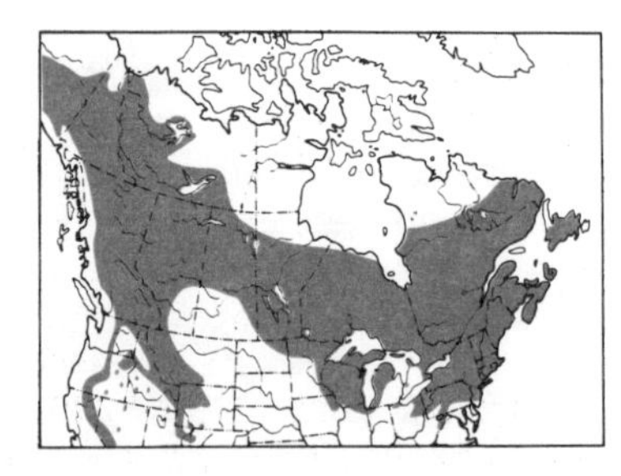

Aire de distribution

Dans presque toutes les Régions forestières sauf dans la Region forestière cotière.

Incapable de croître à l'ombre, l'Aulne rugueux abonde le long des cours d'eau, des marais ou des tourbières et dans les buissons ou les taillis.

Le nom générique *Alnus*, le nom latin classique de l'aulne, vient du celte et signifie voisin des rivières. Le nom spécifique *rugosa*, rugueux, et le qualificatif «speckled» du nom anglais rappellent la présence des lenticelles bien visibles sur l'écorce; *incana*, grisâtre ou blanchâtre, fait référence au duvet blanchâtre qui couvre le dessous de la feuille et est à l'origine des noms populaires aulne blanc, «hoary alder» et «gray alder»; *tenuifolia*, feuille mince, fait référence à la sous-espèce que l'on trouve dans l'Ouest.

C'est l'un des premiers arbres à fleurir au printemps. Les abeilles s'approvisionnent de son pollen pour nourrir le couvain. Contrairement à la plupart des feuillus, ses feuilles ne jaunissent ni ne fanent; elles tombent vertes, tard à l'automne.

L'aulne, comme les peupliers, est une espèce colonisatrice envahissant un terrain après un feu de forêt ou une coupe à blanc. Comme le Bouleau à papier et les peupliers, l'aulne est une espèce passagère car il ne peut ni se reproduire ni croître à l'ombre; il sera vite remplacé par des espèces beaucoup plus tolérantes.

Cependant, l'aulne joue un rôle important dans les différents stades de succession. Ses feuilles enrichiront la litière et, comme la plupart des Légumineuses, l'aulne fertilisera le sol de ses racines qui portent des nodosités pouvant fixer l'azote atmosphérique. La décomposition des feuilles, des racines et des nodules libérera l'azote emmagasiné.

Bien qu'il n'ait aucune valeur économique, l'Aulne rugueux protège les berges de l'érosion.

Les Inuit teignent les peaux de caribous à l'aide d'une substance extraite de son écorce et cette teinture, plus foncée que celle obtenue du Thé du Labrador (*Ledum groenlandicum* Retzius), fut très employée par nos ancêtres.

Les Amérindiens préparaient une décoction à base d'écorce d'aulne pour guérir le rhumatisme. Comme celle des saules, l'écorce contient de la salicine, un produit semblable à l'aspirine (acide acétylsalicylique). L'écorce externe servait aussi de cataplasme pour arrêter l'écoulement du sang d'une plaie ou pour réduire l'enflure. Avec l'infusion de l'écorce, qui possède des propriétés astringentes, on lavait les blessures et les écorchures.

Il fut introduit pour la production de charbon de bois. Le Verne (*Alnus glutinosa* (L.) Gaertn.), une espèce européenne, est plantée au Canada et aux États-Unis comme arbre d'ombrage et arbre ornemental; il est devenu naturalisé à certains endroits. On l'utilise également pour conditionner le sol dans les plantations de conifères. Habituellement de grande taille, c'est un arbre dont les nouvelles pousses sont gommeuses; la partie supérieure de sa feuille est plus large et l'apex, ou pointe de la feuille, est tronqué ou échancré.

Un autre aulne, l'Aulne vert (*Alnus viridis* (Villars) Lam. et DC. ssp. *crispa* (Ait.) Turrill) atteint parfois la taille d'un petit arbre. Il se distingue de l'Aulne rugueux par ses bourgeons pointus non pédonculés et par sa feuille au contour finement denté.

G 552c

Aulne de Sitka

Sitka alder, mountain alder, slide alder, wavyleaf alder.

Alnus viridis (Chaix) DC ssp. *sinuata* (Reg.) Love et Love
syn. *Alnus crispa* (Ait.) Pursh ssp. *sinuata* (Reg.) Hult.
syn. *Alnus sinuata* (Reg.) Rydb.
syn. *Alnus sitchensis* (Reg.) Sarg.
Famille du bouleau (Bétulacées)

Traits distinctifs

Feuilles — 2-10 cm de long; luisantes sur les deux côtés, bord frisé; gommeuses quand elles sont jeunes; 6-10 nervures droites très apparentes en dessus; les nervures secon-

daires ne sont pas disposées comme les barreaux d'une échelle.

Rameaux — bourgeons ne possédant pas un pédoncule (ou queue) bien distinct.

Fruits — ressemblent à un petit cône à maturité; demeurent sur les rameaux tout l'hiver.

Écorce — lisse, gris verdâtre, souvent mouchetée de lichen blanc verdâtre; lenticelles longues.

Taille — arbuste ou petit arbre pouvant atteindre 8 m de haut et 20 cm de diamètre.

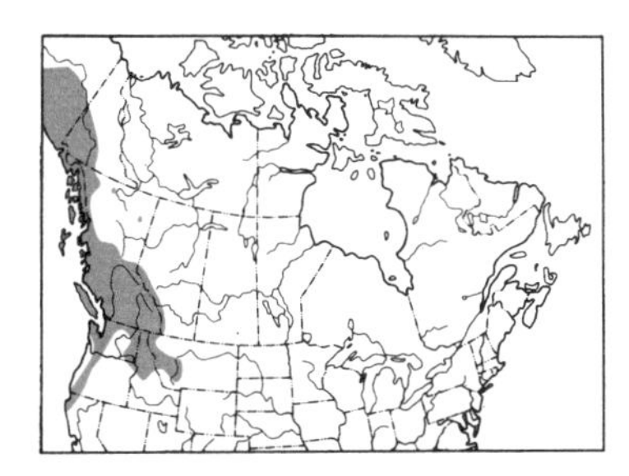

Aire de distribution

Majeure partie de la Colombie-Britannique à l'exception du nord-est et certaines parties des Rocheuses de l'Alberta.

Les botanistes n'ont pas encore résolu les affinités de l'Aulne de Sitka avec les autres aulnes. Pour certains, il est considéré comme une espèce distincte tandis que d'autres le considèrent comme une sous-espèce de l'Aulne vert (*Alnus viridis* (Villars) Lam. et DC. ssp. crispa (Ait.) Turrill), espèce à distribution transcontinentale.

Les noms scientifiques *sinuata* et *crispa*, sinueux et frisé, font tous les deux allusion au bord ondulé de la feuille, alors que *viridis*, vert, décrit la couleur de la feuille.

Cette caractéristique est également à l'origine du nom «wavyleaf alder». Sa présence en Alaska lui donne le nom de *sitchensis*, Sitka, partie sud-est de l'Alaska.

L'Aulne de Sitka et la variété de l'Aulne vert se distinguent des autres aulnes canadiens par plusieurs aspects. Ils sont les seuls aulnes des hautes montagnes (mountain alder), et les seuls à avoir des feuilles luisantes, des bourgeons non pédonculés distincts et des chatons qui s'épanouissent au moment de la feuillaison. Toutefois, seul l'Aulne de Sitka atteint des proportions de petit arbre.

À l'instar des autres aulnes, l'Aulne de Sitka est une espèce pionnière agressive qui envahit les sols humides exposés par les glissements de terrain (slide alder), le retrait des glaciers et les brûlis. Sa vie est de courte durée, soit moins de 50 ans, mais au passage, il amende le sol pour que s'établissent d'autres espèces, entre autres des conifères. De ce fait, il joue un rôle important en contrecarrant l'effet de l'érosion des sols.

Son bois tendre et de faible taille n'a aucune valeur commerciale. Il est utilisé localement, comme les autres aulnes, comme bois de chauffage.

G 552d

Bouleau à papier

bouleau à canoë, bouleau blanc.

Paper birch, white birch, canoe birch, silver birch (Maritimes), spoolwood.

Betula papyrifera Marsh.
Famille du bouleau (Bétulacées)

Traits distinctifs

Feuilles — 5-10 cm de long; 5-9 paires de nervures latérales.

Fruits — cylindriques et pendants; 4-5 cm de long; ressemblent aux cônes des conifères.

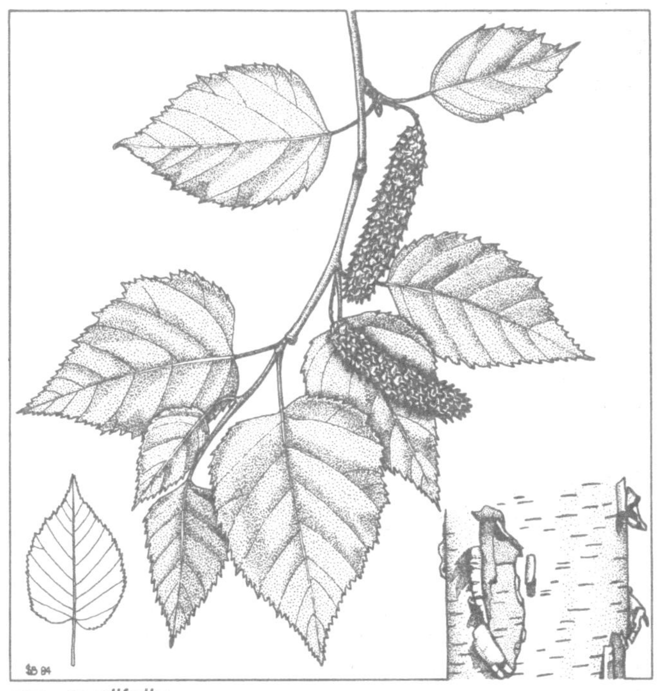

var. cordifolia

Rameaux — lisses.

Écorce — mince, lisse; brun rougeâtre virant au blanc crème avec l'âge; pèle facilement; pourvue de lenticelles (fentes) horizontales.

Taille — 15-25 m de haut, 30-60 cm de diamètre.

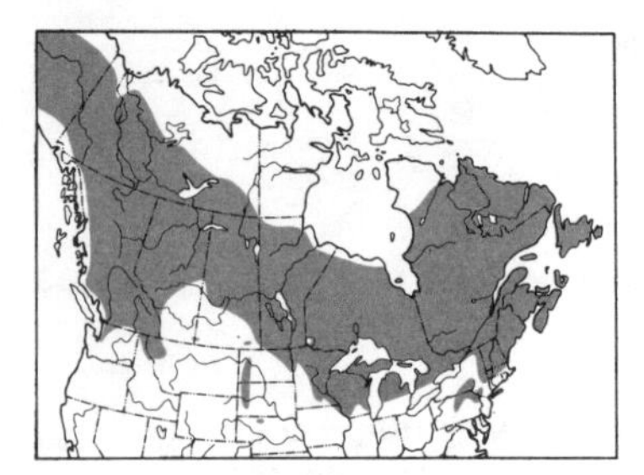

Aire de distribution

Presque partout au Canada, mais moins abondant dans la Région forestière des feuillus.

Le nom générique *Betula* qui dérive du celtique *betu,* arbre, est le nom latin classique du bouleau; il signifie briller ou reluire, faisant ainsi allusion à son écorce blanche (bouleau blanc). Le nom spécifique *papyrifera*, du grec *papuros* ou *papyros*, signifiant papier et porter, évoque l'écorce mince comme du papier et se pelant facilement.

On ne doit jamais arracher l'écorce de l'arbre vivant car cela amène l'apparition d'anneaux noirs disgracieux et peut même provoquer sa mort.

Les bouleaux sont généralement faciles à reconnaître, mais les différentes espèces ont tendances à se croiser produisant des hybrides qui brouillent l'identification des espèces.

Dans l'est du Canada, de l'Ontario aux Maritimes, on peut confondre le Bouleau à papier avec le Bouleau à feuilles cordées (*Betula cordifolia* Regel), une espèce distincte pour certains ou une variété du Bouleau à papier (*Betula papyrifera* var. *cordifolia* (Regel) Fern.) pour d'autres. Le port et l'écorce sont similaires mais le Bouleau à feuilles cordées se distingue par la base cordiforme de sa feuille comme l'indique le nom spécifique alors que la base de la feuille du Bouleau à papier est plus ou moins arrondie.

Le Bouleau à papier est un élément important de la forêt boréale. Cette espèce transcontinentale sous nos latitudes, recherche la pleine lumière et tolère mal l'ombre créée par les autres arbres. On retrouve le Bouleau à papier en compagnie d'autres espèces pionnières telles que le Cerisier de Pennsylvanie, le saule et le peuplier.

Le Bouleau à papier est une espèce plus répandue aujourd'hui qu'à l'époque des premiers colons. Le défrichement et les feux de forêts ont favorisé sa dispersion. Les incendies de forêts sont mortels pour le Bouleau à papier dont l'écorce mince est très inflammable, mais ils créent des sites favorables à la pousse de rejets à partir des racines.

Les Amérindiens se servaient de l'écorce de cet arbre pour fabriquer les légendaires canoës d'écorce, d'où l'origine du nom bouleau à canoë. L'écorce était appliquée sur une charpente de thuya et cousue avec des racines d'épinette ou de mélèze; puis, les canoës étaient imperméabilisés avec de la gomme de sapin ou de pin.

Ils se servaient aussi de bandes d'écorce pour leur habitations rudimentaires, «wigwams», ainsi que pour la fabrication des paniers, des paillasses et l'utilisaient même comme papier à message. Le Bouleau à papier était tellement important pour certaines tribus amérindiennes que l'on pourrait presque parler d'une civilisation du bouleau.

L'écorce pourrit difficilement et c'est pourquoi on peut souvent voir des arbres morts dont seul le squelette d'écorce subsiste.

Pendant l'hiver, on peut utiliser l'écorce pour fabriquer des lunettes d'urgence afin d'éviter les dommages que peut causer la réflexion du soleil sur la neige. Il faut une lanière d'écorce de 4 ou 5 cm de largeur; les ouvertures naturelles (lenticelles) servent d'ouverture pour les yeux. Les lenticelles prennent la forme de fentes ou lentilles horizontales et permettent les échanges gazeux avec les tissus internes.

Le bois du Bouleau à papier est de qualité inférieure à celui du Bouleau jaune. Il ne se teint pas facilement, mais il convient au tournage, au placage et à la fabrication de la pâte à papier. Il peut servir à faire plusieurs objets usuels dont des pinces à linge, cure-dents, bâtons de sucettes glacées, fuseaux (d'où son nom «spoolwood»), bobines et manches à balais.

Dans les régions où il est abondant, on s'en sert comme bois de chauffage. Il se fend bien et dégage beaucoup de chaleur même quand il est vert. Il a cependant tendance à encrasser rapidement les cheminées de créosote.

À l'instar de l'Érable à sucre, il peut être entaillé au printemps pour faire du sirop de bouleau. Sa sève coule abondamment mais sa teneur en sucre est faible. Exposée au soleil, la sève se transforme rapidement en vinaigre.

G 552e

Bouleau jaune

bouleau des Alleghanys, bouleau frisé, bouleau merisier, merisier, merisier blanc, merisier jaune, merisier ondé.

Yellow birch, black birch, cherry birch, curly birch, gold birch, hard birch, Newfoundland oak, red birch, silver birch, sweet birch, tall birch.

Betula alleghaniensis Britt.
syn. *Betula lutea* Michx. fil.
Famille du bouleau (Bétulacées)

Traits distinctifs

Arbre aromatique; son écorce, ses rameaux, ses bourgeons et ses feuilles dégagent la même odeur que la Gaulthérie couchée ou thé des bois (*Gaultheria procumbens* L.), lorsqu'on les brise.

Feuilles — 7-13 cm de long, 9-11 paires de veines latérales.

Fruits — en forme de cônes ovales et dressés (2 à 3 cm de long).

Écorce — mince, luisante, rougeâtre tournant progressivement au jaunâtre, ou bronzée par la suite; ne pèle pas facilement.

Taille — 15-25 m de haut, 60-100 cm de diamètre.

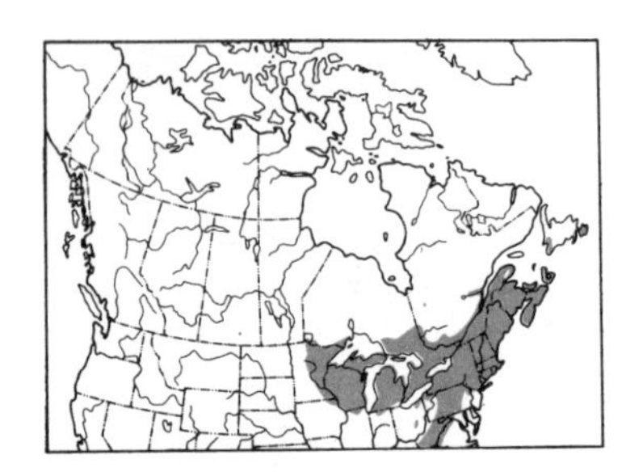

Aire de distribution

Régions forestières des feuillus, des Grands Lacs et du Saint-Laurent, acadienne, et sud-est de la Région forestière boréale.

Le plus grand et le plus important de nos bouleaux, le Bouleau jaune, est également un de nos principaux bois durs de sciage. Trop lourd pour flotter, ce bois échappa à l'industrie des pâtes et papiers.

Son nom générique *Betula* est le nom latin classique, et *alleghaniensis*, est dérivé de Alleghanys, qui sont les monts situés sur le rebord du Plateau appalachien, de la Pennsylvanie à la Virginie. *Lutea*, allusion à la couleur jaune doré de l'écorce des arbres adultes, dérive du latin *lutens* ou *lutum* et fait allusion au Réséda des teinturier ou gaude (*Reseda luteola* L.) que l'on cultivait en France au XIXe siècle pour la production d'une teinture jaune. Plus d'un le connaissent sous le nom de «merisier», mais on ne doit pas le confondre avec le «petit merisier» (*Prunus pensylvanica* L.), petit arbre dont le fruit comestible est appelé merise. L'origine de ce canadianisme vient de la ressemblance de la feuille du Bouleau jaune avec celle du Merisier des oiseaux (*Prunus avium* L.), une espèce européenne.

Les jeunes arbres du Bouleau à papier et du Bouleau jaune se ressemblent beaucoup, mais l'odeur de thé des bois qui se dégage d'un rameau brisé ou de l'écorce de ce dernier permet une identification sans équivoque. Quand ils sont tous deux à l'état de plantule, c'est le seul indice qui peut les différencier.

Plus tolérant à l'ombre que le Bouleau blanc et le Peuplier faux-tremble et moins que l'Érable à sucre et le Hêtre, le Bouleau jaune est un élément important de l'érablière. Ses graines légères franchissent parfois de grandes distances dans les airs pour aller germer dans n'importe quel endroit humide, voire même sur des souches ou troncs d'arbres partiellement décomposés. Au fil des années les racines entoureront la souche ou le tronc qui se désagrégera laissant ainsi le Bouleau jaune comme sur des échasses.

D'une longévité pouvant atteindre 300 ans, il est toutefois très vulnérable aux feux de forêt. Même détrempée, son écorce très inflammable fournit, tout comme celle du Bouleau à papier, un excellent allume-feu. **Attention! Il ne faut jamais arracher l'écorce d'un arbre vivant**, car il y aura formation d'anneaux noirs pouvant s'avérer mortels pour cet arbre.

Du Bouleau jaune, très aromatique, on peut obtenir un excellent thé par l'infusion de ses feuilles ou de ses rameaux. À l'instar de tous les bouleaux il peut être entaillé au printemps. Sa sève coule abondamment mais il faudra en recueillir une grande quantité pour obtenir un peu de sucre. On peut, par fermentation, la transformer en bière.

De son écorce comme de celle du Bouleau flexible (*Betula lenta,* L.), on extrayait, autrefois, une huile commercialement connue sous le nom d'huile de «Wintergreen» utilisée pour masquer le goût de certains médicaments. Aujourd'hui, c'est de la Gaulthérie couchée ou «thé des bois» que l'on extrait cette essence volatile qui est synthétisée en laboratoire.

Aussi dur que celui du Chêne blanc, mais moins que celui de l'Érable à sucre, le bois à grain serré du Bouleau jaune est fort, résistant et lourd; il prend bien les teintures. Au XVIIIe siècle, on le préférait au chêne pour les parties immergées d'un navire. De nos jours on s'en sert en parqueterie, pour les meubles de qualité, les boiseries, le contre-plaqué et le placage, ainsi que pour les traverses de chemin de fer et comme bois de pâte.

Le Bouleau flexible, appelé aussi acajou ou merisier rouge, possède cette odeur caractéristique du Bouleau jaune duquel il se distingue cependant par sa rareté — seulement cinquante arbres adultes situés en bordure du lac Ontario et à l'ouest de Port Dalhousie. Sa présence dans le sud de l'Ontario n'a été confirmée qu'en 1967.

G 552f

Bouleau occidental

bouleau fontinal, merisier occidental, merisier rouge.

Western birch, water birch, black birch, mountain birch, red birch, western white birch.

Betula occidentalis Hook.
syn. *Betula fontinalis* Sarg.
Famille du bouleau (Bétulacées)

Traits distinctifs

Feuilles — 2-5 cm de long; petites et à grandes dents; moins de six paires de veines latérales.

Fruits — en forme de cônes cylindriques, plus ou moins pendants; 2,5-4 cm de long.

Rameaux — couverts d'une multitude de glandes.

Écorce — mince, luisante, brun rougeâtre à presque noire; ne se détache pas en minces feuillets et ne pèle pas facilement; longues lenticelles horizontales saillantes.

Taille — arbuste ou petit arbre de 3-10 m de haut et 15-35 cm de diamètre.

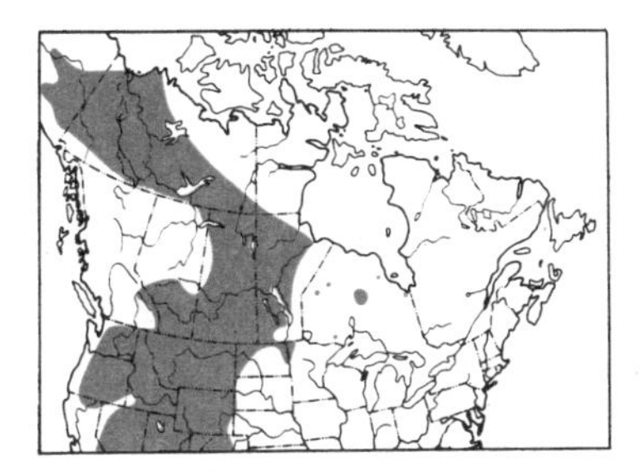

Aire de distribution

Dans presque tous les espaces boisés à l'ouest de l'Ontario sauf dans la Région forestière côtière.

Le nom générique *Betula* est le nom latin classique du bouleau. Le nom spécifique *occidentalis* fait référence à son habitat qui ne s'étend que dans les provinces de l'Ouest, alors que *fontinalis* rappelle sa ressemblance avec une fontaine.

Le nom commun anglais «water birch» fait allusion à son besoin d'eau puisqu'il pousse presque exclusivement le long des cours d'eau ou autour des sources.

Là où son aire de répartition chevauche celle du Bouleau à papier, le Bouleau occidental s'hybride produisant ainsi des descendants aux caractères intermédiaires.

De faible taille, il n'est pas exploité commercialement. On s'en sert localement comme piquet de clôture ou comme bois de chauffage.

G 552g

Rare au Manitoba

Ostryer de Virginie

bois à levier, bois dur, bois de fer.

American hop-hornbeam, deerwood, eastern hop-hornbeam, hornbeam, ironwood, leverwood, rough-barked ironwood.

Ostrya virginiana (P. Mill.) K. Koch
Famille du bouleau (Bétulacées)

Traits distinctifs

Feuilles — 6-13 cm de long; nervures latérales bifurquant près du bord.

Fruits — grappes pendantes; ressemblent à ceux du houblon; 4-5 cm de long; formés de grou-

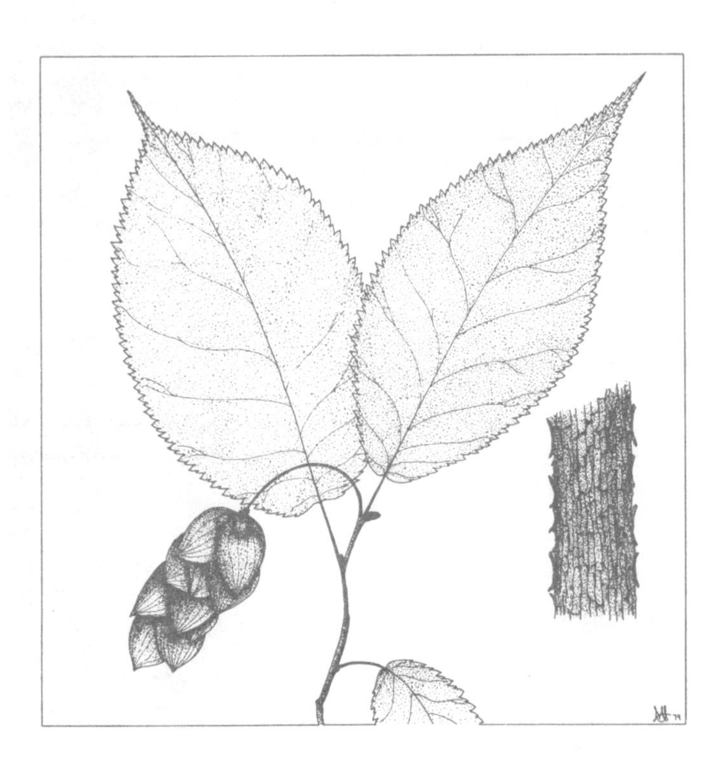

pes de sacs blancs ou verdâtres, parcheminés et contenant chacun une petite noix ou nucule.

Écorce — brun grisâtre, terne; se détache en minces lanières rectangulaires, retroussées aux deux extrémités.

Taille — 7-12 m de haut, 15-25 cm de diamètre, parfois 18 m de haut et 0,6 m de diamètre.

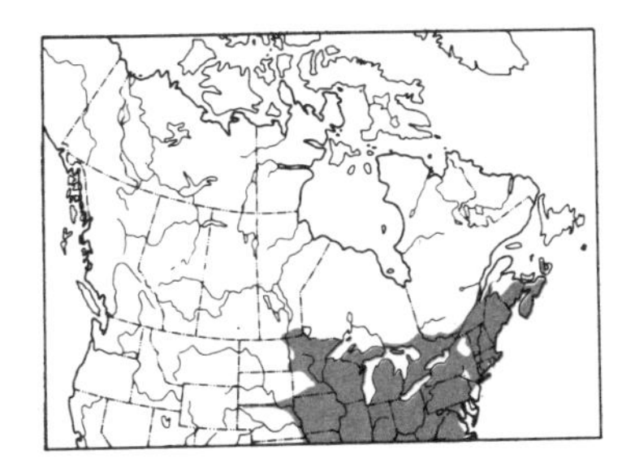

Aire de distribution

Régions forestières des feuillus, des Grands Lacs et du Saint-Laurent, et acadienne. Au nord, il déborde les limites sud de la Région forestière boréale. À l'Ouest, une partie de la Région forestière des Prairies.

Pour ceux qui sont familiers avec les forêts de l'est du Canada, les noms vernaculaires de l'Ostryer de Virginie sont fort évocateurs. Ses grappes de fruits ressemblent au houblon («hop» en anglais). Son bois, l'un des plus durs et des plus résistants au pays, lui a valu les noms populaires de bois dur ou bois de fer.

Le nom générique *Ostrya* vient du grec *ostrua*, qui était le nom commun d'un arbre au bois très dur ou *ostruoes*, et le nom spécifique *virginiana*, de Virginie, désigne probablement l'endroit où il fut identifié pour la première fois.

Espèce capable de tolérer l'ombre des grands arbres, il s'associe fréquemment à l'Érable à sucre, au Hêtre à grandes feuilles, au Bouleau jaune et au Tilleul d'Amérique. Il préfère les côteaux bien drainés. Bien que ses feuilles puissent être confondues avec celles de l'Orme d'Amérique, du Bouleau à papier ou du Charme de Caroline, son écorce qui s'exfolie en lanières longitudinales beaucoup plus petites que celle du Caryer ovale nous confirment sans équivoque son identité. Trop disséminé et presque toujours de faible taille, cet arbre n'est pas commercialement exploité. C'est le bois par excellence pour la fabrication de manches d'outils, de maillets, de patins de traîneaux ou de tout autre article dont la résistance à l'usure est essentielle. C'est un bon combustible, mais il est presque impossible à fendre.

G 552h

Charme de Caroline

bois de fer, bois dur, charme bleu, charme d'Amérique, charme de la Caroline.

American hornbeam, blue beech, hornbeam, ironwood, muscle-beech, smooth-barked ironwood, water-beech.

Carpinus caroliniana Walt.
Famille du bouleau (Bétulacées)

Traits distinctifs

Feuilles — 5-10 cm de long; nervures latérales ne bifurquent pas ou rarement.

Fruits — en grappes pendantes, composées de bractées trilobées renfermant chacune une petite nucule à sa base.

Écorce — ressemble à celle du Hêtre; lisse, entière, gris bleuâtre; souvent marquée de crêtes longitudinales et saillantes.

Tronc — court, tordu et cannelé.

Taille — grand arbuste ou petit arbre, 4-9 m de haut, 10-20 cm de diamètre.

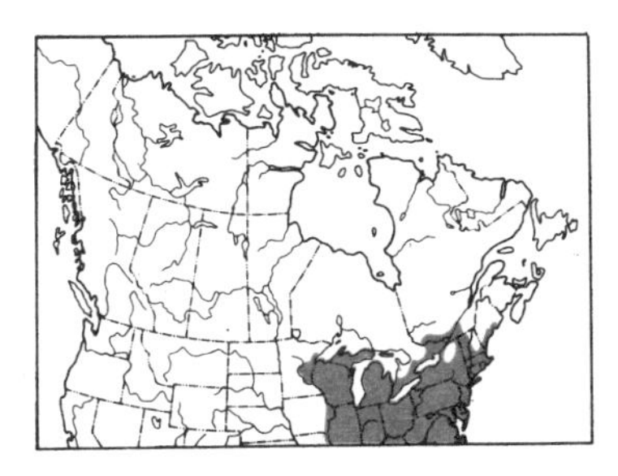

Aire de distribution

Ici et là dans le sud de la Région forestière des Grands Lacs et du Saint-Laurent, et dans la Région forestière des feuillus.

Le Charme de Caroline partage avec l'Ostryer de Virginie les noms vernaculaires de «bois de fer» et «bois dur» car leur bois est résistant et lourd, ainsi qu'une grande tolérance à l'ombre. Il doit son nom anglais «water beech» au fait qu'on le rencontre souvent dans les érablières humides et dans les bois alluviaux.

A cause de son écorce lisse, entière et gris bleuâtre, on le confond avec le Hêtre à grandes feuilles (blue-beech) auquel il n'est nullement apparenté. Toutefois, son écorce est marquée d'arêtes saillantes ressemblant à des muscles (muscle beech) et ses feuilles possèdent des dents intermédiaires entre les grandes dents qui correspondent à l'extrémité des nervures latérales, ce qui n'est pas le cas pour le Hêtre. Le nom anglais «hornbeam» fut originairement donné au Charme européen (*Carpinus betulus* L.); «horn» signifie corne, pour la résistance, et «beam» signifie poutre, faisant allusion à la dureté et à la résistance de cet arbre.

Le nom générique *Carpinus* vient du celte, *car*, bois, et *pen* ou *pin*, tête; on se servait de ce bois très dur pour fabriquer des jougs pour les boeufs. Le nom spécifique *caroliniana*, veut dire de Caroline.

Son bois et celui de l'Ostryer de Virginie, sont tellement durs et résistants que l'on en fabriquait des coins à fendre le bois.

On utilise son bois aux mêmes fins que celui de l'Ostryer de Virginie; cependant il pourrit très rapidement au contact du sol. De croissance lente, son feuillage automnal rouge écarlate tournant au jaune par la suite en fait un très bel arbre ornemental; malheureusement, on le plante trop rarement.

G 552i

Orme d'Amérique

voir G 952a

G 552j

Orme liège

voir G 952b

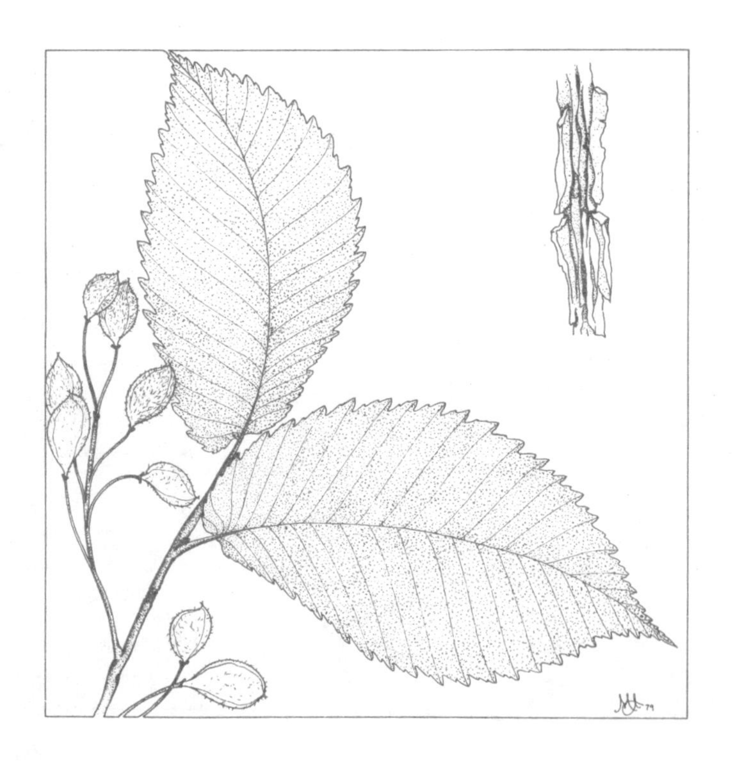

G 552k

Orme rouge

voir G 952c

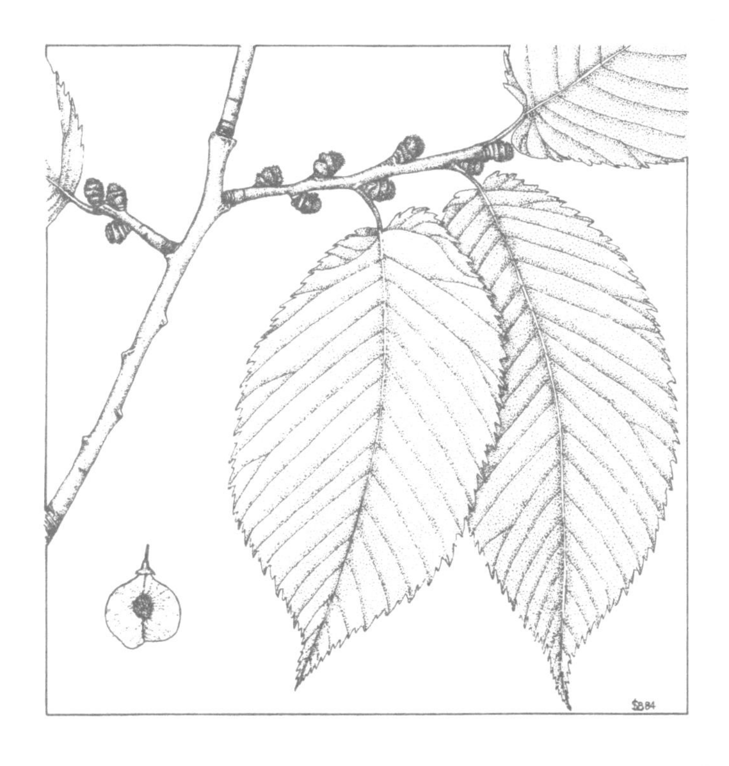

G 562a

Peuplier baumier

baumier, liard (nord du Québec), peuplier, peuplier noir.

Balsam poplar, balm tacamahac, balm poplar, balm-of-gilead, balsam (Maritimes), bam, hamatack, rough-barked poplar, tacamahac.

Populus balsamifera L. ssp. *balsamifera*
syn. *Populus tacamahacca* P. Mill.
Famille du saule (Salicacées)

Traits distinctifs

Feuilles — 6-15 cm de long; pétiole cylindrique; dessous souvent marqué de taches résineuses brunâtres; aromatiques.

Rameaux — bourgeons latéraux serrés contre le rameau; bourgeons très gommeux et aromatiques.

Taille — 18-24 m de haut, 30-60 cm de diamètre.

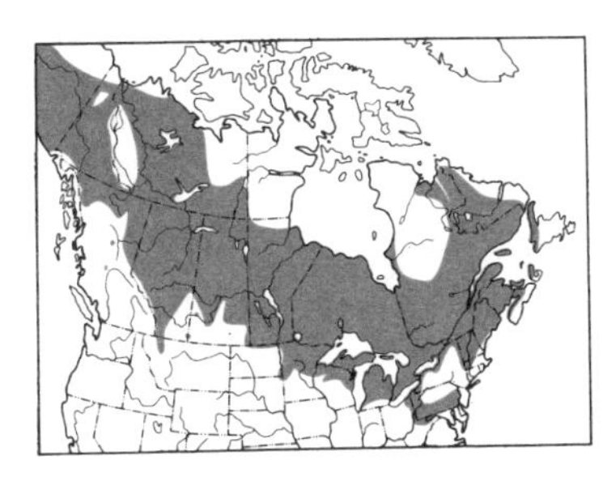

Aire de distribution

Dans toutes les Régions forestières à l'est des Rocheuses.

Cet arbre à croissance rapide occupe les berges et les lits desséchés des rivières, les champs humides et les tourbières. On le reconnaît au parfum de baume que dégagent ses bourgeons comme en témoignent plusieurs de ses noms populaires français et anglais.

Autrefois on employait sa résine pour faire des médicaments contre la toux et des onguents servant à arrêter les hémorragies. Les Amérindiens utilisaient aussi ce baume pour assurer l'étanchéité des coutures de leurs canoës d'écorce de Bouleau à papier.

Le Peuplier baumier et le Peuplier occidental sont les seuls parmi les peupliers indigènes à posséder un pétiole facile à rouler entre le pouce et l'index.

Son nom spécifique *balsamifera*, qui porte le baume, est une allusion à sa propriété aromatique. Le nom spécifique *tacamahacca* dérive de l'aztèque *tecomahiyac*, le nom d'une plante tropicale contenant beaucoup de résine, et fut donné au Peuplier baumier à cause de ses bourgeons très gommeux. Son nom générique *Populus* évoque l'époque où l'on plantait les peupliers sur les places publiques réservées au peuple.

Ce sont les bourgeons du Peuplier de l'Ontario, (*Populus candicans* Ait.) que l'on trouve sur les étagères des magasins de produits naturels même si les bourgeons des deux espèces possèdent des propriétés similaires. Le peuplier de l'Ontario, souvent planté comme arbre ornemental, serait, selon certains, une espèce introduite tandis que selon d'autres, il serait un clone femelle d'une variété du Peuplier baumier.

Son bois, semblable à celui du Peuplier faux-tremble, sert aux mêmes fins. Dans les provinces des Prairies, on l'emploie comme arbre d'alignement, de façon à former des brise-vent le long des routes ou des propriétés. Absent de la flore indigène de l'Île-du-Prince-Édouard, le Peuplier baumier y fut introduit il y a longtemps.

Son bois dégage une odeur agréable lorsqu'on le brûle, mais il s'avère difficile à fendre lorsque saturé d'eau. Il est préférable d'attendre que la température s'abaisse à -12°C ou moins. Le bois gelé se fend en un tour de main.

G 562b

Peuplier occidental

peuplier baumier de l'Ouest.

Western balsam poplar, black cottonwood, balm, California poplar, northern black cottonwood.

Populus balsamifera L. ssp. *trichocarpa* (T. et G.) Brayshaw
syn. *Populus trichocarpa* T. et G.
Famille du saule (Salicacées)

Traits distinctifs

Feuilles — 6-15 cm de long; pétiole cylindrique; dessous souvent marqué de taches résineuses brunâtres; aromatiques.

Rameaux — bourgeons latéraux serrés contre le rameau, parfois divergents; bourgeons très gommeux et aromatiques.

Taille — 18-40 m de haut, 30-150 cm de diamètre.

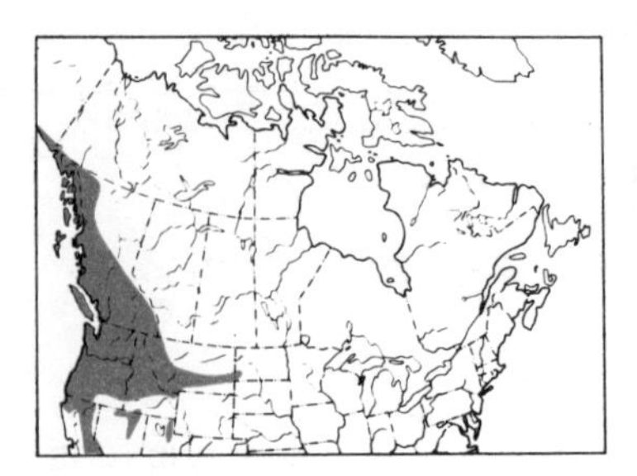

Aire de distribution

Majeure partie de la Colombie-Britannique et dans l'Ouest de l'Alberta.

Le Peuplier occidental est le plus grand peuplier indigène de l'Amérique du Nord et le plus grand feuillu de la Colombie-Britannique.

Il a plusieurs traits communs avec le Peuplier baumier. Leurs feuilles et leurs bourgeons gommeux dégagent une odeur de baume très caractéristique. Cette particularité nous confirme sans équivoque la présence de l'un ou l'autre de ces deux peupliers, mais il est beaucoup plus difficile de les distinguer. Ces deux espèces sont souvent considérées comme une seule identité divisée en deux sous-espèces qui s'intègrent là où leurs aires de distribution se chevauchent. La distinction repose sur le nombre d'étamines des fleurs mâles et sur le nombre de valves des fruits. Le Peuplier baumier possède des fleurs mâles de 20 étamines ou moins et un fruit à deux valves tandis que le Peuplier occidental possède de 30 à 60 étamines et un fruit à trois valves, d'où l'origine du nom latin *trichocarpa*.

Les peupliers possèdent des fleurs mâles et des fleurs femelles éphémères qui s'épanouissent avant les feuilles. De plus, les fleurs mâles et les fleurs femelles se trouvent sur des arbres différents. Ces traits rendent ardue l'identification de ces arbres.

Comme les fruits du Peuplier deltoïde et du Peuplier baumier, les fruits du Peuplier occidental sont couverts de poils blancs soyeux et ressemblent à ceux du cotonnier d'où son nom «black cottonwood».

On recueillait les bourgeons du Peuplier occidental, comme ceux du Peuplier baumier, pour fins médicinales. Ils sont considérés comme expectorants et stimulants.

Dans les régions où le Thuya géant était absent, les Amérindiens de la Colombie-Britannique et de l'Alberta recherchaient les gros spécimens de Peuplier occidental et de Peuplier baumier pour la construction de leurs canoës d'occasion, et ils utilisaient le bois comme combustible. Ils traitaient les cendres pour obtenir un genre de savon. Avec l'écorce, ils fabriquaient des récipients et des abris temporaires. Comme les Amérindiens de l'Est, ils récoltaient les bourgeons gommeux en guise de colle.

Arbre de grande taille, le Peuplier occidental fournit beaucoup de bois d'oeuvre et de placage exempt de noeuds. Il sert à la fabrication de boîtes, de caisses, de contenants pour les petits fruits, et comme bois à pâte.

G 562c

Prunier noir

guignier, prunier sauvage, prunier canadien.

Canada plum, red plum, wild plum, horse plum.

Prunus nigra Ait.
Famille du rosier (Rosacées)

Traits distinctifs

Feuilles — 8-14 cm de long; présence de petites glandes au bout des dents, et d'une paire de glandes sur le pétiole.

Fleurs — parfumées, blanches, souvent teintées de rouge.

Fruits — drupes, prunes rouge orange sans pruine (léger revêtement cireux); peau épaisse, coriace et astringente; comestibles après les premières gelées.

Rameaux — armés de pointes semblables à des épines.

Écorce — brun grisâtre à noir.

Taille — arbuste ou petit arbre pouvant atteindre 10 m de haut et 25 cm de diamètre.

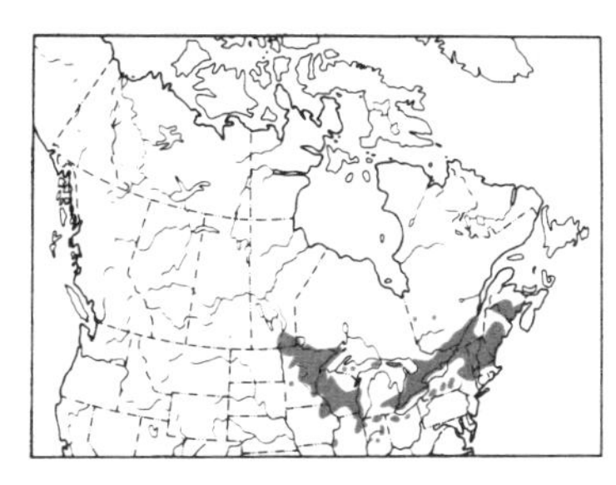

Aire de distribution

Région forestière des feuillus et Région forestière des Grands Lacs et du Saint-Laurent.

On reconnaît le Prunier noir à ses feuilles aux dents arrondies, à ses rameaux armés d'éperons et à son écorce parée de longues lenticelles brunâtres. On peut le confondre avec le Prunier d'Amérique (*Prunus americana* Marsh.), mais ce dernier s'en distingue par ses feuilles aux dents pointues.

Le nom générique *Prunus* est le nom classique latin du prunier et le nom spécifique *nigra* signifie noir, et fait allusion à la couleur de son écorce.

Bien avant l'apparition des feuilles, le Prunier noir se pare de fleurs blanches à cinq pétales. Dès les premières chaleurs printanières, il est, avec l'Amélanchier, l'un des premiers arbres à signaler sa présence dans les bois.

Ses fruits sont une source de nourriture pour les cerfs, les ratons laveurs, les renards et les petits rongeurs. Les délicieuses prunes rouges (d'où son nom «red plum») sont tellement alléchantes que les ours brisent souvent de grosses branches pour pouvoir les cueillir.

S'ils ne sont pas mûris à point, les fruits ont la peau coriace et sont astringents. Armez-vous donc d'un peu de patience et attendez que les premières gelées les rendent mous au toucher car ils seront alors tout à fait délicieux. On peut les apprêter en gelée, en confiture, en compote et en jus, ou on peut les manger nature.

Cependant, le noyau de ce fruit contient un poison très dangereux, l'acide cyanhydrique, et on rapporte des cas d'empoisonnement et de décès chez des enfants qui auraient mangé des prunes en grandes quantités sans avoir enlevé les noyaux. Cet avertissement s'applique aussi aux prunes cultivées.

Il est déconseillé de semer les pommes de terre près des pruniers à cause d'un puceron qui bien que sans danger pour le prunier peut provoquer des maladies chez la pomme de terre.

Le Prunier noir, à cause de sa faible taille, n'a pas d'importance économique. Toutefois, les nombreuses variétés à fleurs voyantes développées par les horticulteurs font qu'il est souvent planté comme arbre fruitier ou ornemental.

G 562d

Aulne rouge

aulne de l'Oregon.

Red alder, Oregon alder, western alder.

Alnus rubra Bong.
syn. *Alnus oregona* Nutt.
Famille du bouleau (Bétulacées)

Traits distinctifs

Feuilles — 7-12 cm de long; 10-15 nervures droites très apparentes en dessus; couvertes de poils roux; bord retroussé.

Rameaux — verts au début, deviennent rouges plus tard, bourgeons rouges à pédoncule bien distinct.

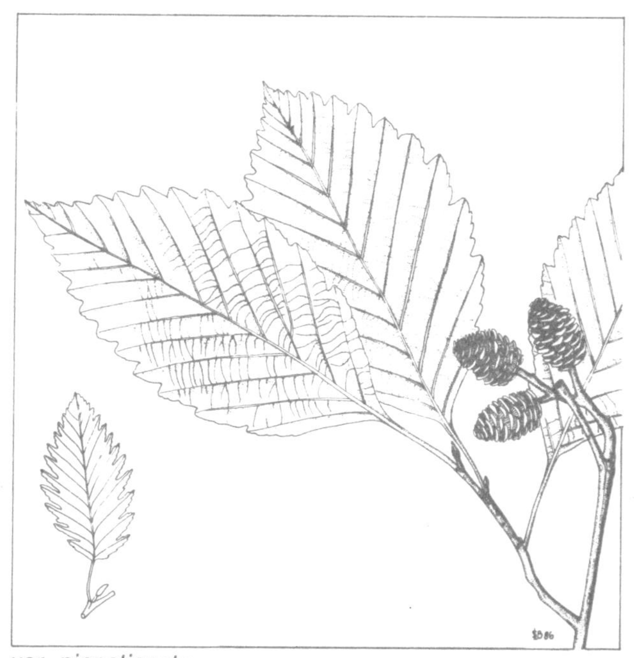

var. *pinnatisecta*

Fruits — ressemblent à un petit cône à maturité; demeurent sur les rameaux tout l'hiver.

Écorce — lisse, blanc argenté, tachée; lenticelles pâles.

Taille — 12-25 m de haut et 30-75 cm de diamètre.

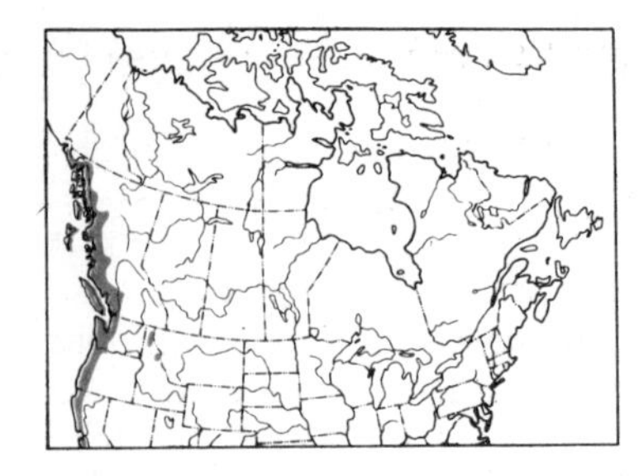

Aire de distribution

Région forestière côtière.

C'est à se demander pourquoi un arbre dont l'écorce est remarquablement blanche s'appelle l'Aulne rouge. C'est que le nom spécifique, *rubra*, rouge, fait allusion à son écorce interne et à la couleur de son bois. Il s'agit de gratter un peu l'écorce avec l'ongle pour découvrir qu'elle prend une teinte rougeâtre. Le nom générique *Alnus*, le nom latin classique de l'aulne, vient du celte et signifie voisin des rivières.

L'Aulne rouge est l'aulne canadien le plus facile à reconnaître. L'écorce blanchâtre, la feuille aux dents arrondies et au bord retroussé confirme son identité. En hiver, ce sont les rameaux rouge foncé sur le fond blanc de neige qui nous dévoile sa présence. Une variété à feuilles très découpées (var. *pinnatisecta* Starker) croît près du lac Cowichan et dans la vallée Nimpkish sur l'île Vancouver, ainsi que dans quelques localités des États de Washington et de l'Oregon.

Comme tous les aulnes canadiens, l'Aulne rouge préfère les endroits frais et humides où il forme des massifs denses. Cette espèce pionnière ne tolère aucunement l'ombre et ne vit guère plus de cent ans.

Les millions de graines transportées par le vent envahissent les brûlis et les coupes à blanc. Quelques années plus tard, les arbres atteignent déjà plusieurs mètres de haut. La décomposition des feuilles enrichit le sol d'un humus riche et les nodules des racines le fertilisent préparant ainsi la venue des espèces plus tolérantes telles le Douglas taxifolié, l'Épinette de Sitka et le Thuya géant. On exploite d'ailleurs cette particularité pour contenir les berges et pour reboiser le bord des routes.

Espèce très répandue sur le littoral de la Colombie-Britannique, l'Aulne rouge est le plus grand des tous les aulnes indigènes nord-américains. Il fut considéré pendant longtemps comme un arbre sans importance par les bûcherons et les forestiers. On l'utilisait pour le charbon de bois et comme combustible.

Aujourd'hui, l'Aulne rouge est un des feuillus les plus importants de la Région forestière côtière. Il croît très rapidement et atteint la taille apte au sciage après 35 à 50 ans.

De son bois pâle, léger et à texture uniforme, on fait des meubles, des ustensiles, des bibelots et du papier. Comme combustible, son bois est apprécié parce qu'il ne lance pas d'étincelles et laisse très peu de cendres. De plus, on fume le saumon ou d'autres poissons avec le bois fraîchement coupé ou avec son charbon.

L'Aulne rouge, comme les autres aulnes joua un rôle important dans la médecine populaire chez les premiers colons et les Amérindiens. Son écorce contient de la salicine, un produit similaire à l'aspirine. On utilisait une infusion de son écorce pour traiter les douleurs rhumatismales et la diarrhée.

Les Amérindiens utilisaient les aulnes pour obtenir des teintures variant du noir au rouge orange en variant les techniques. Avec ces teintures ils teignaient presque tout, même la peau par le tatouage.

Ils sculptaient le bois pour faire des cuillères, des bols, des masques et des avirons. Le bois servait également pour fumer le saumon, cuire les grosses pièces de viande et comme combustible. En Alaska, les Amérindiens façonnaient les troncs pour faire des canoës.

G 562e

Saule de Bebb

voir G 522a

variation du bord de la feuille

G 562f

Saule discolore

voir G 522b

G 572a

Chêne à gros fruits

chêne, chêne à gros glands, chêne blanc, chêne blanc frisé.

Bur oak, blue oak, mossy-cup oak, mossy oak, over-cup oak, scruby oak.

Quercus macrocarpa Michx.
Famille du hêtre (Fagacées)

Traits distinctifs

Feuilles — 10-25 cm de long; partie supérieure souvent plus large; dessous recouvert d'un fin duvet blanc; 5-9 lobes profonds.

Rameaux — les rameaux de deux ans portent souvent des côtes liégeuses saillantes.

Fruits — glands à graine douce et comestible; 1,9-3,2 cm de long, dans une cupule écailleuse profonde, très frangée au sommet; mûrissent en une saison.

Taille — ne dépasse généralement pas 20 m de haut et 100 cm de diamètre.

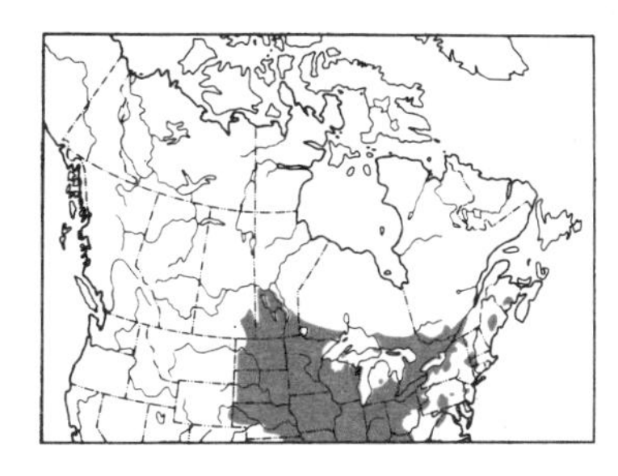

Aire de distribution

Région forestière des feuillus; dispersé dans la Région forestière des Grands Lacs et du Saint-Laurent et dans la partie centrale de la Région forestière acadienne; dans la zone de transition entre les Prairies et la Région forestière boréale.

Le Chêne à gros fruits est le plus répandu de tous les chênes indigènes du Canada. Le chêne, arbre sacré de l'antiquité, représente force et puissance. Il était la parure de la Gaule, le chêne des dieux sur lequel on cueillait le gui, une plante parasite rendue célèbre par le druide Panoramix dans les albums d'Astérix. C'est également sous cet arbre que les Gaulois rendaient justice. Chez les Romains, recevoir une couronne de chêne était une récompense. Aujourd'hui, on dit «pousser, être fort comme un chêne» ce qui évoque certaines de ses qualités.

Le nom générique *Quercus* est le nom commun latin du chêne dérivant du celte et qui signifie arbre par excellence. Le nom spécifique *macrocarpa* vient du grec *makros*, gros, et *karpos*, graine, allusion aux glands de cet arbre, les plus gros de tous nos chênes indigènes. Le nom français Chêne à gros fruits est la traduction littérale du latin, tandis que les noms populaires anglais font référence à la frange que portent ses glands.

Le Chêne à gros fruits s'accommode de terrains secs tels que les sols d'origine calcaire, mais il atteint son maximum de développement dans les terres basses et profondes. Jadis, il formait parfois des peuplements purs appelés chênaies, mais aujourd'hui, il se mêle aux feuillus et aux résineux.

Son bois dur, fort, lourd et résistant, semblable à celui du Chêne blanc, se vend sous le nom de ce dernier et s'emploie aux mêmes fins. Ses fruits doux s'apprêtent de la même façon que ceux du Chêne blanc et l'avertissement concernant le tannin de son écorce et de ses feuilles s'y applique également (voir Chêne blanc).

On le plante souvent comme arbre ornemental, d'alignement ou d'ombrage, le long des rues et dans les parcs, surtout à cause de sa résistance à l'atmosphère des villes. Toutefois, il se transplante difficilement à cause de son enracinement pivotant.

Les dix espèces de chênes du Canada sont partagées en trois groupes distincts selon la forme de la feuille, la maturation et le goût du fruit et selon l'écorce.

Le groupe des «Chênes blancs» possède une feuille à lobes arrondis et profonds, le fruit doux mûrit en une saison et l'écorce est écailleuse. Ce groupe comprend le Chêne à gros fruits, le Chêne blanc et le Chêne de Garry, le seul chêne à l'ouest des Rocheuses au Canada.

Les arbres du groupe des «Chênes prins», comprenant le Chêne bicolore et le Chêne jaune, ressemblent à ceux du groupe des «Chênes blancs» par leurs fruits et leur écorce, mais ils s'en distinguent par leurs feuilles dentées aux dents arrondies ou anguleuses plutôt que lobées.

Enfin, le groupe des «Chênes rouges», représenté par le Chêne rouge, le Chêne noir, le Chêne palustre, le Chêne ellipsoïdal et le Chêne de Shumard, se caractérise par une feuille à lobes profonds et à pointes aiguës, par la maturation de son fruit amer qui dure deux ans et par son écorce non écailleuse.

G 572b

Rare au Québec

Chêne blanc
chêne de Québec.

White oak, stave oak.

Quercus alba L.
Famille du hêtre (Fagacées)

Traits distinctifs

Feuilles — 12-22 cm de long; couvertes d'un duvet seulement à la feuillaison, puis deviennent glabres; 5-9 lobes profonds.

Rameaux — ne portent pas de côtes liégeuses.

Fruits — glands allongés à graine douce et comestible; 1,2-2 cm de long, dans une cupule écailleuse peu profonde, non frangée au sommet; mûrissent en une seule saison.

Écorce — gris pâle, écailleuse.

Taille — 15-30 m de haut et 60-100 cm de diamètre

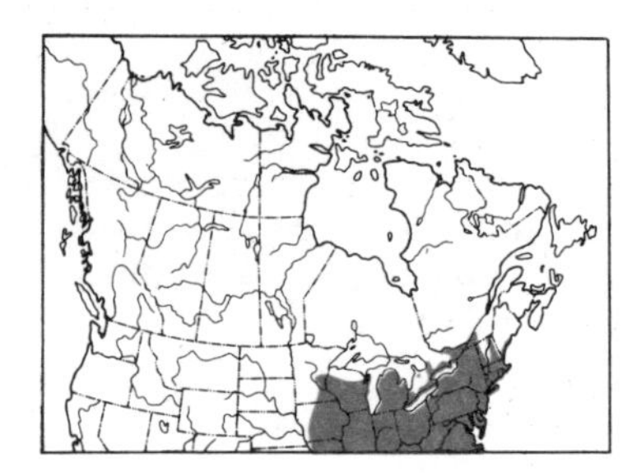

Aire de distribution

Région forestière des feuillus et sud de la Région forestière des Grands Lacs et du Saint-Laurent.

Le Chêne blanc, un de nos plus précieux et peut-être le plus important de nos bois francs, est caractéristique de la Région forestière des feuillus. Il croît lentement et sa longévité est de 5 ou 6 siècles.

Il joua un rôle prédominant dans la construction de navires et la fabrication de mâts jusqu'à l'avènement de bateaux à coque de métal. À partir de 1672, le bois du chêne devint susceptible à une «mise en réserve» pour la marine royale; plus tard ce règlement s'étendit au Pin blanc.

Le nom générique *Quercus* est le nom latin classique du chêne et signifie arbre par excellence. Le nom spécifique *alba*, blanc, désigne.la couleur gris pâle de son écorce.

Cet arbre peut être confondu avec le Chêne à gros fruits, mais sa feuille glabre, ses rameaux dépourvus d'une écorce liégeuse et ses fruits non frangés sont autant de caractéristiques qui le différencient aisément. À l'instar du Chêne à gros fruits, il croît dans une variété de sols mais préfère toutefois les terrains profonds, humides et bien drainés.

On considère son bois dur, pesant, non poreux et résistant comme le meilleur bois de tous nos chênes. C'est dans des tonneaux étanches faits de ce bois et de celui des autres espèces du groupe des «Chênes blancs» que vieillissent les spiritueux, et qu'on conserve d'autres liquides, d'où l'origine de son nom populaire anglais «stave oak», signifiant douves, planches servant à la fabrication de tonneaux. Le «Whisky» séjourne plusieurs années dans ces tonneaux, ce qui lui confère sa saveur et sa couleur.

Son aspect et ses qualités lui valent d'être utilisé en ébénisterie, en parqueterie, en boiserie intérieure de luxe, en construction maritime, pour le placage et le contre-plaqué. Il entre également dans la fabrication de cercueils, de manches d'outils, de pianos et d'orgues. C'est un excellent bois de tonnellerie à cause de son imperméabilité et de son élasticité déconcertante; en effet, on peut le plier presque à angle droit. Autrefois on s'en servait dans la construction de carosseries de voitures, d'avions et d'instruments aratoires.

L'écorce des chênes du groupe des «Chênes blancs», très riche en acide tannique, fut utilisée en tannerie.

De nos jours, on s'en sert pour teindre la laine de façon artisanale. Sans mordant, on obtient de beaux bruns, avec l'alun comme mordant, on produit du jaune, avec le chrome une couleur or et avec l'étain du jaune orange.

Attention cependant! Il faut s'abstenir d'arracher l'écorce des arbres vivants.

On peut obtenir les mêmes résultats en utilisant les galles, car elles aussi sont très riches en tannin. Ces galles sont des tumeurs causées par une multitude de minuscules insectes qui parasitent les végétaux et surtout les chênes et dont le type classique est le Cynips, insecte galligène ressemblant à une minuscule guêpe.

Même si on a longtemps employé en médecine populaire une décoction de l'écorce pour guérir la diarrhée, les inflammations du tube digestif, les brûlures, les saignements des gencives, et autres affections, cette pratique est à déconseiller à cause de la haute teneur en tannin de l'écorce et des feuilles. On dénote une relation entre une forte consommation de tannin et certains types de cancers.

Les glands doux du groupe des «Chênes blancs» sont bons à manger, même nature. Jadis, les glands constituaient une source de nourriture importante pour les Amérindiens qui utilisaient la farine de glands séchés et broyés pour épaissir les soupes et pour faire une sorte de galette. Bouillis et décortiqués, les glands servaient de légumes; mélangés avec du suif ou tout simplement rôtis sur des braises, on les dégustait comme amuse-gueule. Aujourd'hui, on les rôtit et les moud pour en faire un excellent succédané de café sans caféine. Ils se conservent aussi sous forme de farine qui, combinée à d'autres farines, peut entrer dans la confection de pains, de muffins et de gâteaux à saveur très particulière.

Si les glands sont recherchés par l'homme, ils le sont également par plusieurs mammifères et oiseaux. De fait, ils constituent un moyen de subsistance pour certains d'entre eux, entre autres, le tamia et l'écureuil, qui jouent un rôle très important dans la dissémination des chênes. Le Cerf de Virginie et l'Ours noir en sont également très friands.

G 572c

Chêne de Garry

Garry oak, Pacific post oak, Oregon white oak, western whiteoak.

Quercus garryana Dougl. ex Hook
Famille du hêtre (Fagacées)

Traits distinctifs
Le seul chêne indigène de la côte du Pacifique au Canada.

Feuilles — 7-15 cm de long; 5-9 lobes profonds souvent échancrés.

Rameaux — couverts de poils la première année; bourgeons fortement couverts de poils.

Fruits	—	glands allongés à graine douce et comestible, 2-3 cm de long, dans une cupule écailleuse peu profonde, non frangée au sommet; mûrissent en une seule saison.
Écorce	—	gris pâle, écailleuse.
Taille	—	arbuste de 3 m de haut dans les endroits exposés; arbre de 25 m de haut et 120 cm de diamètre dans les sols riches et profonds.

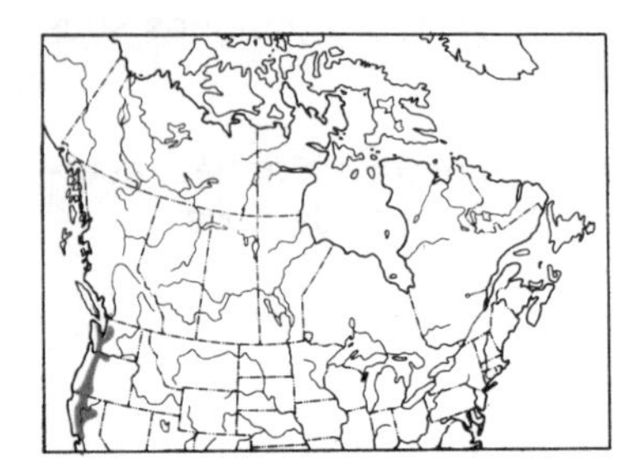

Aire de distribution

Sud-est de la Région forestière côtière de l'île Vancouver et dans les îles adjacentes ainsi qu'à Yale et Abbotsford à l'intérieur des terres.

Le Chêne de Garry atteint au Canada la limite septentrionale de son aire de distribution. Les plus beaux peuplements se trouvent près de Victoria où ils sont menacés par le développement urbain.

Le botaniste David Douglas le découvrit en 1820 et le nomma en l'honneur de Nicholas Garry, un administrateur de la Compagnie de la Baie d'Hudson qui l'aida lors de ses expéditions. C'est également en l'honneur de ce personnage que l'on nomma le Fort Garry, maintenant Winnipeg.

Le Chêne de Garry abonde en Oregon et fait partie du groupe des «Chênes blancs» d'où l'appellation officielle de «Oregon white oak» aux États-Unis. Parce que son bois se fend bien et que son coeur résiste à la pourriture, les fermiers l'utilisaient pour faire des clôtures d'où le nom de «Pacific post oak».

Arbre souvent tordu, crochu et peu abondant au Canada, le Chêne de Garry n'a pas de réelle valeur commerciale.

Ses glands doux se mangent nature comme ceux du Chêne blanc. Les Amérindiens les mangeaient nature ou les faisaient tremper dans un ruisseau ou un lac jusqu'à l'hiver avant de les consommer.

Au Canada, on plante souvent le Chêne pédonculé ou chêne anglais (*Quercus robur* L.), le cousin du Chêne blanc en Europe. On le reconnaît par sa feuille à queue très courte, son pétiole qui possède une série de petits lobes à sa base et par son gland dont le pédoncule mesure de 4 à 8 cm de long. Des plants en provenance d'Angleterre furent introduits à l'époque de la colonisation. Il s'échappe parfois de culture dans les provinces du Nouveau-Brunswick, de l'Île-du-Prince-Edouard et de la Nouvelle-Écosse.

G 572d

Rare au Québec

Chêne bicolore
chêne bleu.

Swamp white oak, blue oak, swamp oak.

Quercus bicolor Willd.
Famille du hêtre (Fagacées)

Traits distinctifs

Feuilles — 12-20 cm de long; lobes peu profonds; dessous, vert pâle recouvert d'un duvet blanc; dessus, vert foncé, luisant.

Fruits — glands à graine comestible et douce; 2-3 cm de long, portés généralement par un

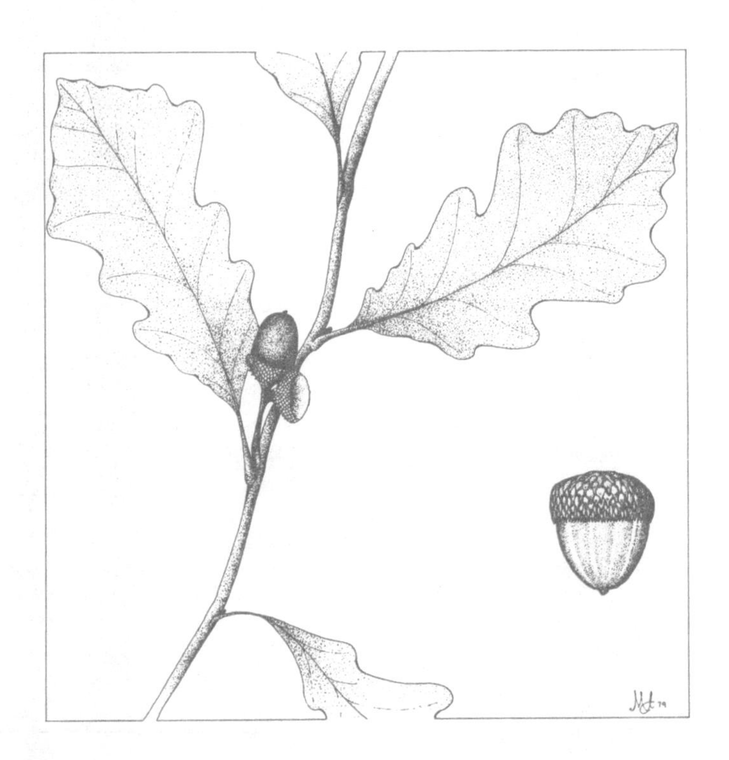

long pédoncule (2,5-7,6 cm); mûrissent dans une saison.

Écorce — écailleuse, brun rougeâtre, devenant brun grisâtre avec l'âge.

Taille — 12-18 m de haut, 60-90 cm de diamètre.

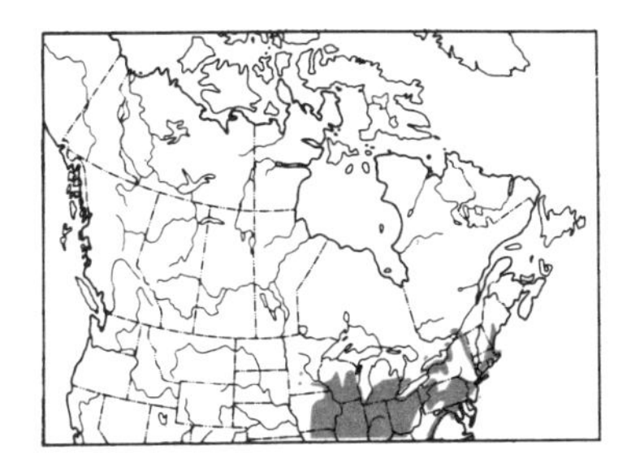

Aire de distribution

Région forestière des feuillus, Région des Grands Lacs et du Saint-Laurent, limité à l'archipel d'Hochelaga et à quelques stations le long du Richelieu et de l'Outaouais du Québec.

La faible population du Chêne bicolore réunie dans une aire de répartition très réduite en fait un arbre rare au Canada. L'utilisation de son bois pour la construction devient une menace d'extinction de l'espèce au Québec. En août 1986, le ministère de l'Environnemt du Québec a annoncé la création de la réserve écologique Marcel-Raymond. Située aux abords de la rivière Richelieu, cette réserve protègera une des rares chênaies de Chênes bicolores encore existantes au Québec.

Le Chêne bicolore préfère les bois d'alluvions et les bordures des marais, d'où l'origine du nom populaire anglais «swamp white oak». Les petits rameaux tordus et retombants, et l'écorce des branches qui se détache par couches, révélant la couleur plus pâle de sa partie intérieure, sont caractéristiques de cette espèce. Il ne s'élague pas naturellement. Les branches mortes restent attachées au tronc pendant des années, lui donnant une allure négligée.

Le nom générique *Quercus*, nom latin classique du Chêne, signifie arbre par excellence. Le nom spécifique *bicolor*, de deux couleurs, fait référence à sa feuille vert foncé luisant au-dessus et vert pâle en dessous.

De longévité comparable au Chêne blanc (300 ans et plus), le Chêne bicolore se révèle beaucoup plus sensible aux feux de forêt, à cause de ses racines, moins profondément fixées dans le sol. Son bois, semblable à celui du Chêne blanc, mais de qualité inférieure à cause de sa nodosité, se vend sous le nom de «chêne blanc» et sert aux mêmes fins que ce dernier. Ses glands doux et comestibles sont une source de nourriture pour la faune. Ils peuvent être apprêtés de la même façon que ceux du Chêne blanc.

chêne boréal.

Red oak, gray oak, northern red oak.

Quercus rubra L.
syn. *Quercus borealis* Michx. fil.
Famille du hêtre (Fagacées)

Traits distinctifs

Feuilles — 10-20 cm de long; 7-11 lobes divisés et terminés en pointe épineuse.

Rameaux — glabres; bourgeons terminaux lustrés et glabres, brun rougeâtre.

variation du bord de la feuille

Fruits	—	glands à graine amère; ovoïdes; 1,5-2,8 cm de long; enfermés du quart au tiers dans une cupule généralement peu profonde, en forme de béret; mûrissent en deux ans.
Écorce	—	lisse, gris ardoise au début, devenant plus foncée et sillonnée verticalement.
Taille	—	18-25 m de haut et 30-90 cm de diamètre.

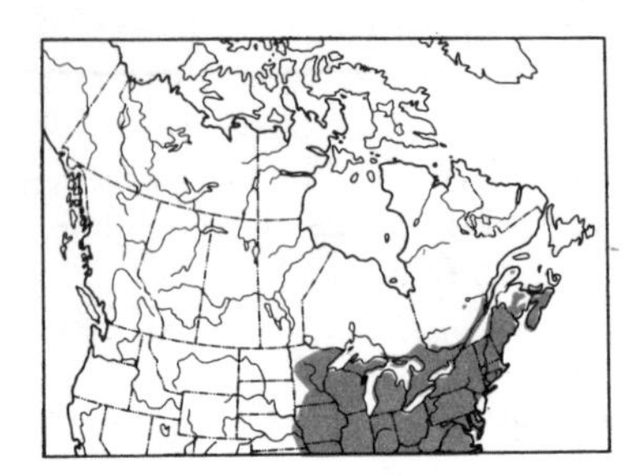

Aire de distribution

Régions forestières des feuillus, des Grands Lacs et du Saint-Laurent et Région forestière acadienne.

Le plus important et le plus abondant de son groupe, le Chêne rouge se rencontre généralement dans les endroits ensoleillés, rocheux et secs. Il forme parfois des peuplements purs, appelés chênaies rouges ou chênaies boréales, sur les hautes terres rocailleuses, mais il s'associe aussi à d'autres feuillus et résineux tels que le Peuplier faux-tremble et le Pin blanc. Il tolère l'ombrage probablement mieux que les autres chênes, mais moins bien que l'Érable à sucre et le Hêtre américain avec lesquels il peut s'associer. Espèce à croissance rapide, sa longévité est d'environ deux ou trois siècles. Il se régénère bien après un incendie à cause de sa capacité d'émettre des drageons ou rejets de ses racines.

Le nom générique *Quercus*, nom latin classique du chêne, signifie arbre par excellence. Le nom spécifique *rubra*, rouge, désigne son feuillage automnal et son bois brun rougeâtre. Quant à *borealis*, il vient de Boreas, dieu grec du vent du nord, et boréal, et fait allusion à son aire de distribution, la plus septentrionale des chênes de l'Est.

Son bois lourd, dur, résistant, fort et à grain serré est très recherché en ébénisterie et pour la fabrication de boiseries et de planchers. Il résiste toutefois moins bien à la pourriture que le bois du Chêne blanc.

On l'utilise en tonnellerie, mais seulement pour les denrées sèches à cause de sa porosité. L'expérience suivante vous prouvera cette caractéristique: trempez le bout d'un petit rameau dans l'eau savonneuse et soufflez à l'autre bout. Vous verrez alors des bulles se former. Les vaisseaux du bois du Chêne blanc sont obstrués par des dépôts gommeux ou occlus par des excroissances au travers de ces vaisseaux ce qui le rend imperméable.

Les glands amers, ne doivent être consommés à l'état frais qu'en petites quantités. On doit les laisser dégorger pendant plusieurs jours afin d'en extirper le tannin qui, en forte concentration, est toxique. On signale plusieurs cas d'empoisonnement de bétail en Europe et aux États-Unis à la suite de l'ingestion de glands crus. L'avertissement concernant l'usage médicinal des tannins s'applique autant au Chêne rouge qu'au Chêne blanc. Toutes les parties des chênes contiennent du tannin et ce, en plus grande quantité que toutes les autres plantes.

Toutefois, si son fruit cru est à déconseiller pour l'homme, il fait la joie des écureuils, des tamias, des Cerfs de Virginie et de plusieurs autres petits mammifères et oiseaux.

Afin de retirer l'amertume des glands, les Amérindiens les enterraient tout l'hiver, ou les plongeaient dans une rivière ou un ruisseau ou enfin, les faisaient bouillir avec de la lessive de cendres de bois. En Europe, les glands servaient couramment à engraisser les porcs. On remarque que la grosseur du gland est en relation avec la latitude et les conditions du site; les arbres les plus au nord portent les plus petits glands.

Introduit en Europe depuis fort longtemps (1724), comme arbre ornemental et pour la qualité de son bois, le Chêne rouge est devenu un véritable arbre forestier qui s'y reproduit naturellement.

On le plante souvent comme arbre ornemental ou d'ombrage dans les parcs et les propriétés privées à cause de ses belles teintes automnales rouge sombre, de sa croissance rapide et de sa résistance au choc de la transplantation. Très peu sensible aux infestations d'insectes et aux maladies, comme la majorité des chênes, il n'est parasité que par de minuscules insectes qui provoquent des galles.

G 582b

Chêne noir

chêne des teinturiers, chêne quercitron (France), chêne velouté, quercitron.

Black oak, quercitron oak, yellow-barked oak, yellow oak.

Quercus velutina Lam.
Famille du hêtre (Fagacées)

Traits distinctifs

Feuilles — 10-20 cm de long; couvertes d'un duvet lors de l'épanouissement, devenant glabres sauf en dessous sur les ramifications des nervures; 5-7 lobes obliques par rapport à la nervure principale.

Rameaux — garnis de poils à la première saison, glabres par la suite; bourgeons brun grisâtre, ternes et densément poilus.

Fruits — glands à graine amère; ovoïdes; 1,3-1,8 cm de long; enfermés du tiers à la demie dans une cupule ample en forme de bol; mûrissent en deux ans.

Écorce — lisse, gris foncé au début, devenant presque noire chez les vieux arbres et densément fissurée en petits carrés; écorce interne jaune brillant à jaune orange.

Habitat — le plus souvent dans les sols sablonneux.

Taille — 15-20 m de haut, 30-100 cm de diamètre.

Aire de distribution

Région forestière des feuillus et au nord-est du lac Ontario.

De tous les chênes septentrionaux, le Chêne noir présente les caractères les plus variables. De plus, là où leurs aires de distribution se chevauchent (extrême sud de l'Ontario), il s'hybride avec le Chêne rouge et le Chêne palustre. Il se distingue généralement de ceux-ci par ses feuilles, ses bourgeons laineux et surtout par son écorce interne amère, de couleur orangée.

Le nom générique *Quercus*, nom classique du chêne, signifie arbre par excellence. Son nom spécifique *velutina*, velouté, du latin *vellus*, toison, et *ina*, semblable à, fait allusion à la pubescence de ses jeunes feuilles. Le qualitif français noir fait allusion à la couleur de l'écorce chez les vieux arbres, tandis que tous les autres noms français et anglais font référence à l'écorce interne contenant un pigment jaune, le quercitron, dont on tire une teinture.

Autrefois, l'écorce interne du Chêne noir avait maints usages; en tannerie, source de tannin avant l'apparition des produits synthétiques, en médecine populaire à cause de ses propriétés astringentes et enfin en teinturerie, source naturelle de colorants. Fait cocasse, ce n'est qu'après son introduction en Europe que le quercitron devint important et on le vendit sur le marché jusqu'à la fin des années quarante.

Peu tolérant à la compétition, il accapare par contre les sols pauvres et secs où il forme parfois des peuplements purs. Très commun et répandu aux États-Unis, il atteint sa limite nord dans le sud de l'Ontario.

Faible producteur de fruits jusqu'à n'avoir aucun fruit pendant plusieurs années, il s'assure une régénération vigoureuse par drageonnage, une reproduction des plantes par pousses aériennes nées des racines. Son bois lourd, dur et fort se vend comme «chêne rouge» et ses usages sont semblables au bois de ce dernier. Il n'est pas un arbre ornemental important.

G 582c

Rare en Ontario

Chêne palustre

chêne à épingles, chêne des marais.

Pin oak, swamp oak, water oak, Spanish oak.

Quercus palustris Muenchh.
Famille du hêtre (Fagacées)

Traits distinctifs

Feuilles — 7-15 cm de long; en dessous, présence de touffes de poils à la jonction des nervures principales; 5 lobes profonds, parfois 7, à angle droit avec la nervure principale.

Fruits — glands très petits, presque ronds, à graine amère; moins de 1,3 cm de long; légère-

ment enfermés dans une cupule mince et finement poilue en forme de soucoupe; mûrissent en deux ans.

Écorce — lisse, gardant cette apparence même chez les vieux sujets.

Habitat — se rencontre souvent sur des sols humides.

Taille — 15-20 m de haut, 30-60 cm de diamètre.

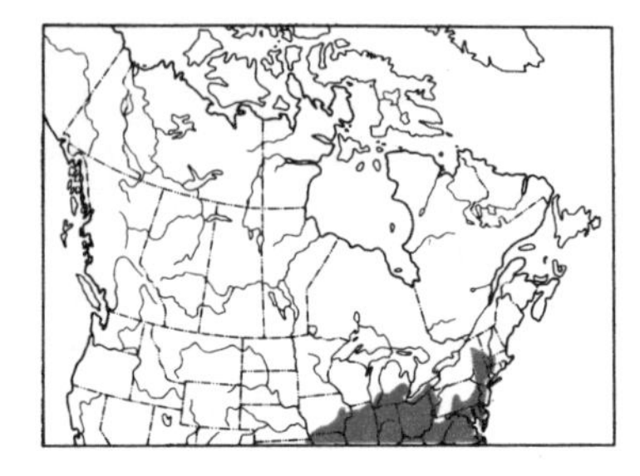

Aire de distribution

Occupe une faible superficie de la Région forestière des feuillus.

La faible population du Chêne palustre se trouve dans une aire très réduite qui se situe à la limite septentrionale de son aire de répartition américaine.

Le nom français, les noms anglais et le nom spécifique *palustris* qui vient du latin *palus*, marais, évoquent son habitat préféré: les terrains humides en bordure des marais et des cours d'eau, ou les endroits souvent inondés au printemps. Le nom populaire anglais «pin oak» et le surnom «chêne à épingles» décrivent l'apparence épineuse qu'il doit aux nombreuses brindilles ou branchettes persistantes et rigides que portent le tronc et les grosses branches. C'est cette particularité qui fait que son bois est noueux et de moindre qualité.

À l'encontre de la plupart des chênes canadiens, le Chêne palustre est pourvu d'une racine peu profonde et pivotante qui facilite sa transplantation. Très apprécié des paysagistes pour l'embellissement des rues et des parcs, il donne une ombre à damier à cause de la forme de ses feuilles. De plus, il possède un beau feuillage rouge brillant à l'automne et une cime compacte, conique ou pyramidale. Il est rustique en dehors de son aire de distribution.

Son bois, semblable à celui du Chêne rouge, se vend sur le marché sous cette appellation et sert aux mêmes fins. Des galles des chênes — petites excroissances produites par de minuscules insectes — on obtient une encre noire lorsque plongées dans l'eau.

Le gland, sert de nourriture à la sauvagine, au Cerf de Virginie, aux écureuils, aux tamias ainsi qu'à d'autres petits rongeurs.

G 582d

Rare en Ontario

Chêne ellipsoïdal

chêne des marais du Nord, chêne jack.

Northern pin oak, black oak, hill oak, jack oak, upland pin oak.

Quercus ellipsoidalis E.J. Hill
Famille du hêtre (Fagacées)

Traits distinctifs

Feuilles — semblables à celles du Chêne palustre; 7-13 cm de long.

Fruits — glands étroits et effilés (parfois presque ronds), à graine amère; 1,2-1,8 cm de long; enfermés dans une cupule écailleuse en forme de bol; mûrissent en deux ans.

Écorce — semblable à celle du Chêne palustre.

Habitat — sur des terrains secs (sablonneux ou rocheux) et plus élevés que ceux où croît le Chêne palustre.

Taille — 15-20 m de haut et 30-60 cm de diamètre.

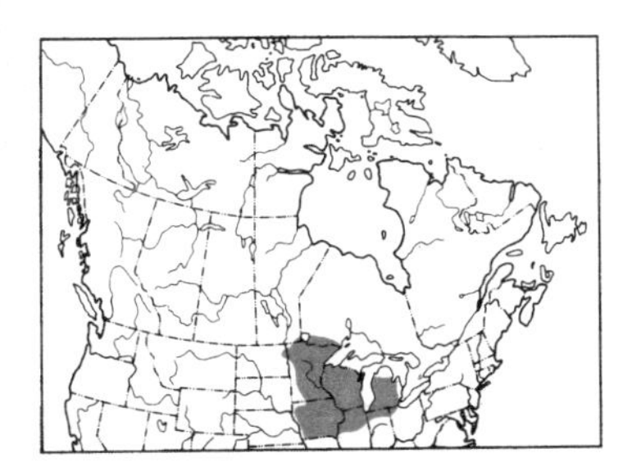

Aire de distribution

Espèce concentrée surtout aux États-Unis, elle occupe une faible superficie de la Région forestière des feuillus.

Rayé de la flore canadienne dans la 7e édition des Arbres Indigènes du Canada (1978), le Chêne ellipsoïdal y est aujourd'hui réintégré. L'Herbier national, entre autres, possède des exemplaires de cette espèce.

Semblable au Chêne palustre sous plusieurs aspects, d'où l'origine du surnom chêne des marais du nord, il s'en distingue par son habitat et par son gland. Il peut être confondu avec le Chêne noir d'où l'origine du nom commun anglais «black oak». Le Chêne ellipsoïdal se caractérise toutefois par sa feuille plus petite, par son écorce interne qui n'est pas jaune brillant et par ses branchettes persistantes sur le tronc et sur les grosses branches.

La forme de son fruit se reflète dans le nom spécifique et dans le nom français, *ellipsoidalis*, ellipsoïdal, forme elliptique, tandis que le nom générique *Quercus* est le nom latin classique du chêne. Le nom commun «hill oak» qui est parfois utilisé fait allusion au botaniste americain, Ellsworth Jerome Hill (1833-1917), qui le nomma officiellement.

Espèce rare au Canada, il n'est pas exploité à des fins commerciales. Aux États-Unis, on l'utilise occasionnellement pour son bois dur, lourd et fort comme bois d'oeuvre et comme bois de charpente.

G 582e

Rare en Ontario

Chêne de Shumard

Shumard oak, Shumard red oak, spotted oak, swamp oak, swamp red oak.

Quercus shumardii Buckl.
Famille du hêtre (Fagacées)

Traits distinctifs

Feuilles — 10-20 cm de long; semblables à celles du Chêne noir; 7-11 lobes profonds.

Fruits — glands ovales, à graine amère; plus de 1,3 cm (1,5-2,5) de long; enfermés dans une cupule épaisse, peu profonde et couverte de poils, en forme de soucoupe; mûrissent en deux ans.

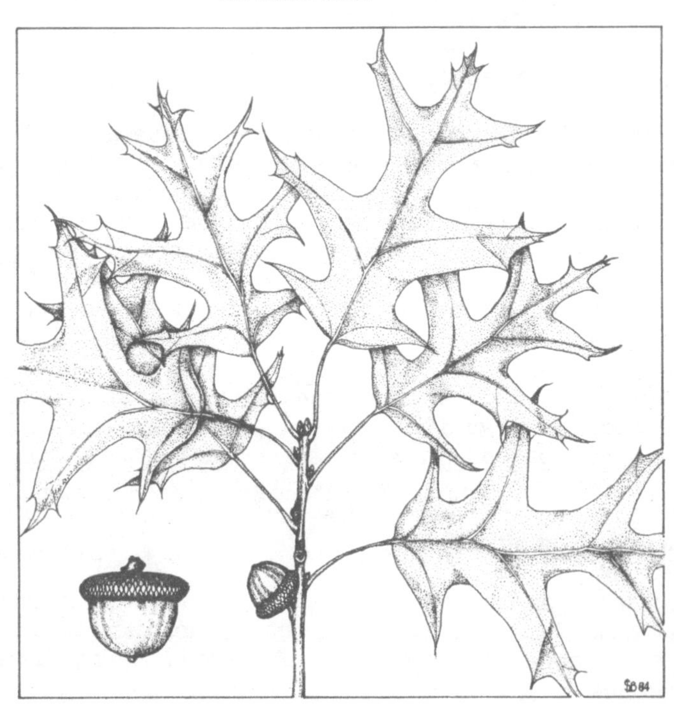

Habitat — principalement dans des terrains alluviaux.

Taille — 15-30 m de haut et 30-60 cm de diamètre.

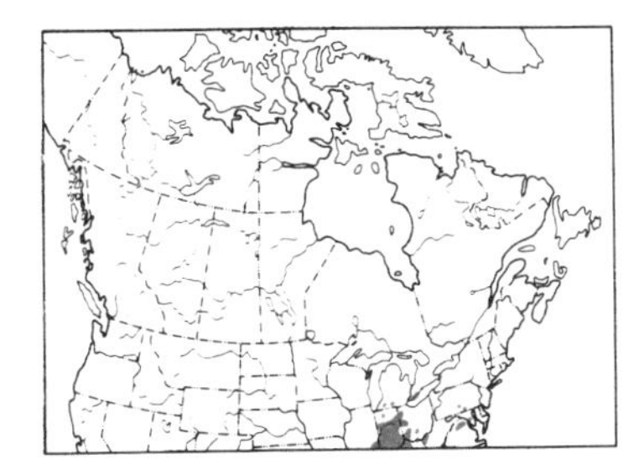

Aire de distribution

Occupe une faible superficie au sud de la Région forestière des feuillus.

L'hybridation fréquente de plusieurs espèces de chênes est particulièrement bien illustrée par le groupe des Chênes rouges qui comprend: le Chêne rouge, le Chêne palustre, le Chêne noir, le Chêne ellipsoïdal et le Chêne de Shumard.

Longtemps confondu avec le Chêne noir, ou considéré comme un hybride de ce dernier, le Chêne de Shumard fut ignoré de la flore canadienne. C'est seulement vers 1977 que les botanistes le reconnurent comme une espèce indigène du Canada.

Il se distingue toutefois du Chêne noir et du Chêne rouge par sa feuille fortement découpée et par sa préférence pour les sols humides et argileux. Il ressemble à s'y méprendre au Chêne palustre. Tous deux croissent dans le même type d'habitat, Cependant, les feuilles du Chêne de Shumard sont plus grandes et son fruit beaucoup plus gros.

Le nom spécifique *shurmardii*, Shumard, fait allusion à un géologue de l'État du Texas, Benjamin Franklin Shumard (1820-1869), et son nom générique *Quercus* est le nom latin classique pour les chênes. Le qualitif Shumard est principalement employé par les botanistes ainsi qu'en foresterie, pour le distinguer des autres espèces du groupe des Chênes rouges.

Son bois étant similaire à celui du Chêne rouge, il y est mélangé sans faire de distinction et est vendu sous ce nom.

G 592a

Pommier odorant

voir G 532c

G 592b

Pommier du Pacifique

voir G 532d

G 623

Rare en Ontario

Gainier rouge

arbre de Judée, bouton rouge (France), gainier du Canada.

Redbud, eastern redbud, Judas tree.

Cercis canadensis L.
Famille des pois (Légumineuses)

Traits distinctifs
Très rare au Canada.

Feuilles — limbe de 7-12 cm de long; sommet du pétiole renflé.

Fleurs — roses ou pourpres ressemblant un peu à celles du pois; poussent en grappes le long des rameaux et des petites branches; apparaissent souvent avant les feuilles.

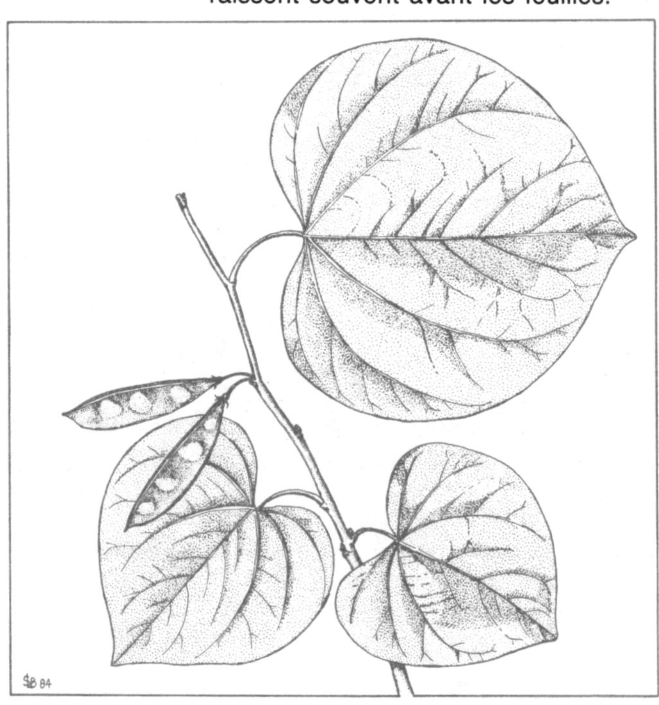

Fruits — gousses brun rougeâtre à grosses graines aplaties.

Taille — petit arbre ne dépassant pas 8 m de haut et 30 cm de diamètre.

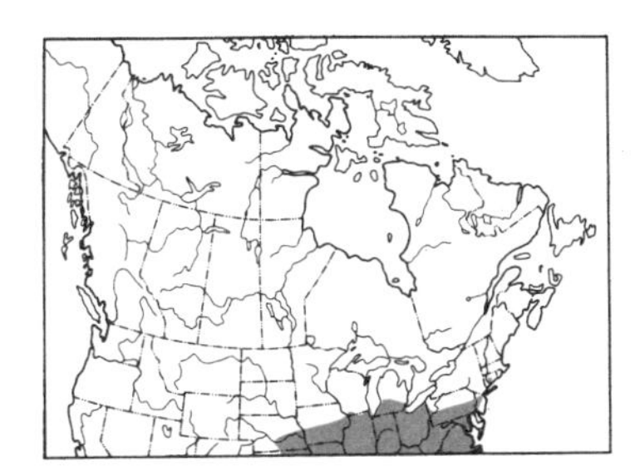

Aire de distribution

Région forestière des feuillus, à l'extrémité sud de l'Ontario.

Situé à la limite extrême nord de son aire de répartition en Amérique, le Gainier rouge n'a été reconnu qu'en 1892 comme arbre indigène, à partir d'un spécimen récolté par John Macoun dans l'île Pelée. On a cru pendant un certain temps qu'il avait disparu de cet endroit et récemment, il y a été réintroduit. Ailleurs il est planté comme arbre ornemental.

Le Gainier rouge doit son nom aux fleurs de couleur vive dont il se pare au printemps. On retrouve parfois les fleurs sur les grosses branches et même sur le tronc ce qui lui donne une allure singulière.

Son nom générique *Cercis* dérive du grec *kerkis*, ancien nom de l'Arbre de Judée. Selon une légende, Judas se serait pendu à une espèce d'arbre de Judée (*Cercis siliquastrum* L.) que l'on retrouve en Asie et en Europe. Ses fleurs blanches tournèrent au rouge quand le sang de la honte coula sur elles.

Contrairement aux autres membres de la famille des Légumineuses, les racines du Gainier rouge ainsi que celles de quelques autres espèces ne portent pas de nodosités qui peuvent fixer l'azote atmosphérique.

G 632

Peuplier à grandes dents

voir G 532b

G 662

Peuplier faux-tremble

faux-tremble (France), peuplier, peuplier tremble, tremble.

Trembling aspen, aspen, American aspen, aspen poplar, golden aspen, poplar, popple, quaking aspen, small-toothed aspen, smooth-bark poplar.

Populus tremuloides Michx.
Famille du saule (Salicacées)

Traits distinctifs

Feuilles — limbe de 4-6 cm de long; pétiole aplati et souvent plus long que le limbe.

Rameaux — fins, lisses, lustrés, brun grisâtre.

Écorce — lisse, vert pâle à presque blanche, recouverte d'une poudre blanchâtre qui tache les mains; devenant grise à brune, rugueuse et crevassée, avec l'âge.

Taille — 12-20 m et parfois 30 m de haut, 30-60 cm de diamètre.

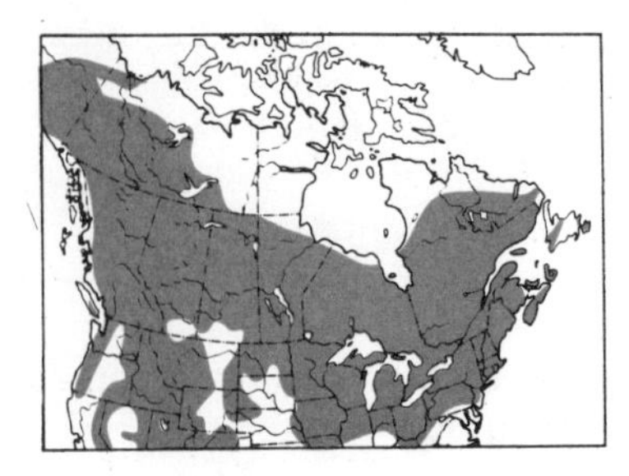

Aire de distribution

Presque toutes les régions forestières du Canada.

Le Peuplier faux-tremble est un des arbres occupant la plus grande aire de répartition en Amérique du Nord. C'est une espèce qui tolère la lumière, la sécheresse, le vent, le froid et qui s'accommode d'une grande variété de sols. Toutefois il supporte mal une forte compétition et se reproduit difficilement sous son propre ombrage.

Dans les stades de succession il est, avec le Saule de Bebb, le Cerisier de Pennsylvanie et le Peuplier à grandes dents, une des espèces pionnières qui envahissent les sites des forêts détruites par le feu ou par une coupe de bois à blanc. Il procure ainsi l'ombrage nécessaire au développement des autres feuillus ou conifères.

Comme les saules, le Peuplier faux-tremble disperse ses petites graines au gré du vent ou de l'eau. Il a aussi la faculté de se reproduire en émettant des rejets de ses racines formant souvent des clones. Un clone est un ensemble d'individus génétiquement semblables. Un clone peut se régénérer pendant des siècles, voire même des millénaires, si les conditions sont favorables. Contrairement aux saules, il ne se reproduit pas végétativement si on plante un rameau ou une branche dans le sol.

Le nom générique *Populus*, peuple, est le nom latin classique du peuplier, parce que l'on plantait ces arbres sur les places publiques réservées au peuple. Le nom spécifique *tremuloides* vient du latin *tremulus*, tremblant, et du grec *oïdes* qui veut dire semblable à, faisant allusion à sa ressemblance avec le Tremble (*Populus tremula* L.), espèce européenne. Cette ressemblance est aussi à l'origine du nom Peuplier faux-tremble.

Sa feuille est munie d'un long pétiole aplati et elle frissonne ou s'agite à la moindre brise ce qui lui a valu le nom de tremble. Nos ancêtres français étaient convaincus que la vraie croix du Christ avait été fabriquée de bois de peuplier et que depuis ce jour les peupliers n'avaient cessé de trembler! Les Amérindiens le nommèrent tout simplement «arbre bruyant».

Le Peuplier faux-tremble pousse dans une grande variété d'habitats et sur de vastes étendues. Il constitue une source de nourriture importante pour les cerfs et les orignaux. En plus d'être très friands de l'écorce et des feuilles, les castors se servent souvent de ses branches pour construire leurs barrages et leurs huttes. Les Lièvres d'Amérique raffolent également de l'écorce; quant aux tétras, ils préfèrent les bourgeons d'hiver.

Comme tous les représentants de la famille des Salicacées, le Peuplier faux-tremble contient de l'acide salicylique, ingrédient actif de l'aspirine.

Son bois mou à grain serré occupe une place importante dans l'industrie des pâtes et papiers. Cependant, il doit être transporté aux industries par voie terrestre puisqu'il ne peut être acheminé par flottage car, fraîchement coupé ce bois est très lourd et ses cellules contiennent beaucoup d'eau. Séché à l'air, il devient aussi léger que le Pin rouge. On l'emploie également pour la fabrication de contenants. Les allumettes en bois proviennent de billes étuvées et déroulées de Peuplier faux-tremble.

G 672a / G 682a

Peuplier blanc

abèle, érable argenté, peuplier argenté.

White poplar, abele, European white poplar, silver-leaved poplar, silver poplar.

Populus alba L.
Famille du saule (Salicacées)

Traits distinctifs

Feuilles — limbe de 5-10 cm de long; souvent lobées comme chez les érables; dessous couvert d'un abondant duvet laineux blanc; dessus vert foncé; pétiole aplati.

variation du bord de la feuille

Rameaux — couverts d'un duvet laineux blanc; bourgeons couverts de poils blancs.

Taille — 25 m de haut, 60 cm de diamètre.

Aire de distribution

Originaire d'Europe, fréquemment planté comme arbre ornemental; s'échappe de culture dans les lieux habités.

Le Peuplier blanc, faussement appelé «érable argenté», ressemble à ce dernier par la forme de sa feuille. Toutefois, la ressemblance s'arrête là car les feuilles de notre érable indigène ont le dessous lisse et elles sont opposées c'est-à-dire placées face à face sur les rameaux.

Le Peuplier blanc est caractérisé par une forte pubescence de ses feuilles, bourgeons et rameaux. De plus, ses feuilles sont disposées en alternance sur les rameaux. Cet arbre croît très rapidement et se répand en émettant des rejets de ses racines et ce, à un tel rythme, qu'on le considère souvent comme mauvaise herbe. À l'instar des saules, il peut se propager végétativement si on plante un rameau portant des bourgeons.

À la moindre brise, ses feuilles s'agitent, exposant ainsi leur couleur argentée qui justifie l'origine de son nom spécifique *alba*, blanc.

Là où leurs aires de distribution se chevauchent, ce peuplier s'hybride avec le Peuplier à grandes dents et le Peuplier faux-tremble.

Le Peuplier grisard (*Populus canescens* (Ait.) Sm.), hybride ou intermédiaire européen entre le Peuplier blanc et le Tremble (*Populus tremula* L.), est également planté comme arbre ornemental. L'écorce peut être utilisée dans le traitement des brûlures et de la sciatique.

G 672b / G 682b

Rare en Ontario

Tulipier d'Amérique

bois jaune, tulipier à tulipes (France), tulipier, tulipier de Virginie.

Tuliptree, tulip-magnolia, tulip-poplar, whitewood, yellow-poplar.

Liriodendron tulipifera L.
Famille du magnolia (Magnoliacées)

Traits distinctifs

Feuilles — lame, 8-15 cm de long; extrémité tronquée très caractéristique.

Fleurs — en forme de tulipe ou de lys, avec 6 pétales, jaune vert (orange à la base); 4-5 cm de diamètre.

Fruits — composés; samares agrégées, en forme de cône.

Rameaux — bourgeon terminal aplati.

Tronc — dépourvu de branches sur une grande longueur (25 m et plus).

Taille — 20-30 m de haut, 60 cm de diamètre, parfois 66 m de haut et 4 m de diamètre.

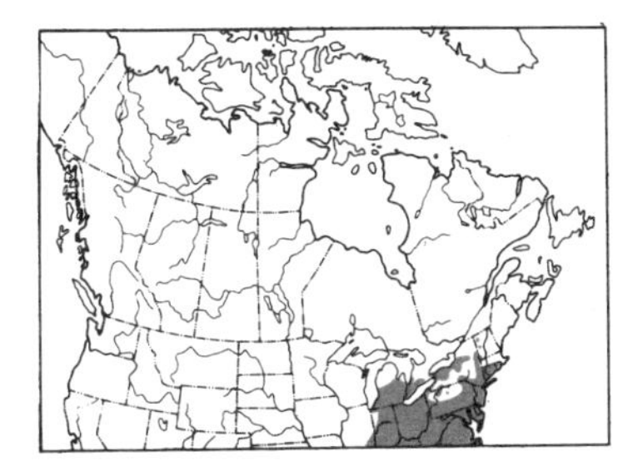

Aire de distribution

Sud de la Région forestière des feuillus.

Les fleurs de cet arbre s'épanouissent en mai et juin et ressemblent à des tulipes ou des lys, d'où l'origine de son nom Tulipier. C'est un des plus grands feuillus de l'Amérique du Nord.

Le nom générique *Liriodendron* vient du grec *leirion*, lys, et *dendron*, arbre, faisant allusion aux fleurs très voyantes. Le nom spécifique *tulipifera* dérive du turc *tulbend*, turban, et du latin *ferre*, porter, un arbre qui porte des tulipes, donc un arbre lys portant des tulipes.

Même si plusieurs de ses noms communs font allusion au peuplier, il n'y a aucun lien de parenté entre eux. Ainsi, «poplar» et «tulip-poplar», reflètent probablement certaines caractéristiques communes de leur bois, mou et léger. De plus, les feuilles du Tulipier tremblent au vent comme les feuilles de plusieurs peupliers.

De son tronc droit, long et de fort diamètre, les Amérindiens construisaient d'excellents canoës, solides et légers, pouvant transporter vingt passagers. Ses racines au goût âcre ont longtemps servi à combattre les rhumatismes et la fièvre. Son bois a des qualités physiques semblables à celles du Tilleul d'Amérique et c'est à cause de ces aspects qu'on l'appelle faussement «white wood». Son nom «bois jaune» lui vient de la couleur jaune pâle de son bois.

Rare au Canada, il n'est pas exploité commercialement. Cependant, aux États-Unis, il est parmi les bois les plus importants. Il est pâle et se travaille facilement. On l'utilise en ébénisterie et dans l'industrie de pâtes et papiers. On en fait également des boiseries, du contre-plaqué et des instruments de musique, pour ne mentionner que quelques usages. De plus, là où il est rustique, on le plante comme arbre ornemental ou d'ombrage.

G 673

Sassafras officinal

voir G 522l

G 683a

Platane occidental

boule de boutons, platane d'Occident, sycomore.

Sycamore, American sycamore, buttonball, buttonwood, planetree.

Platanus occidentalis L.
Famille du platane (Platanacées)

Traits distinctifs

Feuilles — limbe de 10-20 cm de long; pétiole creux à la base enveloppant complètement le bourgeon; présence de stipules.

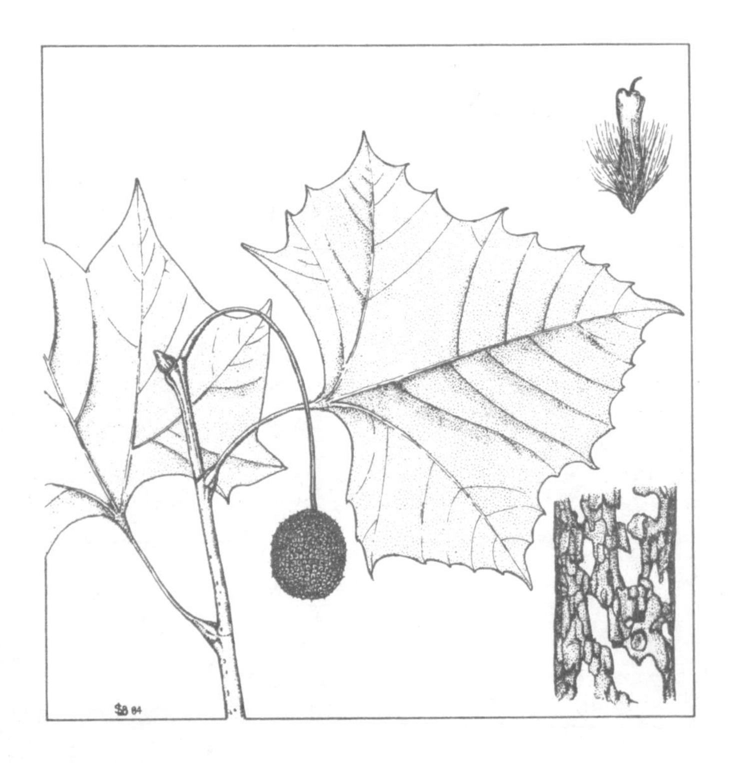

Fruits — composés; multiples akènes groupés en forme de pompon; solitaires; persistent sur l'arbre presque tout l'hiver.

Rameaux — luisants; poussent en zigzag; une seule écaille couvre complètement le bourgeon.

Écorce — lisse au début, se détache par la suite en plaques minces; cassante, comme une vieille couche de peinture qui s'écaille, laissant apparaître un liège lisse; grisâtre.

Taille — 18-30 m de haut, 60-120 cm de diamètre.

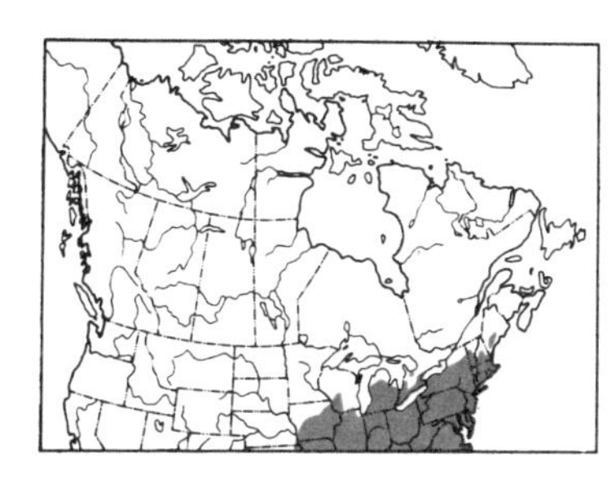

Aire de distribution

Région forestière des feuillus; planté comme arbre ornemental en dehors de son aire de distribution.

Le Platane occidental est un des plus grands feuillus de l'est de l'Amérique du Nord avec le Tulipier, et probablement celui qui a le plus grand diamètre (4,6 m). Il se reconnaît facilement, même à distance, par son écorce tachetée et par ses grosses branches massives et tordues.

En creusant le bois de son tronc, les colons français fabriquaient autrefois d'énormes barges capables de transporter plusieurs tonnes de marchandises.

Le nom générique *Platanus*, vient du grec *platys*, large, allusion à sa grande feuille, et son nom spécifique *occidentalis*, Occident, le différencie des autres espèces de platanes jusqu'alors exclusivement orientales. Le nom sycomore vient de la méprise de nos ancêtres qui croyaient voir un érable européen, l'Érable sycomore (*Acer pseudoplatanus* L.).

Il préfère les sols humides et riches et il atteint son maximum de croissance le long des cours d'eau et sur le bord des lacs.

On le plante parfois comme arbre ornemental ou d'ombrage, mais le Platane commun ou à feuille d'érable (probablement un hybride du *Platanus occidentalis* L. et du *Platanus orientalis* L.) le remplace souvent car il résiste mieux à la pollution, supporte bien la taille et ses racines se contentent de peu d'espace. Il se distingue de nos arbres indigènes par sa feuille qui ressemble étrangement à celle de l'érable et par ses fruits qui ne sont pas solitaires, mais réunis en grappes de pompons (au lieu d'un pompon solitaire), d'où son surnom «boule de boutons».

Comme le Platane occidental est une espèce relativement rare au Canada, son bois n'a que peu d'importance économique, mais on l'utilise en ébénisterie. L'étal ou table de bois massif du boucher, provient habituellement de cette espèce.

G 683b

Mûrier rouge

voir G 533

G 723

Gainier rouge

voir G 623

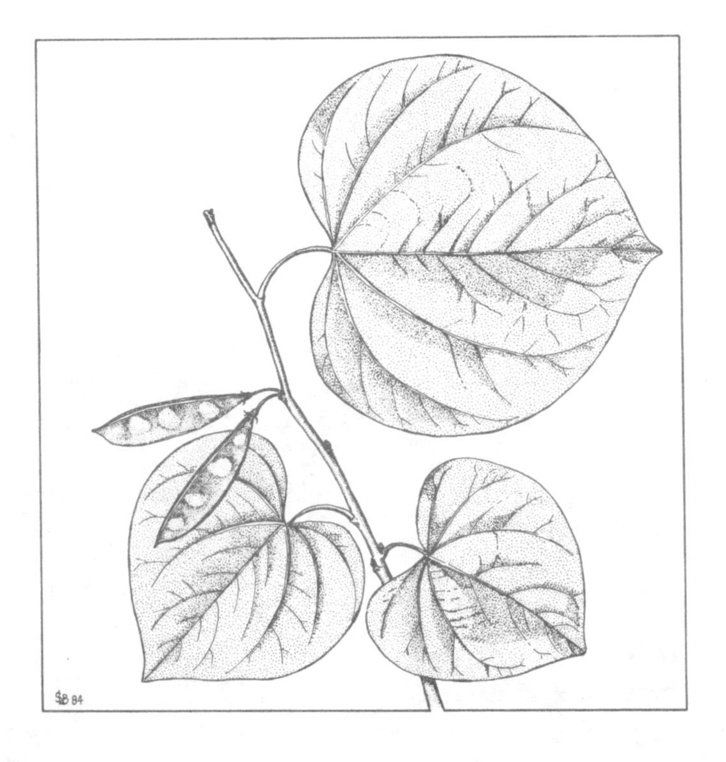

G 732a / G 733a

Tilleul d'Amérique

bois blanc.

American basswood, basswood, American linden, beetree, basttree, lime, limetree, linden, spoonwood, whitewood.

Tilia americana L.
syn. *Tilia glabra* Vent.
Famille du tilleul (Tiliacées)

Traits distinctifs

Feuilles — grandes, 12-15 cm de large.

Fleurs — 5 pétales blanc jaunâtre, pendantes, odorantes, attachées à un long pédoncule et

fixées à une bractée membraneuse; floraison estivale.

Fruits — capsules rondes, sèches et dures, de la grosseur d'un pois; persistant jusqu'à l'hiver.

Rameaux — lisses, en zigzag; bourgeons asymétriques, gros et souvent rougeâtres ou verdâtres.

Écorce — lisse, devenant écailleuse; formant des arêtes longues, étroites et presque parallèles.

Taille — 18-22 m de haut, 40-80 cm de diamètre.

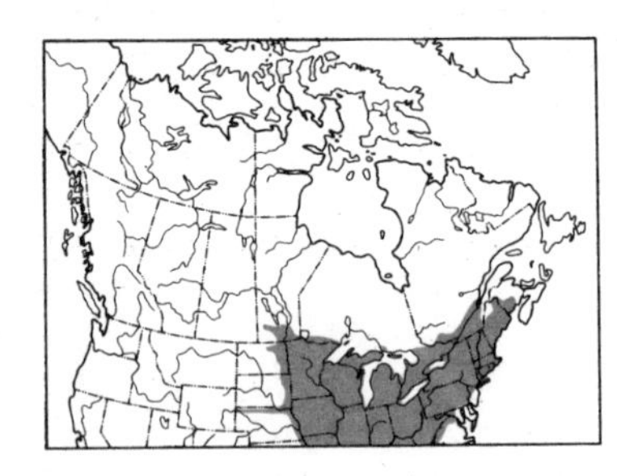

Aire de distribution

Régions forestières des feuillus, des Grands Lacs et du Saint-Laurent, partie occidentale du Nouveau-Brunswick et le long des rivières au Manitoba.

Le Tilleul d'Amérique possède les feuilles les plus longues de tous les membres de sa famille. De stature élancée, sa silhouette régulière semble avoir été tracée par la main d'un artiste.

Pendant l'été, ses nombreuses fleurs mellifères parfument l'air sur des kilomètres à la ronde. Ce n'est pas sans raison que les abeilles et autres insectes les butinent si régulièrement à cette époque et ce, même quand il pleut, d'où l'origine de son nom anglais «beetree». En effet, les feuilles protègent les fleurs des intempéries. Le miel du Tilleul d'Amérique à saveur délectable est hautement apprécié.

En Amérique du Nord, il existe plusieurs espèces de tilleuls, parfois très difficiles à distinguer. Plusieurs d'entre eux sont interféconds et produisent des hybrides naturels à caractères intermédiaires, ce qui rend la classification très ardue. Au Canada, c'est la seule espèce indigène.

Le nom générique *Tilia* qui est le nom latin classique du tilleul dérive probablement du grec *ptilon*, aile, allusion à la grande bractée florale. Les mots teille ou tille découlant du nom latin pour désigner l'écorce du tilleul s'appliquent aussi à d'autres plantes productrices de fibres telles le lin et le chanvre. Le mot teille qualifie l'écorce interne (liber) avec laquelle on fabrique des cordes, des nattes et des fibres. Le jute appartient à la même famille que le Tilleul d'Amérique. Les noms anglais «basswood» ou «bastwood» sont l'équivalent du français, «bass» ou «bast» étant la traduction de liber ou teille.

Nos ancêtres, comme les Amérindiens, confectionnaient de solides cordes ou cordages en séparant les fibres de la tige ou de l'écorce après l'avoir fait tremper dans l'eau. On l'utilisait aussi pour faire des filets, des tapis, des souliers et des vêtements.

Le surnom bois blanc fait référence à la couleur de son bois Son nom populaire anglais «spoonwood» fait allusion aux ustensiles que l'on frabriquait avec son bois. Les Américains nomment notre arbre «basswood» dans un contexte forestier et «linden» en horticulture. Les mots «linden» et «lime» dérivent probablement du mot anglo-saxon «linde». «Linde» est le nom populaire allemand et hollandais du Tilleul.

Le Tilleul d'Amérique se rencontre fréquemment le long des cours d'eau et des lacs, ainsi que dans les érablières, associé au Bouleau jaune, au Hêtre à grande feuilles, aux frênes, aux noyers et aux caryers. Il se reproduit par ses graines qui mettent deux ans à germer. Une fois établies, les jeunes plantules tolèrent très bien l'ombre. Une souche coupée émet des drageons tout autour d'elle, ce qui lui donne l'allure très caractéristique d'un bouquet.

Son bois, un des plus légers et des plus tendres, est toutefois très fort; ces qualités en font un excellent bois de tournage et de sculpture. Les Amérindiens sculptaient des masques rituels directement dans l'aubier d'un arbre vivant, puis, ils les arrachaient pour en faire sécher l'autre côté. Si l'arbre survivait, le masque possédait alors des propriétés surnaturelles.

Tout comme celui de l'Épinette blanche et des ormes, son bois est inodore et insipide ce qui en fait un excellent matériau pour la conservation et l'entreposage des denrées alimentaires. Les huches à pain et les boîtes à beurre de nos grands-mères étaient construites avec le bois de Tilleul d'Amérique. On l'emploie encore aujourd'hui dans l'industrie des pâtes et papiers, en ébénisterie, et pour la fabrication de huisseries, d'instruments de musique, de mètres à mesurer et de contre-plaqués.

Les tisanes de Tilleul, bien connues en Amérique du Nord et en Europe, possèdent des propriétés calmantes, antispasmodiques et sudorifiques. Un bain dans lequel on ajoute des fleurs de tilleul, suivi d'une infusion de fleurs, pourra atténuer un rhume et en plus, vous procurera une bonne nuit de sommeil réparateur. Toutes les espèces de tilleul ont les mêmes vertus. De plus, les fleurs entrent dans la préparation de produits de beauté et de produits pour le bain.

Ses fleurs fragrantes, sa silhouette délicate, son beau feuillage et sa tolérance à la taille, en font un bel arbre ornemental et d'ombrage. Les paysagistes recommandent, entre autres, le Tilleul européen ou tilleul à petites feuilles (*Tilia cordata* P. Mill.). Ce sont les fleurs séchées de ce dernier que l'on trouve sur le marché. Il se distingue par sa feuille beaucoup plus petite (5 cm de diamètre) presque ronde, et à base presque symétrique et, comme son nom spécifique l'indique, en forme de coeur comme celle du Tilleul d'Amérique.

G 732b / G 733b **Rare au Québec et au Manitoba**

Micocoulier occidental

bois connu, bois inconnu, micocoulier de Virginie (France), micocoulier d'Amérique (Europe).

Hackberry, bastard elm, common or northern hackberry, nettletree, sugarberry.

Celtis occidentalis L.
Famille de l'orme (Ulmacées)

Traits distinctifs

Feuilles — 6-9 cm de long; dessus rugueux; dessous poilu sur les nervures latérales; limbe souvent entier à la base de la feuille; trois des nervures sont saillantes et les autres s'entrelacent.

Fruits — drupes comestibles à pulpe sucrée; pourpre foncé, ovoïdes, solitaires; noyau bosselé comme une balle de golf; mûrissent de septembre à octobre.

Rameaux — moelle cloisonnée ou compartimentée comme chez les noyers.

Écorce — brun grisâtre, liégeuse et verruqueuse, mince; côtes liégeuses prononcées.

Taille — 12-18 m de haut, 30-60 cm de diamètre.

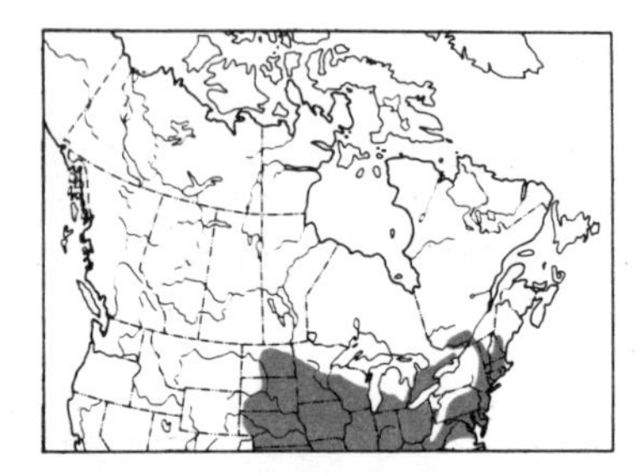

Aire de distribution

Région forestière des feuillus et une partie de la Région forestière des Grands Lacs et du Saint-Laurent.

Ne sachant pas de quel arbre il s'agissait, les premiers pionniers lui ont donné le nom de «bois inconnu». Il est mentionné dans les écrits du voyageur-botaniste, André Michaud (1746-1802).

Le nom générique *Celtis* fut créé par Carl von Linné (1707-1778), naturaliste suédois et père de la nomenclature binomiale, à partir du mot *celthis*, employé par Pline pour désigner une espèce de lotus à fruit sucré. Le nom spécifique *occidentalis*, veut dire de l'Occident.

Au premier coup d'oeil, on peut le confondre avec un orme à cause de la ressemblance de leur feuille, ce qui lui a valu le nom populaire d'orme bâtard. Le nom «sugarberry» qualifie son fruit comestible sucré.

Cet arbre se retrouve le plus souvent le long des cours d'eau et des lacs. Comme son fruit ressemble à une cerise, les Irlandais l'ont baptisé «hagberry», nom populaire utilisé en Irlande pour certains cerisiers; «hackberry» dérive probablement de «hagberry». Le nom «nettletree» fait allusion à la ressemblance de sa feuille avec celle d'une plante herbacée, l'Ortie du Canada (Canada nettle).

Une maladie fongique, combinée à l'action d'un petit acarien (insecte du même groupe que les araignées), appelée balai de sorcière, donne à cet arbre une allure particulière très remarquable. Ces parasites ont pour effet de déformer le tronc et les grosses branches par une prolifération anormale des bourgeons et des rameaux.

Autrefois, le plus abondant de tous les arbres de l'île Sainte-Hélène à Montréal, le Micocoulier occidental, est maintenant dispersé dans son aire de répartition. Son bois jaune clair est lourd, faible et sans valeur économique. Les Français de l'Illinois en extrayaient un produit pour traiter la jaunisse.

Très facile à transplanter, il drageonne facilement après un feu ou une coupe. On utilise certaines de ses variétés comme arbre ornemental dans les parcs et les petits jardins. Plusieurs oiseaux mangent ses fruits sucrés et contribuent ainsi largement à la dissémination de l'espèce.

À l'extrémité sud de l'Ontario, on trouve une espèce arbustive rare au Canada, le Micocoulier de Soper (*Celtis tenuifolia* Nutt.) qui fut longtemps considéré comme une variété du Micocoulier occidental. C'est un arbuste de 1-4 m de haut aux feuilles ovales presque symétriques et aux fruits orange brunâtre. Il est reconnu comme une espèce distincte depuis 1974 seulement.

G 752

Bouleau à papier

voir G 552d

Betula cordifolia

G 852a

Bouleau gris

bouleau à feuille de peuplier, bouleau rouge.

Grey birch, fire birch, gray birch, old field birch, swamp birch, water birch, white birch, wire birch.

Betula populifolia Marsh.
Famille du bouleau (Bétulacées)

Traits distinctifs

Feuilles — 7-11 cm de long, tremblant à la moindre brise; moins de 9 paires de nervures latérales; allongées, à pointe fine.

Rameaux — légèrement résineux; non aromatiques, n'ayant pas la saveur du Thé des bois; parsemés de glandes; bourgeons gommeux.

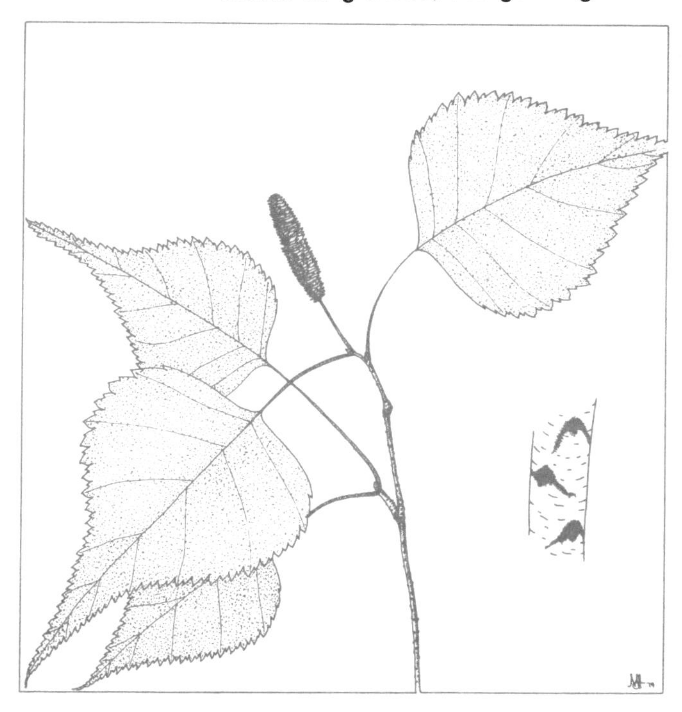

Écorce — mince, blanc crayeux; marquée de plaques noires triangulaires sous la base des branches; ne se détache pas en feuillets comme celle du Bouleau à papier.

Taille — petit arbre qui dépasse rarement 10 m de haut et 15 cm de diamètre.

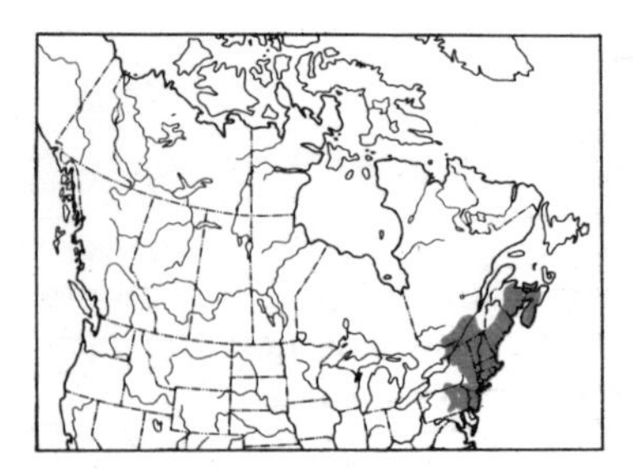

Aire de distribution

Région forestière acadienne et çà et là dans la Région des Grands Lacs et du Saint-Laurent.

Le Bouleau gris, espèce pionnière et de pleine lumière, s'accommode très bien de sols sablonneux et secs. On le considère comme mauvaise herbe parce qu'il se propage rapidement par graines ou par rejets. Il envahit facilement les terres brûlées ou coupées à blanc où il forme fréquemment des peuplements purs, ainsi que les champs incultes, épuisés ou abandonnés, d'où son nom populaire anglais «old field birch». On le rencontre souvent le long des clôtures et en bordure des routes. Comme il ne vit guère plus de 50 ans, il sera vite remplacé par d'autres espèces plus tolérantes. Favorisé par l'activité humaine et par l'accroissement des terrains propices à sa propagation, le Bouleau gris, comme d'ailleurs l'Aubépine et le Bouleau à papier, augmente son aire de répartition.

Le nom générique *Betula* qui vient du celte *betu*, arbre, est le nom latin classique du bouleau. Le nom spécifique *populifolia*, à feuille de peuplier, évoque la ressemblance de ses feuilles dont le pétiole est mince avec celles du Peuplier faux-tremble (*Populus tremuloides* Michx.) qui frissonnent à la moindre brise. Le nom Bouleau gris fait allusion à la couleur blanc crayeux de son écorce.

De prime abord, on pourrait le confondre avec le Bouleau à papier, mais il s'en distingue par son écorce qui ne s'exfolie pas, ses taches triangulaires noires plus prononcées, ses rameaux parsemés de glandes et ses bourgeons gommeux.

Sa petite taille limite sa valeur économique. On le plante parfois en touffes comme arbre ornemental. Il peut aussi servir comme arbre d'abri pour former un couvert en vue de l'établissement d'une pinède (plantation de pins). On doit toutefois le couper très tôt car, plus tard, il gênera la croissance des pins.

La Gélinotte huppée, les écureuils, les tamias et d'autres petits rongeurs mangent ses graines et ses bourgeons alors que le Cerf de Virginie broute ses feuilles et ses brindilles à la fin de l'hiver et au début du printemps.

G 852b

Bouleau d'Alaska

Alaska birch, Alaska paper birch.

Betula neoalaskana Sarg.
Famille du bouleau (Bétulacées)

Traits distinctifs

Feuilles — 2-7 cm de long; 7 paires de nervures latérales ou moins; base du limbe sans dents.

Rameaux — couverts d'une multitude de glandes résinifères qui en cachent parfois entièrement la surface.

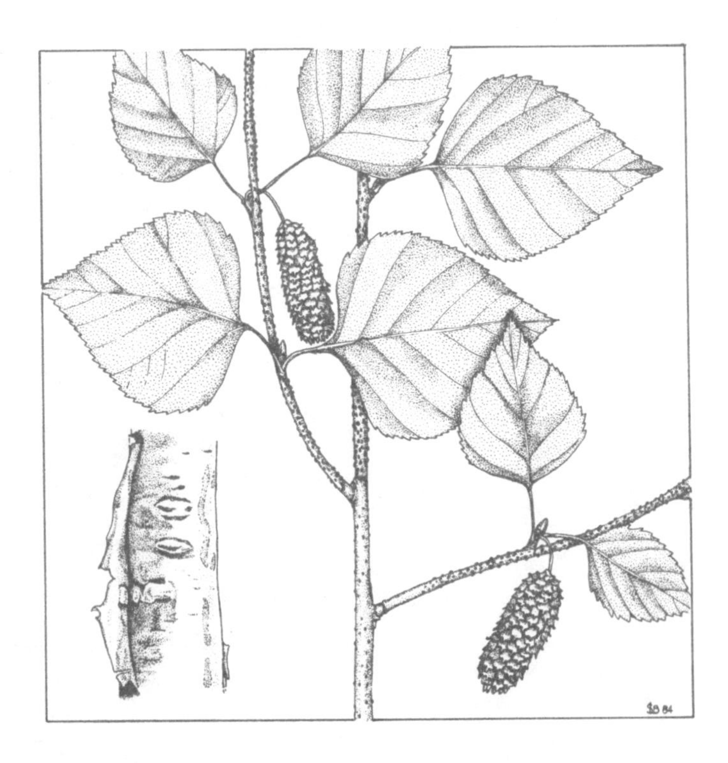

Écorce — mince, brun rougeâtre, devenant blanc crémeux; se détache en feuillets mais pas aussi facilement que celle du Bouleau à papier.

Taille — petit arbre de 7-15 m de haut et de 15 cm de diamètre.

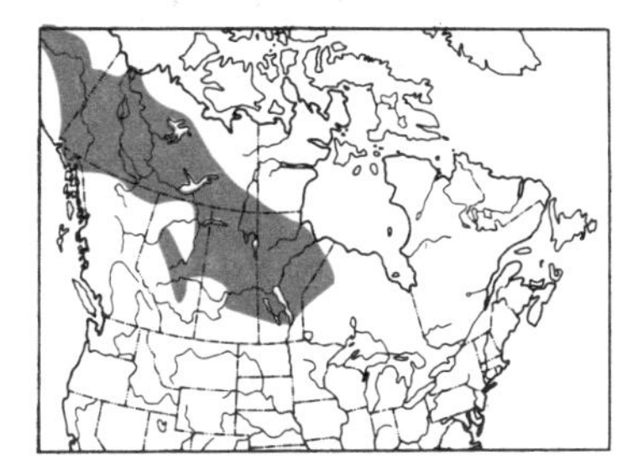

Aire de distribution

Toute la partie ouest de la Région forestière boréale.

Le Bouleau d'Alaska est une espèce essentiellement boréale qui ressemble au Bouleau à papier par son écorce et que certains considèrent comme une variété de ce dernier. Encore mal connu, il semble s'hybrider avec le Bouleau à papier, formant des sujets aux caractères intermédiaires, ce qui rend son identification encore plus difficile. De trop petite taille, on ne l'exploite pas commercialement.

G 852c

Bouleau blanc d'Europe
bouleau verruqueux, bouleau commun, bouleau pleureur.

European white birch, European birch, European weeping birch, silver birch.

Betula pendula Roth
syn. *Betula verrucosa* Ehrh.
Famille du bouleau (Bétulacées)

Traits distinctifs

Feuilles — 3-7 cm de long; allongées, à pointe fine; 6-9 paires de nervures latérales.

Rameaux — grêles, pendants, verruqueux, c'est-à-dire couverts de petites glandes résineuses.

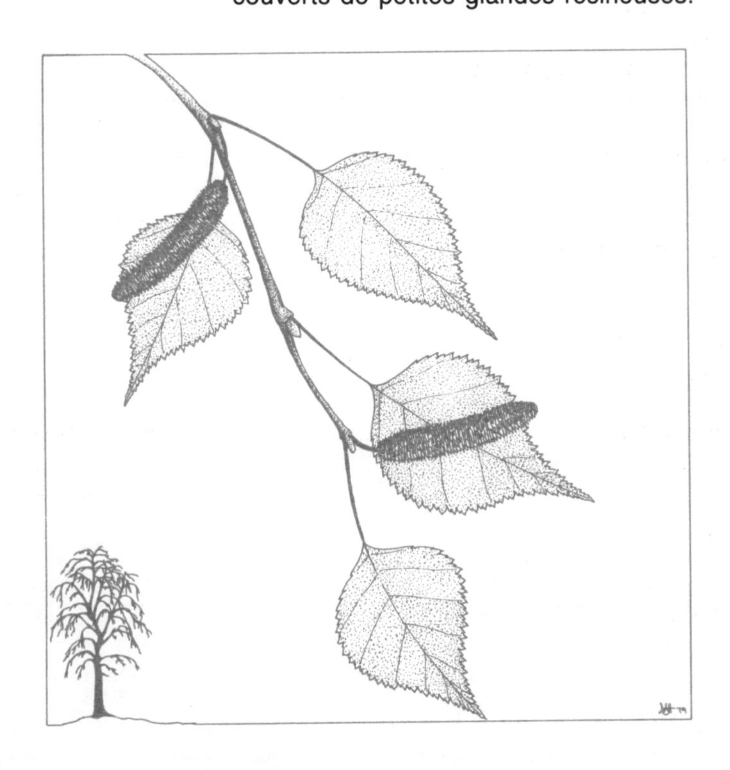

Écorce	— mince, lisse; brun rouge devenant blanc rosâtre; couverte de lenticelles horizontales gris pâle et parsemée de taches noires; crevassée par la suite; se détache en minces feuillets comme celle du Bouleau à papier.
Taille	— atteint 20-25 m de haut dans son pays d'origine. Au Canada, il dépasse rarement 15 m de haut et 30 cm de diamètre.

Aire de distribution

Espèce originaire d'Europe fréquemment utilisée comme arbre ornemental.

Cet arbre doit son nom spécifique *pendula* et son nom vernaculaire, bouleau pleureur, à ses jeunes rameaux pendants. Son nom bouleau verruqueux *(verrucosa)* décrit la présence de petites verrues résineuses blanchâtres sur ses rameaux. Le nom générique *Betula*, du celte betu, arbre, est le nom classique du bouleau.

Cette espèce est répandue partout en Europe et en Asie Mineure où elle est fréquemment utilisée dans l'industrie. Son bois blanc jaunâtre est durable et peut s'employer à la fabrication de skis, sabots, objets tournés et cellulose; il fournit aussi un bon combustible.

La sève sucrée qui coule au printemps peut servir à préparer un genre de bière ou du vinaigre.

Le Bouleau blanc d'Europe est une espèce de pleine lumière. En Europe, il sert souvent à former un couvert en vue de l'établissement d'une hêtraie (plantation de hêtre) ou d'autres espèces plantées.

Il est connu de certains Européens comme «arbre néphrétique», car on faisait de ses feuilles des tisanes diurétiques pour guérir les infections des voies urinaires ou les calculs des reins. De nos jours, on récolte encore les glandes résineuses des rameaux pour préparer une lotion capillaire.

Fréquemment employé pour l'ornementation des parcs, des avenues et des petits jardins, il est plus gracieux que le Bouleau à papier et donne un effet très joli lorsqu'il est planté isolement ou en groupe.

Les cultivars les plus populaires sont: le *Fastigiata* de forme élancée comme le Peuplier de Lombardie, le *Pupurea*, bouleau à feuillage enroulé et tordu et enfin le *Gracilis*, un des plus beaux cultivars à feuilles laciniées et aux rameaux grêles et pendants.

Comme la plupart des bouleaux, le Bouleau blanc d'Europe est vulnérable aux attaques de la mineuse du bouleau.

G 862a

Peuplier deltoïde

liard, cotonnier, peuplier à feuilles deltoïdes, peuplier du Canada (France).

Eastern cottonwood, big cottonwood, common cottonwood, cottontree, necklace poplar, plains cottonwood.

Populus deltoides Bartr. ex Marsh.
Famille du saule (Salicacées)

Traits distinctifs

Feuilles — 7-17 cm de long; pétiole aplati; glandes fréquemment présentes à la base du limbe.

Rameaux — robustes vert jaunâtre, bourgeons latéraux écartés de la ramille.

Écorce — lisse et gris jaunâtre devenant très crevassée par la suite.

Taille — 20-30 m de haut, 60-120 cm de diamètre.

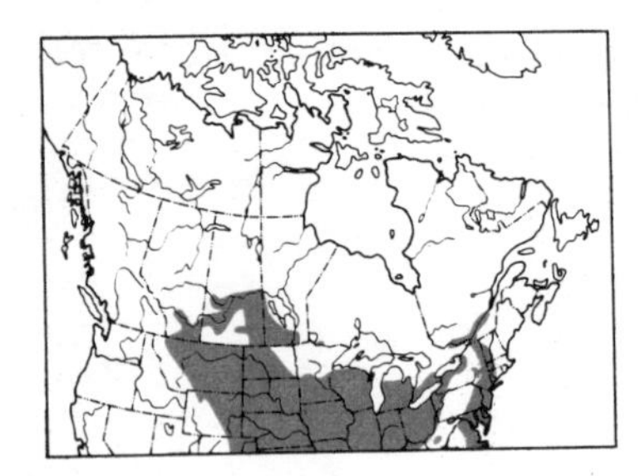

Aire de distribution

Région forestière des feuillus, sud et est de la Région forestière des Grands Lacs et du Saint-Laurent.

Le nom spécifique de cet arbre, *deltoides*, semblable à un *delta*, évoque la forme de la feuille qui ressemble à un triangle équilatéral aux angles arrondis. Le nom générique *Populus*, peuple, tire son origine du temps où l'on plantait ces arbres sur les places publiques réservées au peuple. Le nom cotonnier rappelle la ressemblance de son fruit couvert de poils blancs soyeux avec celui du cotonnier.

Le Peuplier deltoïde est l'un de nos plus beaux arbres et le plus gros des peupliers, mesurant jusqu'à 7 mètres de circonférence à la base. Il se reconnaît aisément à ses grosses branches formant avec le tronc un angle d'environ 45°.

C'est une espèce à croissance très rapide qui se retouve naturellement sur les berges des rivières, les rivages des lacs et les plaines d'alluvions. Ses graines légères nécessitent beaucoup d'humidité tout au long de la germination. Par contre, il pousse tout aussi bien dans des endroits beaucoup plus secs. Un rameau ou une branche portant des bourgeons, prendront racine si on les plante dans un sol humide.

Les premiers colons des plaines amenèrent avec eux le Peuplier deltoïde. Aujourd'hui on le rencontre presque partout où il y a un petit cours d'eau. On trouve également dans les plaines de l'ouest le Peuplier de Sargent (*Populus sargentii* Dode), classé comme une espèce distincte par certains auteurs et, comme une sous-espèce du Peuplier deltoïde (ssp. *molinifera* (Ait.)Ecknwalder) par d'autres.

Le Peuplier deltoïde fut introduit en Europe au XVIIIe siècle et de nombreux peupliers hybrides naquirent du croisement du Peuplier noir (*Populus nigra* L.) et du Peuplier deltoïde. Ces hybrides mâles (*Populus* x *canadensis* Moench) sont appelés peuplier du Canada, peuplier de Caroline et carolin. Ces hybrides sont des arbres à croissance très rapide que l'on plante partout le long des routes et de plus en plus en reboisement. L'aspect général du peuplier du Canada et la forme de sa feuille ressemblent au Peuplier deltoïde, mais ses bourgeons et ses rameaux rappellent ceux du Peuplier de Lombardie (*Populus nigra* var. *italica Du Roi*).

Les feuilles du peuplier, très riches en protéines, contiennent un taux plus élevé d'acide aminé que le blé, le maïs, le riz et l'orge. Elles sont très appréciées des bovins et des ovins. Ce concentré, aussi nourrissant que la viande, est produit plus rapidement et à bon compte.

Certains croient que le peuplier hybride deviendra une source de nourriture pour l'homme et les animaux de la ferme ainsi qu'une source d'énergie (méthanol). On effectue présentement des tests avec le feuillage de peuplier broyé pour la nourriture des coqs. Ainsi, peut-être qu'un jour, un repas à base de protéines, extraites des feuilles de peuplier, sera «à la carte» dans certains restaurants avant-gardistes. Après votre repas, vous pourrez faire le plein de votre voiture avec un mélange d'essence et de méthanol qui proviendra de la matière ligneuse du peuplier. On l'exploitera de plus en plus pour la fabrication du bois de charpente, de l'aggloméré et du contre-plaqué.

G 862b

Peuplier de Lombardie

peuplier d'Italie, peuplier noir d'Italie.

Lombardy poplar.

Populus nigra var. *italica* Du Roi
Famille du saule (Salicacées)

Traits distinctifs
Cime pyramidale en colonne étroite, à branches presque verticales.

Feuilles — 7-12 cm de long; pétiole aplati et presque aussi long que le limbe; absence de glandes à la base du limbe.

Rameaux	— brun jaunâtre, luisants; bourgeons appliqués sur les rameaux.
Taille	— 10-20 m de haut, 30-60 cm de diamètre.

Aire de distribution

D'origine incertaine, on croit que c'est une variété du Peuplier noir qui a pris origine dans la province de Lombardie en Italie.

Ce grand arbre mince présente des branches presque parallèles au tronc très droit. Il ne peut être confondu avec aucun autre arbre. On l'emploie généralement comme arbre ornemental, comme arbre d'alignement ou comme brise-vent. C'est à tort, toutefois, qu'on l'utilise ainsi parce que c'est un arbre fragile, sujet aux maladies et aux insectes et qui ne vit pas très longtemps (15-20 ans). Les branches internes meurent rapidement à cause d'un manque de circulation d'air et de lumière. De plus, elles sont facilement endommagées par le grésil et le verglas.

Ce cultivar ou clone du Peuplier noir ne se rencontre que sous la forme d'arbre mâle et ne peut donc se propager que par multiplication végétative, soit par des boutures faites par l'homme, soit naturellement par drageons.

Dans la mythologie grecque, Phaéton, fils du Soleil, fut un jour autorisé, non sans mille et une recommandations, à conduire le char de la lumière de son père. À cause de son inexpérience, et effrayé par les animaux-signes du Zodiaque, il perdit le contrôle du char qui descendit trop bas brûlant tout sur son passage. Zeus, pour sauver le monde, foudroya Phaéton et le précipita dans l'eau de l'Éridan. Les trois soeurs de Phaéton le pleurèrent tellement que les dieux, touchés de leur douleur, les changèrent en frémissants peupliers qui se dressèrent au bord du fleuve.

G 932a

Tilleul d'Amérique

voir G 732a

G 932b

Micocoulier occidental

voir G 732b

G 952a

Orme d'Amérique

orme, orme blanc.

American elm, white elm, elm, grey elm, soft elm, swamp elm, water elm.

Ulmus americana L.
Famille de l'orme (Ulmacées)

Traits distinctifs

Feuilles — 10-15 cm de long; dessus, légèrement rugueux; les nervures latérales bifurquent rarement.

Rameaux — glabres ou légèrement poilus; pas liégeux; bourgeons presque dépourvus de poils et serrés contre le rameaux.

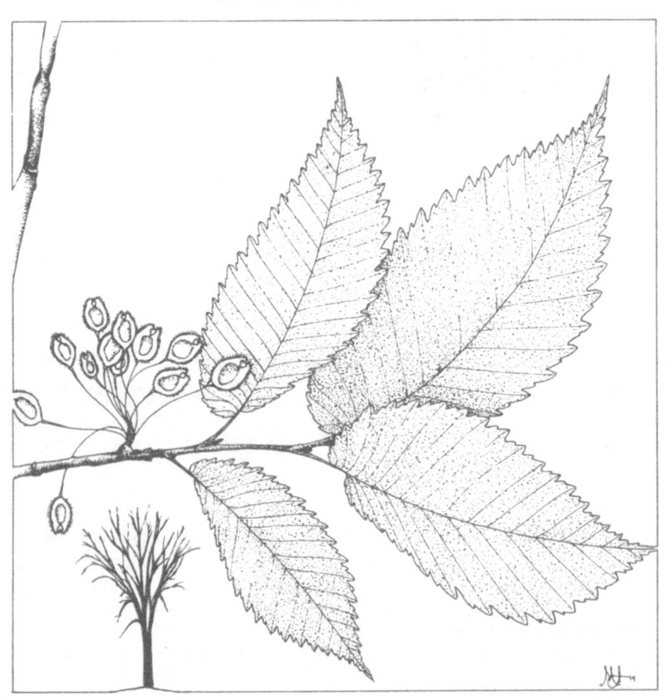

Fruits — samares ovales, frangées de poils; mûrissent et tombent lors de l'épanouissement des feuilles.

Écorce — gris cendré; profondément fissurée, entrelacée ou souvent écailleuse; une coupe révèle des couches minces plus pâles qui alternent avec des couches brun rougeâtre plus épaisses.

Silhouette — en forme d'éventail.

Taille — 18-24 m de haut, 60-80 cm de diamètre.

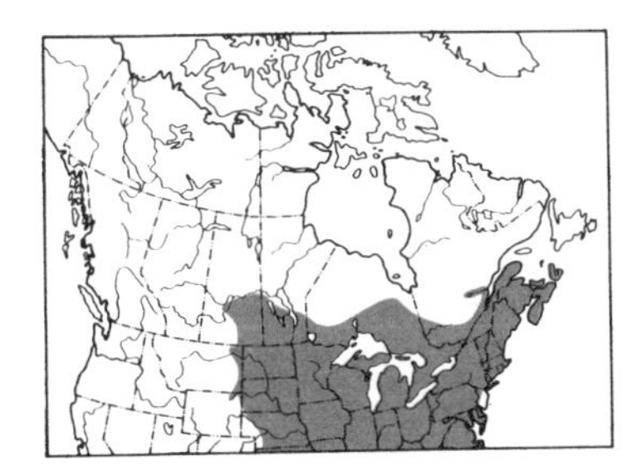

Aire de distribution

Régions forestières acadienne, des Grands Lacs et du Saint-Laurent, des feuillus, et boréale.

L'Orme blanc est un des arbres les plus majestueux, grâce à ses branches délicates et retombantes qui lui donnent l'allure d'une fontaine géante. Les ormes européens furent longtemps honorés par les Grecs qui les considéraient comme les arbres des songes, consacrés à la déesse du sommeil.

À cause de sa croissance rapide et de sa longue vie, il fut souvent planté comme arbre d'ombrage et d'alignement le long des avenues et des routes, et dans les parcs. La plupart d'entre eux ont malheureusement été décimés par la maladie hollandaise de l'orme, nommée ainsi parce que les premières recherches sur cette maladie ont été faites par des Hollandais.

Phénomème inconnu au siècle dernier, cette maladie fut décelée tout d'abord aux Pays-Bas et dans le nord de la France, en 1917. En Amérique du Nord, l'infection ne fut détectée qu'en 1930, dans l'état de l'Ohio où elle fut probablement introduite par des billes contaminées destinées à la fabrication de contreplaqué.

Comme pour la brûlure du Châtaignier d'Amérique et la rouille vésiculeuse du Pin blanc, la maladie hollandaise de l'orme se propagea très rapidement en Amérique du Nord. Sa première attaque au Canada remonte à 1944, à Saint-Ours au Québec. Cette fois c'est par des caisses de bois que la maladie fut amenée. En moins de 15 ans, elle détruisit entre six et sept cent mille arbres. Les ormes de la province de Terre-Neuve furent épargnés jusqu'en 1969, mais aujourd'hui, la maladie s'étend de l'Atlantique jusqu'au sud-est du Manitoba.

Il s'agit d'une affection fongique qui se propage par spores disséminées par un insecte, le Scolyte de l'orme, un coléoptère parasite qui se reproduit sous l'écorce de l'orme. La maladie empêche le fonctionnement du système des tissus spécialisés dans le transport de l'eau, provoquant ainsi le flétrissement et le jaunissement des feuilles jusqu'à l'apparition d'une chute prématurée du feuillage, et finalement la mort de l'arbre. Il est souvent difficile d'identifier la maladie avec certitude, surtout à la fin de l'été, d'autant plus que plusieurs autres maladies de l'orme présentent les mêmes symptômes. Malheureusement, les traitements sont non seulement très limités, mais aussi très dispendieux.

Si l'Orme blanc n'est actuellement pas en danger d'extinction, ni une espèce rare au Canada, il n'en reste pas moins que la maladie peut devenir un danger imminent pour sa survie. Son avenir réside dans la prévention, les traitements plus efficaces et les recherches afin de développer des variétés résistantes.

L'Orme blanc se rencontre dans les endroits humides tels que les berges des rivières et des lacs, et le bord des ruisseaux, mais il préfère les sols riches tels que les plaines alluviales d'où l'origine des noms populaires anglais «water elm» et «swamp elm».

Le nom générique *Ulmus* est le nom commun latin pour l'orme. Le nom spécifique *americana*, d'Amérique, sert à le distinguer de son équivalent européen, l'Orme pédonculé (*Ulmus laevis* Pall). Le qualificatif blanc du nom populaire français, fait référence à son écorce gris cendré.

Les Amérindiens connaissaient très bien cet arbre aux multiples usages. De son écorce et de celle de l'Orme rouge, ils fabriquaient, en moins d'une journée, un canoë d'urgence très solide. Ils façonnaient des cordages très résistants avec des lanières d'écorce pour attacher la structure de leur maison qu'ils recouvraient d'écorce par la suite. De plus, ils s'en servaient pour confectionner toutes sortes de récipients, entre autres, ceux qu'ils utilisaient pour la cueillette de l'eau d'érable.

L'écorce possède plusieurs propriétés médicinales. On s'en servait pour la préparation de tisanes, de décoctions et de cataplasmes destinés à guérir une mauvaise toux, une grippe, la dysenterie, les infections des yeux et la diarrhée. Il faut absolument s'abstenir d'arracher l'écorce d'un arbre vivant, ce qui l'endommage et peut même le faire mourir.

Nos ancêtres utilisaient aussi des lanières d'écorce de l'Orme blanc préalablement immergées dans l'eau pour tresser des fonds de chaise.

On se servait de son bois lourd, dur et fort pour la fabrication de moyeux et de rayons de charrettes, de manches d'outils ou pour tout autre usage où la résistance est essentielle. Ce bois inodore et insipide entrait dans la construction de boîtes à fromage, de cageots à fruits et à légumes et il s'employait en tonnellerie lâche quand l'étanchéité n'était pas nécessaire.

Aujourd'hui, il se retrouve surtout en ébénisterie, dans la fabrication de panneaux et comme bois de pâte à papier. Souvent difficile à fendre, il est peu apprécié comme combustible. Comme il se conserve bien sous l'eau on s'en sert en construction maritime et pour les quais.

De plus, même s'il craint maladie hollandaise de l'orme, on le plante encore comme arbre ornemental.

G 952b

Rare au Québec

Orme liège

orme à grappes, orme de Thomas.

Rock elm, cork elm, winged elm.

Ulmus thomasii Sarg.
Famille de l'orme (Ulmacées)

Traits distinctifs

Feuilles — 5-10 cm de long; dessus, lisse, vert foncé luisant; plusieurs nervures latérales parallèles rapprochées qui bifurquent rarement.

Rameaux — poilus; couverts de côtes liégeuses saillantes après un an ou deux; bourgeons fine-

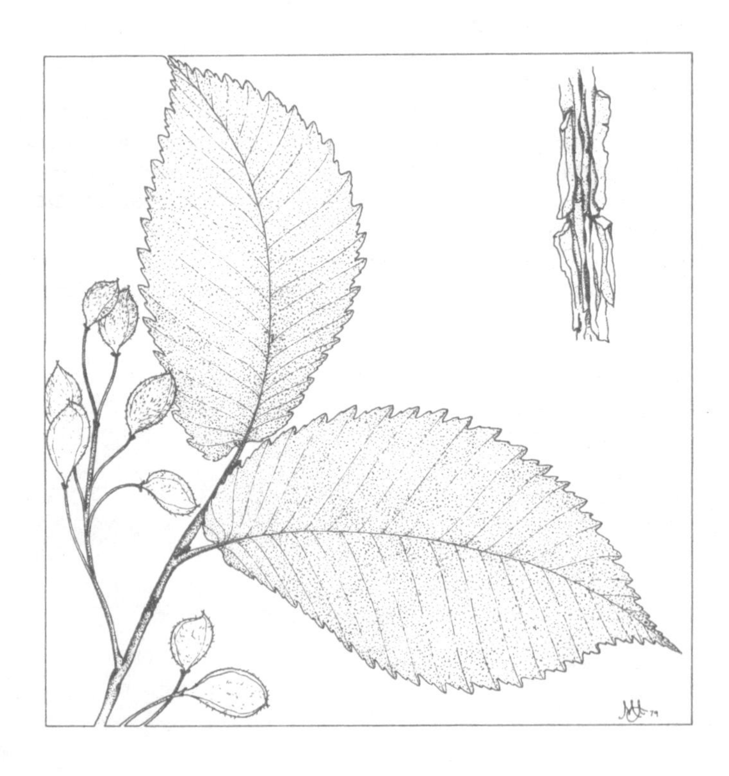

ment pubescents et formant un angle ouvert avec le rameau.

Fruits — samares ovales, en grappes; poilus sur toutes leurs parties.

Écorce — gris cendré, semblable à celle de l'Orme blanc.

Silhouette — arbre au tronc non divisé.

Taille — 15-20 m de haut, 60-80 cm de diamètre.

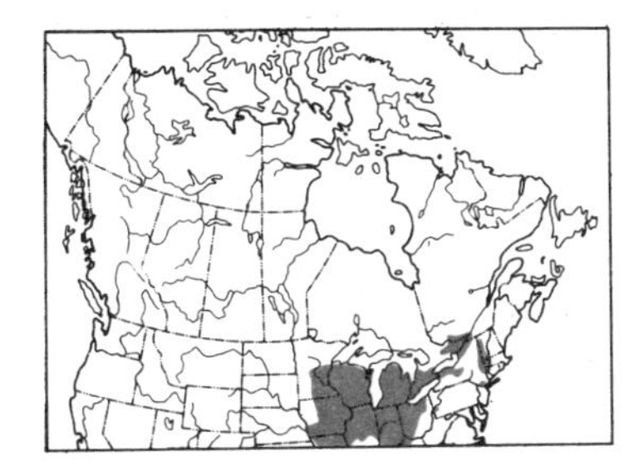

Aire de distribution

Région forestière des feuillus et partie centrale de la Région forestière des Grands Lacs et du Saint-Laurent.

Cet arbre pousse sur les côteaux calcaires, au sommet des falaises surplombant les rivières et dans les régions montagneuses, pierreuses et sèches. Sa silhouette ne ressemble aucunement à celle des autres ormes indigènes, mais se rapproche beaucoup plus de celle du frêne. L'Orme liège possède un tronc unique, non divisé duquel partent de nombreuses branches presque à l'horizontale.

Le nom générique *Ulmus* lui fut donné par les Romains. Le nom spécifique *thomasii*, de Thomas, en l'honneur de David Thomas (1776-1859), ingénieur civil et horticulteur américain.

Les excroissances liégeuses qui apparaissent sur les rameaux et les petites branches justifient son nom d'Orme liège, alors que le type d'inflorescence de ses fleurs, il lui a valu le nom populaire «orme à grappes». Son bois dur, fort, résistant, à grain serré et difficile à fendre est à l'origine du nom «rock elm». En effet, c'est le plus solide de toutes les espèces américaines.

Au XIXe siècle, les Américains l'exportaient en Angleterre pour la construction navale. Autrefois son bois remplaçait l'acier dans la construction de châssis de carosseries d'automobile et d'instruments aratoires.

En plus d'être utilisé aux même fins que celui des autres ormes, son bois sert aussi pour fabriquer des châssis de piano et des manches d'outils de toutes sortes. À cause de sa flexibilité, on l'emploie principalement dans la fabrication de bâtons de hockey.

Les fruits de tous les ormes constituent une importante source de nourriture pour les oiseaux, les écureuils, les tamias et les autres petits rongeurs. Le castor et le Rat musqué se nourrissent à l'occasion de son écorce.

À l'instar des autres ormes, l'Orme liège est vulnérable à la maladie hollandaise de l'orme.

G 952c

Orme rouge

orme gras, orme roux (France).

Red elm, slippery elm, budded elm, moose elm, slippery-barked elm, soft elm, sweet elm.

Ulmus rubra Mühl.
syn. *Ulmus fulva* Michx.
Famille de l'orme (Ulmacées)

Traits distinctifs

Feuilles — 8-16 cm de long; couvertes de poils sur les deux faces, très rugueuses sur le dessus, capables d'égratigner sérieusement quand elles sont sèches; les nervures latérales bifurquent souvent; aromatiques.

Rameaux — poilus, pas liégeux; bourgeons foncés, couverts d'une forte couche de poils brun rougeâtre; la surface de leur écorce devient mucilagineuse ou glissante lorsqu'on l'écrase entre les doigts.

Fruits — samares presque circulaires; seule la partie qui enveloppe la graine est garnie de poils; mûrissent en mai.

Écorce — brun rougeâtre; fissurée superficiellement; écailleuse; une coupe révèle une couleur brun foncé uniforme et non une alternance de clair et foncé comme chez l'Orme blanc et l'Orme liège.

Taille — 15-22 m de haut, 30-50 cm de diamètre.

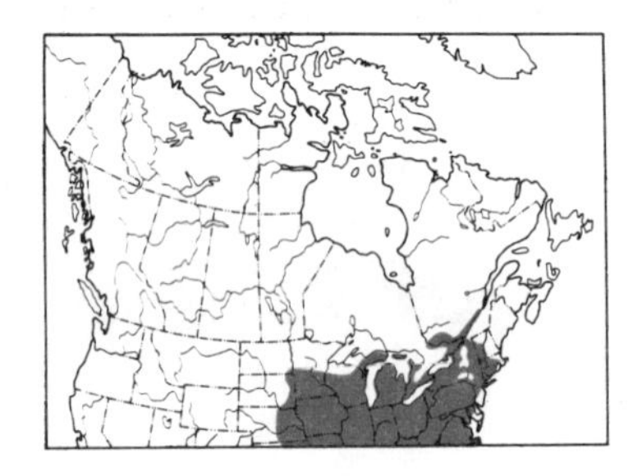

Aire de distribution

Région forestière des feuillus et partie sud de la Région forestière des Grands Lacs et du Saint-Laurent.

D'apparence similaire à l'Orme blanc, mais moins élégant, il se distingue par un tronc plus long et par ses branches ascendantes plutôt que retombantes.

Le nom générique *Ulmus* est le nom latin classique de l'Orme tandis que le nom spécifique *rubra*, rouge, décrit son écorce et ses bourgeons brun rougeâtre.

L'écorce interne blanchâtre et aromatique est très glissante sous les doigts et mucilagineuse, caractéristique qui le distingue aisément de l'Orme blanc et de l'Orme liège, d'où l'origine des noms orme gras et «slippery elm». Quoique vendu sous le nom d'Orme blanc et utilisé aux mêmes fins que ce dernier, il est, des trois ormes indigènes, celui qui possède le bois le plus faible, d'où son nom «soft elm».

Il pousse dans des habitats semblables à ceux de l'Orme blanc, mais ne forme jamais de peuplements purs; il semble avoir un attrait pour les milieux calcaires.

Comme chez l'Orme blanc, mais à un moindre degré, la maladie hollandaise de l'orme (voir l'Orme blanc) décime annuellement plusieurs beaux arbres.

Ses propriétés médicinales, similaires à celles de l'Orme blanc, étaient bien connues des coureurs de bois qui en mastiquaient l'écorce interne mucilagineuse pour étancher leur soif.

On retrouve sur le marché la poudre d'orme, préparée à partir de l'écorce interne bouillie dans l'eau, puis séchée et broyée. Une infusion de cette poudre servait de remède très efficace contre la fièvre, le mal de gorge et plusieurs problèmes urinaires. Avec l'écorce on faisait des cataplasmes.

G 962 **Rare au Québec et à l'Île-du-Prince-Édouard**

Hamamélis de Virginie

café du diable.

Witch-hazel, snapping-hazel, spotted-alder, striped-alder, winterbloom.

Hamamelis virginiana L.
syn. *Hamamelis macrophylla* Pursh.
Famille de l'hamamélis (Hamamélidacées)

Traits distinctifs

Feuilles — 7-15 cm de long; légèrement aromatiques.

Fleurs — 4 pétales jaune or très voyantes, en forme de lanières; floraison automnale précédant

ou suivant immédiatement la chute des feuilles.

Fruits — capsules contenant 2 graines noires de 7-10 mm long.

Rameaux — en zigzag; jaunâtres; bourgeons brun rougeâtre, sans écailles et recouverts de poils.

Écorce — lisse, mouchetée, pourvue de lenticelles.

Taille — grand arbuste ou petit arbre pouvant atteindre 8 m de haut et 15 cm de diamètre.

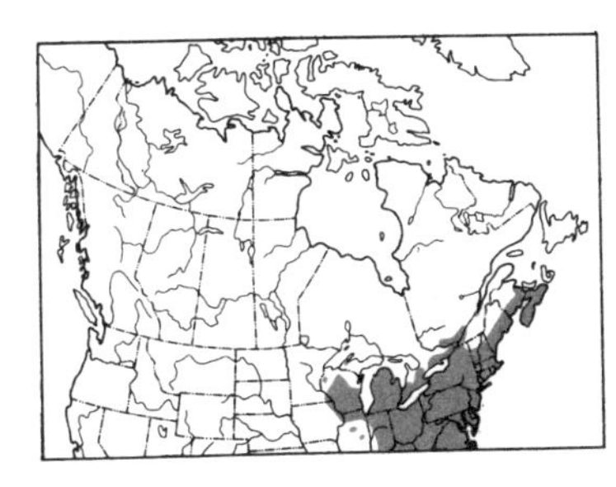

Aire de distribution

Région forestière des feuillus, çà et là dans la Région forestière des Grands Lacs et du Saint-Laurent, et Région forestière acadienne.

Le nom mystérieux de café du diable donné à l'Hamamélis de Virginie évoque certains pouvoirs particuliers des devins d'autrefois qui, à l'aide de ses rameaux fourchus, pouvaient repérer des sources d'eau souterraine ou des dépôts de minéraux.

Le nom générique *Hamamelis* vient du nom grec donné au néflier (*Mespilus germanica* L.) un arbre de la famille des Rosacées ou à un arbre similaire qui possède des fruits semblables à ceux du pommier; le nom spécifique *virginiana* signifie de la Virginie.

Après la chute de ses feuilles, cette espèce se pare de jolies fleurs jaunes odorantes; ces fleurs se transforment en fruits qui atteignent leur maturité l'automne suivant. Il arrive parfois que les fleurs ne s'ouvrent que lorsqu'il y a de la neige au sol; cette particularité lui a valu le nom populaire anglais «winterbloom». Aucun autre arbre ou arbuste du Canada ne fleurit à l'automne.

En séchant, la capsule se fend en quatre pour éjecter, parfois jusqu'à une distance de 12 m, deux graines noires et brillantes.

Cette caractéristique lui vaut son nom anglais «snapping-hazel». Les capsules vides restent sur l'arbre durant tout l'hiver, ce qui facilite son identification.

Son feuillage et ses fruits ressemblent à ceux du noisetier d'où l'origine de ses noms communs anglais «witch-hazel» et «snapping-hazel». Les noms «spotted-alder» et «striped-alder» évoquent la similarité de son écorce lisse et brun pâle ou grisâtre, pourvue de lenticelles, avec celle de l'aulne.

L'Hamamélis de Virginie se rencontre dans les endroits ombragés et humides tels que les ravins, mais il s'accommode très bien d'un sol sec et sablonneux dans les clairières, les taillis et la forêt.

Son bois n'est d'aucune utilité. Par contre, de ses feuilles, de ses rameaux et de son écorce, on extrait par distillation à l'alcool une huile volatile possédant plusieurs propriétés médicinales. Cette huile vendue dans le commerce sous les noms Huile d'hamamélis ou Huile de café du diable peut être astringente, hémostatique ou sédative. Elle entre dans la composition des lotions après rasage et à friction. On l'utilise aussi pour calmer les brûlures et les démangeaisons causées par l'Herbe à la puce et les piqûres d'insectes.

BIBLIOGRAPHIE

Agriculture Québec, 1985, *Journée d'information sur l'acériculture; dépérissement des érablières,* Québec, 129 p.

Agriculture Québec, 1976, *Guide du botaniste amateur,* Québec, 110 p.

Anderson, J.R., 1925, *Trees and shrubs, food, medicinal, and poisonous plants of British Columbia,* British Columbia Department of Education, Victoria, 165 p.

Angier, B., 1974, *Field guide to edible wild plants,* Stackpole Books, Harrisburg, P.A., 256 p. À paraître en français (1989) aux Éditions Marcel Broquet.

Argus, G.W. et D.J. White, 1977, *Les plantes vasculaires rares de l'Ontario,* Syllogeus N° 14, Musée national des sciences naturelles, Ottawa, 66 p.

Argus, G.W. et D.J. White, 1978, *Les plantes vasculaires rares de l'Alberta,* Syllogeus N° 17, Musée national des sciences naturelles, Ottawa, 46 p.

Argus, G.W. et D.J. White, 1982-1983, *Atlas des plantes vasculaires rares de l'Ontario,* Parties 1-2-3-4, Musée national des sciences naturelles, Ottawa.

Argus, G.W., 1986, *The genus Salix (Salicaceae) in the southeastern United States,* Systematic Botany Monographs, 9, The American Society of plant taxonimists, Ann Arbor, Mich., 170 p.

Argus, G.W., 1986, *Studies of the Salix lucida and Salix reticulata complexes in North America,* Canadian Journal of Botany, 64(3), 541-551.

Argus, G.W. et K.M. Pryer, 1987, *Les plantes rares du Canada,* inédit, Musée national des sciences naturelles.

Arno, S.F., 1977, *Northwest trees,* The Mountaineers, Seattle, 161 p.

Assiniwi, B., 1972, *Recettes typiques des Indiens et survie en forêt,* Leméac, Montréal, 167 p.

Banfield, A.W.F., 1974, *Les mammifères du Canada,* Presses de l'Université Laval, Québec, 406 p.

Barnes, Y.B., H. Warren et J.R. Warren, 1981, *Michigan trees,* University of Michigan Press, Ann Arbor, Mich., 382 p.

Béïgue, R. et G. Bonneau, 1979, *Les principaux insectes défoliateurs des arbres du Québec,* ministère de l'Énergie et des Ressources, Service d'entomologie et de pathologie, Québec, 188 p.

Bélanger, M., 1975, *La culture de l'érablière pour la production de sucre,* ministère des Terres et Forêts du Québec, 51 p.

Benoît, P., 1975, *Noms français d'insectes au Canada,* Agriculture Québec, Québec, 214 p.

Berglund, B. et C.E. Bolsby, 1974, *The edible wild,* Pagunan Press Ltd., Toronto, 188 p.

Boivin, B., 1967-1972, *Flora of the prairie provinces: a handbook of the flora of the provinces of Manitoba, Saskatchewan and Alberta,* Parts 1-3, continuing Provancheria 2-4, Université Laval, Québec.

Borror, D.J. et R.E. White, 1970, *A field guide to the insects of America,* north of Mexico, Peterson Field Guide Series, Houghton Mifflin, Boston, 404 p. À paraître en français (1989) aux Éditions Marcel Broquet.

Bouchard A., 1986, *Plantes rares de Terre-Neuve,* inédit, Jardin botanique de la ville de Montréal.

Bouchard, A., D. Barabé, M. Dumais et S. Hay, 1983, *Les plantes vasculaires rares du Québec,* Syllogeus N° 48, Musée national des sciences naturelles, Ottawa, 79 p.

Boudreault, M., 1983, *Guide pratique des plantes médicinales du Québec,* Éditions Marcel Broquet, La Prairie, Québec, 205 p.

Braun, E.L., 1950, *Deciduous forests of eastern North America,* Blakiston, Philadelphia, 596 p.
Brayshaw, T.C., 1976, *Catkin bearing plants of British Columbia,* Bristish Columbia Provincial Museum, Victoria, 176 p.
Bretaudeau, J., 1981, *Le guide familier des arbres,* La Boétie, Éditions des Deux Coqs d'or, Paris, 159 p.
Brockman, C.F., 1982, *Guide des arbres de l'Amérique du Nord,* guide d'identification sur le terrain, Éditions Marcel Broquet, La Prairie, Québec, 294 p.
Brouk, B., 1975, *Plants consumed by man,* Academic Press, London, 479 p.
Bud, A.C., 1979, *Budd's flora of the Canadian prairie provinces,* rev. and enl. by J. Looman and K.F. Best, Research Branch, Agriculture Canada, Hull, Québec, 863 p.
Calder, J.A. et R.L. Taylor, 1968, *Flora of the Queen Charlotte Islands,* Part 1, Agriculture Canada, Research Branch, Monograph 4, Ottawa, 659 p.
Canada, 1974, *Flore du Canada,* Secrétariat d'État, Bureau des traductions, Bulletin de terminologie N° 156, Ottawa, 634 p.
Canada, ministère de l'Environnement, 1975, *Le sapin de Douglas,* Environnement Canada, Ottawa, dépliant.
Carrier, L., 1986, *Le point sur le dépérissement des forêts du Québec,* ministère de l'Énergie et des Ressources, Québec, 30 p.
Catling, P.M., 1986, *Rare vascular plants of Prince Edward Island,* inédit, Agriculture Canada.
Ceska, A., O. Ceska et W. Van Dieren, 1984, *Oregon ash in British Columbia,* B.C. Naturalist, December (winter): 17.
Chinery, M., 1976, *Les insectes d'Europe,* Elsevier Séquoia, Paris, 380 p.
Cody, W.J., 1979, *Vascular plants of restricted range in the continental Northwest Territories,* Canada, Syllogeus N° 23, National Museum of Natural Sciences, Ottawa, 57 p.
Cole, T.J., 1980, *Listes d'arbres ornementaux pour le Canada,* Agriculture Canada, Ottawa, 34 p.
Cole, T.J., 1981, *La culture des arbres dans les jardins canadiens,* Agriculture Canada, Ottawa, 38 p.
Core, E.L. et N.P. Ammons, 1958, *Woody plants in winter,* Boxwood Press, Pacific Grove, Calif., 218 p.
Couillard, L. et P. Grondin, 1983, *Les îles de Mingan, des siècles à raconter,* Gouvernement du Québec, ministère de l'Environnement, Québec, 241 p.
Craig, D.L., 1979, *La culture du sureau dans l'est du Canada,* Agriculture Canada, Ottawa, 6 p.
Crockett, J.U., 1978, *Arbres et arbustes,* Time-Life, Amsterdam, 160 p.
Cumming, W.A., 1979, *Arbres fruitiers et plantes ornementales rustiques de Morden (Manitoba),* Agriculture Canada, Ottawa, 35 p.
Darbyshire, S.J. et M.J. Oldham, 1985, *Ohio buckeye, Aesculus glabra, on Walpole Island, Lambton county, Ontario,* Canadian Field-Naturalist 99:370-372.
Daubenmire, R.F., 1968, *Plant communities,* Harper & Row, New York, 300 p.
Daubenmire, R.F., 1974, *Plants and environment; a textbook on plant autecology,* 3rd, Wiley, New York, 422 p.
Davidson, A.G. et R.M. Prentice, édit., 1973, *Insectes nuisibles et maladies des arbres forestiers d'importance et d'intérêts mutuels pour le Canada, les États-Unis et le Mexique,* Service canadien des forêts, ministère de l'Environnement, publication N° 1180F, Ottawa, 262 p.
Dawson, R., 1985, *Nature bound, pocket filed guide,* Omnigraphics, Boise, Idaho, 335 p.

Debot, L., 1960, *Calendrier nature*, 3e éd., Patrimoine de l'Institut royal des Sciences naturelles de Belgique, Bruxelles, 434 p.

Delisle, A., 1981, *Une longueur d'avance pour le peuplier*, Québec Science, 19, (8):42-47.

Douglas, G.W., G.W. Argus, H.L. Dickson et D.F. Brunton, 1981, *Les plantes vasculaires rares du Yukon*, Syllogeus N° 28, Musée national des sciences naturelles, Ottawa, 64 p.

Driver, H.E., 1961, *Indians of North America*, The University of Chicago Press, Chicago, 667 p.

Dumont, Bertrand, 1987, *Guide des végétaux d'ornement, tome I: Les conifères et les arbustes à feuillage persistant*, Éditions Marcel Broquet, La Prairie, 216 p.

Duvigneaud, P., 1974, *La synthèse écologique*, Doin, Paris, 296 p.

École nationale du génie rural des eaux et des forêts, 1979, *La Forêt au Québec*, Québec, 248 p.

Eldin, H.L., 1979, *The tree key*, Charles Scribner's Sons, N.Y., 282 p.

Elias, T.S., 1980, *The complete trees of North America, field guide and natural history*, Van Nostrand Reinhold, New York, 948 p.

Erichsen-Brown, C., 1979, *Use of plants for the past 500 years*, Breezy Creeks Press, Aurora, Ont., 510 p.

Erskine, D.S., 1985, *The plants of Prince Edward Island*, Research Branch, Agriculture Canada, Ottawa, 272 p.

Erskine, J., 1976, *In forest and field*, The Nova Scotia Museum, Halifax, 52 p.

Fernald, M.L., 1970, *Gray's manual of botany*, 8th ed., Van Nostrand, New York, 1632 p.

Fleurbec, 1981, *Plantes sauvages comestibles*, Le groupe Fleurbec, Saint-Cuthbert, Québec, 167 p.

Fleurbec, 1981, *Plantes sauvages au menu, guide culinaire*, Le groupe Fleurbec, Saint-Cuthbert, Québec, 159 p.

Fox, W.S. et J.H. Soper, 1952, *The distribution of some trees and shrubs of the Carolinian Zone of southern Ontario*, Part I, Transactions of the Royal Canadian Institute, 29:65-84.

Fox, W.S. et J.H. Soper, 1953, *Ibid*, Part II, 30:3-32.

Fox, W.S. et J.H. Soper, 1954, *Ibid*, Part III, 30:99-130.

Frohne, D. et H.J. Pfander, 1984, *A colour atlas of poisonous plants*, Wolfe Pub. Ltd., London, 291 p.

Garman, E.H., 1973, *The trees and shrubs of British Columbia*, 5th ed. rev., British Columbia Provincial Museum, Handbook N° 31, Victoria, 131 p.

Gaudet, J.F., 1973, *Native trees of Prince Edward Island, and the more common woodland shrubs*, Department of Agriculture and Forestry, Charlottetown, 98 p.

Gibbons, E., 1972, *Stalking the healthful herbs*, D. McKay Co., New York, 303 p.

Gillett, J.M. et D.J. White, 1978, *Listes de plantes vasculaires de la région d'Ottawa-Hull*, Canada, Musée national des sciences naturelles, Ottawa, 155 p.

Gingras, P., 1982, *Le papillon bohémien menace encore*, Québec Science, 20, (10):8-9.

Gleason, H.A. et A. Cronquist, 1963, *Manual of vascular plants*, Van Nostrand, New York, 810 p.

Gleason, H.A., 1965, *New Britton and brown illustrated flora of north-eastern United States and adjacent Canada*, New York Botanical Garden, New York, 1731 p.

Glendenning, R., 1944, *The Garry Oak in British Columbia,* Canadian-Field Naturalist 58:61-65.

Godfrey, W.E., 1986, *Les oiseaux du Canada,* Édition révisée Musée national du Canada, Ottawa, 650 p.

Grandtner, M.M., 1966, *La végétation forestière du Québec méridional,* Presses de l'Université Laval, Québec, 216 p.

Griffith, B.G., 1934, *A pocket guide to the trees and shrubs of British Columbia,* British Columbia Departement of Lands, Victoria, 69 p.

Grimm, W.C., 1966, *The book of trees for positive identification,* Hawthorn Books, New York, 476 p.

Gross, H.L. et C.E. Dorworth, *Le chancre gremmenielléen (scleroderrien) des conifères,* Département de l'environnement, Service des forêts, Centre de recherche forestière des Grands Lacs, Sault Ste-Marie, Ont., dépliant.

Guenther, E., 1969, *The essential oils,* Volume six, D. Van Nostrand, Toronto, 480 p.

Guyot, L. et P. Gibassier, 1960, *Les noms des arbres,* Presses universitaires de France, Paris, 128 p.

Harlow, W.M. et E.S. Harrar, 1968, *Textbook of dendrology, covering the important forest trees of the United States and Canada,* 5th ed., McGraw-Hill, New York, 512 p.

Hermann, M., 1973, *Le monde merveilleux des fleurs et plantes médicinales,* Solar, Paris, 126 p.

Hinds, H.R., 1983, *Les plantes vasculaires rares du Nouveau-Brunswick,* Syllogeus N° 50, Musée national des sciences naturelles, Ottawa, 41 p.

Hinds, H.R., 1986, *Flora of New Brunswick,* Primrose Press, Fredericton, 460 p.

Hitchcock, C.L. et al., 1959-1969, *Vascular plants of the Pacific Northwest,* 5 vols., University of Washington Press, Seattle.

Hitchcock, C.L. et Cronquist, 1973, *Flora of the Pacific Northwest,* University of Washington Press, Seattle, 730 p.

Hlava, B. et D. Lanska, 1979, *Les plantes saveur qui ensoleillent votre cuisine,* Elsevier Séquoia, Paris, 263 p.

Hoadley, R.B., 1980, *Understanding wood,* The Taunton Press, Newtown, Conn., 256 p.

Holmes, S., 1975, *Les arbres du monde,* Delachaux et Niestlé, Neuchâtel, Suisse, 160 p.

Hosie, R.C., 1978, *Arbres indigènes du Canada,* Service canadien des forêts, ministère de l'Environnement, Ottawa, 389 p.

Hultén, E., 1968, *Flora of Alaska and neighboring Territories,* Stanford University Press, Stanford, Calif. 1008 p.

Huxley, A.J., 1985, *Green inheritance,* Collins, London, 193 p.

Johnson, H., 1973, *The international book of trees,* Mitchell-Beasley Publishers Limited, New York, 283 p.

Kartesz, J.T. et R. Kartesz, 1980, *A synonymized checklist of the vascular flora of the United States,* Canada, and Greenland, vol. II, University of North Carolina Press, Châpel Hill, 498 p.

Keeler, H., 1969, *Our northern shrubs and how to identify them,* Dover Publications, New York, 539 p.

Kingsbury, J.M., 1964, *Poisonous plants of the United States and Canada,* Prentice-Hall, Englewood Cliffs, N.J., 626 p.

Kirk, D.R., 1975, *Wild edible plants of the western United States,* Naturegraph Publishers, Headsburg, Cal., 307 p.
Knobel, E., 1972, *Identify trees and shrubs by their leaves,* Dover Publications, New York, 47 p.
Knowles, R.H., 1975, *Woody ornamentals for the prairie provinces,* University of Alberta, Edmonton, 78 p.
Kormondy, E., 1969, *Concepts of ecology,* Prentice-Hall, Englewood Cliffs, N.J., 209 p.
Krochmal, A. et C. Krochmal, 1984, *A field guide to medicinal plants,* Times Books, New York, 274 p.
Kuchler, A.W., 1964, *Potential natural vegetation of the conterminous United States: map and manual to accompagny the map,* Special Publication no 36, American Geographical Society, New York, 38 p.
Laforge, M., L. Rail et V. Sicard, 1985, *La forêt derrière les arbres,* Éditions Marcel Broquet, La Prairie, Québec, 235 p.
Lamoureux, G., 1975, *Les plantes sauvages printanières,* Éditeur officiel du Québec, Québec, 247 p.
Lane, Peter, 1987, *L'alimentation des oiseaux,* Éditions Marcel Broquet, La Prairie, 186 p.
Lanzara, P., 1978, *L'univers inconnu des plantes en couleurs,* Elsevier-Sequoia, Paris, 254 p.
Lemay, Georges, 1987, *Calendrier horticole,* Éditions Marcel Broquet, La Prairie, 518 p.
Lemelin, André, 1982, *Des arbres à potion,* Forêt-Conservation, 48 (10):20-22.
Lewis, W.H. et Memory P.F. Elvin-Lewis, 1977, *Medical botany,* John Wiley, New York, 515 p.
Li, H.-L., 1963, *The origin and cultivation of shade and ornamental trees,* University of Pennsylvania Press, Philadelphia, 282 p.
Little, E.L., 1980, *The Audubon Society field guide to North American trees, eastern region,* Chanticleer Press, ed. Knopf, New York, 714 p.
Little, E.L., 1980, *The Audubon Society field guide to North American trees, western region,* Chanticleer Press ed., Knopf, New York, 639 p.
Little, E.L., 1971, *Atlas of United-States trees,* Volume 1, *Conifers and important hardwoods,* Forest Service, United States, Washington, D.C.
Little, E.L., 1976a, *Atlas of United-States trees,* Volume 3, *Minor western hardwoods,* Forest Service, United States, Washington, D.C.
Little, E.L., 1976a, *Atlas of United-States trees,* Volume 4, *Minor eastern hardwoods,* Forest Service, United States, Washington, D.C.
Lortie, M., 1979, *Arbres, forêts et perturbations naturelles au Québec,* Presses de l'Université Laval, Québec, 172 p.
Loucks, O.L., 1961, *A forest classification for the Maritime Provinces,* Forest Research Branch, New Brunswick Department of Forestry, Fredericton, 176 p.
Louis-Marie, R.P., 1967, *Flore-Manuel de la Province de Québec,* Canada, Centre de Psychologie et Pédagogie, Montréal, 317 p.
Lust, J., 1974, *The herb book,* Bantam Book, Toronto, 377 p.
Lyons, C.P., 1965, *Trees, shrubs and flowers to know in British Columbia,* 2nd rev. ed., Dent, Vancouver, 194 p.
Maher, R.V., G.W. Argus, V.L. Harms et J.H. Hudson, 1979, *Les plantes vasculaires rares de la Saskatchewan,* Syllogeus N° 20, Musée national des sciences naturelles, Ottawa, 47 p.
Maher, R.V., D.J. White, G.W. Argus, et P.Q. Keddy, 1978, *Les plantes vasculaires rares de la Nouvelle-Écosse,* Syllogeus N° 18, Musée national des sciences naturelles, Ottawa, 38 p.

Margulis, L. et K.V. Schwartz, 1982, *Five kingdoms,* W.H. Freeman, San Francisco, 338 p.

Marie-Victorin, Fr. et Fr. Roland-Germain, 1969, *Flore de l'Anticosti-Minganie,* Presses de l'Université de Montréal, 527 p.

Marie-Victorin, Fr., 1964, *Flore laurentienne,* 2e éd., Presses de l'Université de Montréal, Montréal, 925 p.

Martin, 1979, *Les arbres,* Éditions Solar, Italie, 124 p.

Martineau, R., 1985, *Insectes nuisibles des forêts de l'est du Canada,* Éditions Marcel Broquet, La Prairie, Québec, 283 p.

McAllister, D.E. et E.J. Crossman, 1973, *A guide to the freshwater sport fishes of Canada,* National Museums of Canada, Ottawa, 89 p.

McKay, S.M. et P.M. Catling, 1979, *Trees, shrubs and flowers to know in Ontario,* J.M. Dent and Sons, Don Mills, Ont., 208 p.

Merck Index, 1976, *An encyclopedia of chemicals and drugs,* 9th ed., Merck, Rahway, N.J., 1835 p.

Mességué, M., 1975, *Mon herbier de santé,* Laffont / Tchou, Paris, 333 p.

Miller, H.A. et H.E. Jaques, 1978, *How to know the trees,* 3rd ed., W.C. Brown Co., Dubuque, Iowa, 263 p.

Ministère de la Santé et Bien-être social du Canada, 1986, *Code canadien d'identification des drogues,* douzième édition, gouvernement du Canada.

Ministère des Terres et Forêts, 1974, *Petite flore forestière du Québec,* Québec, 216 p.

Ministère de l'Énergie et des Ressources, 1981, *Les principaux arbres du Québec,* Québec, 72 p.

Mirov, N.T., 1967, *The genus pinus,* Roland Press, New York, 602 p.

Mitchell, A.F., 1979, *Spotter's guide to trees of North America,* Mayflower Books, New York, 64 p.

Mitchell, A., 1977, *Tous les arbres de nos forêts,* Elsevier Sequoia, Paris, 414 p.

Montgomery, F.H., 1977, *Trees of Canada and the northern United States,* McGraw-Hill Ryerson, Toronto, 144 p.

Morton, J.K. et J.M. Venn, 1984, *The flora of Manitoulin island,* 2nd rev. ed., University of Waterloo, Waterloo, Ontario, 106 p.

Moss, E.H., 1983, *Flora of Alberta,* 2nd ed. rev., John G. Packer, University of Toronto Press, Toronto, 687 p.

Mullins, E.J. et T.S. McKnight, 1981, 3e éd., *Les bois du Canada,* Éditions du Pélican, Québec, 509 p.

Newcomb, L., 1983, *Guide des fleurs sauvages de l'est de l'Amérique du Nord,* Éditions Marcel Broquet, La Prairie, Québec, 495 p.

Nossert, E., 1975, *Guide des arbres,* Tardy, Kinkajou-Gallimard, Paris, 95 p.

Ola'h, G.M., 1975, *Le pleurote Québécois,* Presses de l'Université Laval, Québec, 70 p.

Oliver, R.W., 1970, *Arbres d'ornement,* Agriculture Canada, Ottawa, 36 p.

Otto, J.H. et A. Towle, 1971, *Biologie moderne,* Holt, Rinehart et Winston, Montréal, 803 p.

Ouellet, P., 1982, *Les parfums des arbres,* Forêt-Conservation, 49, (6):12-15.

Packer, J.G. et C.E. Bradley, 1984, *A checklist of the rare vascular plants in Alberta,* Provincial Museum of Alberta, Natural History Occasional Paper no. 5, Alberta Culture, Edmonton, 112 p.

Peattie, D.C., 1966, *A natural history of trees of eastern and central North America,* 2nd ed., Houghton Mifflin, Boston, 606 p.
Peattie, D.C., 1980, *A natural history of western trees,* University of Nebraska Press, Lincoln, 751 p.
Pendergast, J.F., 1982, *The origin of maple sugar,* Syllogeus no. 36, National Museum of Natural Sciences, Ottawa, 79 p.
Peterson, L., 1978, *A field guide to edible wild plants of eastern and central North America Houghton Mifflin,* Boston, 330 p. À paraître en français aux Éditions Marcel Broquet.
Petrides, G.A., 1972, *A field guide to trees and shrubs,* 2nd ed., Peterson Field Guide Series, Houghton Mifflin, Boston, 428 p.
Phillips, R., 1981, *Les arbres,* Solar, Paris, 221 p.
Porsild, A.E., 1964, 2nd ed. rev., *Illustrated Flora of the Canadian arctic Archipelago,* National Museums of Canada, Queen's printer, Ottawa, 218 p.
Porsild, A.E. et W.J. Cody, 1980, *Vascular plants of continental Northwest Territories,* Canada, National Museum of Natural Sciences, Ottawa, 667 p.
Porter, C.L., 1967, *Taxonomy of flowering plants,* W.H. Freeman, San Francisco, 472 p.
Potterton D., 1983, *Culpeper's color herbal,* Sterling, New York, 224 p.
Potvin, A., 1975, *Panorama des forêts du Canada,* Environnement Canada, Service des forêts, 254 p.
Pouliot, P., 1976, *Arbres, haies et arbustes,* Éditions de l'Homme, Montréal, 347 p.
Pryer, K.M. et G.W. Argus, 1987, *Vascular plants of restricted range in the continental Northwest Territories,* Canada, inédit, Musée national des sciences naturelles.
Quartier, A.A., 1973, *Guide des arbres et arbustes d'Europe,* Delachaux-Niestlé, Neuchâtel, 258 p.
Ringius, G,S., 1979, *Thuja occidentalis in western Nova Scotia,* Canadian Field Naturalist, 93(3):326-328.
Robertson, S.M., 1973, *Dyes from plants,* Van Nostrand Reinhold, New York, 144 p.
Rogers, J.E., 1920, *The tree book,* Doubleday, New York, 589 p.
Roland, A.E. et E.C. Smith, 1969, *The flora of Nova Scotia,* Nova Scotia Museum, Halifax, 746 p.
Roland, J.C. et F. Roland, 1980, *Atlas de biologie végétale,* Tome 2, Organisation des plantes à fleurs, Masson, Paris, 104 p.
Rose, A.H. et O.H. Linduist, 1977, *Insects of eastern spruces, fir and hemlock,* Dept. of the environment, Canadian Forestry Service, Ottawa, 159 p.
Rouleau, Ernest, 1978, *List of the Vascular plants of the province of Newfoundland* (Canada), Oxen Pond Botanic Park, St. John's, Nfdl., 132 p.
Rousseau, C., 1974, *Géographie floristique du Québec / Labrador,* Presses de l'Université Laval, Québec, 798 p.
Rowe, J.S., 1972, *Les régions forestières du Canada, Ottawa,* Service canadien des forêts, Ottawa, 172 p.
Ryan, A.G., 1978, *Native trees and shrubs of Newfoundland and Labrador,* Parks Division, Department of Tourism, St. John's, 120 p.
Sargent, C.S., 1965, *Manual of trees of North America,* 2 vol., Dover Publications, New York, 935 p.
Saunders, G.L., 1973, *Trees of Nova Scotia,* Department of Lands and Forests, Truro, 102 p.
Sauvé, P.M., 1977, *La teinture naturelle au Québec,* L'Aurore, Montréal, 140 p.

Savile, D.B.O., 1962, *Collection and care of botanical specimens,* Publication 1113, Canadian Dept. of Agriculture, Ottawa, 128 p.
Schuler, S. (ed.), 1978, *Simon and Schuster's guide to trees,* Simon and Schuster, New York, 327 p.
Schweitzer, R., 1977, *Je fais mon herbier,* 2e éd., André Lerson, Paris, 191 p.
Scoggan, H.J., 1957, *Flora of Manitoba,* Dept. of Northern Affairs and National Resources, National Museum of Canada, Bulletin no. 140, Ottawa, 619 p.
Scoggan, H.J., 1978-1979, *The Flora of Canada,* National Museum of Natural Sciences, National Museum of Canada, Ottawa, 4 vol., 1711 p.
Scott, P.J., 1974, *Conifers of Newfoundland,* Oxen Pond Botanic Park, Memorial University of Newfoundland, St. John's, 25 p.
Sénécal, S.J., 1975, *L'herbier, Les feuillets du club,* N° 67, Éditions des Jeunes Naturalistes, Montréal, 6 p.
Sherk, L.C. et A.R.Buckley, 1972, *Liste d'arbres ornementaux pour le Canada,* Division de la recherche, Agriculture Canada, Ottawa, 189 p.
Sherk, L.C., 1970, *Liste d'arbres ornementaux pour le Canada,* Publication 1343, Canada, ministère de l'Agriculture Ottawa, 27 p.
Smith, J. et L. Parrot, 1984, *Arbres, arbustes, arbrisseaux du Québec,* 8e ed., ministère de l'Energie et des ressources, Québec, 157 p.
Smith, J.P., Jr., 1977, *Vascular plant families,* Mad River Press, Eureka, Calif., 320 p.
Soper, J.H. et Heimburger, M.L., 1982, *Shrubs of Ontario,* Royal Ontario Museum, Toronto, 495 p.
Soucy, R., 1976, *Récits de foresterie,* Presses de l'Université du Québec, Montréal, 241 p.
Stanton, C.R., 1976, *La foresterie au Canada: au-delà des arbres,* Environnement Canada, Service des forêts, Ottawa, 70 p.
Stewart, D., 1977, *Point Pelee : Canada's deep south,* Burns and MacEachern, Toronto, 112 p.
Straley, B.G., R.L. Taylor et G.W. Douglas, *The rare vascular plants of British Columbia,* Syllogeus no. 59, National Museum of Natural Sciences, Ottawa, 165 p.
Street, H.E. et H. Opik, 1970, *The physiology of flowering plants,* Edward Arnold, London, 263 p.
Strobel, G.A. et G.N. Lanier, 1981, *Dutch Elm disease,* Scientific American, 245(3):56-66
Taylor, T.M.C., 1973, *The rose family (Rosaceae) of British Columbia,* British Columbia Provincial Museum, Handbook no. 30, Victoria, 224 p.
Taylor, R.L. et B. MacBryde, 1977, *Vascular plants of Bristish Columbia,* The University of Bristish Columbia Press, Vancouver, 754 p.
Thurzona, L., 1978, *Les plantes-santé qui poussent autour de nous,* Elsevier-Séquoia, Paris, 268 p.
Turner, N.J., 1979, *Plants of British Columbia Indians technology,* British Columbia Provincial Museum, Handbook no. 38, Victoria, 304 p.
Turner, N.J., 1975, *Food plants of British Columbia Indians,* British Columbia Provincial Museum, Handbook no. 34, Victoria, 264 p.
Turner, N.J., 1978, *Food plants of British Columbia Indians,* British Columbia Provincial Museum, Handbook no. 36, Victoria, 260 p.
Turner, N.J. et A.F. Szczawinski, 1978, *Succédanés sauvages du thé et du café au Canada,* Musée national des sciences naturelles, Ottawa, 111 p.
Turner, N.J. et A.F. Szczawinski, 1979, *Fruits et noix sauvages comestibles du Canada,* Musée national des sciences naturelles, Ottawa, 210 p.

Underhill, J.E. 1967, *The plants of Manning Park,* British Columbia, British Columbia, Parks Branch, Victoria, 71 p.

Underhill, J.E. et C.C. Chuang, 1976, *Wildflowers of Manning Park,* British Columbia Provincial Museum, British Columbia Provincial Parks Branch, Victoria 144 p.

Uphof, J.C.Th., 1968, *Dictionary of economic plants,* 2nd ed., J. Cramer, Lehre, 591 p.

Ursing B. 1975, *Les plantes sauvages d'Europe en couleurs,* Elsevier-Séquoia, Paris, 246 p.

Van Barneveld, J.W., M. Rafig, G.F. Harcombe et R.T.Ogilvie, 1980, *An illustrated key to gymnosperms of British Columbia,* British Columbia Provincial Museum, Victoria, 32 p.

Voss, E.G., 1972, *Michigan flora, Part I, Cranbrook Institute of Science,* Bloomfield Hills, Mich., 488 p.

Wagner, W.H. Jr., 1974, *Dwarf hackberry (Ulmaceae: Celtis tenuifolia) in the Great Lakes Region,* Michigan Botanist, 13:73-99.

Wharton, M.E., et R.W. Barbour, 1973, *Trees and shrubs of Kentucky,* University Press of Kentucky, Lexington, 582 p.

White, D.J. et K.L. Johnson, 1980, *Les plantes vasculaires rares du Manitoba,* Syllogeus N° 27, Musée national des sciences naturelles, Ottawa, 53 p.

White, J.H., 1973, *The forest trees of Ontario and the more commonly planted foreign trees,* 5th ed., Ministry of Natural Resources, Toronto, 114 p.

Wooding, F.H., 1984, *Les mammifères sauvages du Canada,* Éditions Marcel Broquet, La Prairie, 272 p.

Zavitz, E.J., 1973, *Hardwood trees of Ontario with bark characteristics,* Ministry of Natural Resources, Toronto, 60 p.

Ziller, W.G., 1974, *The tree rusts of western Canada,* Environment Canada, Forestry Service, Ottawa, 272 p.

Zim, H.S. et A.C. Martin, 1956, *Trees: a guide to familiar American trees,* Golden Press, New York, 160 p.

LISTE DES ARBRES RARES DU CANADA PAR PROVINCES

N.B.: Les listes des plantes rares de l'Île-du-Prince-Édouard, des Territoires du Nord-Ouest et de Terre-Neuve ne sont que provisoires. Il n'y a pas d'arbres rares au Yukon.

Territoires du Nord-Ouest

Cerisier de Pennsylvanie	*Prunus pensylvanica*
Cerisier de Virginie	*Prunus virginiana*
Pin tordu	*Pinus contorta* var. *latifolia*
Saule discolore	*Salix discolor*
Saule pétiolé	*Salix petiolaris*
Sapin subalpin	*Abies lasiocarpa*

Terre-Neuve

Cornouiller alternifolié	*Cornus alternifolia*
Frêne noir	*Fraxinus nigra*
Pin rouge	*Pinus resinosa*

Île-du-Prince-Édouard

Frêne blanc	*Fraxinus americana*
Hamamélis de Virginie	*Hamamelis virginiana*
Pin gris	*Pinus banksiana*
Pin rouge	*Pinus resinosa*

Nouveau-Brunswick

Viorne lentago	*Viburnum lentago*

Nouvelle-Écosse

Frêne d'Austin	*Fraxinus pennsylvanica* var. *austini*
Thuya occidental	*Thuja occidentalis*

Québec

Chêne bicolore	*Quercus bicolor*
Chêne blanc	*Quercus alba*
Érable noir	*Acer nigrum*
Hamamélis de Virginie	*Hamamelis virginiana*
Micocoulier occidental	*Celtis occidentalis*
Orme liège	*Ulmus thomasii*
Pin rigide	*Pinus rigida*
Sumac lustré	*Rhus vernix*

Ontario

Asiminier trilobé	*Asimina triloba*
Bouleau flexible	*Betula lenta*
Caryer glabre	*Carya glabra*
Caryer lacinié	*Carya laciniosa*
Châtaignier d'Amérique	*Castanea dentata*
Chêne palustre	*Quercus palustris*

Chêne de Shumard	*Quercus shumardii*
Chêne ellipsoïdal	*Quercus ellipsoidalis*
Chicot Févier	*Gymnocladus dioicus*
Févier épineux	*Gleditsia triacanthos*
Frêne bleu	*Fraxinus quadrangulata*
Gainier rouge	*Cercis canadensis*
Magnolier acuminé	*Magnolia acuminata*
Marronnier glabre	*Aesculus glabra*
Mûrier rouge	*Morus rubra*
Nyssa sylvestre	*Nyssa sylvatica*
Pin rigide	*Pinus rigida*
Ptéléa trifolié	*Ptelea trifoliata*
Saule arbustif	*Salix arbusculoides*
Tulipier d'Amérique	*Liriodendron tulipifera*

Manitoba

Micocoulier occidental	*Celtis occidentalis*
Ostryer de Virginie	*Ostrya virginiana*
Peuplier à grandes dents	*Populus grandidentata*
Pin blanc	*Pinus strobus*
Pin rouge	*Pinus resinosa*

Saskatchewan

Peuplier angustifolié	*Populus angustifolia*
Viorne lentago	*Viburnum lentago*

Alberta

If occidental	*Taxus brevifolia*
Mélèze occidental	*Larix occidentalis*
Pin argenté	*Pinus monticola*
Pruche occidentale	*Tsuga heterophylla*
Saule de l'Alaska	*Salix alaxensis*
Saule de Sitka	*Salix sitchensis*

Colombie-Britannique

Frêne de l'Oregon	*Fraxinus latifolia*
Pin gris	*Pinus banksiana*
Pin souple	*Pinus flexilis*
Saule à feuilles exiguës	*Salix sessilifolia*

Liste des arbres rares du Canada

N.B. Pour faire partie de cette liste, l'espèce doit être rare dans toutes les provinces et territoires de son aire de distribution.

Bouleau flexible	*Betula lenta*
Caryer glabre	*Carya glabra*
Caryer lacinié	*Carya laciniosa*
Châtaignier d'Amérique	*Castanea dentata*

Chêne palustre	*Quercus palustris*
Chêne de Shumard	*Quercus shumardii*
Chêne ellipsoïdal	*Quercus ellipsoidalis*
Chicot Févier	*Gymnocladus dioicus*
Gainier rouge	*Cercis canadensis*
Frêne de l'Oregon	*Fraxinus latifolia*
Févier épineux	*Gleditsia triacanthos*
Frêne bleu	*Fraxinus quadrangulata*
Magnolier acuminé	*Magnolia acuminata*
Marronnier glabre	*Aesculus glabra*
Nyssa sylvestre	*Nyssa sylvatica*
Pin rigide	*Pinus rigida*
Ptéléa trifolié	*Ptelea trifoliata*
Saule à feuilles exiguës	*Salix sessilifolia*

LISTE DES ARBRES SELON LES FAMILLES

*Note: * = espèce introduites*

I. Les Cônifères (Gymnospermes)

A. TAXACÉES (famille de l'if)

If occidental	C 211i

B. CUPRESSACÉES (famille du cyprès)

Faux-cyprès de Nootka	A 111c
Genévrier rouge	A 111d
Genévrier saxicole	A 111e
Thuya géant	A 111b
Thuya occidental	A 111a

C. PINACÉES (famille du pin)

Douglas taxifolié	C 211h
Épinette blanche	C 211j
*Épinette bleue	C 211o
Épinette d'Engelmann	C 211k
*Épinette de Norvège	C 211p
Épinette de Sitka	C 211n
Épinette noire	C 211l
Épinette rouge	C 211m
Mélèze laricin	B 211a
Mélèze occidental	B 211b
Mélèze subalpin	B 211c
Pin albicaule	B 211f
Pin argenté	B 211e
Pin blanc	B 211d
Pin gris	B 211k
Pin ponderosa	B 211i
Pin rigide	B 211h
Pin rouge	B 211j
Pin flexible	B 211g
*Pin sylvestre	B 211m
Pin tordu	B 211l
Pruche du Canada	C 211e
Pruche occidentale	C 211f
Pruche subalpine	C 211g
Sapin baumier	C 211a
Sapin gracieux	C 211c
Sapin grandissime	C 211d
Sapin subalpin	C 211b

II. Les Arbres à fleurs ou Feuillus (Gymnospermes)

A. SALICACÉES (famille du saule)

Peuplier à grandes dents	G 532b
Peuplier angustifolié	G 442c
Peuplier baumier	G 562a

*Peuplier blanc	G 672a/G 682a
*Peuplier de Lombardie	G 862b
Peuplier deltoïde	G 862a
Peuplier faux-tremble	G 662
Peuplier occidental	G 562b
Saule à feuilles de pêcher	G 442e
Saule à tête laineuse	G 442h
Saule arbustif	G 442i
*Saule blanc	G 442m
Saule brillant	G 442f
Saule de Bebb	G 522a
Saule de Hooker	G 522e
Saule de l'Alaska	G 522f
Saule de Scouler	G 522d
Saule de Sitka	G 522c
Saule des bancs de sable	G 442k
Saule discolore	G 522b
Saule du Pacifique	G 442g
*Saule fragile	G 442n
Saule noir	G 442d
Saule pétiolé	G 442j
*Saule pleureur	G 442l
Saule satiné	G 422

B. JUGLANDACÉES (famille du noyer)

Caryer cordiforme	F 432f/F 442f
Caryer glabre	F 542c
Caryer lacinié	F 542b
Caryer ovale	F 542a
Caryer tomenteux	F 432g/F 442g
Noyer cendré	F 432d/F 442d
Noyer noir	F 432e/F 442e

C. BÉTULACÉES (famille du bouleau)

Aulne de Sitka	G 552c
Aulne rouge	G 562d
Aulne rugueux	G 552b
Bouleau à papier	G 552d
*Bouleau blanc d'Europe	G 852c
Bouleau d'Alaska	G 852b
Bouleau occidental	G 552f
Bouleau gris	G 852a
Bouleau jaune	G 552e
Charme de Caroline	G 552h
Ostryer de Virginie	G 552g

D. FAGACÉES (famille du hêtre)

Châtaignier d'Amérique	G 432a
Chêne à gros fruits	G 572a
Chêne bicolore	G 572d
Chêne blanc	G 572b

Chêne de Garry	G 572c
Chêne de Shumard	G 582e
Chêne ellipsoïdal	G 582d
Chêne jaune	G 432b
Chêne noir	G 582b
Chêne palustre	G 582c
Chêne rouge	G 582a
Hêtre à grandes feuilles	G 532a

E. ULMACÉES (famille de l'orme)

Micocoulier occidental	G 732b/G 733b
Orme d'Amérique	G 952a
Orme liège	G 952b
Orme rouge	G 952c

F. MORACÉES (famille du mûrier)

Mûrier rouge	G 533

G. MAGNOLIACÉES (famille du magnolia)

Magnolier acuminé	G 522k
Tulipier d'Amérique	G 672b/G 682b

H. ANONACÉES (famille de l'asiminier)

Asiminier trilobé	G 522i

I. LAURACÉES (famille du laurier)

Sassafras officinal	G 522l

J. HAMAMÉLIDACÉES (famille de l'hamamélis)

Hamamélis de Virginie	G 962

K. PLATANACÉES (famille du platane)

Platane occidental	G 683a

L. ROSACÉES (famille du rosier)

Aubépine	G 552a
Amélanchier	G 542c
Cerisier amer	G 542b
Cerisier de Pennsylvanie	G 442b
Cerisier de Virginie	G 542a
Cerisier tardif	G 442a
*Pommier commun	G 542d
Pommier du Pacifique	G 532d
Pommier odorant	G 532c
Prunier d'Amérique	G 542e
Prunier noir	G 562c
Sorbier d'Amérique	F 432b/F 442b
Sorbier plaisant	F 432c/F 442c

M. LÉGUMINEUSES (famille des pois)

Chicot Févier	F 522b
Févier épineux	F 522a
Gainier rouge	G 623
*Robinier faux-acacia	F 522c

N. RUTACÉES (famille du citron)

Ptéléa trifolié	F 522d

O. SIMARUBACÉES (famille de l'ailante)

*Ailante glanduleux	F 422

P. ANACARDIACÉES (famille de l'acajou)

Sumac lustré	F 522e
Sumac vinaigrier	F 432a/F 442a

Q. ACÉRACÉES (famille de l'érable)

Érable à épis	E 693d
Érable à sucre	E 683a
Érable argenté	E 693b
Érable de Pennsylvanie	E 693c
Érable circiné	E 693f
*Érable de Norvège	E 683d
Érable grandifolié	E 683c
Érable nain	E 693e
Érable négundo	D 572
Érable noir	E 683b
Érable rouge	E 693a

R. HIPPOCASTANACÉES (famille du marronnier)

*Marronnier d'Inde	D 532

S. RHAMNACÉES (famille du nerprun)

Nerprun Cascara	G 542f

T. TILIACÉES (famille du tilleul)

Tilleul d'Amérique	G 732a/G 733a

U. NYSSACÉES (famille du nyssa)

Nyssa sylvestre	G 522j

V. CORNACÉES (famille du cornouiller)

Cornouiller alternifolié	G 522g
Cornouiller de Nuttall	E 522b
Cornouiller fleuri	E 522a

W. ÉRICACÉES (famille de la bruyère)

Arbousier Madrono	G 522h

X. OLÉACÉES (famille de l'olivier)

Frêne blanc	D 522a
Frêne bleu	D 542a
Grand Frêne	D 542c
Frêne noir	D 542b
Frêne rouge	D 522b

Y. BIGNONIACÉES (famille du bignonia)

Catalpa remarquable	E 723

Z. CAPRIFOLIACÉES (famille du chèvrefeuille)

Sureau bleu	D 432
Viorne lentago	E 542a

INDEX DES NOMS FRANÇAIS ET LATINS

Abèle 476
Abies
  amabilis 144
  balsamea 138
  concolor 148
  grandis 147
  lasiocarpa 22, 141
  magnifica 145
Acacia
  blanc 276
  commun 276
Acer
  circinatum 242
  glabrum
    var. *douglasii 240*
    var. *glabrum 241*
  macrophyllum 226
  negundo 204
  nigrum 224
  pensylvanicum 235
  platanoides 228
  pseudoplatanus 483
  rubrum 230
  saccharinum 223
  saccharophorum 220
  saccharum 220
  spicatum 237
ACÉRACÉES 204, 220-243
Adelges piceae 140
Aesculus
  glabra 197
  hippocastanum 195
Ailante glanduleux 248
Ailanthus
  altissima 248
  glandulosa 248
Airelles 358
Alisier 53, 217
Alnus
  crispa 408
    ssp. *sinuata 408*
  glutinosa 407
  incana 405
    ssp. *rugosa 405*
    ssp. *tenuifolia 405*
  oregana 437
  rubra 437
    var. *pinnatisecta 438*
  rugosa 405
  sinuata 408
  sitchensis 408
  tenuifolia 405
  viridis 407
    ssp. *crispa 409*
    ssp. *sinuata 408*
Amelanchier 38, 389
Amélanchier 38, **389**
ANACARDIACÉES 250
ANONACÉES 359
Apiosporina morbosa 385
Arborvitae 82
Arbousier 358
  d'Amérique 356
  de Menzies 356
  Madroño 46, **356,** 400
Arbre
  à laque 249, 284
  à noix amères 265
  à noix longues 259
  à noix piquées 285
  à petites merises 307
  aux fraises 358
  de Judée 470, 471
  de vie 82
  du vernis 282
Arbutus
  menziesii 46, 356
  unedo 358
Arceuthobium pussillum 105, 173
Asimina triloba 359
Asiminier trilobé 64, **359**
Aubépine 38, 53, 55, **402**
Aulne
  à feuilles minces 405
  blanc 405
  blanchâtre 405
  commun 405
  de l'Oregon 437
  de Sitka 323, **408**
  rouge 437
  rugueux 56, 201, **405**
  vert 407, 409
Aune-buis 204

Balai 82
Bâtarde 237
Bâton rouge 92
Baumier 428
Betula
  alleghaniensis 41
  cordifolia 412
  fontinalis 418
  lenta 417
  lutea 415
  neoalaskana 498
  occidentalis 418
  papyrifera 411
    var. *cordifolia 412*
  pendula 500
  populifolia 495
  verrucosa 500
BÉTULACÉES 405-424, 437, 495-502
BIGNONIACÉES 244
Bleuets 358

Bois
à levier 420
barré 235
blanc 487
-bouton 210
-chandelle 282
connu 491
d'orignal 235
de fer 420, 422
de flèche 210
dur 420, 422
inconnu 491
jaune 478
noir 235
puant 279
Boule de boutons 482
Bouleau
à canoë 411
à feuille de peuplier 495
à feuilles cordées 412
à papier 66, 87, 168, 407, **411**, 416, 419, 421, 494, 496, 499
blanc 66, 411
blanc d'Europe 500
commun 500
d'Alaska 498
des Alleghanys 415
flexible 417
fontinal 418
frisé 415
gris 495
jaune 76, 308, 370, **415**, 421, 489
merisier 415
occidental 418
pleureur 500
rouge 495
verruqueux 500
Bourdaine 217
Bouton rouge 470
Bruyère 357

Café du diable 520
du Kentucky 274
Caféier du Kentucky 274
Calocedrus decurrens 93
CAPRIFOLIACÉES 186, 217
Caroubier 277
Carouge à miel 271
Carpinus
betulus 423
caroliniana 422
Carya
alba 268
leiodermis 290
carolinae-septentrionalis 285
cordiformis 265
glabra 290
illinoensis 266
laciniosa 288
ovalis 291
ovata 285
tomentosa 268
Carya
amer 265
glabre 290
tomenteux 268
Caryer
à cochons 290
à écorce laciniée 288
à fruits doux 285
à noix douces 285
amer 265
blanc 285
cordiforme 265, 269
cotonneux 268
des pourceaux 290
glabre 269, **290**
jaune 291
lacinié 269, 286, **288**, 291
ovale 267, **285**
tomenteux 268, 291
Cascara 397
Castanea
dentata 298
sativa 196, 300
Catalpa
bignonioides 245
speciosa 244
Catalpa
à feuilles cordées 244
commun 245
du Nord 244
du Sud 245
remarquable 244
Cèdre 85
blanc 82, 93
de l'Alaska 89
de l'Est 82
de l'Ouest 85
jaune 89
rouge 92
rouge de l'Est 87
rouge de l'Ouest 85
rouge de Virginie 92
Cedrus 21, 83, 87, 93
Celtis
occidentalis 491
tenuifolia 493
Cenelle 402
Cenellier 402
Ceratomia catalpae 245
Ceratonia siliqua 277
Cercis
canadensis 470
siliquastrum 471
Cerises d'automne 304
Cerisier 383
à grappes 383
amer 386
d'automne 304
d'été 307
de Pennsylvanie 307, 387, 474

de Virginie 383, 387
noir 304
sauvage 383
tardif 54, **304,** 384, 401
Chamaecyparis nootkatensis 89
Charançon du Pin blanc 110, 114
Charme
bleu 422
d'Amérique 422
de Caroline 421, **422**
de la Caroline 422
européen 423
Châtaignier 298
commun 299, 300
cultivé 196
d'Amérique 298, 512
denté 298
Chatons 341, 343
Chêne 64, 442
à chinquapin 301
à épingles 461
à gros fruits 442, 446
à gros glands 442
anglais 451
bicolore 303, 444, **452**
blanc 60, 287, 442, 444, **445,** 450, 453, 457
blanc frisé 442
bleu 452
boréal 455
châtaignier 16, 302
chincapin 301
de Garry 444, **449**
de Mühlenberg 301
de Québec 445
de Shumard 16, 444, **466**
des marais du Nord 464
des marais 461
des teinturiers 458
ellipsoïdal 16, 444, **464,** 467
jack 464
jaune 301, 444
noir 444, **458,** 467
palustre 444, 459, **461,** 465, 467
pédonculé 451
quercitron 458
rouge 76, 444, **455,** 459, 463, 467
velouté 458
Chênes blancs 444
prins 444
rouges 444
Chicot
dioïque 274
du Canada 274
Févier 274
Chinquapin 302
Choristoneura fumiferana 140, 168
Clavalier d'Amérique 278, 283
Coleophora laricella 105
Cormier 253
CORNACÉES 210-216, 353
Cornouiller
à feuilles alternes 353
à fleurs 210
à grandes fleurs 210
alternifolié 216, **353**
de Floride 210
de Nuttall 211, **213**
du Canada 211
du Japon 212
du Pacifique 213
fleuri 210, 215
mâle 212
rugueux 355
stolonifère 355
Cornus
alternifolia 353
canadensis 211
florida 210
kousa 212
mas 212
nuttallii 213
rugosa 355
stolonifera 355
Corossol 359
Cotonnier 503
Crataegus 38, 402
CUPRESSACÉES 82-94
Cupressus 90, 130, 134
Cynips 447
Cyprès 129
chauve 101
de Nootka 89
jaune 89

Douglas 158
bleu 158
taxifolié 43, 55, 58, 86, 105, 125, 154, **158,** 177, 439
vert 158

Écorce sacrée 397
Elaeagnus angustifolia 297
Épicéa
commun 181
d'Engelmann 169
glauque 166
marial 171
piquant 179
rouge 174
Épifage de Virginie 370
Epifagus virginiana 370
Épinette
à bière 171
bâtarde 171
blanche 55, 76, 143, **166,** 170, 172, 175, 327, 489
bleue 179
bleue du Colorado 179
d'Engelmann 143, 168, **169**
de Norvège 127, 139, **181**
de savane 171

de Sitka 86, 91, 154, 168, 170, **176,** 178, 439
des marais 171
des montagnes 169
des tourbières 171
du Canada 166
du Colorado 179
glauque 179
grise 166
noire 140, 167, **171,** 175
piquante 179
rouge 100, 167, **174**
Érable
à épis 237
à feuilles de frêne 242
à feuilles rondes 242
à fruits cotonneux 233
à Giguère 204
à grandes feuilles 226
à sucre 50, 56, **220,** 225, 227, 231, 234, 267, 287, 370, 414, 421, 456
argenté 231, **233,** 317, 476, 477
barré 235
bâtard 237
blanc 233
circiné 241, **242**
de l'Oregon 226
de Norvège 228
de Pennsylvanie 235
du Canada 220
du Manitoba 204
dur 220
franc 220
franche 220
grandifolié 226
jaspé 235
moiré 220
nain 240, 243
négondo 204
négundo 194, **204**
noir 224
ondé 220
piqué 220
plane 228
platanoïde 228
rouge 201, **230,** 234, 372
strié 235
sucrier 220
sycomore 483
tendre 230
Erica 357
ÉRICACÉES 356

FAGACÉES 298, 301, 368, 442-467
Fagus
grandifolia 368
sylvatica 369
Fausse épinette rouge 100
Fausse pruche 158
Faux-acacia 276
Faux-bananier 359
Faux-cyprès de Nootka 86, **89**
Faux-marron 195
Faux-tremble 473
Faux-vernis du Japon 248
Févier 64
à trois épines 271
d'Amérique 271
épineux 53, **271**
Ficus elastica 381
Figuier élastique 381
Fouéreux 237
Franc frêne 189
Fraxinus
americana 189
excelsior 190, 202
latifolia 190
nigra 200
ornus 203
pennsylvanica 192
var. *austini 193*
var. *subintegerrima 193*
quadrangulata 198
Frêne 64, 192
à feuilles de sureau 200
à fleurs 203
à fruits d'érable 204
anguleux 198
blanc 189, 199, 201, 205
blanc d'Amérique 189
bleu 193, 194, **198**
commun 202
d'Amérique 189
d'Austin 193
de grève 200
de l'Oregon 190
de Pennsylvanie 192
de rivage 192
de savane 192
élevé 202
Grand 190, **202**
gras 200
noir 200, 203
orne 203
puant 248
pubescent 192
quadrangulaire 198
rouge 192, 201
vert 193

Gainier
Canada 470
rouge 470, 486
Gattilier 205
Gaude 416
Gaultheria procumbens 255
Gaulthérie couchée 255
Genévrier
de Virginie 92
des montagnes rocheuses 95
des Rocheuses 95
rouge 58, **92,** 96

saxicole 95
Genièvre des Rocheuses 95
Gleditsia triacanthos 271
var. *inermis 272*
Gommier noir 361
Grand tremble 371
Gros févier 274
Gui 105, 173
Guignier 395, 434
Gymnocladier dioïque 274
Gymnocladus dioicus 274
Hamamelis
macrophylla 520
virgiana 520
Hamamélis de Virginie 60, **520**
Haricot 150
Herbe à la puce 251, 283
Hêtre
à grandes feuilles 267, **368,** 421, 456, 489
américain 368
européen 369
rouge 368
HIPPOCASTANACÉES 195

If
commun d'Europe 164
de l'Ouest 163
du Canada 59, 164
occidental 58, 59, **163**
du Japon 165

JUGLANDACÉES 259-270, 285-291
Juglans
cinerea 259
nigra 262, 305
regia 261
Juniperus
communis 94
scopulorum 95
virginiana 87, 92, 96

Larix
decidua 101
laricina 100
lyallii 106
occidentalis 103
LAURACÉES 365
Laurier-sassafras 365
Ledum groenlandicum 407
LÉGUMINEUSES 271-281, 470
Liard 428, 503
amer 310
Librocèdre à feuilles décurrentes 93
Liriodendron tulipifera 478
Livrées 385

Madrona 356
Madrono 356
Magnolia
acuminata 363
x soulangiana 364
Magnolia à feuilles acuminées 363
MAGNOLIACÉES 363, 478
Magnolier acuminé 320, **363**
Malacosoma sp. *385*
Malus
baccata 393
communis 392
coronaria 374, 393
diversifolia 377
fusca 377
pumila 392
Marronnier
commun 195
d'Inde 195
glabre 197
Maska 253
Maskouabina 253
Massette 251
Mélèze 100
d'Amérique 100
d'Europe 101, 102
de l'Ouest 103
de Lyall 106
laricin 100, 104, 172
occidental 103, 107
subalpin 106
Merise 307
Merisier 307, 415
blanc 415
des oiseaux 416
jaune 415
occidental 418
ondé 415
petit 307, 416
rouge 418
Mespilus germanica 521
Micocoulier
d'Amérique 491
de Soper 493
de Virginie 491
occidental 491, 509
Minous 343
MORACÉES 380
Morus
alba 382
rubra 380
Mûrier 64
blanc 382
rouge 380, 485
rouge d'Amérique 380
sauvage 380

Néflier 521
Nerprun
à feuilles d'aulne 399
bourdaine 399
Cascara 215, 219, **397**
cathartique 399
de Pursh 397
Noix longues 259

Noyer
à beurre 259
à cochons 290
à noix de cochon 290
à noix douces 268
blanc 268, 285
cendré 259, 264
commun 261
d'Europe 261
dur 268
écailleux 285
gris 259
noir 260, **262,** 305
noir d'Amérique 262
royal 261
tendre 259, 285
Nyssa
des forêts 361
sylvestre 361
Nyssa sylvatica 361
NYSSACÉES 361

OLÉACÉES 23, 189-194, 198-203
Olivier de Bohême 297
Orme 510
à grappes 514
blanc 510, 518
d'Amérique 74, 201, 425, **510**
de Samarie 279
de Samarie à trois folioles 279
de Thomas 514
gras 517
liège 426, **514,** 518
pédonculé 512
rouge 427, 512, **517**
roux 517
Ortie du Canada 493
Osier
blanc 296
jaune 335, 336
Ostrya virginiana 420
Ostryer de Virginie 420, 423

Pacanier 266
Perce-pousse européen du pin 127
Pérusse 150
Pesse 181
Petites poires 389
Petits chats 343
Petit gui 105, 173
Petits minous 343
Peuplier 428, 473
à feuilles étroites 310
à feuilles de lance 312
à feuilles deltoïdes 503
à grandes dents 371, 472, 474, 477
angustifolié 310
argenté 476
baumier 311, **428,** 432
baumier de l'Ouest 431
blanc 476
d'Euphrate 334
d'Italie 506
de l'Ontario 429
de Lombardie 505, **506**
de Sargent 504
deltoïde 317, 432, **503**
du Canada 503
faux-tremble 372, 417, 430, 456, **473,** 477, 496 grisard 477
noir 428, 505, 507
noir d'Italie 506
occidental 323, 429, **431,** 432
tremble 473
Picea
abies 127, 181
engelmannii 169
excelsa 181
glauca 166
mariana 171
pungens 179
rubens 174
sitchensis 176
Pin
à blanche écorce 115
à bois lourd 123
à longue vie 43
à résine 126
albicaule 115, 119, 143
argenté 112, 116, 143
blanc 108, 113, 127, 131, 161, 512
blanc de l'Ouest 112
chétif 129
d'Écosse 135
de Banks 129
de Douglas 158
de l'Oregon 158
de Murray 132
de Norvège 126
de Weymouth 108
des corbeaux 120
des marais 122
des rochers 129
divariqué 129
du Lord 108
dur 120
flexible 118
gris 129, 134, 168
jaune 108
lodgepole 132
lourd 123
montagnard 112
noir d'Autriche 127
ponderosa 123
résineux 126
rigide 120, 125
rouge 39, 47, **126,** 139, 475
souple 118
strobus 108
sylvestre 110, 127, **135,** 139
taxifolié 160
tordu 130, **132**

PINACÉES 100-162, 166-182
Pinus
albicaulis 115
banksiana 129
contorta 130, 132
var. *contorta 132*
var. *latifolia 132*
divaricata 129
flexilis 118
lasiocarpa 22
longaeva 43
monticola 112
murrayana 133
nigra 127
palustris 122
ponderosa 123
resinosa 126
rigida 120
strobus 108
sylvestris 110, 127, 135
taxifolia 160
Pissodes strobi 110, 114
Plaine 230, 237
à Giguère 204
blanche 233
bleue 237
de France 233
négundo 204
rouge 230
Plane 228
bâtard 237
blanche 233
rouge 230
PLATANACÉES 482
Platane
à feuille d'érable 484
commun 484
d'Occident 320, 482
occidental 64, 66, **482**
Platanus
occidentalis 482
orientalis 484
Pleurote comestible 372
Pleurotus 372
Poirier 389
Pommettier 374, 402
Pommier 64, 392
commun 392
coronaire 374
de Sibérie 393
du Pacifique 377, 469
nain 392
odorant 374, 378, 468
sauvage 374, 392, 393
Populus
alba 476
angustifolia 310
balsamifera 428
ssp. *balsamifera 428*
ssp. *trichocarpa 431*
candicans 429
canescens 477
deltoides 503
ssp. *molinifera 504*
euphratica 334
grandidentata 22, 371
nigra
var. *italica 505, 506*
sargentii 504
tacamahacca 428
tremula 475, 477
tremuloides 473, 496
trichocarpa 431
x acuminata 312
x canadensis 505
Porte-case du mélèze 105
Pruche 150
de l'Est 150
de l'Ouest 153
de Mertens 156
de Patton 156
du Canada 139, **150,** 154, 370
occidentale 86, 151, **153,** 157, 159
subalpine 151, **156**
Prunier 64, 395
canadien 434
d'Amérique 309, **395**
de La Galissonnière 395
noir 309, 396, **434**
sauvage 395, 434
Prunus
americana 309, 395, 435
avium 416
emarginata 386
var. *emarginata 388*
var. *mollis 388*
nigra 309, 434
pensylvanica 307, 416
serotina 304
virginiana 383
Prusqueur rouge 174
Prusse 150
blanche 166
Pseudotsuga
douglasii 158
menziesii 43, 158
var. *glauca 160*
var. *menziesil 160*
taxifolia 158
Ptelea
angustifolia 279
trifoliata 279
Ptéléa trifolié 279
Puceron lanigère du sapin 140
Pyrus
americana 253
coronaria 374
decora 256
fusca 377
pumila 392

Quatre-temps 211
Quenouille 251
Quercitron 458
Quercus
alba 445
bicolor 303, 452
borealis 455
ellipsoidalis 16, 464
garryana 449
macrocarpa 442
muehlenbergii 301
palustris 461
prinoides 302
prinus 16, 302
robur 451
rubra 455
shumardii 16, 466
velutina 458

Réséda des teinturier 416
Reseda luteola 416
RHAMNACÉES 397
Rhamnus
alnifolia 399
cathartica 399
frangula 399
purshiana 397
Rhus
diversilobum 251, 283
glabra 251
radicans 251, 283
typhina 250
verniciflua 249, 284
vernix 251, 282
Rhyacionia buoliana 127
Robinia
pseudoacacia 276
viscosa 278
Robinier 53, 276
faux-acacia 47, 55, **276**
visqueux 278
Ronce à fruits noirs 381
ROSACÉES 253-258, 304-309, 377, 383-396, 402, 434
Rubus 381
RUTACÉES 279

SALICACÉES 295, 310-352, 371, 428-433, 473-477, 503-507
Salix
alaxensis 351
alba 335
var. *vitellina 336*
amygdaloides 316
arbuscula 327
arbusculoides 326
babylonica 333
bebbiana 341
discolor 343
drummondiana 296
eriocephala 21, 324
exigua 330
fragilis 337
gracilis 328
hookeriana 22, 349
interior 330
lasiandra 322
longistylis 351
lucida 319
ssp. *lasiandra 322*
ssp. *lucida 319, 323*
nigra 313
pellita 295
petiolaris 328
rigida 324
scouleriana 347
sessilifolia 332
sitchensis 345
viminalis 296
Sambucus
canadensis 187, 255
cerulea 186
glauca 186
nigra 187
racemosa 187
Sapin 138
amabilis 144
argenté 144, 148
baumier 128, **138,** 167, 201
blanc 138
de Douglas 158
de l'Oregon 158
de l'Ouest 141
de Norvège 181
de Vancouver 147
des montagnes Rocheuses 141
du Colorado 148
géant 147
gracieux 91, **144,** 149
grandissime 147, 159
rouge 138, 144, 181
rouge de Californie 145
subalpin 22, **141,** 146
Sapinette
blanche du Canada 166
noire 171
Sassafras albidum 365
Sassafras officinal 54, **365,** 481
Saule 53, 333, 335, 337
à étamines velues 322
à feuilles de pêcher 316, 320
à feuilles sessiles 332
à feuilles exiguës 330
à long pétiole 328
à tête laineuse 324
amygdaloïde 316, 323
arbustif 326, 352
argenté 335
blanc 335, 339
brillant 319, 323
brillant de l'Ouest 322
cassant 337

de Balylone 333
de Bebb 341, 440, 474
de Drummond 296
de Hooker 349
de l'Alaska 351
de l'intérieur 330
de Scouler 346, **347**
de Sitka 345
des bancs de sable 330
discolore 54, **343,** 441
du Pacifique 322
feutré 351
fragile 337
laurier 319
laurier de l'Ouest 322
luisant 319
noir 313
osier 296
parasol 333
pétiolé 328
pleureur 333
rigide 324
satiné 295, 339, 340
Scolyte de l'orme 512
Senelier 402
Sequioa sempervirens 43, 159
Séquoia toujours-vert 43, 159
SIMARUBACÉES 248
Snellier 402
Sorbier
d'Amérique 253, 257
de Sitka 255
décoratif 256
des montagnes 256
des montagnes Rocheuses 255
des oiseleurs 254, 258
monticole 256
plaisant 256
Sorbus
americana 253
aucuparia 254, 258
decora 256
scopulina 255
sitchensis 255
Sumac
amarante 250
à vernis 282
glabre 251
grimpant 251, 283
lustré 251, **282**
occidental 251, 283
vénéneux 282
vinaigrier 250
cultivar 'Laciniata' 252
Sureau
blanc 255
bleu 186, 194, 207
d'Europe 187
du Canada 187
noir 187
rouge 187
Sycomore 482

Tamarac 100
TAXACÉES 163,
Taxodes 101
Taxodium 101
Taxus
baccata 164
brevifolia 59, 163
canadensis 59, 164
cuspidata 165
Thé des bois 255
Thé du Labrador 407
Thuja
occidentalis 82
plicata 85
Thuya
de l'Est 82
du Canada 82
géant 85, 90, 91, 154, 159, 177, 379, 433, 439
occidental 82, 88, 201
Tilia
americana 487
cordata 490
glabra 487
TILIACÉES 487
Tilleul
à petites feuilles 490
d'Amérique 41, 421, 479, **487,** 508
européen 490
Tordeuse des bourgeons de l'épinette 140, 168
Toupélo 361
Toxicodendron vernix 282
Tremble 475, 477
faux- 473
Grand 371
jaune 371
Tsuga
canadensis 150
heterophylla 153
mertensiana 156
Tsuga
de Californie 153
de l'Ouest 153
de Mertens 156
des montagnes 156
du Canada 150
Tulipier 64, 478, 483
à tulipes 478
d'Amérique 478
de Virginie 478
Tupélo de montagne 361
Typha 251

ULMACÉES 491, 510-519
Ulmus
americana 510
fulva 517

laevis 512
rubra 517
thomasii 514

Vaccinium 358
Vergne 405
Verne 405, 407
Viburnum
cassinoides 218
lentago 217

Vinaigrier sumac 250
Violon 100, 150
Viorne
à manchettes 217
alisier 217
cassinoïde 218
lentago 217
Vitex agnus-cactus 205

Zanthoxylum americanum 278, 283

INDEX DES NOMS ANGLAIS PROPOSÉS

Ailanthus 248
Alder
  Red 437
  Sitka 408
  Speckled 405
Apple
  Common 392
  Pacific Crab 377
  Wild Crab 374
Arborvitae
  Eastern 82
  Giant 85
Arbutus 356
Ash
  Black 200
  Blue 198
  European 202
  Red 192
  White 189
Aspen
  Large-toothed 371
  Trembling 473
Basswood, American 487
Beech, American 368
Birch
  Alaska 498
  European white 500
  Grey 495
  Paper 411
  Western 418
  Yellow 415
Butternut 259
Cascara 397
Catalpa, Northern 244
Cherry
  Bitter 386
  Black 304
  Choke 383
  Pin 307
Chestnut, American 298
Choke cherry 383
Coffee tree, Kentucky 274
Cottonwood
  Eastern 503
  Narrowleaf 310
Crab apple
  Pacific 377
  Wild 374
Cucumbertree 363
Dogwood
  Alternate-leaved 353
  Eastern flowering 210
  Western flowering 213
Elder, Blue 186
Elm
  American 510
  Red 517
  Rock 514
False cypress, Nootka 89
Fir
  Alpine 141
  Amabilis 144
  Balsam 138
  Douglas 158
  Grand 147
Hackberry 491
Hawthorn 402
Hemlock
  Eastern 150
  Mountain 156
  Western 153
Hickory
  Big shellbark 288
  Bitternut 265
  Mockernut 268
  Pignut 290
  Shagbark 285
Honey-locust 271
Hop-hornbeam, American 420
Hoptree 279
Hornbean
  American 422
  American Hop- 420
Horsechestnut 195
Juniper
  Red 92
  Rocky Mountain 95
Larch
  Alpine 106
  Eastern 100
  Western 103
Locust
  Black 276
  Honey- 271
Maple
  Bigleaf 226
  Black 224
  Douglas 240
  Manitoba 204
  Mountain 237
  Norway 228
  Red 230
  Silver 233
  Striped 235
  Sugar 220
  Vine 242
Mountain-ash
  American 253
  Showy 256
Mulberry, Red 380
Nannyberry, 217
Oak
  Black 458
  Bur 442
  Chinkapin 301
  Garry 449
  Northern pin 464
  Pin 461

Red 455
Shumard, 466
Swamp white 452
White 445
Pawpaw 359
Pine
Eastern white 108
Jack 129
Limber 118
Lodgepole 132
Pitch 120
Ponderosa 123
Red 126
Scots 135
Western white 112
Whitebark 115
Plum
Canada 434
Wild 395
Poplar
Balsam 428
Lombardy 506
Western balsam 431
White 476
Redbud 470
Sassafras 365
Serviceberry 389
Spruce
Black 171
Blue 179
Engelmann 169
Norway 181
Red 174
Sitka 176
White 166
Sumac
Poison 282
Staghorn 250
Sycamore 482
Tuliptree 478
Tupelo, Black 361
Walnut, Black 262
Willow
Alaska 351
Bebb's 341
Black 313
Crack 337
Heart-leaved 324
Hooker 349
Pacific 322
Peachleaf 316
Pussy 343
Sandbar 330
Scouler 347
Shining 319
Shrubby 326
Silky 295
Sitka 345
Slender 328
Weeping 333
White 335
Witch-hazel 520
Yew, Western 163

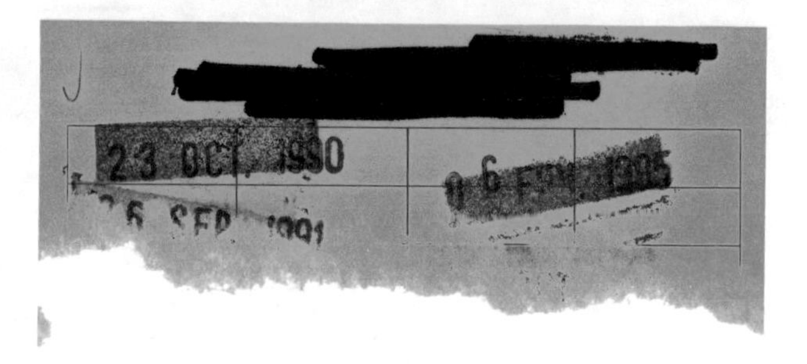

Achevé d'imprimer sur les presses de
Payette & Simms Inc.

Imprimé au Canada